普通高等教育“十三五”规划教材

房地产估价

刘军琦　陈常优　李江涛　编

本书系统介绍了房地产估价中的基本概念、基本理论、基本原则、基本规律、基本方法、基本制度，以及房地产估价的报告撰写、估价过程、估价程序、估价规范等，重点突出了理论与实践的结合、技术与管理的融合，体现了房地产估价的最新发展和实际应用。本书特点：每章设有阅读资料、课后练习题，并配有相应案例，便于各个层次读者理解，从而提高估价理论水平和实际操作能力。

本书可作为高等学校经济管理类（房地产营销方向）、工程管理、土地资源管理、土地经济学、人文地理、投资学等专业本科生及专科生的教材，也可作为企事业单位管理人员的培训教材，还可作为各类技术人员和管理人员的参考书。

图书在版编目（CIP）数据

房地产估价／刘军琦，陈常优，李江涛编．—北京：机械工业出版社，2019.7（2024.2 重印）
普通高等教育“十三五”规划教材
ISBN 978－7－111－63347－1

Ⅰ.①房…　Ⅱ.①刘…②陈…③李…　Ⅲ.①房地产价格－估价－高等学校－教材　Ⅳ.①F293.35

中国版本图书馆 CIP 数据核字（2019）第 157316 号

机械工业出版社（北京市百万庄大街 22 号　邮政编码 100037）
策划编辑：刘鑫佳　　责任编辑：刘鑫佳　舒　宜　常爱艳
版式设计：张文贵　　责任校对：梁　倩
封面设计：张　静　　责任印制：单爱军
北京虎彩文化传播有限公司印刷
2024 年 2 月第 1 版第 5 次印刷
184mm×260mm·23.25 印张·577 千字
标准书号：ISBN 978－7－111－63347－1
定价：54.80 元

电话服务　　　　　　　　　　网络服务
客服电话：010－88361066　　机　工　官　网：www.cmpbook.com
　　　　　010－88379833　　机　工　官　博：weibo.com/cmp1952
　　　　　010－68326294　　金　　书　　网：www.golden-book.com
　　机工教育服务网：www.cmpedu.com

前言 PREFACE

随着我国房地产业、房地产市场的蓬勃发展，房地产估价这一中介行业也得到迅速发展。同时，房地产交易，土地使用权的出让与转让、租赁、抵押、担保，商品房开发与销售，与房地产相关的税收、保险、损害赔偿、争议调处和司法鉴定等环节都离不开对房地产的估价。在我国市场经济飞速发展的背景下，对注册房地产估价师的需要日益增加，对房地产估价理论的探索与实践应用有了一定的需求。本书是在此背景下编撰而成的，其主要内容包括四个部分：房地产评估的基本原理、房地产评估的基本方法、国内外房地产估价制度、房地产评估的相关实务。

本书凝聚了编者多年来从事“房地产估价”课程教学和研究的经验，是工作成果的汇总和整理。本书最大的特色是将理论深入浅出地做了阐述，并结合案例和实际操作对房地产估价方法做了从浅到深的分析，对理论学习提供了一定的帮助。每一章都配有阅读资料、课后练习题，以加强读者对知识的透彻掌握。本书的章节安排具有系统性，结构安排具有逻辑性，内容安排更具有实用性，突出知识性、实用性、前瞻性，既注重满足学生当前的学习需要，又着眼于学生学习能力的培养。

本书第 1 章由李江涛编写，第 2 ~ 10 章由刘军琦编写，第 11 ~ 12 章由陈常优编写，全书由刘军琦统稿。

本书既可作为高校经济管理类（房地产营销方向）、工程管理、土地资源管理、土地经济学、人文地理、投资学等专业本科生及专科生的教材，也可作为企事业单位管理人员的培训教材，还可作为各类技术人员和管理人员的参考书。

感谢机械工业出版社提供的机会，感谢在本书编写过程中参考的各种文献的作者，感谢机械工业出版社各位编辑的信任、鼓励和支持，以及在本书出版过程中所付出的辛勤劳动。

由于能力有限，本书难免还存在很多不足之处，恳请读者批评指正，并将意见和建议反馈给我们，帮助我们改进。若需要编者提供本书的课件，请发送邮件至：ljqzsf2011@ qq. com。

编　者

目录 CONTENTS

第7章 / 189

假设开发法

第8章 / 221

路线价法

第1章 绪论

【教学目的】通过对本章的学习，学生掌握房地产的概念、特征与类型；了解房地产估价的概念和目的，以及房地产估价的必要性。
【重点难点】重点在于房地产的概念、房地产估价的概念。难点在于房地产的特性、种类。
【能力点描述】熟悉房地产估价的基本概念和发展历史；能运用所学知识判定哪些房地产需要估价；具备房地产估价工作的基本知识和技能。

1.1 房地产的概念和特性

参照有关文献，对房地产的概念和特性做如下梳理。

1.1.1 房地产的概念

房地产是房产和地产的总称。房地产在物质上是由土地及土地上的建筑物和构筑物构成的，在经济学上也叫不动产。国家标准《房地产估价规范》对房地产是这样定义的：土地、建筑物及其他地上定着物，包括物质实体和依托于物质实体上的权益。

1. 房地产的含义

关于房地产的含义，可以从狭义和广义两个方面来理解。狭义的房地产是指土地及地上、地下的各种建筑物；广义的房地产是指作为财产的房地产和附着在其上面的各种权益及其经营活动的总称。在本书中，我们取广义的含义，这样有助于我们对房地产行业的全面认识和整体把握。

广义的房地产包括四个方面的含义：

1）房地产是房产和地产的有机结合，房依地而建，地为房之载体，房地不可分离。

2）房地产是财产和财产权利的有机结合，如占有权、使用权、租赁权、抵押权等。

3）房地产作为房产与地产的统一体，以地产为主，地产是核心。

4）房地产既有财产属性，又有商品属性和经营属性。

2. 房地产的三种形式——土地、建筑物、房地

我们主要使用房地产、房地、土地和建筑物几个关键词，其含义分别如下：

（1）房地产　可指土地，也可指建筑物，还可指土地与建筑物的合成体。

（2）房地　专指土地与建筑物的合成体。

（3）土地　仅指土地部分。

（4）建筑物　仅指建筑物部分，是指人工建筑而成，由建筑材料、建筑构配件和建筑设备（如给水排水、卫生、燃气、照明、空调、电梯、通信、防灾等设备）等组成的整体物；包括房屋和构筑物两类。

3. 房地产与不动产、物业的区别

“物业”一词原出自我国香港地区及东南亚一带。房地产由于其位置固定、不可移动，通常又被称为不动产，英文名称为 Real Estate 或 Real Property。在英语中，Real Estate” 一词具体是指土地及附着在土地上的人工构筑物和房屋；Real Property 一词具体是指 Real Estate 及其附带的各种权益，其含义为财产、资产、地产、房产、产业等，包括所有权以及与此相关的保有权、享用权、管理权、处分权等。

房地产与物业既有着本质的联系，又存在不同之处，主要体现在两者的使用上。物业一般是指某项具体的建筑物及相关的场地，房地产则一般泛指一个国家、地区或城市所有的房产与地产。物业通常用于个体，房地产通常用于整体。

阅读材料

房地产的内涵

房地产是个古老而又年轻的概念。说其古老，是因为早在人类经济社会的初期，作为物质形态的房地产就已经出现了；说其年轻，是指房地产这一概念作为经济范畴出现的时间较短。

房地产这一概念的深刻内涵是什么呢？综合目前学术界的主要观点和实际经济活动的需要，必须从房地产的物质实体和房地产的权益两方面来综合理解。

（1）房地产的物质实体　在资源相对稀缺的经济社会中，人们利用各种生产要素生产物品和劳务的根本目的，是满足人们的各种愿望和需要，正如法国古典经济学家让·巴蒂斯特·萨伊所说：“生产不是创造物质，而是创造效用。”所谓效用，就是指人们从消费物品或劳务中获得的满足程度。房地产作为一项经济产品，在人类经济社会的远古时期就开始出现并不断丰富和完善，其存在的合理性在于它为人们创造和生产出了各式各样的物质空间，人们需要利用这些空间更有效地从事各种生产和生活活动。房地产的基本物质功能就是提供各种房屋服务。所谓房屋服务，是指由房屋建筑的各种属性及房屋周围的区位因素所构成的一定质量的房屋，给使用者带来的效用、满足或服务。对房屋服务的需求，是人类社会和经济发展的基本需求。

（2）房地产的权益　如果仅从物质实体的角度去理解房地产的概念，其实并不困难，但这并不代表就真正认识了房地产，因为在市场经济中，物的完整内涵绝不仅指物质实体，还必须包含权益。权益是指权利、利益和收益，是物品中无形的部分。与一般物品相比，房地产权益在设立、公示、分离、变更和实现等方面都有着很大的不同，权益状况对房地产的市场价值有着重要的影响。

1）房地产的物权是以登记为公示方法，而大多数物品的物权则是以占有为公示方法。

在物权设立上，我国《物权法》第九条规定：“不动产物权的设立、变更、转让和消灭，应当登记；未经登记的，不发生法律效力，但法律另有规定的除外。依法属于国家所有的自然资源，所有权可以不登记。”第十四条规定：“不动产物权的设立、变更、转让和消灭，依照法律规定应当登记的，自记载于不动产登记簿时发生效力。

2）房地产所有权在我国目前的土地管理制度下是不存在的物权种类，房地产权利人仅仅是对房地产构成中的房屋拥有所有权，而对房屋所占用的土地只拥有使用权。任何房屋所有权人其实都不能完全按照自身的意愿来行使房屋的所有权权能，房屋所有权的完整实现受到了土地使用权的限制。

3）房屋所有权的各项权能可以发生分离，但分离后会对房地产的市场价值和处分带来很大影响。

所有权是占有、使用、收益、处分这四种权能构成的有机体。

4）房地产可以依法设立抵押权，但抵押权的设立限制了房屋所有权的效用。

综上所述，从经济活动的角度上讲，房地产这一概念绝不能仅从土地、建筑物及其他地上定着物的物质实体的范畴去理解，还必须从权益方面加以深刻认识。尽管从本质上说，所有有形资产和物品都是物质实体和权益的综合体，但比较而言，房地产的权益更为复杂，权益对价值起着决定性的影响。因此，房地产概念的内涵应该概括为：土地、建筑物及其他地上定着物及其衍生的权益。

1.1.2 地产的概念

地产是指能够为其权利人带来收益或满足其权利人工作或生活需要的土地资产。

1. 定义

土地是指地球外壳的表面及其上下空间，或是地球陆地表面由地貌、土壤、岩石、水文、气候和植被等要素组成的自然历史综合体，它包括人类过去和现在的种种活动的结果。这一定义包括以下几层含义：①土地是综合体；②土地是自然的产物；③土地是地球表面具有固定位置的空间客体；④土地是地球表面的陆地部分；⑤土地包括人类过去和现在的活动结果。

2. 土地利用的三大制约

（1）土地使用管制　对于房地产估价来说，有意义的土地使用管制主要是耕地转为非耕地、农用地转为建设用地，以及城市规划。

（2）土地权利设置　土地权利设置，一是要实现土地权利设置的公平和效率；二是要保障经济的可持续发展。

中国大陆目前主要有所有权、使用权、租赁权、抵押权、典权、地役权。其中，所有权属于自物权，其余属于他物权。他物权是对他人之物所拥有的权利，是对所有权的限制。

（3）相邻关系　在现实中，主要存在两类相邻关系：①通风、采光、排水、排污的相邻关系。例如，相邻关系人在建造建筑物时，应当照顾到相邻人的实际需要，与相邻建筑物保持适当的距离并且适当限制其高度，不得妨碍相邻建筑物的通风、采光和日照。②险情危害的相邻关系。

3. 对一块土地的基本认识

一块土地，包括：坐落；面积；形状；四至；地势；周围环境、景观；利用现状；土地权利状况；地质和水文状况；基础设施完备程度和土地平整程度；土地使用管制；其他等。

（1）坐落　包括所处的区域和具体地点，可从国家、地区、城市、邻里、地点五个从宏观到具体的层次来认识。

（2）面积　此为依法确认的面积，通常以平方米（m^2）表示。

（3）形状　通常用图（如宗地图）来说明。

（4）四至　对其描述的顺序最好为东、南、西、北。

（5）地势　包括地势高低、自然排水状况、被洪水淹没的可能性等。

（6）周围环境、景观　通常用图片来说明。

（7）利用现状　包括现状用途；土地上有无建筑物、其他附着物；如果有建筑物、其他附着物，还需要进一步了解该建筑物、其他附着物的情况。

（8）土地权利状况　在中国大陆目前的土地制度下，主要需要了解该宗地是国家所有的土地还是农民集体所有的土地；是出让土地使用权还是划拨土地使用权；属于出让土地使用权的，其剩余土地使用年限有多长及可否续期；土地取得手续是否完备；是否抵押、典当或为他人提供担保；是否涉案；产权是否有争议；是否为临时用地；是否属于违法占地等。

（9）地质和水文状况　包括地基的承载力、地下水位的深度等。

（10）基础设施完备程度和土地平整程度

（11）土地使用管制　对于城市建设用地，土地使用管制即为城市规划限制条件，主要包括：土地用途；建筑高度；容积率；建筑密度；建筑后退红线距离；建筑间距；绿地率；交通出入口方位；停车泊位；建筑体量、体型、色彩；地面标高；其他要求。

（12）其他　例如临街商业用地还需要了解其临街宽度和深度。

对于一般土地，可了解上述（1）~（8）项；对于待开发或再开发的土地，还需要了解（9）~（11）项。

1.1.3　房地产的特性

1. 土地的特性

土地的自然特性是土地自然属性的表现，是土地所固有的，与人类对土地的占有和利用状态无关。土地的经济特性则是在人类利用土地过程中产生的，是人类社会的各种经济关系在土地方面的反映。土地的双重属性还可以从另一个角度来理解，即土地既是社会资源，又是社会资产。在土地使用中要实行资源和资产并重的原则。

（1）土地的自然特性

1）承载力。所谓承载力，就是负荷各种物品，使其发挥功能的能力，又称为支持力或承受性。

2）肥力。肥力也称土地的养力，就是供给植物生长、繁殖所需养分的能力。

3）位置固定性。这就要求人们必须因地制宜地利用土地，它决定了土地市场是一种不完全的市场，即不是实物交易意义上的市场，而只是土地产权流动的市场；也决定了土地价格具有明显的地域性特征。

4）不可移动性。土地为不可移动的物质，这一特性使土地利用形态严格地受到位置的限制。它使土地有优劣之分，更因此产生级差地租。

5）数量固定性。土地是自然的产物，具有原始性，不可能再生产。在市场经济中，这项权利除独占者外，其他人除非支付相当的代价，否则无法享受。

6）耐久性。耐久性也称生产力永续性。因土地具有这种特性，所以可给其占有人带来永续不断的收益。不过，如果使用不当，会造成土地无法用于某种特定用途；如果对自然环境过度利用，土地利用条件会恶化，在人类现有技术条件下可能无法恢复，从而使土地无法有效利用。

7）个别性。个别土地所具备的生产条件或利用价值有很大的差异。因此，土地不能实现完全的替代，致使土地市场不能实现完全的竞争，所形成的价格也受个别情况所左右。

8）土地质量的差异性。这个差异导致土地地租产生。

9）土地区位的差异性。不同地区、不同区位的土地的肥沃程度、地质地貌状态、气候条件以及位置优劣等是条件不同的，由此造成土地较大的自然差异性。反过来，不同区位的土地又要求不同的土地利用状态，这样组合起来形成纷繁复杂的土地利用状态。

10）土地资源的不可再生性。土地是自然的产物，是不可再生资源。

11）土地面积的有限性。所谓土地的有限性是指从整体上讲，相对于人类社会对土地的需求而言，土地是不会增加也不可再生的。土地是自然的产物，人类不能创造土地。

12）土地永续利用的相对性。土地的这种永续利用性是相对的，只有在利用过程中维持土地的功能，才能实现永续利用。

（2）土地的经济特性（人文特性）　土地资源是土地被人类开发、利用、治理、保护、经营、管理的部分，在与人类发生关系的过程中，具有了与其他生产要素一样的社会经济属性。

1）用途的多样性。用途的多样性导致土地收益的差异。

2）社会经济位置的可变性。影响土地资源社会经济位置的因素：交通、生活环境、相对距离等可变，导致土地的社会经济位置可变。

3）土地经济供给的稀缺性。土地自然具有的有限性、差异性、固定性等特点限制了土地的总供给，使土地特别是城市土地成了一种稀缺性资源。

4）土地权属的可垄断性。土地的所有权和使用权都可以被垄断。由于土地具有可垄断性，因此在土地所有权或使用权让渡时，就必然要求实现其垄断利益，在经济上获得收益。

5）土地利用的多方向性。一块土地的用途是多种的，可以作为商业用地、工业用地、住宅用地及其他用途。土地利用的多方向性客观上要求在房地产估价中需要确定土地的最佳用途。

6）土地效益的级差性。土地质量具有差异性→不同区位土地的生产力不同→经济效益上具有级差性。

7）土地的区位可变性。例如，历史上的某些商业、文化中心可能演变为当代的旅游区，历史上的不毛之地可能演变为当代的工业中心等。土地的区位可变性特性在城市土地区位方面表现得尤其明显，土地区位会随着城市的发展及基础设施的建设，特别是交通、通信、公共基础设施的建设和发展而出现巨大的变化。

8）土地经营的垄断性。土地经营的垄断性会为土地所有者提供额外的利益，这种经济利益的安排、协调、冲突等对社会经济的各个方面会产生巨大的影响。

9）土地用途变更的困难性。土地用途变更的困难性告诉人们，在编制土地利用规划确定土地用途时，要认真调查研究，充分进行可行性论证，以便做出科学、合理的决策，杜绝主观随意性，避免会造成较大的损失和浪费。

10）土地增值性。在土地上追加投资的效益具有持续性，而且随着人口增加和社会经济的发展，对土地的投资具有显著的增值性。因此，有人说，对土地的投资是风险最小的投资。

土地的增值性是从土地价值变化的总体趋势来说的，它是波浪式的，不排除土地价值随着社会经济发展的波动而波动。生态环境恶化会使土地价值降低，过度投机甚至可能使土地贬值。在某些情况下，土地价值出现连续下降也是可能的。

11）土地报酬递减性。在一定的技术水平下，连续在一块土地上投资，若超过一定限度就会引起成本增加、收益递减。在农业中这是很明显的，在建筑业中也是如此。不过，土地的报酬递减性在不同的历史时期、不同的技术水平下表现是不同的，只有在技术水平给定的情况下才是成立的。该特性要求人们在增加对土地的投入时，必须寻找在一定技术、经济条件下投资的适合度，确定适当的投资结构，并不断改进技术，以便提高土地利用的经济效益，防止出现土地报酬递减的现象。

（3）土地的社会属性　人类在利用土地的过程中，总是要反映出一定的社会中的某种生产关系，包括占有、使用、支配和收益的关系。土地的占有、使用关系在任何时候都是构成社会土地关系的基础，进而反映社会经济性质。土地的这种社会属性，既反映了进行土地分配和再分配的客观必然性，也是进行土地产权管理、调整土地关系的基本出发点。

2. 城市土地的特性

城市土地与一般土地利用表现出不同的特性，具体表现在以下几个方面：

（1）城市土地利用的集聚性　简单来说，城市土地利用的集聚性是指城市经济活动在空间上集中，土地利用集约化。集聚性带来的另一种影响在于大量人口和企业争夺有限的空间资源，从而带来了各种集聚成本，主要表现在土地费用提高、交通运输费用增加、交易费用提高等。

（2）城市土地利用的高成本性　例如，在成熟城市中进行住宅区开发，需要协调各类城市基础设施（如自来水、污水排放、电信、电力、交通、公用设施、生活服务设施）等多方面的关系，因而完成房地产开发要耗费巨额的协调成本。同时，城市土地的有限性与城市扩张对土地需求量的增长，促使地价不断上升，因而提高商务成本，甚至推动房价上涨。

（3）城市土地利用的高冲突性　从本质上看，城市土地利用的高成本性来源于其高冲突性。各土地利用相邻关系方存在不同的利益诉求，在狭窄的城市空间内容易产生冲突。

（4）城市土地利用的综合性　综合性表现在各种用地类型（如居住、商业、办公、交通、基础设施、行政等）需要综合协调，土地利用要与城市人口规模及其发展变迁相统一，这要求城市土地利用要有超前的规划，同时要协调城市经济发展与城市生态环境保护之间的关系。

3. 房地产的特性

房地产的特性主要取决于土地的特性，它是以土地的特性为基础的。从房地产估价和把握房地产价值的角度来看，房地产的特性主要有以下几点：

（1）不可移动性（又称位置固定性）　房地产要受制于其所在的空间环境（邻里及当地的社会经济），所以，房地产市场不存在全国性市场，更不存在全球性市场，而是一个地区性市场（城市房地产一般是以一个城市为一个市场），其供求状况、价格水平和价格走势等都是当地的，在不同地区之间各不相同。

（2）独一无二性　房地产的不可移动性，派生出了其独一无二性。可以说没有两宗房地产是完全相同的。即使两处的建筑物一模一样，但由于坐落不同，周围环境、景观不同，这两宗房地产实质上也是不相同的。

（3）寿命长久性（长期使用性）　由于具有寿命长久性，房地产可以给其占用者带来持续不断的利益。但需要说明的是，从具体占用者的角度来看，土地在有些情况下是有寿命的，特别是通过政府出让方式取得的土地使用权是有期限的。我国规定土地使用权出让的最高年限，居住用地为 70 年；工业用地为 50 年；教育、科技、文化、卫生、体育用地为 50 年；商业、旅游、娱乐用地为 40 年；综合或者其他用地为 50 年。

对此点的认识在房地产估价上具有重要意义，如位置很好、建筑物也很好的房地产，可能由于土地使用年限较短而价值很低。

（4）供给有限性　房地产的供给有限性使得房地产具有独占性。在市场经济中，这项权利除了占用者之外，他人除非支付相当的代价，否则无法享有。要增加房地产的供给，一是向更远的平面方向发展，如向郊区发展；二是向更高的立体方面发展，如增加建筑物的高度或密度。但这些又要受到资金、交通、建筑技术、环境等的制约。

（5）用途多样件　用途多样性主要是空地所具有的。土地上一旦建有建筑物，用途即被限定，一般难以改变。多数土地就其本身来看，可以用于多种不同的用途。从经济角度来看，土地利用选择的一般顺序是：商业、综合、居住、工业、耕地、牧场、牧地、森林、不毛荒地。

（6）相互影响性　相互影响性也就是经济学上所讲的外部性或外部影响。外部影响有正有负。房地产由于具有相互影响性，外部性问题突出。

（7）易受限制性（易受政策限制性）　房地产市场受国家和地区政策影响较大。城市规划、土地利用规划、土地用途管理、住房政策、房地产信贷政策、房地产税收政策等都会对房地产的价格产生直接或间接的影响。

政府对房地产的限制一般是通过下列四种特权来实现的：

1）管制权。如通过城市规划对土地用途、建筑高度、容积率、建筑密度和绿地率等做出规定。

2）征收权。

3）征税权。

4）充公权。房地产易受限制性还表现在它难以逃避未来制度、政策变化的影响。

（8）价值量大（大量投资性）　房地产的单位价值高，总体价值大，其投资数额是可观的。

（9）流动性差（不易变现性）　由于房地产位置固定性、用途不易改变等，房地产不像股票或外汇那样可以迅速变现，其变现性较差。

由于房地产的价值高，加上不可移动性和独一无二性，使得同一宗房地产的买卖不频繁，一旦需要买卖，要花费相当长的时间来寻找合适的买者和进行讨价还价。

（10）保值增值性　房地产具有保值性，它能抵抗通货膨胀，即投入的资金的增值速度能抵消货币的贬值速度。

房地产具有增值性就是房地产价值在较长时间序列上呈现上升趋势的规律。这主要归功于房地产的重要组成部分——土地。从长期来看，土地的价值呈上升走势的原因是：①由于土地资源的有限性和固定性，制约了对房地产不断膨胀的要求，特别是对良好地段物业的需求，导致价格上涨；②对土地的改良和城市基础设施的不断完善，使土地原有的区位条件改善，导致土地增值。

房地产的保值增值性是从房地产价格变化的总体趋势来说的，是波浪式上升的。

（11）投资风险性　房地产投资的风险主要来自三个方面：①房地产无法移动，建成后又不易改变用途，如果市场销售不对路，容易造成长期的空置、积压；②房地产的生产周期较长，从取得土地到房屋建成销售，通常要 3 ~ 5 年的时间，在此期间影响房地产发展的各种因素如果发生变化，都会对房地产的投资产生影响；③自然灾害、战争、社会动荡等，都会对房地产投资产生无法预见的影响。

阅读材料

各类房地产特点比较

分别从销售方式、面积特点、坐落区域、设施及需求客户特点等几方面进行比较阐述。

（1）公寓房（包括普通公寓住宅、酒店服务公寓）

销售方式：出售（主要）、租赁。

面积特点：100 ~ 200m^2。

坐落区域：城市居住聚集区。环境较为安静、生活设施齐全、交通便利。

设施：民用水、电、燃气、电话。

需求客户特点：主要为本市常住居民。

（2）办公房

销售方式：租赁（为主）、出售。

面积特点：面积变化幅度较大，一般从几百 m^2 到上千 m^2。

坐落区域：金融区。交通便利，具有大量停车位。

设施：电、水、多条电话线路、商务服务设施。

需求客户特点：本地具有法人资格的公司、外地公司办事处等。

（3）花园别墅

销售方式：出售（为主）、租赁。

面积：250 ~ 450m^2。

坐落区域：市郊结合部，交通便利，无环境污染。

设施：燃气、水、电、电话、花园等。

楼层：1 ~ 2 层。

需求客户特点：外籍、外地商人及本国富有的人。

（4）商铺

销售方式：租赁（为主）、出售。

面积特点：形式多样，面积变化幅度很大。独立铺面面积一般在 100m^2 左右，大型购物中心面积约为几万 m^2。

存在形式：独立门面店铺、商场、购物中心。

坐落区域：商业氛围较浓，人员流动量大，交通便利，同行少，潜在消费者的消费层次与商品定位较吻合。

设施：水、电、电话。

需求客户特点：本地、外地的商品零售商等。

物业特点：橱窗大、门面宽、进深小。

（5）厂房、仓库

销售方式：租赁、出售。

面积特点：一般面积很大，从几千 m^2 到上万 m^2。

物业特点：交通便利（靠近码头、高速路）、大型车辆出入方便、层高较高、防潮、价格便宜。

设施：水、电、电话等。

需求客户特点：加工工厂主、超市、娱乐经营商等。

1.2 房地产的类型

参照有关文献，对房地产的类型做如下梳理。

1.2.1 房产的类型

1. 房产实体的类型

（1）住宅建筑物 住宅建筑物可细分为普通住宅、高级公寓、花园别墅等。

（2）生产用房 生产用房是指社会各类物质生产部门作为基本生产要素使用的房屋，包括工业、交通运输和建筑业等生产活动中使用的厂房、仓库、实验室等。

（3）办公用房 办公用房是指为政府行政部门、事业部门、社会团体以及企业公司等处理日常事务和从事社会经济活动提供服务的房屋，亦称写字楼。

（4）商业用房 商业用房是指供出售商品使用的房地产，如商铺、商场、购物中心、超级市场、批发市场等。

（5）其他楼宇 其他楼宇是指以上各类楼宇以外的各种用途的房屋，如外国驻华机构用房、宗教用房等。

2. 房产权益的类型

（1）土地所有权 土地所有权是指土地所有者在法律规定的范围内，对其拥有的土地享有占有、使用、收益和处分的权利。

（2）占有权 占有权是指对于房屋的实际持有和控制，它是使用财产的前提条件。

（3）使用权 使用权是指按照财产的性能和用途行使利用的权利，以满足人们生产和生活的需要。

（4）收益权 收益权是指凭借所有权而取得的经济收入或利益，如房屋所有权人将房屋出租而收取的租金。

（5）处分权 处分权是决定财产在事实上和法律上的存在形式和运动方向的权能，只有财产的所有人才具有财产的处分权。

1.2.2 地产的类型

1. 土地实体的类型

（1）居住用地　居住用地是指住宅区内的居住建筑本身用地，以及与居住建筑有关的道路用地、绿化用地和公共建筑用地。

（2）工业用地　工业用地主要是指工业生产用地，包括工厂、动力设施及工业区内的仓库、铁路专用线和卫生防护地带等。

（3）仓储用地　仓储用地是指专门用来存放各种生活资料和生产资料的用地，包括国家储备仓库、地区中转仓库、市内生活供应服务仓库、危险品仓库等。

（4）交通用地　交通用地是指城市对外交通设施用地，包括铁路、公路线路及相关的防护地带等用地。

（5）市政用地　市政用地是指用于建造各种公共基础设施的用地，包括城市供水、排水、道路、桥梁、广场、电力、通信、供热等基础设施使用的用地。

（6）商业服务用地　商业服务用地是指为整个城市或小区提供各种商业和服务业的用地，包括商店、超级市场、银行、饭店、娱乐场所等。

（7）公共绿化用地　公共绿化用地是指城市区域内的公园、森林公园、道路及街心的绿化带等占用的地产。这类用地主要是为改善城市生态环境和供居民休憩使用。

（8）教科文卫设施用地　这类用地包括各类大、中、小学用地，独立使用的科学研究机构用地、实验站、体育活动场所、卫生医疗机构等的地产。

（9）港口码头用地　港口码头用地主要是货运、客运码头、民用机场等用途的地产。

（10）军事用地　军事用地是指为军事活动提供服务的用地，属特殊用地。

（11）其他用地　其他用地是指不属于以上项目的其他城市用地，包括市区边缘的农田、牧场、空地等。

2. 土地权益的概念与划分

（1）土地所有权　土地所有权是指土地所有者在法律规定的范围内，对其拥有的土地享有占有、使用、收益和处分的权利。在我国，土地所有权可分为国有土地所有权和集体土地所有权两类。国有土地是指属于国家所有即全民所有的土地，国家是国有土地所有权的唯一主体，用地单位或个人对国有土地只拥有使用权，没有所有权。集体土地是属于农村居民集体经济组织所有的土地，集体土地所有权的主体是农村居民集体。

（2）土地使用权　国有土地所有权不能进入房地产市场流转，而土地使用权可以转让。地价一般是土地使用权的价格。土地使用权出让是指国家以土地所有者的身份将土地使用权在一定年限内让与土地使用者，并由土地使用者向国家支付土地使用权出让金的行为。土地使用权转让是指土地使用者将土地使用权再转移的行为，包括出售、交换和赠与。土地使用权出租是指土地使用者作为出租人将土地使用权随同地上建筑物、其他附着物租赁给承租人使用，由承租人向出租人支付租金的行为。未按土地使用权出让合同规定的期限和条件投资开发、利用土地时，土地使用权不得出租。土地使用权抵押时，其地上建筑物、其他附着物随之抵押。地上建筑物、其他附着物抵押时，其使用范围内的土地使用权随之抵押。

1.2.3 房地产的具体类型

1. 按用途划分

房地产按其用途来划分，主要分为下列十类：

（1）居住房地产　居住房地产根据其建筑标准、功能等档次不同可分为普通住宅、高档公寓、别墅等。随着我国住房制度的改革，普通住宅房地产将获得长足的发展。

（2）商业房地产　商业房地产包括各种商用店铺、商业楼宇、写字楼、饭店、旅店、购物中心、电影院、展览中心、娱乐设施、健身中心、超级市场、批发市场等及其占用土地。这类房地产的服务范围主要是第三产业，随着我国的产业倾斜政策及第三产业的发展，这类房地产的供给和需求都将比较活跃。商业房地产又具体细分为：

1）旅馆房地产：包括饭店、酒店、宾馆、旅店、招待所、度假村等。

2）餐饮房地产：包括酒楼、美食城、餐馆、快餐店等。

3）娱乐房地产：包括游乐场、娱乐城、康乐中心、俱乐部、夜总会、影剧院、高尔夫球场等。

（3）工业和仓储房地产　工业和仓储房地产包括工业厂房、仓库和生产用构筑物（如水池、水塔、桥梁、烟囱、水井）等。近年兴起的投资于开发区的房地产基本属于此类型，此类投资一般都是以满足工业生产需要为目的进行土地开发或直接修建标准厂房，进而出售。

（4）农业房地产　农业房地产包括农地、农场、林场、牧场、果园等。

（5）特殊用途房地产　特殊用途房地产包括车站、机场、医院、学校、教堂、寺庙、墓地等。

（6）综合房地产　综合房地产是指具有两种或两种以上用途的房地产，主要包括用于居住、商业、旅游、工业、农业、特殊目的等用途的房地产。

2. 按收益划分

（1）收益性房地产　收益性房地产是指能直接产生租赁或其他经济收益的房地产，包括商店、商务办公楼、公寓、旅馆、餐馆、影剧院、游乐场、加油站、厂房、农地等。

（2）非收益性房地产　非收益性房地产是指不能直接产生经济收益的房地产，如私人宅邸、未开发的土地、政府办公楼、教堂、寺庙等。

收益性房地产与非收益性房地产的划分，不是看它们目前是否正在直接产生经济收益，而是看这种类型的房地产在本质上是否具有直接产生经济收益的能力。例如，某幢公寓或某座商务办公楼，目前尚未出租出去，没有直接产生经济收益，但仍然属于收益性房地产。

3. 按经营使用方式划分

房地产按其经营使用方式划分，主要分为下列四类：

1）出售型房地产。

2）出租型房地产。

3）营业型房地产。

4）自用型房地产。

这种分类对于选用估价方法特别有用。例如，出售型房地产可以采用市场比较法估价；

出租型房地产和营业型房地产可以采用收益法估价；自用型房地产可以采用成本法估价。

4. 按存在形态划分

从存在形态上可将房地产分为以下三种类型：单纯的房产、单纯的地产和房地结合的房地产。对于每一种存在形态，还可根据其用途不同进行细分。

5. 按开发程度划分

房地产按其开发程度划分，主要分为下列五类：

（1）生地　生地是指不具有城市基础设施的土地，如荒地、农地。

（2）毛地　毛地是指具有一定城市基础设施，但地上有待拆迁房屋的土地。

（3）熟地　熟地是指具有完善的城市基础设施、土地平整、能直接在其上进行房屋建设的土地。

（4）在建工程　在建工程是指地上建筑物已开始建设但尚未建成、不具备使用条件的房地产。该房地产不一定正在建设，也可能停工多年。

（5）现房（含土地）　现房是指地上建筑物已建成、可直接使用的房地产。它可能是新的，也可能是旧的。

1.3 房地产估价的概念和必要性

参照有关文献，对房地产估价的概念和必要性做如下梳理。

1.3.1 房地产估价的概念

房地产估价，全称为房地产价格评估，简称房地产评估。台湾地区称其为不动产估价，其实是一个意思。房地产估价，是指专业估价机构根据估价目的，遵循估价原则（法定或公允的标准），按照估价程序，选用适宜的估价方法，并在综合分析影响房地产价格因素的基础上，对房地产在估价时点的真实、客观、合理价格或价值进行估算和判定（评定、估计、推测、判断）的一种活动。

可见，这里所讲的房地产估价是一种非常正规的专业化活动，它不是任何人都可以从事的工作。此外，房地产经纪人从事经纪活动时，必不可少地也会运用各自的市场经验，对所代理、经纪的房地产进行一番价格估计。诸如此类的房地产估价与本节所讲的房地产估价是不同的，可称其为非正规的估价。它与正规的房地产估价的区别主要有以下几方面：第一，实施主体不同。第二，实施方法不同。第三，估价结果的表现方式不同。第四，法律效力和责任不同。

阅读材料

房地产估价的本质

——房地产估价是提供价值意见而不是做价格保证

房地产估价是房地产估价师以房地产价格专家的身份发表自己对估价对象价值的见解、看法或观点，即估价结果是一种专业意见，而不应被视为房地产估价师或房地产估价机构对估价对象在市场上可实现价格的保证。

虽然估价是提供价值意见而不是做价格保证，但并不意味着估价师和估价机构可以不负任何责任。估价专业意见的作用按其性质可以分为两类：一类是咨询性或参考性的；另一类是鉴证性或证据性的。其中，估价师和估价机构对起鉴证性或证据性作用的估价承担的法律责任，一般要大于起咨询、参考性作用的估价承担的法律责任。

目前，已有一些法律、法规规定了包括房地产估价在内的资产评估的法律责任，如《中华人民共和国刑法》第二百二十九条、《中华人民共和国证券法》第一百七十三条。

1.3.2 房地产估价的基本要素

主体、客体、目的、标准、程序、方法、信息和时价是房地产估价的八大基本要素。

1. 主体

房地产估价的主体是估价的执行者，就是进行估价的机构，即估价人。房地产估价的主体主要有：房地产评估公司及国家授权的资产评估公司、会计事务所、审计事务所及其他咨询机构。根据《国有资产评估管理办法》的规定，房地产评估主体，必须获得省级及以上国有资产管理部门颁发的国有资产评估资格证书，才能从事国有资产的评估业务。目前，我国的房地产评估主体资格管理，分为临时评估资格和正式评估资格两级。前者是准评估主体，临时评估资格为一年。

为了做好房地产估价，估价主体不仅要通晓房地产估价的理论、方法、技巧，具备经济、会计、规划、建筑以及物业制度政策、开发经营、消费习俗等多方面的知识，还需要能够实现理论与实践的高度结合。国家要求从事房地产估价工作的人员具有相应的专业资格，并对注册房地产估价师和注册资产评估师实行资格认证和注册登记制度管理。要想成为注册房地产估价师或注册资产评估师，除了必须有合乎要求的学历、专业背景外，还须具有规定的工作年限，并通过全国性的专业考试。

阅读材料

补充资料

房地产估价师不仅要懂得房地产价值及其评估方法，而且要具备有关房地产价格及其影响因素的专业知识和经验，了解房地产市场状况。所以，房地产估价师还是房地产价格专家、房地产市场分析专家和房地产投资顾问。人们通常还会要求房地产估价师承担房地产市场调研、房地产投资项目可行性研究、房地产开发项目策划、房地产资产管理等业务。目前，英国估价行业判断估价准确性的途径是考察估价师的估价过程而不是估价结果。例如，估价师是否遵守了行业标准，是否明确地告知委托人估价过程和估价结果的性质和有限性。事实上，不同的估价师采用不同的假设，是造成很多情况下同一估价对象在同一估价目的、同一估价时点的评估价值不相同的重要原因。

2. 客体（对象）

房地产估价的客体（对象）是指被评估的各类物业，包括国家、集体组织和个人拥有的物业。被评估的物业既涉及房屋所有权及土地使用权，也涉及物业的其他权利，如租赁权、抵押权、及其他权利；既可以是企业拥有的资产，也可以是其他单位和个人所有的财产。被评估的物业按用途来划分，可分为住宅、商铺、办公楼、酒店、停车场、厂房、仓库、娱乐场所及其他经营场所等。

房地产估价的客体就是房地产，包含房产和地产。房产是具有一定产权关系的房屋和建筑物的总称。它包括房屋建筑和产权两个方面的含义。房地产中的“房”是房屋、其他建筑物、构筑物及相关基础设施的代名词或总称。在房地产估价分类中，对于“房”这个部分应分为房屋和设施两个方面，即用“设施”一词反映除房屋以外的其他建筑物和设施，如水塔、水池、路、桥、烟囱等，以规范房地产评估报表和房产结构的归类以及相关的分析和评估工作。地产，是具有一定权属关系的土地范畴。在估价中，地产中的“地”一般是指与房屋相关联的“地皮”，它是地产的物质形态，包括地表及其有限的上部空间。地产中的“产”是指产权，包括所有权、使用权、收益权和处置权四个方面。在房地产估价中，对房地产客观的认识和表达，尚未规范化，主要表现是：

1）在物质内容上对房地产的归类五花八门，或流水账式的记录。

2）对房地产产权表述模糊。

3）对估价客体表达不统一。

3. 目的

房地产估价目的，是指估价结果的期望用途，或是指为何种需要而评估房地产的价格。房地产估价的总目的是为房地产交易提供符合国家政策的、公正的价格尺度。具体说，房地产估价的直接目的是：为清产核资，加强房地产的管理服务；为组建中外合资合作经营企业，在平等互利的基础上确定双方的合法权益服务；为建立股份制企业、联合经营企业、集团公司，核实各方资产权益，确定利润分配依据服务；为完善承包经营、租赁经营方式，正确核定发包、出租资产额度，处理承发包、租赁双方关系及其经济利益服务；为广泛开展房地产出售、租赁、抵押，土地使用权出让、转让，房地产保险及处理房地产纠纷等，提供科学的价格依据。

房地产估价目的具体可以分为土地使用权出让、作价入股、房地产转让、租赁、抵押、保险、纳税、征地和房屋拆迁补偿、房地产分割合并、房地产纠纷、房地产拍卖、投资决策及企业各种经济活动中涉及的房地产估价（如企业合资、合作、联营、股份制改组、合并和兼并等）。

在我国市场经济条件下，房地产估价的目的主要是为了解决如下问题：①物业交易（包括物业的转让、出租、抵押）；②企业经营和产权变动；③物业课税、保险；④土地（地产）与房产管理；⑤物业纠纷处理。

4. 标准

房地产估价标准，是法定或公允的估价衡量规范，包括质量标准、计量标准和价格标准。质量标准和计量标准应以国家法定标准为依据，逐步实现与国际标准接轨；价格标准，主要采用地方市场价格及地方规定的价格标准。具体地说，房屋的质量标准，应以住建部制定的标准为依据；土地质量标准，以统一的土地等级评定标准为依据；计量标准，对于房屋、土地，应以平方米（m^2）为计量单位，土地有时也可用亩作单位，价格应以人民币元为单位；价格标准，应以《国有资产评估管理办法》（国务院令第 91 号）的规定为依据，反映评估目的与评估价格之间的匹配关系，价格构成要素要体现我国财务核算制度规范的原则。

房地产估价应遵循公允的价格标准，这一价格标准是公开市场价值。公开市场价值是指在公开市场条件下，物业最可能实现的价格。因此，物业的评估价格是客观的价格，又称公平价格，而不是委托当事人或估价人员希望或认定的价格。

房地产估价目的与物业价格类型要相匹配。由于估价目的不同，即衡量物业价值的出发点不同，导致对同一物业产生不同的价值观点，从而对物业价值的计量产生各种类型的价格。正是由于衡量物业价值的角度不同，物业有下列价值类型：估定价值（课税价值）、投保价值、贷款价值、账面价值、租赁价值、市场价值、清算价值、征用价值、交换价值、使用价值等。这些价值形成的价格不仅在质上是不同的，在量上也有较大的差异。然而，房地产估价必须采用统一的价值标准，以实现正确反映价值和提供价值尺度的功能。

阅读材料

房地产估价标准

国际估价标准委员会（IVSC）制定并努力推广《国际估价标准》(International Valuation Standards，IVS)；欧洲估价师协会联合会（TEGoVA）制定了《欧洲估价标准》（European Valuation Standards，EVS)；美国估价促进会估价标准委员会制定了《专业估价操作统一标准》(Uniform Standards of Professional Appraisal Practice，USPAP)；英国的皇家特许测量师学会（RICS）制定了《评估和估价标准》(RICS Appraisal and Valuation Standards)；日本制定了《不动产鉴定评价基准》；中国制定了国家标准《房地产估价规范》，发布了《城市房屋拆迁估价指导意见》和《房地产抵押估价指导意见》等。

5. 程序

房地产估价程序，是指房地产估价全过程中各环节工作的先后顺序。房地产估价程序是指房地产估价工作中反复实践而总结出来的科学、合理的工作步骤。严格地按估价程序进行估价，能增强估价工作的计划性和条理性，减少工作中的失误和误差，提高估价工作效率，保证估价工作质量。

根据《国有资产评估管理办法》，评估程序的主要环节是：申请立项、资产清查、评定估算、验证确认。按照科学程序进行房地产估价，是既提高评估工作效率、又保证评估质量的基本条件。

6. 方法

房地产估价方法是确定房地产价格的技术规程、方式和手段。评估方法主要有市场比较法、成本法、收益法、假设开发法等。评估方法的选用要结合评估目的确定。

物业价格通常可从三个途径，即通过市场途径、成本途径、收益途径来求取，由此形成房地产估价的三大基本方法，分别是：①市场比较法，即最近时期类似的物业在市场上的交易价格如何；②成本法，即重新建造同类物业的花费如何；③收益法，即使用同类物业在将来的收益如何。各种估价方法在一定程度上相互渗透，相互联系。市场比较法在一定情况下必须通过成本途径或收益途径获取有关参数，才能进行修正计算，成本法和收益法也要从市场获取基本参数。其他估价方法如假设开发法、基准地价修正法、长期趋势法、路线价法等是在这三大基本方法的基础上派生出来的。

阅读材料

房地产估价的基本方法

就基本估价方法而言，影响比较广泛的方法体系主要有两种：美国体系和英国体系。美国体系为成本法（Cost Approach）、市场比较法（Market Comparison Approach , Sales Comparison Approach）、收益法（Income Approach）三种。

英国体系为比较法（Comparison Method , Comparative Method）、投资法（Investment Method）、剩余法（Residual Method）、利润法（Profits Method）、承包商法（Contractors Method）五种。

细究两种体系中的具体方法，英国体系的投资法和利润法可归为收益法，剩余法和承包商法可归为成本法。

7. 信息

信息是房地产估价工作的生命之源。掌握多少信息量，信息渠道畅通与否，处理加工信息能力的强弱，是衡量评估机构及其估价人员实力强弱的重要标志。加强房地产估价信息的收集、加工和积累，是房地产估价机构和估价人员的一项基础工作，是客观、公正、科学地确定房地产价格的重要保证。

8. 时价

时价，是指房地产评估基准时点的价格。它是估价人员依据估价时点，考虑各种价格因子而确定的一种静态价格。估价目的决定的估价方法不同，时价的形式也就不同。例如，重置完全价格、收益现值、市场交易比较价格等。时价的确定应抓住时点和与评估目的相匹配的价格标准两个基本要素。具体地说，对涉及产权转移的房地产估价，应采用市场比较法类比现时价格；对国有企业之间的联合、合并，不涉及产权变更的，应采用成本法重置价格，以保证国有资产核算体系的统一性及各方利益关系处理的一致性。

估价时点，是指估价结果对应的日期，或是指估价对象房地产的估价额所指的具体日期，通常以年、月、日表示。房地产市场是不断变化的，因此房地产价格具有很强的时间性，它只能是某一时点的价格。在不同的时点上，同一宗房地产往往会有不同的价格。

1.3.3 房地产估价的特点

房地产及其价格构成比较复杂，这决定了房地产估价业务具有许多特点，其中包括如下几点：

1. 房地产估价具有科学性

房地产估价建立在科学的估价理论与方法的基础之上，具有科学性。房地产估价的基本理论包括地租理论、房地产市场的供求理论、购买者行为理论、效用价值理论、生产费用价值理论、替代原理以及收益递增递减原理、生产要素组合的均衡原理、收益与分配原理和投资理论等。在这些估价理论的基础之上，又形成了一整套系统而严谨的估价方法及评估步骤，使房地产估价有章可循。

另外，在房地产估价过程中还广泛地涉及规划、建筑、结构、概算预算、法律，以及宏观经济等有关理论和知识。因此，房地产估价虽然从现象上来看是估价人员对房地产价格做出的推测与判断，但其实质并不是主观臆断，而是把房地产的客观价值通过评估活动正确地反映出来，具有很强的客观性和科学性。

2. 房地产估价的艺术性

房地产估价在独特性、不重复性、模糊性上与艺术有相似之处，那就是由于房地产本身的个别性，房地产估价也具有明显的个别性。不同的房地产估价项目之间，不能简单地相比。

房地产估价必须遵循一套科学严谨的估价理论和方法，但又不能完全拘泥于有关的理论和方法。这是因为房地产价格形成的因素复杂多变，不是简单地套用某些数学公式就能够计算出来的。房地产估价在一定程度上具有艺术性，主要体现在如下几个方面：

（1）房地产估价人员需要有丰富的经验　房地产估价是一项专业性很强的业务，估价人员必须具备丰富的经验，才能做出准确合理的判断。各类房地产都有其固有特征，各类房地产受各种因素的影响差异也较大。准确、完整地了解和掌握估价对象的实际情况离不开估价人员的经验。

准确地运用各种估价方法离不开估价人员的经验。首先，对于某一确定的待估对象，究竟选用哪几种估价方法较为适宜，以哪一种估价方法为主，都需要估价人员具备类似的估价经验。其次，在运用某种估价方法评估某一房地产时，有许多具体问题及参数需要估价师解决和确定，如运用市场比较法涉及区域因素修正、个别因素修正等，其修正系数的确定在一定程度上是估价人员依据其经验所做出的主观判断；运用收益还原法涉及租金或纯收益的调整与核定、出租率的确定以及还原利率的选取等；运用成本法时，成新率或折旧额的确定也要求估价人员具备丰富的经验。

（2）房地产估价需要很强的推理与判断能力　丰富的估价经验是顺利评估的前提，在经验基础上形成的推理判断能力在一定程度上代表着估价师的水平。在房地产估价过程中，推理判断能力不仅体现为对房地产价格规律的透彻认识，还会体现为非逻辑性，体现为估价师的超常眼力。

由于房地产价格是在多种因素综合作用下形成与变化的，这就要求估价师具有较强的综合分析与推理判断能力；房地产价格受区域市场影响较大，对区域市场的分析时往往难以获得十分准确的数据资料，一些统计规律及经验数据往往与实际情况偏差较大，需要估价师具有一定的洞察力；另外，在最终估价额的决定上，由于特殊物业（如某些特殊的商业物业）的垄断地位形成垄断价格，在分析时也离不开估价师的判断能力。

（3）房地产估价需要一定的技巧　房地产估价的技巧性一方面体现在估价过程中，另一方面则体现在如何保证评估结果的权威性，保证委托人及有关当事人能够接受合理的评估结论上。在房地产估价过程中，涉及准确核实待估房地产的权利状态，如何以最快的速度拟好估价报告，避免以后出现纠纷问题都需要估价师掌握相应的技巧。

阅读材料

房地产估价的特性

房地产估价体现出科学性与艺术性的高度统一。正因为如此，有人将房地产估价定义为：为特定目的评估房地产的特定权益于特定时间的价值的科学与艺术。

3. 房地产估价具有综合性

房地产估价的综合性主要体现在如下几个方面：

（1）房地产估价人员需要具备综合性知识　作为一名业务优秀的估价人员，除了必需的房地产经营、管理知识，以及规划、建筑结构、概算预算、法律、经济等知识外，还应该熟悉各行各业，尤其是主要工业行业的生产、技术以及设备安装、工艺流程对厂房用地的要求等知识。

（2）评估过程涉及面较广　房地产评估包括土地和建筑物的评估，而建筑物又包括建筑结构、建筑、装修、设备等多方面，对这些进行评估要考虑建筑物的重置成本，以及各方面的折旧等，还要考虑土地与建筑物的配置是否均衡、目前的使用情况是否处于最有效利用状态，以及未来的增值潜力等。

房地产评估有时不仅包括有形资产（实物房地产），也包括无形资产。例如，在评估商业大楼及写字楼时，商业信誉、商业景观以及经营管理水平等构成该房地产的无形资产，这些因素会影响房地产的价值在评估中必须重视。

大型物业如综合楼可能包括许多部分，如店铺、餐厅、歌舞厅、其他娱乐场所；对于宾馆、写字间和住宅等，在评估时要充分考虑每一部分的特殊性；对于工厂评估，估价对象不仅包括厂房及所占用的土地，还包括围墙、道路、材料堆放场、仓库、锅炉房、绿化、各种管线以及固定在房地产上的其他构筑物等。

（3）房地产估价有时需要综合作业　房地产估价有时需要估价师、结构工程师，以及建筑师、规划师等协同作业。例如在评估某些旧有房地产时，为了确定主体结构的新旧程度，离不开结构工程师的技术鉴定；在运用假设开发法评估在建建筑或待开发土地的价格时，有时需要勘察设计，在此基础上才能对土地做出比较准确的估价。

另外，房地产估价还具有一定的政策性。例如在住宅评估时，还应考虑国家的有关政策，在评估土地的出让价格时，还应考虑出让方式及有关的产业政策。所有这些也在一定程度上体现着房地产估价的综合性特点。

1.3.4　房地产价格评估的作用

由于房地产价格的一系列特性，房地产估价必须满足人们正确认识房地产价格的需要，这是房地产估价对于社会的第一个重要意义。另外，房地产估价对于房地产价格问题还起到了类似仲裁的作用。

正因为如此，房地产估价在社会经济活动中发挥着极其重要的作用，而且随着经济的发展，这种作用渗透的方面越来越广。具体而言，房地产估价的作用体现在以下方面。

1. 为房地产交易、投资、开发等房地产经济活动服务

目前，除了新建商品房销售一般不需要估价外，房地产买卖、租赁、抵押以及土地使用权转让等各类房地产交易活动，都需要对交易标的价格进行评估。房地产投资和开发过程中，取得建设用地土地使用权是重要的工作环节，也离不开对土地价格的评估。

2. 为建立股份制企业、合资、合营、国有企业转制、企业兼并、破产等经济活动服务

在建立股份制企业时，投资方常常以房地产作为股本入股，这就需要将房地产作价，而作价的依据只能来自房地产估价。此外，在企业转制、企业兼并、破产时，都需要对企业的资产进行估价，而房地产通常是企业资产很重要的组成部分，因此它也离不开房地产估价。

在市场经济条件下，各种经济活动的合作合营现象很多，如一方出土地、另一方出资金的合作建房，一方出房地产（如酒店、餐馆）、另一方出流动资金的合作经营等，这其中对作为合作条件的房地产进行价值评估，通常是合作合营的基础。

3. 为信贷、保险等金融活动服务

在信贷活动中，银行为了保证贷款的安全性常会要求贷款人提供抵押物作为信用担保，而房地产由于具有空间固定性和价值量大的特点，是非常好的抵押物。以房地产作为抵押物就必须对其价格进行评估。房地产财产保险是一项重要的财产保险项目，被投保的房地产的价值是确定保额乃至保费的根本依据，因此也离不开房地产估价。

4. 为市政建设、城市规划调整等城市建设和管理活动服务

城市道路、桥梁、地铁兴建、扩建，都不可避免地要征用土地和拆迁房屋。这就必须对被征用的土地或被拆迁的房屋进行补偿，补偿的依据就是房地产的价格，自然需要对这些土地和房屋进行估价。城市规划的调整涉及一些地块土地用途的改变，从经济效益来考虑，必须对这种变更的成本和收益进行分析，这也离不开房地产估价。而城市规划调整的实施需要拆迁房屋，因此也要进行房地产估价。

5. 为政府征税服务

与房地产有关的税种中，土地增值税、房产税或物业税、契税等税种的税费计算都依据标的房地产的价格，因此需要房地产估价服务。

6. 为处理房地产经济纠纷的司法仲裁活动服务

在市场经济环境中，房地产交易、开发以及企业合资、合营、合作中不可避免地会发生一些涉及房地产的经济纠纷，为了解决这些纠纷，经常需要对有关房地产的价格进行评估。因此，房地产估价也可以为司法活动服务。

1.3.5 房地产估价的必要性

1. 专业估价存在的基本前提

一种职业乃至一个行业的生存与发展，必须建立在社会对其有内在需求的基础上，仅靠行政命令等外在的强制要求是难以维持长久的。因此，如果社会大众无法认识或了解一种职业、一个行业存在的理由，以及这种职业、这个行业为社会福利和社会进步带来的贡献，那么这种职业、这个行业就难以在现代竞争激烈的社会中存在下去，更不用说随着社会发展而不断发展了。

虽然任何资产在交易中都需要衡量和确定价格，但并不一定都需要专业估价。对于价值量较小或者价格依照通常方法容易确定的资产，通常就不需要专业估价。

2. 理论上房地产估价的必要性

一种资产只有具备了下列两个条件才真正需要专业估价：①独一无二性；②价值量较大。其原因在于：①一种资产如果不具有独一无二的特性，相同的很多，价格普遍存在、人人皆知，或者常人依照通常方法（例如通过简单比较）便可得知，就不需要专业估价；②一种资产虽然具有独一无二的特性，但如果价值量不够大，聘请专业人员估价的花费与资产本身的价值相比较高，甚至超过资产本身的价值，聘请专业人员估价显得不经济，则不需要专业估价。

具体就房地产来讲，由于房地产具有不可移动性、独一无二性和价值高的特性，房地产市场是典型的“不完全市场”，故需要进行专业估价。房地产估价的重要性在于：它是为了建立合理的房地产交易秩序、促进房地产公平交易的基本保障，有助于将房地产价格导向正常化。

3. 现实上房地产估价的必要性

（1）房地产交易的需要　房地产交易双方为确定合理的交易价格，可以委托评估事务所进行评估，以评估价作为交易价格的参考，以避免交易双方因对房产价值的不了解，或因期望值相差太远而影响交易的正常进行。

（2）房地产抵押的需要　房地产是一种用于履行债务的良好担保金。为了知道房地产的抵押价值，银行需要从抵押贷款的角度对房地产进行估价，作为放款额度的参考，借款人也需要委托估价机构来评估，以确定其房地产的价值。

（3）房地产典当的需要　典当是出典人将自己的房地产让与他人使用、收益，以获得相当于卖价的资金（典价），但保留该房地产的所有权，待日后有能力时可以返还典价回赎该房地产；而典权人则以支付低于买价的资金（典价），取得房地产的占有、使用和收益的权利，且日后还有取得房地产所有权的可能（当典权期限届满后的一定期限内出典人未返还典价回赎的，典权人即取得房地产的所有权）。

（4）房地产保险和损害赔偿的需要　房地产保险对房地产估价的需要，一是在投保时需要评估保险价值，为确定保险金额提供参考依据；二是在保险事故发生后需要评估所遭受的损失或重置价格、重建价格，为确定赔偿金额提供参考依据。其他方面的房地产损害赔偿，如施工不慎造成邻近房屋倾斜，对房地产权利行使的不当限制（如错误查封）造成权利人损害的，也需要房地产估价。

（5）房地产税收的需要　有关房地产的税收种类很多，如房产税、土地使用税、土地增值税，房地产与其他财产合征的财产税、遗产税、赠与税等。这些税收一般是以房地产的价值为课税依据。

（6）房地产征用征收的需要　国家为公共利益的需要，可以依法对集体所有的土地实行征用或征收。国家在征用、征收这些房地产时，要给予原房地产所有者或使用者合理的补偿。要确定这些补偿额，就需要对房地产进行估价。

（7）处理房地产纠纷和有关法律案件的需要　发生房地产纠纷时，可委托具有权威性的专业房地产评估机构对纠纷案件中涉及的争议房地产的价值、交易价格、成本、租金、补偿金额、赔偿金额、估价结果等进行科学的鉴定，提出客观、公正、合理的意见，为协议、调解、仲裁、诉讼等提供参考依据。

（8）企业有关经济行为的需要　企业在合资、合作、合并、兼并、分立、买卖、租赁经营、承包经营、改制、上市、破产清算等时需要进行房地产估价。

（9）新形势下房地产管理的需要　比如在确定定期公布的基准地价、标定地价和各类房屋的重置价格时需要估价；确定如何调整土地使用权出让金时需要估价等。

（10）其他方面的需要　比如把房地产的购买价格在土地和建筑物之间进行分配，就需要进行房地产估价。

阅读材料

国外房地产估价的原因

在发达国家，当国家征用私人物业时，若市政机构与物业所有者不能就赔偿数额达成一致，估价师的估价报告是决定该物业赔偿数额的关键的依据。当一位拥有物业的人去世时，一般都要求对物业进行估价，以计算物业的纳税额；分居或离婚协议通常也要求对配偶一方或双方拥有的物业进行估价；在一些土地租赁中，开发商在很长一段时期租用一块空地，用来开发一幢房屋，土地的租金可以根据以后土地的重新估价定期进行调整；而且，在许多交易中，购买者希望得到一个独立的估价来帮助确定支付价格。下面把房地产估价的可能原因加以归纳，见表1－1。

表1－1 房地产估价的可能原因

名称	原因
1. 所有权转让	1）帮助预期出售者确定要约价格 2）帮助预期购买者决定可接受的出售价格 3）确定物业交易的依据 4）确定多份物业所有权重组合并的依据
2. 融资和信用	1）确定为一笔抵押贷款提供的物业抵押品的价值 2）为投资者购买物业抵押权证、债券或其他种类的证券提供决策依据 3）对物业抵押贷款保险提供决策依据
3. 征用程序的合理赔偿	1）确定物业整体的市场价值（征用前） 2）确定征用剩余部分的市场价值 3）估算对物业造成的损失
4. 税收事务	1）确定应税物业的价值 2）把物业分成如房屋一样的可贬值物业和如土地一样的不可贬值的物业，并估算出适当的贬值比率 3）确定赠与税或继承税的税基
5. 投资顾问和决策制定	1）设定租金目录和租约条款 2）确定一个建筑重建计划的可行性 3）帮助公司或第三方为雇员购买住房 4）满足保险公司、理赔员和投保人的需要 5）帮助公司购并者发行股票或者修正登记价值 6）确定强行拍卖中的清算价值 7）为委托人提供投资事务中关于投资目的、可选择对象、资金、限制条件和时间安排等方面的咨询建议 8）为分区规划委员会、法院和计划人员提供关于计划活动的建议 9）为争端双方提供仲裁服务 10）确定市场供给与需求趋势 11）确定物业市场的现状
6. 决定一项计划交易的价格条款	

注：资料来源：*The Appraisal of Real Estate*，摘自 *American Institute of Real Estate Appraisers* 杂志，1992年第10期，第11～12页.

1.3.6 房地产估价的种类

1. 房产评估与地产评估

房产评估是以房产为估价对象，以时价来反映其价值的技术经济活动。房产在评估中可分为两种情况：

一是房产所有权转移的估价，其评估范围包括房产本身的价格及与房产相关联的地产价格的估算。估价的结论是房产的全部价值和关联土地使用权转让价的总和。

二是保留房产所有权的房产租赁价格的评估，其实质是房产使用权零星出售价格的估算，并按房产的使用年限测定房产的出租价格。价格构成项目为：折旧费、修缮费、管理费、地租、保险费、税金和利润七个因素。

地产评估是对地产价格的估算，并以时价来反映土地财富的交换价格。地产在评估中也可分为两种情况：

一是土地产权转移价格的评估，包括土地所有权的转移和使用权的转让两种类别。前者发生在集体土地向国有土地转移的过程中，这种转移同时伴随着土地上一切附着物及土地所有权、使用权、收益权、最终处置权的转移。评估范围包括土地所有权费用、土地使用权费用（如劳动力安置费等）、附着物补偿费用（如房屋建筑补偿费、青苗补偿费等）三个方面。后者常指国有土地使用权在法律允许范围内的出让与转让，其评估范围包括土地使用权价格和附着物的补偿价格。

二是保留土地权属的土地租赁价格评估，其实质是对一定期限内土地总收益的年折算费用的估算。费用构成项目包括附着物的年折旧费、管理费、绝对地租、级差地租、税金和利润。

2. 单项评估与整体评估

单项评估是指对具备完整或相对独立或可确指分割使用功能的房地产作为估价对象进行的评估。具备完整使用功能的单项房地产，如一栋房屋；相对独立使用功能的房地产，如一个建筑群体中具有某一特殊功能的局部房地产；可确指分割使用功能的房地产，如一栋房子中的一套房间、一个单元等，这些都可作为单项评估对象。或者说房地产单项评估是对可确指的、具有相对独立使用功能的、并能单独界定其产权的单项房地产所进行的评估。例如一栋房子下面的 $1m^2$ 土地、$1m^2$ 建筑面积，不能作为估价对象对其进行单项评估。再如，房屋中的楼梯，既可确指，也有独立的使用功能，但只能是供人们共同使用，不能单独界定其产权，或事实上不可从房屋中将它分割出来。目前，我国对房地产资产综合体的估价，一般采用幢号和可确定其相对独立功能的设施及土地逐一列示，作为单项评估对象分别估价，最后汇总求出总体价值。

房地产整体评估，是对某一特定地段的地产、房屋及基础设施作为一个估价对象进行综合估价。如对一个居住小区、一条商业街、一座小集镇、一家大型工业企业进行的交易估价，除了考虑各单项资产的价格之外，还应考虑以下八大因素：①生产性房产的质量及整体功能；②非生产性房产的整体质量及与生产性房产的比例关系；③基础设施的功能状态及生产性和非生产性房产的配套性；④土地等级及其使用结构；⑤周边环境状态；⑥工业区的发展前景；⑦隐含的无形资产价值；⑧潜在的相关收益能力。

《中华人民共和国城市房地产管理法》（简称《城市房地产管理法》）规定："房地产转让、抵押时，房屋的所有权和该房屋占用范围内的土地使用权同时转让、抵押。"同时，土地的区位决定了房屋的位置，直接影响房地产的价格，因此在房地产评估中，通常评估房地产的整体价值。

目前，我国房地产的成片出让、房地产整体的产权变更现象较多，若仅从综合收益的角度对整体评估，或采用单项评估汇总并用一定系数做调整估价，则忽视了整体房地产的综合价值效应、环境波及效应、潜在收益因素、不可确指无形资产价值等方面的作用。

1.4 发展房地产估价业务的现实意义

参照有关文献，对房地产估价业务的意义做如下梳理。

1. 有利于促进市场经济体制的完善

房地产估价的原始需要来自房地产交易，如房地产转让、房地产抵押、房地产租赁等。在传统计划经济体制下，土地使用者不得以买卖、出租、抵押、赠与、交换等方式将土地转让给其他单位或个人使用。随着市场经济的发展和房地产市场的不断建立和完善，房地产估价已成为必要的需求。例如《城市房地产管理法》对房地产估价业务的要求也有一些具体规定，如第十三条规定："采取双方协议方式出让土地使用权的出让金不得低于按国家规定所确定的最低价"；第三十三条规定："基准地价、标定地价和各类房屋的重置价格应当定期确定并公布"；第三十四条规定："房地产价格评估，应当遵循公正、公平、公开的原则，按照国家规定的技术标准和评估程序，以基准地价、标定地价和各类房屋的重置价格为基础，参照当地的市场价格进行评估"。由于房地产交易总是伴随着巨额资金的流动，涉及经济建设的许多方面，不真实的房地产价格不仅会对生产领域和消费领域产生影响，而且还会影响政府管理层对产业的宏观调控。因此，大力发展房地产估价业务就显得十分必要。

2. 有利于促进房地产市场的稳定运行

房地产本身的特性决定了房地产市场是不完全竞争市场。房地产不能像其他商品一样，在市场竞争中形成容易被众人判别的统一价格。而且，房地产价格很高，随经济、社会、行政等因素变动而变动，非专业人员很难客观地把握。如果缺乏合理的价格，在市场交易时，容易使一方蒙受很大损失，而另一方却获得不正常的巨额收益。这种不公平、不合理的交易现象，必须借助专家评估才能消除。发展房地产估价业务，可以帮助人们了解房地产的真实价格水平。

3. 有利于促进房地产融资业务的开展

从融资角度看，单位或个人在房地产经营或交易的过程中往往需要向银行借款，银行从控制贷款风险的角度出发进行房地产估价，以决定其贷款的数额和期限。同时，物业保险也需要确定房地产的投保价值。物业保险主要是地上建筑物的保险，投保估价也主要是指对地上建筑物的估价。物业的投保估价与物业的交易估价有所不同。对于前者，保险公司更关心的是财产的成本价值；对于后者，当事人更关心的是资产的市场价值。此外，近年来在我国典当业为物业典当创造了条件，房地产拥有者因融资需要将物业典卖给承典人，并从承典人处取得典价，这个典价需要通过房地产估价来确定，以避免对承典人或出典人利益造成损害。

4. 能够为物业税的开征提供客观依据

发达国家的实践证明，物业税是财政的主要税源之一。在许多国家的税收中，物业税占有较大比重，一般在30%左右。有关物业税收的种类很多，其中属于从价税的有房产税、土地增值税、遗产税、契税、房屋与土地合征的物业税、物业与其他财产合征的财产税等，上述诸税种的计税价格，除土地增值税为物业转让价格减去扣除项目金额后的余额外，其余均为房地产价格本身。从应用上讲，大力发展房地产估价业务，能够为物业税的开征创造条件。

5. 有利于解决好房地产权益纠纷

房地产权益纠纷案例是民事纠纷案例的重要部分。要做到权益分割合理、产权明确，一般是依据房地产价值分配，这就需要进行房地产估价。目前，需要进行估价的房地产权益纠纷通常有两类：一类是房地产交易的当事人因对有关的物业价格看法不一致而产生的纠纷；另一类是诸如遗产继承案、离婚案等案件的处理过程中涉及物业的分配或分割的纠纷。对于前一类纠纷，通过房地产估价可提供给当事人一个有说服力的、公正的、权威的结论，有利于市场的稳定和发展；对于后一类纠纷，通过房地产估价，将难以分割的物业的实物形态转化为能按法律要求进行分配或分割的价值形态。另外，在某些涉及物业交易的违法违纪案件中，也需要进行房地产估价。

6. 有利于搞好房地产征用征收工作

随着经济建设的不断推进、文化和社会福利事业的不断发展，市政设施建设、旧城改造、新辟开发区、征用农田等都要涉及征用征收的补偿问题。补偿金额需要借助房地产估价来确定，合理确定补偿金额对征用与被征用双方都事关重大。

总之，任何事物进入市场后，都必须而且只能有一个游戏规则，即一个价格体系。中国房地产估价工作起步晚，但加入WTO后的房地产二级、三级市场更加活跃。面对房地产的抵押、买卖、出租、析产、拍卖、作价入股、企业改制，以及法院仲裁等不同的估价目的，要采用不同的估价方法，使估价程序更加规范，估价结果符合房地产市场发展的经济规律及法律、法规的要求。因此，房地产估价业务在开放的二级、三级市场中的作用和地位是十分重要的；要规范房地产市场，必须进行房地产估价。

本章小结

本章主要讲述房地产的概念、特征与类型；房地产估价的概念和目的；房地产估价的必要性与现实意义。重点在于房地产、房地产估价的概念。难点在于房地产的特性、种类。

同时补充中外房地产估价发展综述的阅读材料，使学生对国外房地产价值理论、国内及国外房地产估价研究状况有所了解。

练习题

一、名词解释

1. 房地产估价
2. 房地产估价对象
3. 房地产估价目的
4. 房地产估价主体
5. 房地产估价标准
6. 房地产估价方法

二、问答题

1. 中国发展房地产估价业务的现实意义是什么?
2. 导致房地产估价产生的原因是什么?
3. 在认识房地产估价过程中，最核心的是要把握什么内容?
4. 房地产估价有哪些主要特征?

三、选择题（1~4题为单项选择题，5~8题为多项选择题）

1. 一般下列不需要专业估价的有（　　）。
   A. 房地产、古董　　B. 艺术品、矿产
   C. 企业整体资产、无形资产　　D. 通用低价值的机器设备
2. 房地产需要专业估价是因为（　　）。
   A. 房地产具有“独一无二”和“价值量大”两个特性
   B. 房地产具有“独一无二”的特性
   C. 房地产具有“价值量大”的特性
   D. 非专业人员无法对房地产估价
3. 在英国和其他英联邦国家，法官使用的房地产估价误差范围是（　　）%，有时误差范围放宽到15%。
   A. 5　　B. 10　　C. 15　　D. 25
4. 下列说法正确的是（　　）。
   A. 估价是提供价值意见而不是做价格保证，因此估价师和估价机构可以不负任何责任
   B. 估价是提供价值意见而不是做价格保证，因此对于咨询性或参考性的估价专业意见，估价师和估价机构可以不负任何责任
   C. 估价是提供价值意见而不是做价格保证，因此对于咨询性或参考性估价专业意见，估价师和估价机构可以不负任何责任，但对于鉴证性或证据性的估价专业意见，估价师和估价机构要承担责任
   D. 对于咨询性或参考性的估价专业意见和鉴证性或证据性的估价专业意见，估价师和估价机构都要承担一定的法律责任

5. 房地产估价是估价行业的主流是因为（　　）。
   A. 房地产同时具有“独一无二”和“价值量大”两个特性
   B. 房地产“量大面广”，其他资产的数量相对较少
   C. 房地产需要估价的情形较多，其他资产需要估价的情形相对较少
   D. 房地产估价师和估价机构都较多
   E. 房地产市场为不完全市场，需要进行“替代”市场的估价
6. 除房地产交易需要估价之外，还需要估价的情况有（　　）。
   A. 房地产租赁　　B. 房地产抵押
   C. 房地产征收、征用　　D. 房地产课税
   E. 房地产分割、损害赔偿、保险等
7. 关于房地产估价的本质，下列说法正确的是（　　）。
   A. 房地产估价是评估房地产的价格而不是价值
   B. 房地产估价是模拟市场定价而不是替代市场定价
   C. 房地产估价可以提供价值意见，也可以作为价格保证
   D. 房地产估价会有误差但应将误差控制在合理的范围内
   E. 房地产估价既是一门科学又是一门艺术
8. 房地产市场作为不完全市场是因为房地产作为商品，其品质各不相同和复杂的特性不符合（　　）。
   A. 同质商品，买者不在乎从谁的手里购买
   B. 买者和卖者都掌握当前价格的完全信息，并能预测未来的价格
   C. 商品可转让且可发生空间位置的移动
   D. 买者和卖者都有进出市场的自由
   E. 买者和卖者的人数众多

第2章 房地产价格

【教学目的】通过本章学习，使学生了解房地产价格的概念与形成基础；掌握房地产价格的特征与种类；了解房地产价格的影响因素。
【重点难点】重点在于房地产价格的特征与种类。难点在于房地产价格的影响因素。
【能力点描述】熟悉房地产价格的基本概念和种类；能运用所学知识判定影响房地产价格的因素；具备房地产估价工作的基本知识和技能。

2.1 房地产价格的概念和形成条件

2.1.1 房地产价格概述

1. 房地产价格定义

房地产价格是和平地获得他人的房地产所必须付出的代价，在现今社会它通常用货币来表示，惯例上也是用货币形式偿付，但也可以用实物、劳务等其他形式偿付。

从现象方面定义：房地产价格是为了获得房地产这种特殊的商品所必须支付的货币的数量。从本质方面定义：按照劳动价值论的观点，房地产价格可表述为：在房地产开发、建设、经营的过程中，所耗费的社会必要劳动形成的价值与土地所有权价格综合的货币表现。

按照效用价值论的观点，房地产价格可表述为：房地产的效用、房地产的相对稀少性及房地产的有效需求三者共同作用而产生的房地产经济价值的货币表现。

2. 房地产价格与一般物品价格的比较

房地产价格与一般物品价格的共同之处表现在以下三个方面：

1）都是价格，用货币表示。

2）都有波动，受供求等因素的影响。

3）都是按质论价：优质高价，劣质低价。

房地产价格与一般物品价格的不同表现在六个方面：

1）生产成本不同。一般物品的价格必然含有生产成本因素，而地价不一定含有生产成本因素。

2）折旧不同。一般物品有折旧，土地不仅无折旧，而且有增值。但是也有例外，如开采后未利用的矿山和有限期的出让土地使用权。

3）价格差异不同。一般物品价格较一致，而土地具有独一无二性，基本上是一宗土地一个价格，不同的土地之间价格差异较大。

4）市场性质不同。一般物品的市场为较完全市场，形成的价格较客观；而土地市场为不完全市场，形成的地价受主观因素的影响较大。

5）形成时间不同。一般物品价格形成的时间通常较短，而地价形成的时间通常较长。

6）供求变化不同。

2.1.2　房地产价格的特征

1. 地价的特征

①地价是地租的资本化；②地价是权益价格；③土地具有增值性；④地价与用途有关；⑤地价具有个别性；⑥地价具有可比性。

2. 房地产价格的特征

下面介绍房地产价格的特征，主要有四个方面：

1）房地产价格实质是房地产权益的价格。房地产由于不可移动，在交易中其可以转移的不是房地产的实物，而是房地产的所有权、使用权和其他权益。

2）房地产价格既有交换代价的价格，由于价值大、寿命长，也有使用代价的租金。房地产买卖和租赁两种方式并存。

3）房地产价格是在长期考虑下形成的。房地产价格是在考虑该房地产过去如何使用，预计将来可以做何种使用，总结这些考虑结果后才形成房地产的现在价格。

4）房地产价格一般是个别形成，容易受交易者的个别因素（如偏好、讨价还价能力、感情冲动）的影响。

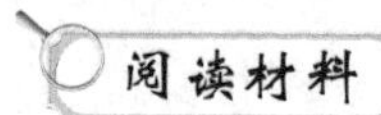

房地产价格特性

房地产价格的特性包括：位置固定性；供求区域性；长期使用性；大量投资性；保值增值性；投资风险性；难以变现性；政策限制性。

2.1.3　房地产价格的形成条件

房地产之所以有价格，与任何其他商品为什么有价格一样，需要具备三个条件：①有用性；②稀缺性；③有效需求。

有用性是指能满足人们的某种需要或欲望，俗话说“有用”，经济学上称为使用价值或效用。

房地产的稀缺性是指现存房地产的数量尚不够满足每个人的需要或欲望，是相对稀缺，不是绝对缺乏。稀缺性对价格的作用是很大的。

房地产价格要成为现实——不是有价无市，就必须对房地产形成有效需求。有效需求简称需求，是指有支付能力支持的需要——不但愿意购买而且有能力购买。分清需要与需求是非常重要的。需要不等于需求，需要只是一种要求或欲望，需求是指有购买能力支持的需要——不但愿意购买而且有支付能力。

综上所述，房地产价格是由房地产的有用性、稀缺性和有效需求三者相互结合而产生的。在现实中，不同房地产的价格之所以有高低，同一宗房地产的价格之所以有变动，归结起来也是由于这三者的程度不同及其变化引起的。

2.2 房地产价格形成的基本原理

有关文献中所述的房地产价格形成的基本原理如下。

2.2.1 预期原理

一宗房地产的价格，首先取决于人们对该房地产在其耐用期内的效用和供求关系的预期，这就是房地产价格形成的预期原理。在生活中，我们可以看到这种现象，当某一个城市的有关政府部门公布将在某地兴建大型基础设施或公共设施，如桥梁、地铁、开放式绿地等，则其周围的房地产价格便会悄然上升，这就是预期原理的作用。因为人们对这些大型设施周围的房地产的预期效用看好，所以这些房地产的市场需求增加，从而引起价格上升。

2.2.2 资本化原理

人们对房地产将来的预期是如何量化为现时的房地产价格的呢？是通过资本化的方法。任何能够源源不断地产生收益的房地产，总会被人们视为一笔能够产生同样收益的货币资本，这一收益的过程称为资本化，人们将房地产资本化的这一行为规律称为资本化原理。

2.2.3 供求原理

商品的价格受供求关系影响而上下波动，波动的轴心是均衡价格。当市场价格高于均衡价格时，市场供大于求，供求机制会抑制商品价格，使其下降；当市场价格低于均衡价格时，市场供不应求，供求机制会提升商品价格，使其上升，这就是商品市场的供求原理。房地产市场上也同样存在着供求原理，不同的是，由于房地产的个别性，严格地讲，房地产的供给是无弹性的，因此房地产的均衡价格主要是由需求曲线的位置和形状决定的，如图 2－1 所示。

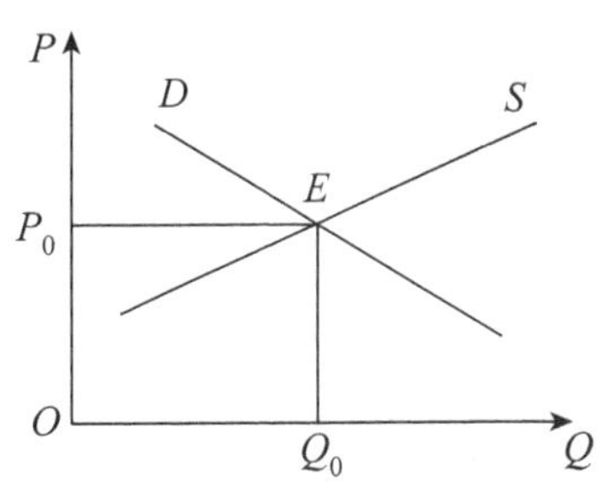

a）一般商品的市场供求曲线

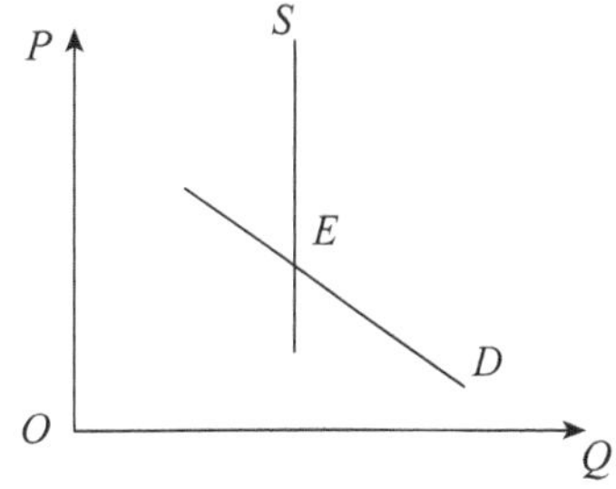

b）房地产的市场供求曲线

图 2－1 房地产的均衡价格

P—价格 Q—需求量 S—供给曲线 D—需求曲线

E—均衡点 P_0—均衡价格

2.2.4 替代原理

虽然每一宗房地产都是唯一的，但在现实生活中，人们对房地产的需求也并不是非一不可，具有相似地段、相似建筑类型、相似户型等的房地产，在效用上具有相似性，因而对于特定的需求者而言，它们就有相互替代性。对于这些能够相互替代的房地产，人们必然以价格低的来替代价格高的。同样，对于价格相近的房地产，人们必然会对它们的地段、建筑材料、房型、环境等方面进行仔细比较，然后以效用大的替代效用小的。这是同其他商品一样的替代原理。与一般商品的替代原理不同的是，由于房地产的空间固定性，房地产的效用受其所在位置制约，因此相互之间空间距离太大的房地产，哪怕它们除了位置以外的其他方面都完全一样，其效用也是不同的，如两幢建筑式样、用材完全一样的住宅楼，一幢在北京，一幢在上海，它们的效用就大不一样，前者只能供在北京工作的人居住，后者只能供在上海工作的人居住，因此无论对于北京市民还是上海市民而言，这两幢住宅相互都不可以替代。所以说，房地产的替代只能在一定的空间范围内发生。

对于某一特定的房地产而言，能够与它产生替代关系的其他房地产所在的地区，称为该房地产的“同一供需圈”。同一供需圈包括邻近地区和类似地区：邻近地区是指委托估价房地产所在的地区，这一地区以某一特定的土地利用类型为主要用地类型，且这一利用类型在该地区内的空间分布是连贯的；类似地区是指具有与委托估价房地产的邻近地区相同或相似的土地利用类型，但在空间分布与邻近地区不连贯的其他区域。简而言之，邻近地区即委托估价房地产所在的某种土地利用类型的空间组团，而类似地区即土地利用类型与邻近地区相同或相似的其他空间组团。

2.2.5 变动原理

根据替代原理，对于房地产市场上某一宗特定的房地产而言，虽然其供给是无弹性的，但如果市场上出现了大量的替代物，该宗房地产原有的需求量就会分流，这必然会使该宗房地产的需求曲线向左移动，如图 2－2 所示。

图 2－2 中的需求曲线由 D_2 移到 D_1，从而使均衡价格由 Pe_2 降为 Pe_1。可见，房地产的均衡价格并不是固定不变的，当需求曲线整体运动时，均衡价格也发生了变动，这种变动不仅会因替代物的出现而发生，还会由宏观因素（如社会经济发展水平）的变化而引起，这就是房地产价格的变动原理。

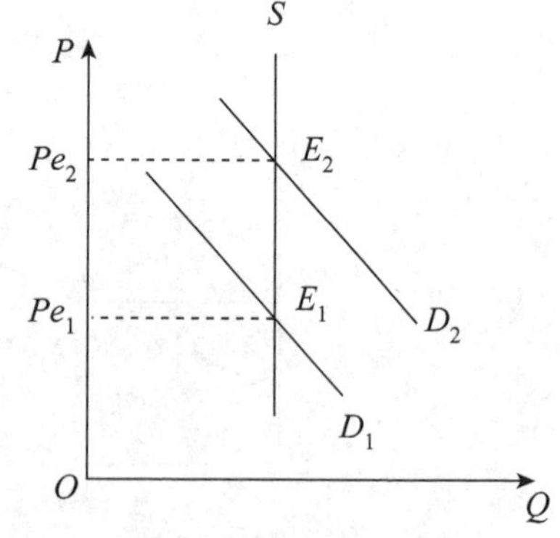

图 2－2　房地产价格的变动原理

2.2.6 最高最佳利用原理

如前所述，由于房地产的个别性，房地产的均衡价格主要是由需求状况决定的。简单地讲，就是对于任何一宗房地产交易，都存在着一个需求方竞价的过程。通过分析图 2－2 可以发现，在某一特定的时点，均衡价格实际上是竞价过程中最后一名需求者所出的价格，而它又是所有竞价中的最高价。它必然对应于该宗房地产的最高最佳效用。所以说房地产的均衡价格是由其最高最佳效用所决定的，这一原理称为最高最佳利用原理。

2.2.7　均衡原理和适合原理

房地产在什么情况下才能达到最高最佳利用呢？有两个前提：一是当房地产内部各组成部分（如土地与建筑物、建筑结构与设备、装修）处于均衡状态；二是当房地产本体与周围环境处于适合状态，这分别称为房地产的均衡原理和适合原理。

房地产的内部均衡首先表现在土地的价值与建筑物楼层之间的均衡。在纽约、东京等大城市中，人们可以看到，越是在地价昂贵的地段，建筑物的楼层就越高，这正是人们遵循均衡原理，追求房地产的最高最佳利用的结果。

适合原理则可以从商业房地产的规模、档次、类型的“因地而异”上得到极好的印证。例如在上海，高级百货店、时装专卖店、酒吧等高消费类商业房地产日益向市级商业中心和市区的商业街集聚，而面向日常生活消费的中型超市不断深入各类居住小区，24 小时营业的便利小超市、快餐店、医院、车站、加油站，以及以薄利、价廉为特色的各类大卖场，则选择城市边缘、地价便宜、靠近高速公路之地而建，这也是人们根据适合原理，寻求商业房地产最高最佳利用的结果。

2.3　房地产价格基本理论

2.3.1　地租、地价理论

1. 马克思主义地租理论

马克思主义地租理论指出了资本主义地租的本质是剩余价值的转化形式之一。它阐明了资本主义地租的两种基本形式：级差地租和绝对地租。此外，还有垄断地租、建筑地段地租等形式。

（1）级差地租

1）概念。级差地租是由经营较优土地而获得的归土地所有者占有的那一部分超额利润。

2）形成原因。级差地租形成的自然条件（或自然基础）是土地自然肥力的差异、地理位置的差异。

级差地租产生的原因是土地的有限性所引起的土地经营上的垄断。

3）级差地租的两种形态。级差地租分为级差地租Ⅰ和级差地租Ⅱ两种形态。级差地租Ⅰ是指投资到相等面积、不同地块的等量资本，由于土地肥沃程度和位置不同，所产生的超额利润转化的地租。

级差地租Ⅱ是指在同一地块上连续追加投资，形成不同劳动生产率所产生的超额利润转化成的地租。

（2）绝对地租

1）概念。由于土地所有权的垄断，不管租用任何等级的土地都必须缴纳的地租就是绝对地租。

2）形成原因。农业资本有机构成低于工业资本有机构成，是绝对地租形成的条件。

土地所有权的垄断，是绝对地租形成的根本原因。

(3) 垄断地租

1) 概念。垄断地租是由产品的垄断价格带来的超额利润所形成的地租。

2) 形成原因。垄断地租的形成原因为土地所有权的垄断。某些土地具有的特殊的自然条件，就农业而言，垄断地租不是来自于农业工业创造的剩余价值，而是来自于社会其他部门工人创造的价值。

(4) 建筑地段地租

1) 概念。建筑地段地租是指工商业资本家和房地产业资本家为了获得建造各种建筑物所需的土地，而支付给土地所有者的地租。

2) 特征（相当于农业地租而言）。建筑地段地租是为获得生产的场所和空间而支付的；建筑地段所处的位置对地租起着决定性的影响；垄断地租占有显著的优势。

(5) 地价理论　马克思指出，土地价格的实质是地租的资本化。

2. 现代西方经济学有关地租、地价理论的研究

古典经济学以及19世纪上半叶有关地租的研究都是从生产关系的角度进行的，主要对农业地租进行深入研究。

而现代西方经济学则主要采取均衡分析、边际分析、供求分析和数量分析的方法。侧重研究地租量的形成、地租的作用等，并从市场和制度两方面入手，主要研究城市地租问题。比较著名的理论有：胡佛的地租地价理论：土地价格 = 地租/利息率；阿兰索的地租理论；萨缪尔森的地租理论：土地价格的高低是由土地需求决定的。

2.3.2　区位理论

1. 区位理论概述

(1) 区位概念及特征

1) 区位概念。区位是指某一经济事物或经济活动所占据的空间场所以及该场所与其周围事物之间的经济地理关系。区位就是自然地理区位、经济地理区位和交通地理区位在空间地域上有机结合的具体表现。

2) 区位的特征。

①区位概念的双重性。区位既是地理学概念，又是经济学概念。

②区位的动态性。区位由于具有经济学内涵而处于动态变化之中，因为构成区位的经济性因子（如交通）一直处于变化之中。

③区位的层次性。从区位的选择与设计的内涵出发，可以将区位分为宏观区位和微观区位。

④区位的等级性（差异性），即区位质量的等级性。在房地产经济学中常用级差收益来衡量这种区位效益。

⑤区位的稀缺性。区位的稀缺性是指对某一类经济活动或不同的经济活动而言，对优良区位的供给总是小于对它的需求，因而说它是稀缺的。

⑥区位的相对性。区位的相对性有两层含义：对某一类经济活动而言和对不同经济活动而言。

⑦区位的设计性。区位的设计性说的是区位的被动性，即区位具有典型的人为设计

色彩。

（2）区位的分类　区位的产业分类法，即以人类主要的区位经济活动内容为标准的分类。它包括农业区位；工业区位；商业区位；住宅区位；其他区位（包括金融业、保险业、通信服务业、教育文化事业、政府服务业、交通运输业等经济性产业区位）。

（3）区位因子　区位因子是指构成区位或者影响区位经济活动的各种因素，又称区位因素。

主要的区位因子大致有以下几类：

1）自然因子。自然因子是指影响区位质量的自然资源或自然条件。

2）劳动因子。劳动因子包括劳动力数量、质量、组合以及地区工资水平。

3）基础设施因子。基础设施因子包括电力的供应及其价格、给水排水条件、交通运输便捷程度等。

4）地价因子。

5）集聚因子。集聚因子是指产业布局的区域集聚规模及其发展趋势。

6）科学技术因子。

7）制度因子。制度因子包括经济制度、政治制度和法律制度等。

8）市场因子。市场因子包括决定区域市场规模、结构、分布及其发展潜力的诸多因素，特别是决定区域市场规模的居民收入水平及其分布特征。

9）文化行为因子。文化行为因子是指区域文化观念、风俗习惯和行为偏好。

10）资金因子。资金因子是指影响区位经济活动的资金供给条件。

11）信息因子。信息因子是指搜集区位经济活动所需的各种信息的成本会直接影响区位经济效益，进而影响经济主体对区位质量的评价与选择。

2. 区位论

（1）区位论的概念　区位论是关于人类社会经济活动的场所及其空间经济联系的理论。它主要研究人类经济活动的空间选择与设计的基本法则，探索一定空间内经济活动分布、组合以及区位演化的基本规律。

（2）区位论的类型　与区位的分类相对应，关于经济活动的区位理论主要有农业区位论、工业区位论、商业区位论、住宅区位论等。

（3）区位论的产生顺序　按照产生的时间先后排列，依次为农业区位论——工业区位论——商业区位论——住宅区位论。

2.3.3 劳动价值论

1. 欧洲古典经济学劳动价值论

在经济学说史上，商品的价值是由劳动创造的观点，是由英国古典经济学家亚当·斯密（A. Smith，1723—1790）以前早期的经济学家约翰·洛克（J. Locke，1632—1704）和威廉·配第（W. Petty，1623—1687）等人提出来的。

威廉·配第是英国古典政治经济学创始人，他认为在没有私有制的社会，劳动决定价值，而在出现资本积累和土地私有的“进步社会”，劳动产品不再全部属于劳动者，而是要与资本家和土地所有者共同分配。因而工资、利润和地租，是一切收入和一切可交换的价值的三个根本的源泉。

大卫·李嘉图（D. Ricardo，1772—1823）作为英国古典政治经济学的完成者，他的劳动价值论是资产阶级发展所提供的，在可能的限度内做出的最好的分析。他始终坚持劳动时间决定商品价值的原理，排除了亚当·斯密的价值多元论的错误，提出了使用价值是交换价值的前提条件，将生产不同种类商品的劳动之间质的差别归结为量的差别，指出商品价值量是由耗费在商品生产过程中的社会必要劳动时间决定的。

2. 马克思价值理论的基本观点

马克思价值论的基本内容主要表现在对劳动价值论中价值体、价值量和价值形式的分析。

（1）关于价值体的分析

1）商品的两个因素包括使用价值和价值。

① 商品的使用价值是指能满足人的某种需要的属性。

②价值的内容或实质是凝结在商品中无差异的人类劳动。

③商品是使用价值与价值的辩证统一物。

2）劳动的二重性为具体劳动和抽象劳动。

①具体劳动：具体劳动是生产使用价值的有用劳动。

②抽象劳动：抽象劳动形成了商品的价值。

③生产商品的劳动是具体劳动与抽象劳动的对立统一。

（2）关于价值量的分析　马克思指出，形成价值的抽象劳动是抽去了个别劳动的特殊性的一般人类劳动，因而商品价值量由社会必要劳动时间决定。同时，由于形成价值的抽象劳动是用平均的简单劳动来衡量的，因而复杂劳动必须化为多倍的简单劳动。

（3）关于价值形式的分析

1）商品的价值形式。马克思将资本主义生产方式生产出的商品的价值形式表示为：

$$W = c + v + m$$

式中　W——商品的价值；

c——生产商品的不变资本；

v——可变资本；

m——剩余价值。

2）价值形式分析的意义。马克思关于价值形式的分析，科学地分析了商品的价值形式及其发展过程和结果，从而建立了科学的货币理论。

2.3.4　供求理论

1. 房地产市场供给

（1）供给与供给量　供给是指在某一特定的时间内和各种可能的价格区间内，市场价格与生产者所愿意提供的商品数量之间的关系。

供给量指的是在某一特定的价格条件下，单位时间内市场上某种商品的供给总量。

（2）影响供给的主要因素　地产的供给量主要取决于租户的退租量、经营活动的预期利润和租金水平，新建房地产的供给量主要取决于预期的利润水平。

（3）供给价格弹性　供给价格弹性是指商品价格每变动 1% 所引起的商品供给量变动的百分比，它反映了商品供给量对于商品价格变动的敏感程度。

假设 P 代表价格，ΔP 代表价格的变动量，S 代表供给量，ΔS 代表供给的变动量，则供给价格弹性系数（E_s）公式为：

$$E_s = (\Delta S/S)/(\Delta P/P) = (\Delta S/\Delta P) \cdot (P/S)$$

若某商品的 E_s 大于 1，说明该种商品的供给富有弹性；若 E_s 小于 1，则该种商品的供给缺乏弹性；若 E_s 等于 1，则该种商品的价格变化幅度与供给数量的变化幅度相等。

（4）短期供给　在房地产市场上，无论是原有物业还是新建物业，短时间周期内它们都缺乏供给弹性。由于短期内房地产市场上的房地产商品供应量不能得到较快的调整，房屋租金和售价主要由需求量的变化决定。

（5）长期供给　从房地产市场的长期变化来看，房地产供给价格弹性系数趋于增大，主要是通过改变原有土地的利用性质和房屋的用途，以及增加新的房地产开发项目，以适应房地产市场价格的变化。但是，由于土地空间位置的固定性、土地数量的有限性和稀缺性，其长期供给也缺乏弹性。

2. 房地产市场需求

（1）需求与有效需求　房地产市场需求主要是指人们在一切生产和生活过程中对地产和房产的需求和消费量。

有效需求须具备两个条件：①消费者有购买房地产的意愿；②消费者能承受并支付得起房地产价格。

（2）需求与价格　商品的需求量随商品价格的上升而减少，随商品价格的降低而增加，即人们对某种商品的需求量与该商品的价格呈负相关关系。

（3）需求弹性

1）需求价格弹性。需求价格弹性是指商品价格每变动 1% 所引起的需求量变动的百分比，它等于需求量变化的百分比除以价格变化的百分比。它反映的是商品的价格变化所引起相应的需求量变化的程度。

需求量和价格的变化方向总是相反的，需求价格弹性系数一般为负数。但在实际分析中，通常取其绝对值。

假设 P 代表价格，ΔP 代表价格的变动量，Q 代表需求量，ΔQ 代表需求的变动量，则需求价格弹性系数（E_{p}）公式为：

$$E_{\mathrm{p}} = (\Delta Q/Q)/(\Delta P/P) = (\Delta Q/\Delta P) \cdot (P/Q)$$

同供给价格弹性系数一样，需求价格弹性系数越大，需求量对价格变化的敏感程度就越高。若某商品的 E_{p} 大于 1，则该种商品富有弹性；若 E_{p} 小于 1，则该种商品缺乏弹性。

2）需求收入弹性。需求收入弹性系数是指人们的收入水平每变化 1% 所引起的商品需求量变化的百分比，它等于商品需求量变化的百分比除以收入水平变化的百分比。它反映的是商品需求量对收入水平变化的敏感程度。

需求收入弹性系数总是正的，即人们收入的增加将引起住房需求的增加。假设 M 代表收入，ΔM 代表收入的变动量，Q 代表需求量，ΔQ 代表需求的变动量，则需求收入弹性系数（E_{m}）公式为：

$$E_{\mathrm{m}} = (\Delta Q/Q)/(\Delta M/M) = (\Delta Q/\Delta M) \cdot (M/Q)$$

3. 房地产市场供给与需求平衡

供给与需求的相互作用结果是引起商品价格的变化和均衡。所谓商品的均衡价格，是指某种商品的需求价格与供给价格一致时的价格。

2.3.5 补偿理论

1. 补偿理论的内涵

有关文献中所述的补偿理论可分为三大类：

(1) 经济角度　为保持经济正常持续的发展，需要对经济运行过程中耗费的经济要素进行补偿。

(2) 法律角度　某一利益主体在行使自身利益时，对他方合法利益造成损害，从法律公正、公平的角度需要进行的补偿。

(3) 资源利用角度　补偿原理的一种发展，主要为确定资源价值提供理论依据，用于解决资源的保护和开发。

在房地产价格中引入补偿理论，是为了在特定情况下，为确定房地产价格提供理论依据。从保证房地产经济顺利运行的角度，补偿理论要求房地产价格可以补偿在房地产开发过程中的各种耗费，以维持房地产的再生产；从公平的角度，房地产价格要补偿房地产提供者由于失去房地产产权而带来的损失。

2. 补偿理论在房地产价格中的运用

(1) 成本法估价　成本法是求取估价对象在估价时点时的重新构建价格，然后扣除折旧，以此估算对象的客观合理价格或价值的方法。

(2) 房屋拆迁估价　在房屋拆迁活动中，对所拆迁房屋及其占用土地进行评估，以确定对原房地产所有者的补偿标准。现有的拆迁估价主要包括两部分：房屋成本价格和土地区位价格（基准地价）。其中对房屋成本价格的估价，就体现了补偿原理的运用。

2.4 房地产价格的影响因素

据有关资料记载，要把握影响房地产价格的因素，首先应该在观念上具备下列四点认识：各种影响房地产价格的因素，影响房地产价格变动的方向是不尽相同的；各种影响房地产价格的因素，影响房地产价格变动的程度是不尽相同的；各种影响房地产价格的因素，影响房地产价格变动的方向是不尽相同的；某些影响因素对房地产价格的影响是无形的，虽然可以感觉到，却难以用数学公式表达出来，主要依靠估价人员长期积累的经验做出判断。

影响房地产价格的因素多而复杂，影响房地产价格的因素可以按两种方式分类。

第一种：房地产自身因素和房地产外部因素。

第二种：个别因素、区域因素、一般因素。

对影响房地产价格的具体因素的内容做如下梳理。

2.4.1 一般因素

影响房地产价格的一般因素是指对不动产价格水平高低及其变动具有普遍性、一般性、共同性和全盘影响的因素，它们主要是经济因素、社会因素、行政因素、政治因素。一般因素主要引起一个地区房地产价格总体水平在时间上的变动，在空间上则主要引起大尺度的房地产价格空间分异，如城市与城市之间的价格水平差异。一般因素包括社会因素、经济因素、行政因素和政治因素四大项，见表2－1（政治因素不包含在表2－1中）。

表2－1 影响不动产价格的一般因素

社会因素	经济因素	行政因素
1. 人口状况	1. 经济发展状况	1. 土地制度
2. 城市化及公共设施条件	2. 储蓄、消费及投资水平	2. 住房制度
3. 教育及社会福利状况	3. 财政与金融状况	3. 城市规划
4. 不动产交易惯例	4. 物价、居民收入及就业水平	4. 建筑规范
5. 生活方式等状况	5. 税收负担状况	5. 税收制度、投资倾斜、优惠政策
6. 心理因素	6. 技术革新及产业结构状况	6. 地价政策
7. 国内治安状况	7. 城市交通体系状况	7. 交通管制
8. 社会治安状况	8. 国际化状况	8. 行政隶属关系变更
9. 国际政治状况	9. 国际经济状况	9. 城市发展战略
10. 家庭规模因素		
11. 房地产投机因素		

阅读材料

影响房地产价格的一般因素的其他看法

1. 社会因素

社会因素包括社会治安状况、人口密度、家庭结构、消费心理等。例如，人口密度高的地方对住房需求多，价格也就较高；家庭结构趋于小型化增加了家庭单位数量，从而引起住房需求的增加，也会抬高住房的价格。人们消费心理的变化也影响着房地产的设计和开发建设，当人们消费心理倾向于经济实用型的时候，房地产的设计和开发都会以降低成本和售价为目标。当人们消费心理趋于舒适方便时，房地产开发则注重功能的完善和居住环境的美化。虽然这可能会增加开发成本，但同时也提高了售价。

2. 经济因素

经济因素包括宏观经济状况、物价状况、居民收入状况等。例如，当经济处于增长期时，社会对房地产的需求强烈，其价格也水涨船高。当经济处于萧条期时，社会对各种房地产的需求减少，价格自然会下降。物价水平和居民收入水平也与房地产价格呈正向变动。

3. 自然因素

自然因素包括房地产所处地段的地质、地形、地势及气候等。例如，地质和地形条件决定了房地产基础施工的难度，投入的成本越大，开发的房地产价格就越高。气候温和适宜、空气质量优良的地域，其房地产价格也会比气候相对恶劣的地域高。

2.4.2 区域因素

区域因素是指不动产所在区域由于本身特性而对不动产价格产生影响的因素，也是指对城市内部某一个特定区域内的房地产产生普遍影响的因素。区域因素是指某一特定的区域内的自然条件与社会、经济、行政、技术等因素。区域因素是导致城市内部不同地区之间房地产价格水平空间分异的主导因素，区域因素的变动也会引起相应区域房地产价格水平在时间上的变动。例如，地处交通便利城区的房地产价格较高，交通不方便的郊区的房地产价格则偏低。对于商业房地产，区域因素尤其重要。繁荣的商圈区域内的房地产价格高昂，因此持有这些区域的房地产而取得的租金收入不菲。

区域因素一般有如下几种：

（1）商服繁华因素　这是指所在地区的商业、服务业的繁华状况及各级商业、服务业中心的位置关系。如果商服繁华度较高，则该地区的房地产价格水平较高。

（2）道路通达因素　这是指所在地区道路系统通畅程度，道路的级别（如主干道、次干道、支路）越高，该地区的房地产价格水平也越高。

（3）交通便捷因素　这是指交通的便捷程度，包括公共交通系统的完善程度和公共交通的便利程度。交通便捷度越高，房地产价格水平也越高。

（4）城市设施状况因素

1）基础设施：主要包括供水、排水、供电、供气、供热和通信等设施。

2）生活设施：主要包括学校、医院、农贸市场、银行、储蓄所、邮局等设施。

3）文化娱乐设施：主要包括电影院、图书馆、博物馆、俱乐部、文化馆等设施。

（5）环境状况因素　若一个地区绿地较多、公园充足、环境优美，则该地区的房地产价格水平较高；若噪声污染、大气污染、水污染较严重，则房地产价格水平较低。

区域因素包括两方面：

一方面：不动产所在区域的自然条件及经济地理位置与前述一般因素相结合而形成的地区社会经济地位，及由此决定的不动产供求状况对不动产价格的影响因素。

另一方面：城市内各种不同类别用地区域由于本身特性而对不动产价格产生影响的因素。

将具体因素种类进行梳理，得到不同用地区域的影响因素见表2－2。

表2－2　不同用地区域的影响因素

住宅区域	商业区域	工业区域
1. 日照、温度、湿度、风向等自然地理状况 2. 街道幅宽、构造的状态 3. 离市中心距离及交通设施状况 4. 附近商店配置状况 5. 上下水道、燃气（燃料）供给、污水处理、环卫设施状况 6. 公共公益设施的配置及状况	1. 商业及业务种类、规模、商业集聚状况 2. 商业近邻地域状况、顾客群体数量及状况 3. 顾客及工作人员的交通工具及状况 4. 商业繁华程度及兴衰动向 5. 商品进出运输的便利程度	1. 干线道路、铁路、港湾、机场等对外交通设施的便利程度 2. 商品销售市场及原料购入市场与厂区的位置的关系 3. 动力资源及排放设施有关费用 4. 关联产业的位置

（续）

住宅区域	商业区域	工业区域
7. 洪水、地震等灾害发生的可能性 8. 噪声污染等公共灾害发生程度 9. 地块面积、方位、配置及利用情况 10. 景观等自然环境状况	6. 临街道路（往复）可及性及通行能力 7. 营业类别及竞争状况 8. 地域内经营者的创造性及资本实力条件 9. 停车设施状况	5. 水质污染、大气污染等公共灾害发生的可能性及危害程度 6. 劳动力资源状况及生活条件 7. 有关法律法规对产业发展的有关规定

2.4.3 个别因素

个别因素是指不动产由于各自条件的差异而影响其价格的因素，如土地的微观位置、形状、面积，建筑物的结构、材料、外观、造型、风格、色调、朝向、质量、物业管理水平等。这是由不动产的个别性质所决定的，并由此造成同类不动产的价格不同。个别因素通常只对其所属房地产个体自身的价格产生影响，在某些情况下会因与相邻房地产的相邻关系对该房地产的价格产生影响，如某种特定的建筑类型或风格独特的房地产会使相邻房地产的价格增高。个别因素是造成房地产价格个别性的直接因素。例如，功能设计合理、施工质量优良、通风采光好和良好的朝向等因素都会相应地在房地产价格上体现出来。

个别因素可细分为与土地有关的个别因素和与建筑物有关的个别因素。与土地有关的因素有：宗地的自然条件、局部条件和环境状况；与建筑物有关的因素包括建筑物用途、类别、建筑结构、层数及质量等。

1. 与土地有关的个别因素

（1）区位因素　区位也叫宗地位置，是影响地价的一个非常主要的因素。区位有自然地理区位与社会经济区位之别。当区位由劣变优时，地价会上升；相反，则地价下跌。

（2）面积因素、宽度因素、深度因素　一般来说，宗地面积必须适宜，规模过大或过小都会影响土地效用的充分发挥，从而降低单位地价。

（3）形状因素　土地形状有长方形、正方形、三角形、菱形、梯形等。形状不规则的土地不便于利用，从而地价降低。一般认为宗地形状以矩形为佳，特殊情况下，在街道的交叉口、三角形等不规则土地的地价也可能畸高。

（4）地力因素、地质因素、地势因素、地形因素　地形是指地面的起伏形状，一般来说，土地平坦，地价较高；反之，土地高低不平，则地价较低。

（5）容积率因素　容积率越大，地价越高；反之，容积率越小，地价越低。容积率与地价的关系一般不呈线性关系。

（6）用途因素　土地的用途对地价影响相当大，同一宗土地，规划为不同用途，则地价不相同。一般来说，对于同一宗土地而言，商业用地、住宅用地、工业用地的地价是递减的。

（7）土地使用年期因素　在年地租不变的前提下，土地使用年期越长，地价越高。

2. 与建筑物有关的个别因素

（1）面积、结构、材料等　建筑物的建筑面积、使用面积、建筑高度等不同，则建筑物的重建成本也不相同。

（2）设计、设备等　建筑物形状、设计风格、建筑装潢是否与建筑物的使用目的相适应，建筑物设计、设备是否与其功能相适应，对建筑物价格有很大的影响。

（3）施工质量　建筑物的施工质量不仅影响建筑物的投入成本，更重要的是影响建筑物的耐用年限和使用安全性、方便性及舒适性。因此施工质量是否优良，对建筑物的价格也有很大影响。

（4）法律限制　有关建筑物方面的具体法律限制，主要是城市规划及建筑法规。

（5）建筑物与周围环境的协调性　建筑物应当与其周围环境相协调，否则就不是最有效的使用状态。建筑物不能充分发挥使用效用，其价值自然会降低。

（6）建筑密度

阅读材料

影响房地产价格的自身、环境、人口因素

（1）自身因素　房地产自身状况的好坏，直接关系到其价格的高低。所谓自身因素，是指那些反映房地产本身的实物、权益和区位状况的因素。

1）位置。关于房地产有句名言：第一是区位，第二是区位，第三还是区位。尽管位置不能代表房地产的一切，但这句话说明了位置对房地产的重要性。

房地产位置优劣的形成，一是先天的自然条件，二是后天的人工影响。房地产的位置有自然地理位置与社会经济位置之别。

2）肥力。肥力这个因素主要与农地的价格有关。对于农地而言，显而易见，土地肥沃地价就高；相反，土地贫瘠地价就低。在农地价格的决定因素中，肥力甚至是最重要的因素，而且越是偏僻的地区，肥力对地价的决定作用越大。

3）地质条件。地质条件决定着土地的承载力。地价与地质条件关系的实质是地质条件的好坏决定着建设费用的高低。建造同样的建筑物，地质条件好的土地，需要的基础建设费用低，从而地价高；相反，则需要的基础建设费用高，地价则低。不同地震烈度的建筑抗震设防要求也可以说明这个问题。这些通过假设开发法可以清楚地看出。

4）地形、地势。一般来说，土地平坦，地价较高；土地高低不平，地价较低。在其他条件相同时，地势高的房地产的价格要高于地势低的房地产的价格。

地形、地势对房地产价格的影响还表现在：如果城市人口剧增、工商业发展很快，土地需求增加，而土地向外发展受地形、地势的限制（如四面临山或有河流阻隔），致使城市土地的供给不能以适当比例增加时，必然会使地价高涨。

5）土地面积和形状。一般来说，凡是因面积过于狭小而不利于使用的土地，价格较低。

土地形状是否规则对地价也有一定影响。这是由于形状不规则的土地一般不能被有效利用，相对于形状规则的土地，其价格一般要低。

6）日照、风向、降水量、天然周期性灾害。同一街道的商业房地产，向阳或背阳，价格也有所差异。对于农地中的坡地，阴坡地与阳坡地的价格差异也很明显。

价格与风向的关系在城市中比较突出，在上风地区房地产价格一般较高，在下风地区房地产价格一般较低。

降水量与地势结合起来对房地产价格的影响比较明显。地势虽然低洼，但如果降水量不大，则不易积水，从而地势对房地产价格的影响不大；反之，若地势低洼，降水量大，地势对房地产价格的影响就大。

凡是有天然周期性灾害的地区，如有天然周期性水灾的江、河、湖、海边，土地利用价值低，甚至不能利用。

7）建筑物本身。建筑物的规划设计、平面格局、功能、质量、外观形象等因素，对房地产价格均有较大影响。以建筑物的外观形象为例，它包括建筑式样、风格和色调等，对房地产价格有很大的影响。凡是建筑物外观新颖、优美，可给人以舒适的感觉，则价格就高；若建筑物外观单调、呆板，很难引起人们强烈的享受欲望，甚至令人压抑、厌恶，则价格就低。

（2）环境因素

1）大气环境。房地产所处的地区有无难闻气味、有害物质和粉尘等，对房地产价格有很大影响。尤其是化工厂、屠宰厂、酱厂、酒厂、厕所等都可能造成空气污染，因此，凡接近这些地方的房地产价格较低。

2）声觉环境。对于住宅、旅馆、办公、学校、科研等类房地产来说，噪声大的地方，房地产价格较低；噪声小的地方，房地产价格通常较高。

3）水文环境。地下水、沟渠、河流、江湖、海洋等的污染程度，对其附近的房地产价格也有很大影响。

4）视觉环境。房地产周围安放的东西是否杂乱，如电线杆、广告牌、标示牌等的竖立状态和设计是否美观，建筑物之间是否协调，公园、绿化等形成的景观是否赏心悦目，都会对房地产价格有影响。

5）卫生环境。清洁卫生状况，如垃圾堆放情况，对房地产价格也有影响。

（3）人口因素

1）人口数量。当人口数量增加时，对房地产的需求就会增加，房地产价格也就会上涨；而当人口数量减少时，对房地产的需求就会减少，房地产价格也就会下落。

2）人口素质。人们的文化教育水平、生活质量和文明程度，可以引起房地产价格的变化。如果一个地区中居民的素质低、构成复杂、社会秩序欠佳，人们多不愿意在此居住，则该地区的房地产价格必然低落。

3）家庭人口规模。一般来说，随着家庭人口规模小型化，即家庭平均人口数的下降，家庭数量增多，所需住房的总量将增加，房地产价格有上涨的趋势。

阅读材料

影响房地产升值的主要因素

①交通状况；②周边环境；③物业管理；④社区背景；⑤配套设施；⑥房产质量；⑦供求状况；⑧期房合约。如果能够合理地应用好期房合约的话，应该可以获得比较理想的回报；⑨经济周期。这是一个很难掌握的问题，我国经济向上发展的空间很大，如果能够准确利用经济周期进行房地产投资，也可以使房地产升值。

阅读材料

国外房地产价格的影响因素举例

（1）日本的不动产价格影响因素　不同用途的土地，影响其价格的主要因素也是有差别的。日本不动产鉴定评价标准列举的住宅、商业和工业用地的区域因素和个别因素有：

1）住宅区的区域因素。住宅的区域因素包括日照、温度、湿度、风向等。

2）住宅用地的个别因素。

3）商业区的区域因素。

4）商业用地的个别因素。

5）工业区的区域因素。

6）工业区的个别因素。

（2）美国的不动产价格影响因素　美国威斯康星大学的不动产评估技术教科书中，就列举了一个对影响机场周围住宅价格的因素进行排序的例子具体表2－3。

表2－3　影响机场周围住宅价格的因素排序及分值

编号	影响因素	平均分
1	在邻近地区中其他住宅的质量	1.23
2	距学校的接近性	1.78
3	不动产税额	1.78
4	购物设施接近性	1.97
5	主要道路可达性	1.97
6	市政设施质量	1.99
7	邻近地区的树木灌木公园	2.00
8	中等程度飞机噪声	2.06
9	中等程度交通噪声	2.13
10	医疗服务设施接近性	2.55
11	在机场和相关行业工作的接近性	2.67
12	机场可接近性	2.85

2.5 房地产价值和价格的种类

有关文献中所述的房地产价值和价格的种类如下。

2.5.1 房地产价格体系

1. 房地产价格体系的基本概念和构成

房地产价格形式应该包括三部分，一是土地价格，二是房屋价格，三是房地价格。我国房地产价格体系的构成见表2－4。

表 2－4　我国房地产价格体系的构成

<table>
<tr><td rowspan="11">土地价格</td><td rowspan="8">按交易权能分</td><td colspan="3">土地征购价格</td></tr>
<tr><td rowspan="5">土地使用权出让价格</td><td rowspan="3">按出让方式分</td><td>协议价格</td></tr>
<tr><td>招标价格</td></tr>
<tr><td>拍卖价格</td></tr>
<tr><td rowspan="2">按出让的期限分</td><td>土地批租价格</td></tr>
<tr><td>土地租赁价格</td></tr>
<tr><td colspan="3">土地使用权转让价格</td></tr>
<tr><td colspan="3">土地使用权抵押价格</td></tr>
<tr><td rowspan="3">按交易管理层次分</td><td colspan="3">基准地价</td></tr>
<tr><td colspan="3">标定地价</td></tr>
<tr><td colspan="3">市场交易地价</td></tr>
<tr><td>房屋价格</td><td colspan="4">房屋重置价格</td></tr>
<tr><td rowspan="18">房地价格</td><td rowspan="4">按销售对象分</td><td>外销</td><td colspan="2">外销商品房价格</td></tr>
<tr><td rowspan="3">内销</td><td colspan="2">商品房价格</td></tr>
<tr><td colspan="2">经济适用房价格</td></tr>
<tr><td colspan="2">廉租房价格</td></tr>
<tr><td rowspan="2" colspan="2">按交货期限分</td><td colspan="2">期房价格</td></tr>
<tr><td colspan="2">现房价格</td></tr>
<tr><td rowspan="5" colspan="2">按使用用途分</td><td colspan="2">工业用房价格</td></tr>
<tr><td colspan="2">商业用房价格</td></tr>
<tr><td colspan="2">住宅用房价格</td></tr>
<tr><td colspan="2">事业性用房价格</td></tr>
<tr><td colspan="2">军队用房价格</td></tr>
<tr><td rowspan="7" colspan="2">按价值实现方式分</td><td colspan="2">买卖价格</td></tr>
<tr><td colspan="2">租赁价格</td></tr>
<tr><td colspan="2">典价</td></tr>
<tr><td colspan="2">抵押价格</td></tr>
<tr><td colspan="2">保险价格</td></tr>
<tr><td colspan="2">课税价格</td></tr>
<tr><td colspan="2">征用价格</td></tr>
</table>

2. 房地产价格体系的特点

（1）具有统一性和不可分割性　房价和地价都是房地产价格链条中的一个环节，前导价格和后续价格之间是不可分割的。

（2）具有系列衔接性和连锁反应性　土地部门的基础性和房屋部门的连锁性使房地产价格体系呈现系列衔接性和连锁反应性。

（3）具有竞争性和互相制衡性　地价与房价是直接存在连锁关系的两个价格，两者之间不仅存在统一性，更具竞争性和互相制衡性。

3. 房地产价格体系的内在耦合

（1）比价　商品比价是指在同一市场、同一时间、不同商品价格之间的比例关系。房地产价格体系中的比价关系包括：

1）地价与房价之间的比价关系。地价与房价之间的比价关系，经验数据为20:100。

2）不同用途土地之间的比价关系。农业用地、工业用地、商业用地价格间的比价关系，经验数据为1:100:1000。

3）同一所住房出租和出售价格之间的比价关系。租售价格之间的比价关系，若按月房租计算，经验数据为1:100；若按年房租计算，经验数据为1:8。

（2）差价　商品差价是指同一商品在流通过程中由于购销环节、购销地区、购销季节和商品质量不同而形成的价格。房地产价格体系中的差价关系包括：

1）同一用途的土地或相同质量的商品房在不同的地区价格也不同，这是空间因素作用的结果，是地区差价。

2）不同质量、不同标准的商品房的价格要保持合理的差价关系，使房价与各收入阶层之间的承受能力相适应。

3）同一块土地、同一所住房在不同的经济发展阶段价格不同，这是时间因素在起作用，是时间造成的差价。

2.5.2　房地产价格的种类

1. 按形成形式分类

（1）成交价格　成交价格是指交易双方实际成交的价格，是一种事实或真实价格。成交价格可分为正常成交价格和非正常成交价格。

（2）市场价格　市场价格是指某特定时期某种不动产在市场上的平均价格水平，是大量成交价格的统计结果。

（3）理论价格　理论价格是指经济学理论对市场模拟而形成的价格，是在合理的市场上交易应该实现的均衡价格。

（4）公开市场价格　公开市场价格是指在竞争和公开市场条件下最可能形成的价格。在竞争和公开市场条件下是指在该市场上交易双方都是理性的，都掌握足够的市场信息，有充分的交易时间，对交易对象具有必要的专业知识，交易条件正常。

（5）清算价格　清算价格是指不符合公开市场价值的在非正常市场上限制拍卖的价格。它符合“交易双方有较充裕的时间进行交易”或“交易双方是自愿地进行交易的”这两个条件。

（6）评估价格　评估价格又称评估价、评估值、评估额、估价结果，是指估价人员针对某种估价目的，对某不动产在某时点的客观合理价格进行估算、判定、推测的结果。

【思考题】城市房屋拆迁估价应当采用公开市场价值标准还是清算价值标准？

2. 按政府对价格管制或干预程度分类

《中华人民共和国价格法》第三条规定：“国家实行并逐步完善宏观经济调控下主要由

市场形成价格的机制。价格的制定应当符合价值规律，大多数商品和服务价格实行市场调节价，极少数商品和服务价格实行政府指导价或者政府定价。”

（1）市场调节价　市场调节价是由经营者自主经营制定，通过市场竞争形成的价格。对于实行市场调节价的房地产，由于经营者可以自主确定价格，所以估价应依据市场供求状况进行。

（2）政府指导价　政府指导价是指由政府价格主管部门或者其他有关部门，按照定价权限和范围规定基准价及其浮动幅度，指导经营者制定的价格。主要有基准地价、标定地价、房屋重置价格及经济适用房销售价格，对于实行政府指导价的房地产，由于经营者应在政府指导价规定的幅度内制定价格，所以，估价结果不得超出政府指导价规定的幅度。

（3）政府定价　政府定价是指由政府价格主管部门或者其他有关部门，按照定价权限和范围制定的价格。

对于实行政府定价的房地产，由于经营者应执行政府定价，所以估价结果应以政府定价为准。例如，在城镇住房制度改革中，出售公有住房的标准价、成本价就属于政府定价。

3. 基准地价、标定地价、房屋重置价格、经济适用房销售价格

基准地价、标定地价和房屋的重置价格是《城市房地产管理法》提到的三种价格。基准地价、标定地价和房屋重置价格都是一种评估价值。

（1）基准地价　据原国家土地管理局 1993 年发布的《城镇土地估价规程（试行）》，基准地价的定义是：“对城镇各级土地或均质地域及其商业、住宅、工业等土地利用类型评估的土地使用权单位面积平均价格。”基准地价也可以定义为：城市基准地价是以一个城市为对象，在该城市一定区域范围内，根据用途相似、地块相连、地价相近的原则划分地价区段，调查评估出的各地价区段在某一时点的平均价格；或指在城镇规划区范围内，对现状利用条件下不同级别或不同均质地域的土地，按照商业、居住、工业等用途，分别评估确定的某一估价期日上法定最高年期的土地使用权区域平均价格。

（2）标定地价　据原国家土地管理局 1992 年印发的《关于地籍管理几个问题的处理意见》中的说明，标定地价是在基准地价基础上，按土地使用年期、地块大小、形状、容积率、微观区位、市场行情条件，修订评估出的具体地块在某一时期的价格。由于《城市房地产管理法》规定了标定地价应定期确定并公布，所以可将标定地价的定义修改为：标定地价是指一定时期和一定条件下，能代表不同区位、不同用途地价水平的标志性宗地的价格；或指在基准地价基础上，选择一系列能代表不同用途、不同区位，形状和大小在同类用地中相对接近的标志性宗地，按各自法定最高年限和基准容积率，考虑微观区位和市场行情等而修订评估的土地使用权在某一时期的价格。

（3）房屋重置价格　这里的房屋重置价格应是某一基准日期，不同区域、不同用途、不同建筑结构、不同档次或等级的房屋，建造它所需的一切合理、必要的费用、税金，加上应得的利润；或指在估价期日采用当时的建筑材料、构配件和技术等，重新建造同类建筑结构、质量、功能的新房屋所需一切合理必要的费用、税金并加上应得利润，体现当时价格水平的货币值。有了这种房屋重置价格之后，实际估价中求取估价对象房屋或建筑物的价格，可以通过这种房屋重置价格的比较修正来求取。

（4）经济适用房销售价格　经济适用房销售价格是指根据政府规定的成本构成项目和利润率所确定的价格。成本构成项目包括：征地拆迁补偿费、勘察设计和前期工程费、建筑安装工程费、住宅小区基础设施建设费和小区内非营业性公共配套设施费、管理费、贷款利息和税金共七项，利润在3%以下。

4. 按实物形态分类

（1）土地价格　土地价格简称地价，如果是一块无建筑物的空地，此价格即指该块土地的价格；如果是一块有建筑物的土地，此价格是指该宗房地产中土地部分的价格，不含建筑物的价格。

1）同一块土地，在估价时考虑（或假设）的"生熟"程度不同，会有不同的价格。土地的"生熟"程度主要有五种：①未征用补偿的农地，取得该土地后还需要支付征地补偿费；②已征用补偿但未做"三通一平"或以上开发的土地；③已做"三通一平"或以上开发的土地，如已做"七通一平"的土地；④在现有城区内有待拆迁建筑物的土地，取得该土地后还需要支付拆迁补偿安置费；⑤已做拆迁补偿安置的城市空地。

根据土地性质和开发程度可将土地价格分为：生地价格、毛地价格、熟地价格。

2）公告地价。公告地价是政府定期公布的土地价格。在有些国家和地区，一般将公告地价作为征收土地增值税和征用土地补偿的依据。

3）申报地价。申报地价是土地所有人或使用人参照公告地价向政府申报的土地价格。

（2）建筑物价格　建筑物价格是指建筑物部分的价格，不含建筑物所占用的土地的价格。应当注意的是，人们平常所说的"房价"，例如购买一套商品住房的价格，通常是含有该建筑物占用的土地的价格，与这里所说的建筑物价格的内涵不同。

（3）房地价格　房地价格又称房地混合价，是指建筑物连同其占用的土地的价格，它往往等同于人们平常所说的"房价"。对于同一宗房地产而言，有公式：

$$房地价格 = 土地价格 + 建筑物价格$$

5. 按价格表示单位分类

（1）总价格　总价格是指某一宗或者某一区域范围内的房地产整体的价格。房地产的总价格一般不能反映房地产价格水平的高低。

（2）单位价格　土地单价是单位土地面积的土地价格；建筑物单价是单位建筑物面积的建筑物价格；房地单价是单位建筑物面积的房地价格。房地产的单位价格一般可以反映房地产价格水平的高低。

（3）楼面地价　楼面地价是一种特殊的土地单价，是按建筑物面积均摊的土地价格。在现实中，楼面地价往往比土地单价更能反映土地价格水平的高低。楼面地价与土地总价的关系为：

$$楼面地价 = 土地总价/总建筑面积$$

由此公式可以找到楼面地价、土地单价、容积率三者之间的关系：

$$楼面地价 = 土地单价/容积率$$

【例2－1】 有甲、乙两块土地，甲土地的土地单价为700元/m^2，乙土地的土地单价为510元/m^2，如果甲、乙两块土地的其他条件完全相同，明智的买者会购买哪块土地？如果甲土地的容积率为5，乙土地的容积率为3，其他条件完全相同，则明智的买者会购买哪块土地？为什么？

6. 按不同的经济行为分类

（1）买卖价格 买卖价格简称买卖价，是通过市场买卖交易方式转移不动产权的价格。

（2）租赁价格 租赁价格简称租金，对土地而言称为地租，对房地混合而言称为房租，它是不动产权利人作为出租人将其不动产出租给承租人使用，由出租人收取或承租人支付的货币额、商品或其他有价物。

我国目前的房租有市场租金（或称协议租金，是由市场供求状况决定的租金）、商品租金（是以房地价值为基础确定的租金，其构成内容包括折旧费、维修费、管理费、贷款利息、房产税、保险费、地租和利润八项因素）、成本租金（是按照出租房屋的经营成本确定的租金，由折旧费、维修费、管理费、贷款利息、房产税五项因素构成）、准成本租金和福利租金。房租有按使用面积计算的，也有按建筑面积计算的。住宅一般是按使用面积计租金，非住宅一般是按建筑面积计租。房租也有天租金、月租金和年租金之别。此外，要注意租赁价格与租赁权价格是两个不同的概念。

真正的房租构成因素应当包括：①地租；②房屋折旧费，包括结构、设备和装饰装修的折旧费；③维修费；④管理费；⑤投资利息；⑥保险费；⑦房地产税（目前属于这种性质的税有城镇土地使用税、房产税、城市房地产税）；⑧租赁费用，如租赁代理费；⑨租赁税费，如营业税、城市维护建设税、教育费附加、租赁手续费；⑩利润。

（3）抵押价值 抵押价值是以抵押方式提供债务履行担保的房地产的价值。从理论上讲，不动产抵押价值应当是假设债务履行期届满债务人不履行债务，拍卖、变卖抵押不动产最可能所得的价款或者抵押不动产折价的价值，扣除优先受偿的款额后的余额。优先受偿的款额包括划拨土地使用权应缴纳的土地使用权出让金、发包人拖欠承包人的建筑工程价款、已担保债权数额等，但不包括强制执行费用。

在实际估价中，要评估拟抵押的房地产在未来折价或者拍卖、变卖所最可能实现的价格或者设定抵押时的价值，由于在委托评估时何时设定抵押、贷款期限长短、借款人是否如期偿还，以及折价、拍卖、变卖抵押房地产的时间等都难以确定，从而使得抵押价值评估只能演变为评估拟抵押的房地产在委托评估时的价值，通常具体为估价作业期间的某个日期（一般为实地查勘之日）的公开市场价值扣除法定优先受偿的款额后的余额。

（4）典价 典价是在设立典权时，由出典人收取或典权人支付的货币额、商品或其他有价物。典价往往低于不动产的实际价值。

（5）保险价值 保险价值是将不动产投保时，为确定保险金额提供参考依据而评估的价值。评估保险价值时，估价对象的范围应视所投保的险种而定。如投保火灾险时的保险价值，仅是有可能遭受火灾损毁的建筑物的价值及其可能的连带损失，而不包含不可损毁的土地的价值，通常具体是指建筑物的重建成本（或重置成本）和重建期间的经济损失（如租金损失）。

（6）课税价值 课税价值是指为课税的需要，由估价人员评估的作为计税依据的价值。具体的课税价值要视税收政策而定。

（7）征收价值 征收价值又称征用价值，是政府强制取得或强制使用不动产时应给予的补偿金额。

7. 按不动产交易付款方式不同分类

（1）实际价格 实际价格是指在成交日期时一次付清的价格，或者将不是在成交日期时一次付清的价格折现到成交日期时的价格。

（2）名义价格　名义价格是指在成交日期时讲明，但不是在成交日期时一次付清的价格。例如，一套建筑面积100m^2、单价3000元/m^2、总价30万元的住房，在实际交易中的付款方式可能有下列几种：

1）要求在成交日期时一次付清。

2）如果在成交日期时一次付清，则给予折扣，如优惠5%。

3）从成交日期时起分期付清，如首期支付10万元，余款在一年内分两期支付，如每隔半年支付10万元。

4）约定在未来某个日期一次付清，如约定一年后付清。

5）以抵押贷款方式支付，如首期支付5万元，余款在未来1年内以抵押贷款方式按月等额支付。

在上述第一种情况下：实际单价为3000元/m^2，实际总价为30万元；不存在名义价格。

在第二种情况下：实际单价为3000元/m^2 ×（1－5%）=2850元/m^2，实际总价为28.5万元；名义单价为3000元/m^2，名义总价为30万元。

在第三种情况下：实际总价为10万元+10万元/$(1+5\%)^{0.5}$+10万元/(1+5%) = 29.28万元（假定年折现率为5%），实际单价为2928元/m^2；名义单价为3000元/m^2，名义总价为30万元。

在第四种情况下：实际总价为30万元/(1+5%)=28.57万元（假定年折现率为5%），实际单价为2857元/m^2；名义单价为3000元/m^2，名义总价为30万元。

在第五种情况下：实际单价为3000元/m^2，实际总价为30万元；不存在名义价格。

8. 按不动产的交割时间分类

（1）现房价格　当交易标的物为建筑物已建成的不动产时，即为现房价格（含土地价格）。

（2）期房价格　期房价格是指以目前尚未建成而在将来建成的房屋（含土地）为交易标的的价格。其中最常见的是期房价格。

一般来说，一般商品的现货价格与期货价格之间的差额接近于它的储存费用：期货价格=现货价格+储存费用；而在期房与现房同品质（包括质量、功能、环境和物业管理等）下，期房价格低于现房价格。

从可以出租的公寓住宅来看，由于买现房可以立即出租，买期房在期房成为现房期间不能享受租金收入，并由于买期房总存在着风险（如有可能不能按期建成，或实际交付的品质比预售时宣传的差等），所以期房价格与现房价格之间的关系有：

期房价格=现房价格－预计从期房达到现房期间现房出租的净收益的折现值－风险补偿

9. 在商品房出售中出现的一组价格

（1）起价　起价是指所销售的商品房的最低价格。这个价格通常是最差的楼层、朝向、户型的商品房价格，所以起价通常不能反映所销售商品房的真实价格水平。

（2）标价　标价又称报价、表格价，是商品房出售者在“价目表”上标注的不同楼层、朝向、户型的商品房的出售价格，即卖方的要价。一般情况下，买卖双方会在这个价格的基础上讨价还价，最后出售者可能做出某种程度的让步，最终以一个比这个价格低的价格成交。

(3) 成交价　成交价是商品房买卖双方的实际交易价格。商品房买卖合同中写明的价格一般就是这个价格。

(4) 均价　均价是指所销售商品房的平均价格，具体有标价的平均价格和成交价的平均价格，成交价的平均价格一般可以反映所销售商品房的总体价格水平。

10. 在房地产拍卖中出现的一组价格

保留价、起拍价、应价和成交价是在房地产拍卖中出现的一组价格，房地产拍卖是以公开竞价的形式，将房地产转让给最高应价者的买卖方式。

(1) 保留价　保留价又称拍卖底价，是在拍卖前确定的拍卖标的可售的最低价格。拍卖分为无保留价拍卖和有保留价拍卖。有保留价拍卖是在拍卖前将拍卖标的进行估价，确定一个比较合理的保留价。拍卖标的无保留价的，拍卖师应在拍卖前予以说明。拍卖标的有保留价的，竞买人的最高应价未达到保留价时，该应价不发生效力，拍卖师应当停止拍卖标的的拍卖。

(2) 起拍价　起拍价又称开叫价格、起叫价，是拍卖师在拍卖时首次报出的拍卖标的的价格。拍卖有增价拍卖和减价拍卖。增价拍卖是先对拍卖标的确定一个最低起拍价，然后由低向高叫价，直到最后由出价最高者获得。减价拍卖是由拍卖师先喊出拍卖标的的最高起拍价，然后逐次喊出逐步降低的价格，直至有竞买人表示接受而成交。增价拍卖是一种常见的叫价方式。在增价拍卖中，起拍价通常低于保留价，也可以等于保留价。

(3) 应价　应价是竞买人对拍卖师报出的应允，或是竞买人自己报出的购买价格。

(4) 成交价　成交价是经拍卖师落锤或者以其他公开表示买定的方式确定的竞买人的最高应价。在有保留价拍卖中，最高应价不一定成为成交价，只有在最高应价高于或等于保留价的情况下，最高应价才成为成交价。

11. 补地价

补地价是指国有土地使用者因改变土地用途等而向国家补交的地价或土地使用权出让金、土地收益。需要补地价的情形主要有如下三类。

1) 土地使用者改变土地用途、容积率、建筑高度等城市规划限制条件。

2) 土地使用者延长土地使用年限（包括出让土地使用权期满后续期）。

3) 土地使用者转让、出租、抵押划拨土地使用权的房地产（要求补办土地使用权出让手续，补交土地使用权出让金等）。

对于改变土地用途、容积率、建筑高度等城市规划限制条件的，补地价的数额理论上等于改变后的地价与改变前的地价之差，即

$$补地价 = 改变后的地价 - 改变前的地价$$

【思考题】 某宗土地总面积 1000m^2，容积率为 3，对应的土地单价为 450 元/m^2，现允许将容积率提高到 5，楼面地价不变，试计算理论上应补地价的数额。

阅读材料

房地产价格与价值的其他类型

(1) 使用价值和交换价值　一种商品的使用价值，是指该种商品能满足人们某种需要

的效用；交换价值，是指该种商品同其他商品相交换的量的关系或比例，通常用货币来衡量，即交换价值表现为一定数量的货币或其他商品。人们在经济活动中一般简称的价值，指的是交换价值；在房地产估价中一般所说的价值，也是指交换价值。

使用价值是交换价值的前提，没有使用价值肯定就没有交换价值。作为商品的房地产，既有使用价值也有交换价值。房地产估价评估的是房地上的交换价值。

（2）投资价值和市场价值　房地产的市场价值，是该房地产对于一个典型投资者（他代表了市场上大多数人的观点）的经济价值。市场价值是客观的、非个人的价值，而投资价值是建立在主观的、个人的因素基础上的价值。在某一时点，市场价值是唯一的，而投资价值会因投资者的不同而不同。

就投资价值与市场价值而言，房地产估价评估的是房地产的市场价值。

（3）成交价格、市场价格、理论价格、公开市场价值和评估价值

1）成交价格。成交价格简称成交价，是指在一笔房地产交易中，交易双方实际达成交易，买者同意付出、卖者同意接受或者买者支付、卖者收取的货币额、商品其他有价物。正常成交价格是指交易双方在公开市场、信息通畅、平等自愿、诚实无欺、没有利害关系下进行交易所形成的价格，不受一些诸如不了解市场行情、垄断、强迫交易等不良因素的影响；反之，则为非正常成交价格。

严格来说，正常成交价格的有如下几条形成条件：①公开市场；②交易对象本身具备市场性；③众多的买者和卖者；④买者和卖者都不受任何压力，完全出于自愿；⑤买者和卖者都具有完全信息；⑥适当的期间完成交易。不是急于出售或急于购买。

2）市场价格。市场价格是指某种房地产在市场上的平均价格水平，是该类房地产大量成交价格的抽象结果。

3）理论价格。理论价格是经济学假设的“经济人”的行为和预期是理性的，或真实需求与真实供给相等的条件下形成的价格。

一般来说，成交价格围绕着市场价格而上下波动，市场价格又围绕着理论价格而上下波动，就成交价格、市场价格与理论价格而言，房地产估价评估的是房地产的市场价格。

4）公开市场价值。在现代西方房地产估价著作中，将需要评估的客观合理价格或价值，多称为市场价值或公开市场价值。在本书中，市场价格、市场价值、公开市场价值三者的含义基本相同，在一般情况下可以混用。

5）评估价值。评估价值又称评估价格、估计价值，简称评估值、评估价或评估额，是估价人员对房地产的某种客观合理价格或价值进行测算和判定的结果，评估价值还可以根据所采用的估价方法的不同而有不同的称呼，如采用市场法测算得出的结果通常称为比准价格，采用成本法测算得出的结果通常称为积算价格，采用收益法测算得出的结果通常称为收益价格。但从理论上讲，一个良好的评估价值：正常成交价格 = 市场价格。

（4）原始价值、账面价值和市场价值　原始价值简称原值、原价，也称历史成本、原始购置成本，是一项资产在当初取得时实际发生的成本，包括买价、运输费、安装费、交纳的有关税金等。账面价值又称账面净值、折余价值，是一项资产的原始价值减去已提折旧后的余额。　市场价值是一项资产现时在市场上实际所值的价格。原始价值是始终不变的，账面价值是随着时间的推移而不断减少的，市场价值是随着时间的推移而上下波动的。房地产估价所评估的是房地产的市场价值。

(5) 所有权价格、使用权价格和其他权益的价格

1) 所有权价格。所有权为占有权、管理权、享用权、排他权、处置权（包括出售、出租、抵押、赠与、继承）等诸项个别权利的总和。但如果在所有权上设定了他项权利，则所有权变得不完全，价格因此会降低。

2) 使用权价格。房地产的使用权价格是指房地产使用权的价格。

3) 其他权益的价格。其他权益价格泛指所有权价格、使用权价格以外的各种权益的价格，如租赁权价格、典权价格等。

一般情况下，房地产所有权价格高于房地产使用权价格。抵押价格由于要考虑抵押贷款清偿的安全性，一般要比市场交易价格低。租赁价格是承租方为取得房地产租赁权而出租方支付的价格。

(6) 拍卖价格、招标价格和协议价格　拍卖价格、招标价格和协议价格是一组与房地产交易（或出让）采取的方式相联系的价格。拍卖价格是指采取拍卖方式交易（或出让）房地产的成交价格。招标价格是指采取招标方式交易（或出让）房地产的成交价格。协议价格是指采取协议方式交易（或出让）房地产的成交价格。通常情况下采取协议方式出让的价格最低，其次是招标方式，拍卖方式出让的价格最高。

阅读材料

以下三大因素影响房价难以大幅下降

政府政策，调控主旨是稳定房价；市场需求，供需矛盾令房价难以大降；内在动力，经济增长支撑房价上升。

本章小结

本章主要讲述房地产的概念、特征与类型；房地产估价的概念和目的；房地产估价的必要性与现实意义。重点在于房地产和房地产估价的概念。难点在于房地产的特性、种类。

同时补充阅读材料用于中外房地产价格分类综述，使学生对房地产价格理论、房地产估价原理、房地产估价原则有所了解。

练习题

一、名词解释

1. 房地产价格
2. 预期原理
3. 适合原理
4. 最佳最高利用原理
5. 均衡原理
6. 补偿理论
7. 资本化原理

二、问答题

1. 房地产价格有哪些特点？
2. 影响房地产价格的主要因素有哪些？
3. 什么叫房地产升值？房地产升值的原因是什么？
4. 房地产价格构成有哪些基本要素？如何有效控制住房价格涨幅？

三、选择题（1～4 题为单项选择题，5～8 题为多项选择题）

1. 中国大陆目前主要有所有权、使用权、租赁权、抵押权、典权、地役权。其中，（　　）属于自物权，其余属于他物权。
   A. 使用权　B. 抵押权　C. 所有权　D. 租赁权
2. 商业用地房地产位置的优劣主要取决于（　　）。
   A. 周围环境状况、安宁程度　B. 位置有利于原料和产品的运输
   C. 交通便捷程度及离市中心的距离　D. 繁华程度、临街状况
3. 人口密度高的地区，房地产价格一定会趋高。这句话是（　　）的。
   A. 对　B. 错
4. 在市场经济中，（　　）是最普遍、最广泛应用的一种分配方式。
   A. 抽签　B. 计划　C. 价格　D. 礼让
5. 房地产具有易受限制性，政府对房地产的限制通常通过（　　）来实现。
   A. 充公权　B. 管制权　C. 征税权　D. 征收权
6. 房地产之所以有价格，其前提条件是（　　）。
   A. 房地产的有用性　B. 房地产的稀缺性
   C. 房地产的有效供给　D. 房地产的有效需求
7. 从土地使用管制来看，世界上几乎所有的国家和地区对土地使用都有或多或少的限制。对于房地产估价来说，有意义的土地使用管制主要包括（　　）。
   A. 城市规划　B. 险情危害的相邻关系
   C. 农用地转为建设用地　D. 耕地转为非耕地
8. 影响房地产价格的行政因素，是指那些影响房地产价格的制度、政策、法律法规、行政行为等方面的因素，主要有（　　）。
   A. 房地产制度、房地产价格政策、特殊政策
   B. 行政隶属变更、城市发展战略
   C. 城市规划、土地利用规划
   D. 税收政策、交通管制

第 3 章　房地产估价原则和程序

【教学目的】通过本章学习，使学生掌握房地产估价的基本原则，了解房地产估价原则的不同分类。
【重点难点】重点和难点在于最高行为准则：独立、客观、公正原则；技术性原则：合法原则、最高最佳使用原则、估价时点原则、替代原则。
【能力点描述】熟悉房地产估价的基本概念、特征和种类；能运用所学知识判定影响具体房地产价格的因素；具备分析房地产估价市场的能力。

3.1 房地产估价原则

参照有关资料，对房地产估价原则做如下梳理。

3.1.1 房地产估价原则的内涵

估价必须遵守房地产价格形成和运动的客观规律（不以人的主观意志为转移），通过估价活动，把房地产的内在价格（价值）反映出来。

1. 估价原则定义

房地产估价原则是反映房地产价格形成和运动规律，指导房地产估价实务活动的法则或标准。它既是客观规律的反映，又是房地产估价实践经验的理论总结。

人们在房地产估价的反复实践和理论探索中，逐渐认识了房地产价格形成和运动的客观规律，在此基础上总结出了一些简明扼要的、在估价活动中应当遵循的法则或标准。这些法则或标准就是房地产估价原则。

房地产估价原则是使不同的估价人员对估价的基本前提具有认识上的一致性，对同一估价对象在同一估价目的、同一估价时点下的估价结果具有近似性。每一位估价人员都应正确地理解房地产估价原则，以此作为估价时的指南。

阅读材料

原则是什么？

原则是人们观察、分析、处理问题的准绳。市场经济说到底是合约经济，要的是诚信，原则是使合约双方更容易走到一起的共识与惯例。原则不能最终解决问题，但是在原则的平台上可以为解决问题标定地标和方向，大幅缩小彼此间的距离。对于处理以定性特征为主的问题时，原则的合理运用显得更为重要。像房地产价格评估这样的经济活动，使评估结果偏离真实价值的原因往往是原则运用不当。

2. 估价原则特点

1）房地产估价原则建立在房产价格形成的原理的基础上（主要是关于价格形成的经济学原理，如供求原理、替代原理、均衡原理、机会成本原理、外部性原理等）。

2）房地产估价原则是包含一些在房地产估价活动中应当遵守的约束性或指导性的行为准则。

3. 估价原则意义

估价原则的合理运用是保证房地产评估活动朝着正确方向运动的重要保证。

3.1.2 房地产估价应遵循的原则

1. 具体原则

房地产估价应遵循的具体原则究竟有几个，学术界的看法不一致：

1）1995 年，房地产估价师协会将房地产估价原则归纳为六个原则：合法原则、最高最佳使用原则、供求原则、替代原则、估价时点原则、公平原则。

2）1995 年，中山大学出版社出版，萧骥主编的《房地产价格评估》中将房地产估价原则归纳为七个原则，其中包括公平原则（《合同法》规定），另加房地分估与合估的原则，及土地优先原则，综合分析等。

3）1996 年，同济大学出版社出版，吕华主编的《房地产估价理论与实务》，转引美国房地产估价协会编写的《房地产评论》，将房地产估价原则归纳为十个原则。

4）日本的房地产鉴定评价基准，在美国房地产估价协会总结的十个原则的基础上添加收益分配原则作为房地产估价原则。

5）1999 年国家质量技术监督局与建设部公布《房地产估价规范》，将房地产估价原则归纳为四条原则：合法原则，最高最佳使用原则，替代原则，估价时点原则。

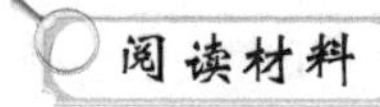

房地产估价的原则

房地产估价的原则是人们观察、分析、处理房地产价格评估问题的准绳。从这个角度就不难理解，为什么一些房地产评估的专著中提到的估价原则近 20 条之多。不同的原则来自于不同的出发点，它们都符合原则准绳的标准要求，原则之间可能会有矛盾，但彼此互不对抗，在解决问题的过程中它们的目标是统一的。人们在原则问题上首先进行了统一，因此原则往往是叠加使用的，以排除法显露其效用。中国房地产估价师培训教材中要求掌握的六条主要原则，即合法原则、最高最佳使用原则、供求原则、替代原则、估价时点原则和公平原则。中国房地产估价师与房地产经纪人学会编写的《房地产估价理论与方法》列出的估价原则：独立、客观、公正原则、合法原则，价值时点原则，替代原则，最高最佳利用原则，谨慎原则。

阅读材料

房地产估价的基本原则

房地产估价基本原则是对房地产估价业务在操作上的基本要求，它包括估价人员的行为惯例以及政府或有关法规对估价活动的总体要求。基于我国的现状，目前在房地产估价活动中，应坚持如下六项基本原则：最有效使用原则；相类比较原则；预测原则；合法原则；估价时点原则；公平原则。

阅读材料

相类比较原则、预测原则

(1) 相类比较原则

在房地产估价上，无论以何种估价方法为主，在最终评估值的决定上，一般都要有相近或类似的市场交易实例、收益实例及开发实例作为参考。这是评估过程中不可缺少的依据，此即相关比较原则，也可称之为公开市场原则。

房地产价格在客观上所遵循的替代法则是相关比较原则的基础，而相关比较原则则是替代法则被普遍遵循的保证。

在房地产估价上，坚持相关比较原则不仅可以提高评估结果的准确性，而且因为它给出了现实依据，是提高评估结果的说服力、可信度和权威性的有效方式。因此，相关比较原则是被普遍遵守的估价原则。

(2) 预测原则

在房地产估价上，不仅要考虑房地产的过去和现状，还要分析其未来变化，从而综合确定出评估价格，此即预测原则。预测原则以变动法则为基础，是变动法则在估价要求上的体现。

在房地产估价上，必须坚持用预测原则来分析许多问题及事项。如在进行市场分析、评估对象所属区域分析，以及两者对评估对象纯收益的影响分析等方面，都应充分考虑未来的变化。另外，在交易实例价格的检查和资本化率的确定等方面也必须坚持预测原则。

对房地产估价总的要求是独立、客观、公正，这应作为房地产估价的最高原则。同时在具体估价作业中应当遵循的原则主要有五项：①合法原则；②最高最佳使用原则；③替代原则；④估价时点原则；⑤公平原则。

(3) 独立、客观、公正原则

所谓独立，一是要求估价机构本身应当是一个独立机构；二是要求估价机构和估价人员与估价对象及相关当事人没有利害关系；三是要求估价机构和估价人员在估价中不应受外部干扰因素的影响。

所谓客观，是要求估价机构和估价人员不带着自己的好恶、情感和偏见，完全从实际出发，按照事物的本来面目去估价。

所谓公正，是要求估价机构和估价人员在估价中应公平正直，不偏袒任何一方。

2. 合法原则

合法原则要求房地产估价应以估价对象的合法权益为前提进行。此外，还必须符合

《城乡规划法》《土地管理法》《建筑法》及《税法》等，否则将导致错误的评估。

房地产估价为什么要遵循合法原则？我们曾在第1章中指出，两宗实物状况相同的房地产，如果权益不同，价值可能有很大的不同。但是在估价时，估价对象的权益不是委托人或估价人员可以随意假定的，必须有合法的依据。

合法权益包括合法产权、合法使用、合法处分等方面。遵循合法原则，具体来说应当做到以下几点：

1）在合法产权方面，应以房地产权属证书和有关证件为依据。现行的土地权属证书有《国有土地使用证》《集体土地所有证》《集体土地使用证》和《土地他项权利证明书》四种，房屋权属证书有《房屋所有权证》《房屋共有权证》和《房屋他项权证》三种。当县级以上地方人民政府由一个部门统一负责房产管理和土地管理工作的，可能制作、颁发统一的房地产权证书。统一的房地产权证书有《房地产权证》《房地产共有权证》和《房地产他项权证》三种。合法产权具体包括：农民集体所有的土地不能当作国家所有的土地来估价，行政划拨的土地不能当作有偿出让的土地来估价，临时用地不能当作长久用地来估价，违法占地不能当作合法占地来估价，临时建筑不能当作永久建筑来估价，违法建筑不能当作合法建筑来估价，产权有争议的房地产不能当作产权无争议的房地产来估价，手续不完备的房地产不能当作手续完备的房地产来估价，部分产权的房地产不能当作完全产权的房地产来估价，共有的房地产不能当作独有的房地产来估价等。

2）在合法使用方面，应以城市规划、土地用途管制等为依据。例如，如果城市规划规定了某宗土地的用途、建筑高度、容积率、建筑密度等，那么对该宗土地进行估价就必须以其使用符合这些规定为前提。西方国家所谓的城市规划创造土地价值，在一定程度上反映了这一要求。例如，某宗土地城市规划限定为居住用途，即使该宗土地的坐落适合于商业用途，评估这宗土地的价格时也必须以该宗土地用于居住用途的前提下进行。再如，某宗土地城市规划限定的容积率为4，评估这宗土地的价格时就必须以该宗土地的容积率不超过4为前提进行，若以容积率超过4的数值来估价，由于超出的容积率没有法律保障，由此评估的较高价格也就得不到社会承认。

3）在合法处分方面，应以法律、行政法规或合同（如土地使用权出让合同）等允许的处分方式为依据。处分方式包括买卖、租赁、抵押、典当、赠与等。以抵押为例：①法律、行政法规规定不得抵押的房地产，就不能作为以抵押为估价目的的估价对象，或者说这类房地产没有抵押价值。②《中华人民共和国城市房地产管理法》第五十一条规定："设定房地产抵押权的土地使用权是以划拨方式取得的，依法拍卖该房地产后，应当从拍卖所得的价款中缴纳相当于应缴纳的土地使用权出让金的款额后，抵押权人方可优先受偿。"因此，在评估土地使用权是以划拨方式取得的房地产的抵押价值时，不应包含土地使用权出让金。③《中华人民共和国担保法》第三十五条规定："财产抵押后，该财产的价值大于所担保债权的余额部分，可以再次抵押，但不得超出其余额部分。"所以，再次抵押的房地产，该房地产的价值扣除已担保债权后的余额部分才是其抵押价值。

4）在其他方面，如评估出的价格必须符合国家的价格政策。例如，政府定价或政府指导价的房地产估价，应遵循政府定价或政府指导价；房改售房的价格，要符合政府有关该价格测算的要求；新建的经济适用住房的价格，要符合国家规定的价格构成和对利润率的限定；农地征用和城市房屋拆迁补偿估价，要符合政府有关农地征用和城市房屋拆迁补偿的法律、行政法规。

【例 3－1】 在市区的某厂，位于厂区内的主厂房可以独立发挥效用，即具有单项工程的特点，可以单独设定抵押权。工厂拟以其为抵押物，担保工厂的某些债务，并言明工厂将因市政规划需要部分拆迁，拆迁后该厂房将临街，适宜更改为商业用房，要求以商业用途来评估其价格。对于该案例抵押估价涉及两个问题：①现时的抵押估价；②估价对象的预期价格评估。

对于①中的合法原则有两个问题，其一是按现时的房屋用途进行估价，其二是必须考虑一旦处分抵押物，房地产权利转移后的合法使用问题。主厂房位于厂区中央，主厂房的水、电供应，排水排污均通过该厂的供排系统供应和排放。因此对于设定的抵押权，应在评估报告中明确该主厂房设定抵押权的界面，以保证一旦权利让渡后估价对象的合法使用。这些内容包括：明确主厂房的四至；土地使用权的分摊范围；由该厂房至市政道路（厂区大门外）的地役权；享用水电供应、排水排污的相应权利等。

对于②中的合法原则问题。作为现时抵押价格的评估，必须按现时合法使用为前提。市政有规划但尚未实施，估价对象新的合法使用用途尚未明确。如果作为一种房地产价格的预期评估是可以的，但其界面必须清楚。假如估价对象如前①评估后设置抵押权，抵押期较长，对抵押物的价格做一些预测是可以的，但在其实现其新的用途前或即使实现了房地产新的用途，评估价格未重新确认前都不能作为抵押价值依据的。上述所提及的预测是合法前提转移引起的房地产价格的差异，而前述所提及是正常情况下合法原则在估价时权利让渡时都必须一致的问题。预期的抵押价值对于抵押权人担保其债权来说，往往更有实际的意义。

3. 最高最佳使用原则

最高最佳使用原则要求房地产估价应以估价对象的最高最佳使用为前提进行。

最高最佳使用是指法律上许可、技术上可能、经济上可行。经过充分合理的论证，能使估价对象的价值达到最大的一种最可能的使用。可见，最高最佳使用必须符合四个标准：①法律上许可；②技术上可能；③经济上可行；④价值最大化。而且这些标准通常有先后次序。另外，最高最佳使用不是无条件的最高最佳使用，而是在法律（包括法律、行政法规、城市规划、土地使用权出让合同等）许可范围内的最高最佳使用，这也是合法原则的要求。

为什么房地产估价要遵循最高最佳使用原则？这是因为在房地产经济活动中，每个房地产拥有者都试图充分发挥其房地产的潜力，采用最高最佳的使用方式以取得最大的经济利益。这一估价原则也是房地产利用竞争与优选的结果。所以，在估价中不仅要遵循合法原则，而且要遵循最高最佳使用原则。

最高最佳使用具体包括三个方面：①最佳用途；②最佳规模；③最佳集约度。

寻找最高最佳使用的方法，首先是尽可能地设想出各种潜在的使用方式，然后从下列四个方面依序筛选：

1）法律上的许可性。对于每一种潜在的使用方式，首先检查其是否为法律所允许的。如果是法律不允许的，应被淘汰。

2）技术上的可能性。对于法律所允许的每一种使用方式，要检查它在技术上是否能够实现，包括建筑材料性能、施工技术手段等能否满足要求。如果是技术上达不到的，应被淘汰。

3）经济上的可行性。对于法律上允许、技术上可能的每一种使用方式，还要进行经济可行性检验。经济可行性检验的一般做法是：针对每一种使用方式，首先估计其未来的收入和支出流量，然后将未来的收入和支出流量用现值表示，再将这两者进行比较。只有收入现值大于支出现值的使用方式才具有经济可行性，否则应被淘汰。

4）价值是否最大。在所有具有经济可行性的使用方式中，能使估价对象的价值达到最大的使用方式，才是最高最佳的使用方式。

进一步来讲，有三个经济学原理有助于把握最高最佳使用：①收益递增递减原理；②均衡原理；③适合原理。

收益递增递减原理可以帮助我们确定最佳集约度和最佳规模。它揭示的是两种投入产出关系：一种是在某种投入量变动而其他投入量固定的情况下的投入产出关系；另一种是在所有的投入量都变动的情况下的投入产出关系。

收益递增递减原理揭示的第一种投入产出关系叫作收益递减规律（又称边际收益递减原理），可以表述如下：假定仅有一种投入量是可变的，其他的投入量保持不变，则随着该种可变投入量的增加，在开始时，产出量的增加值有可能是递增的；但当这种可变投入量继续增加达到某一点以后，产出量的增加值会越来越小，即会出现产出量的增加值递减现象。

收益递减规律对于一宗土地来说，表现在该宗土地的使用强度（如建筑层数、建筑高度、容积率、建筑规模等）超过一定限度后，收益开始下降。

收益递增递减原理揭示的第二种投入产出关系叫作规模的收益规律（又称规模报酬规律），可以表述如下：假定以相同的比例增加所有的投入量（即规模的变化），则产出量的变化有三种可能：一是产出量的增加比例等于投入量的增加比例，这种情况被称为规模的收益不变；二是产出量的增加比例大于投入量的增加比例，这种情况被称为规模的收益递增；三是产出量的增加比例小于投入量的增加比例，这种情况被称为规模的收益递减。在扩大规模时，一 般是先经过一个规模的收益递增阶段，然后经过一个规模的收益不变阶段，再经过一个规模的收益递减阶段。

均衡原理是以房地产内部各构成要素的组合是否均衡来判定是否为最高最佳使用的。它也可以帮助确定最佳集约度和最佳规模。以建筑物与土地的组合来讲，建筑物与土地比较，如果过大或过小，或者档次过高或过低，则建筑物与土地的组合不是均衡状态，该房地产的效用便不能得到有效发挥，从而会降低该房地产的价值。例如，某宗土地上有建筑物，但该建筑物不是在最高最佳使用状态，如已过时、破旧、现状容积率低，则会对该宗土地的有效利用构成妨碍，在对该宗土地进行估价时就需要做减价修正。这种情况在现实中经常遇到，如在旧城区有一块空地，另有一块有建筑物的土地，这两块土地的位置相当，而有建筑物的土地上的建筑物已破旧，此时对于购买者来说，空地的价值要高于有建筑物的土地价值。因为购买者购得该有建筑物的土地后，还需要花费代价拆除既有建筑物，所以该建筑物的存在不仅增加不了土地的价值，还降低了土地的价值。

另一种相反的情况是，建筑物的设计、施工和设备都非常先进、良好，但坐落的土地位置较差，不能使该建筑物的效用得到充分发挥，虽然该类建筑物的重置价格较高，但该建筑物的价值却低于其重置价格。

均衡原理的有关情况如图 3－1 所示。

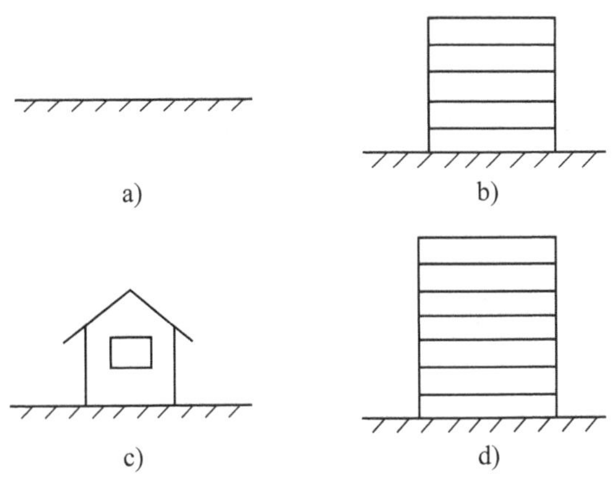

图 3－1　均衡原理

图 3－1a 是一块空地。图 3－1b 是图 3－1a 中的空地上有一幢与其组合为最高最佳使用的建筑物。图 3－1c 是图 3－1a 中的空地上有一陈旧过时、需要拆除的建筑物。图 3－1d 是图 3－1a 中的空地上有一过大规模或过高档次的建筑物。假设图 3－1a 中的空地价值为 V_L，图 3－1b 中的建筑物的重置价格为 V_B，则图 3－1b 中的房地价值为 V_L+V_B，图 3－1c 中的房地价值为 V_L 减去建筑物的拆迁费用加上建筑物的残值，图 3－1d 中的建筑物的实际价值要低于其重置价格 V_B。

适合原理是以房地产与其外部环境是否协调来判定其是否为最高最佳使用的。运用适合原理加上均衡原理以及收益递增、递减原理，可以帮助我们确定最佳用途，即当房地产与外部环境为最协调，同时内部构成要素为最适当的组合时，便为最高最佳使用。

最高最佳使用原则要求评估价值应是在合法使用方式下，各种可能的使用方式中能够获得最大收益的使用方式的估价结果。例如，某宗房地产，城市规划规定既可用作商业用途，也可用作居住用途，如果用作商业用途能够取得最大收益，则估价应以商业用途为前提；反之，应以居住用途或者商业与居住混合用途为前提。但当估价对象已作为某种用途使用，则在估价时应根据最高最佳使用原则对估价前提做出判断和选择，并应在估价报告中予以说明，估价前提有五种：

1）保持现状前提。认为保持现状、继续使用最为有利时，应以保持现状、继续使用为前提进行估价。现有建筑物应予保留的条件是：现状房地产的价值大于新建房地产的价值减去拆除现有建筑物的费用及建造新建筑物的费用之后的余额。

2）装修改造前提。认为装修改造但不转换用途再予以使用最为有利时，应以装修改造但不转换用途再予以使用为前提进行估价。对现有建筑物应进行装修改造的条件是：预计装修改造后房地产价值的增加额大于装修改造费用。

3）转换用途前提。认为转换用途再予以使用最为有利时，应以转换用途后再予以使用为前提进行估价。转换用途的条件是：预计转换用途带来的房地产价值的增加额大于转换用途所需的费用。

4）重新利用前提。认为拆除现有建筑物再予以利用最为有利时，应以拆除现有建筑物再予以利用为前提进行估价。

5）上述情形的某种组合。最常见的是转换用途前提与装修改造前提的组合。

阅读材料

最高最佳使用原则

所谓最高最佳使用原则，是指评估房地产价格时，应按房地产在最高最佳使用情况下所应具有的最佳效用或所能产生的最高收益，来判定其市场价格或所要求的其他评估价格。

在评估过程中要坚持最有效使用原则的主要有如下四个原因：

1）同一房地产的用途不同，其价格也不相同。例如，某处物业，城市规划规定既可以用作商业用途，也可以用作住宅用途，如果用作商业用途能够取得最大的收益，则估价时应假定其商业用作用途使用为前提。这一原则是物业交易竞争的结果。

2）即使房地产的既定用途合理，但由于种种原因，其效用或收益可能没有充分发挥出来。这时如果按现有的使用情况进行评估，将导致其价格被低估。例如，因经营管理不善，某宾馆甲的年纯收益为500万元，而邻近的且规模与档次相同的另一宾馆乙的年纯收益则高达700万元。若宾馆的资本化率为10%，则直接按照两个宾馆的实际纯收益估算其价格，分别为5000万元和7000万元。因此，若直接根据现有的使用情况来评估宾馆甲，将低估其价格约为2000万元，这样的评估显然是不合理的，是难以令人信服和接受的。

3）当房地产的现状限制其最有效使用时，将造成房地产的价格降低。为了确定其减价额，也要判定其最有效使用情况并与之进行比较。这包括如下两种主要情形：①土地与建筑物不均衡，造成土地或建筑物价格降低。②房地产与周围环境不协调，造成减价。

4）因社会发展或城市建设的需要，房地产将会改变目前的用途。

例如某城市市郊有一块农田，若按农田价格出售，其单价为100元/m^2，但根据该城市发展规划，该农田5年后的法定用途将变为居住用地，其价格将达到1000元/m^2。在这种情况下，该土地目前的市场价格就不能按农田评估为100元/m^2，在评估时应考虑5年后该土地将按宅地使用这一未来情况。

从以上所列举的主要情况中可以看出，进行房地产评估时，必须判定其使用情况是否为最有效状态及其限制有效利用的程度。衡量房地产的使用现状是否为最有效利用，主要是根据制约房地产价格的均衡法则、收益递增递减法则、适合法则以及变动法则等进行衡量。对此，参照前面所列举的事例便可说明。因此，最有效使用原则是以有关的价格法则为基础的，尽管它也具有一定的客观性，但它仍属于建立在价格法则基础之上的评估要求，属于估价原则。

另外，在此必须强调，房地产的最有效使用并不是随心所欲的，必须符合相应的法律规定，即在规划规定的范围内的最优选择。

4. 替代原则

替代原则的理论依据是：同一市场上相同的物品具有相同的市场价值。它是市场法的基础，也反映了房地产估价的基本和最一般的估价过程。

替代原则要求房地产估价结果不得明显偏离类似房地产在同等条件下的正常价格。类似房地产是指与估价对象处在同一供求范围内，并在用途、规模、档次、建筑结构等方面与估价对象相同或相近的房地产。同一供求范围是指与估价对象具有替代关系，价格会相互影响的房地产所处的区域范围。

根据经济学原理，在同一市场上，相同的商品具有相同的价值。房地产价格也符合这一规律，只是由于房地产的独一无二性，使得完全相同的房地产几乎没有，但在同一市场上具有相近效用的房地产，其价格是相近的。在现实房地产交易中，任何理性的买者和卖者，都会将其拟购买或拟出售的房地产与类似房地产进行比较，任何买者都不会接受以比市场上的正常价格高得多的价格成交，任何卖者也不会接受以比市场上的正常价格低得多的价格成交，最终是类似的房地产，价格相互牵制、相互接近。

替代原则对于具体的房地产估价，指明了下列两点：

1）如果附近有若干相近效用的房地产，则可以依据替代原则，由这些相近效用的房地产的价格推算出估价对象的价格。在通常情况下，由于估价人员很难找到各种条件完全相同、可供直接比较的房地产的价格作依据，因此实际上是寻找一些与估价对象具有一定替代性的房地产作为参照物来进行估价，然后根据其间的差别对价格做适当的修正。

2）不能孤立地思考估价对象的价格，要考虑相近效用的房地产的价格牵制。特别是作为同一个估价机构，在同一个城市、同一估价目的、同一时期，对不同位置、档次的房地产的估价结果应有一个合理的价格差，尤其注意好的房地产的价格不能低于差的房地产的价格。

5. 估价时点原则

估价时点原则要求房地产估价结果应是估价对象在估价时点时的客观合理价格或价值。

影响房地产价格的因素是不断变化的，房地产市场是不断变化的，房地产价格自然也是不断变化的。在不同的时间，同一宗房地产往往会有不同的价格（实际上，房地产本身也是随着时间变化而变化的，如建筑物随着时间流逝变得陈旧、过时）。因此，房地产价格具有很强的时间性，每一个价格都对应着一个时间。如果没有了对应的时间，价格也就失去了意义。但是，估价不是求取估价对象在所有时间上的价格，这既无必要，也不大可能。估价通常仅是求取估价对象在某个特定时间点上的价格，而且这个特定时间点不是估价人员可以随意假定的，必须依据估价目的来确定，这个特定时间点就是估价时点。

确立估价时点原则的意义在于：估价时点是评估房地产价格的时间点，运用比较法评估房地产的价格时，如果选用的可比实例的成交日期与估价时点不同（通常都是这种情况），就需要把可比实例的成交价格调整到估价时点上，只有如此，可比实例的成交价格才能作为估价对象的价格。在房地产估价上坚持估价时点原则，还具有更为重要的意义：

1）估价时点明确了估价的责任界限。

2）估价时点是确定建筑物折旧、批租土地剩余使用年限、土地增值税等的标准。

估价时点原则与预测原则是在不同侧面上对估价作业提出的要求，两者的关系是辩证统一的，两者都是基于房地产价格的客观变化，即变动法则。估价时点原则要求对变动的房地产价格进行横向把握，预测原则要求对其进行纵向把握。

在实际估价中，通常将“估价作业期”（估价的起止年月日，即正式接受估价委托的年月日至完成估价报告的年月日）内的某个日期或估价人员实地查勘估价对象期间的某个日期定为估价时点，但估价时点并非总是在此期间，也可能因为特殊需要将过去或未来的某个日期定为估价时点。因此，在估价中要特别注意估价目的、估价时点、估价对象状况和房地产市场状况四者的内在联系。

不同估价目的的房地产估价，其估价时点与估价所依据的估价对象状况和房地产市场状况的关系见表 3－1。

表 3－1 估价时点与估价对象状况、房地产市场状况的关系

<table>
<tr><th>估价时点</th><th>估价对象状况</th><th>房地产市场状况</th></tr>
<tr><td>过去（回顾性估价）</td><td>过去</td><td>过去</td></tr>
<tr><td rowspan="3">现在</td><td>过去</td><td rowspan="3">现在</td></tr>
<tr><td>现在</td></tr>
<tr><td>未来</td></tr>
<tr><td>未来（预测性估价）</td><td>未来</td><td>未来</td></tr>
</table>

对表 3－1 中的各种情形举例说明如下：

1）估价时点为过去的情形，多出现在房地产纠纷案件中，特别是对估价结果有争议而引发的复核估价。例如，某市某大厦强制拍卖的拍卖底价评估结果争议一案，原产权人对估价机构的估价结果有异议，引发了对该估价结果究竟是否合理的争论。此时衡量该估价结果是否合理，要对应原估价时点（原估价时点是 1996 年 3 月 11 日），相应地，估价对象的产权性质、用地性质、建筑物状况以及房地产市场状况等，也都要以原估价时点 1996 年 3 月 11 日的状况为准，否则就无法检验该估价结果是否合理。任何其他估价项目的估价结果在事后来看有可能是错误的，而事实上可能并没有错误，只是过去的估价结果不适合现在的情况，因为估价对象状况和房地产市场状况可能发生了变化。

2）估价时点为现在、估价对象为历史状况下的情形，多出现于房地产损害赔偿案件中。例如，建筑物被火灾烧毁后，确定其损失程度和损失价值，要根据其过去的状况（现在已不存在了）和损毁后的状况的对比来评估。

3）估价时点为现在、估价对象为现时状况下的情形，是估价中最常见的，包括在建工程估价。

4）估价时点为现在、估价对象为未来状况下的情形，如评估房地产的预售或预购价格。

5）估价时点为未来的情形，多出现于房地产市场预测、为房地产投资分析提供价值依据的情况中，特别是预估房地产在未来建成后的价值。在假设开发法中，预计估价对象开发完成后的价值就属于这种情况。

6. 公平原则

公平原则要求房地产估价人员应站在中立的立场上，求出一个对各方当事人来说都是公平合理的价值，或称之为独立性原则。它是由房地产估价业务的性质和意义决定的。

如果评估出的价值不够公平、合理，必然会损害当事人中某一方的利益，也有损于房地产估价人员、估价机构以至于整个估价行业的社会声誉和权威性。例如，为房地产买卖目的进行的估价，如果评估价值比客观合理的价格高，则卖者得利，买者受损；为房地产抵押目的进行的估价，如果评估价值比客观合理的价格高，则抵押人得利，抵押权人受损；为城市房屋拆迁补偿目的进行的估价，如果评估价值比客观合理的价格低，则拆迁人得利，被拆迁人受损；为房地产课税目的进行的估价，如果评估价值比客观合理的价格低，则纳税人得利，政府受损，这对于其他的纳税人来说也有失公平。

为评估出公平、合理的价值，估价人员首先应本着下列假设进行估价：各方当事人均是理性的、精明的。另外，估价人员应以各方当事人的角色或心态来考虑价格，即换位思考：

在交易中，各方当事人的心态是不同的，买者的心态是出价不能高于其预期使用该房地产所能带来的收益或重新购建价格或相同房地产的价格，卖者的心态是不愿意以低于对该房地产已投入的成本或相同房地产的价格出售。然后，估价人员再以专家的身份来反复、精细地权衡评估价值：先假设评估价值的高低不是与自己无关，即如果将自己分别设想为各方当事人的角色，评估价值的高低会对自己有什么影响，假如自己是买者会怎样，是卖者又会怎样，并谨记“己所不欲，勿施于人”的道理。在此基础上自然就会权衡出一个对各方当事人来说均公平、合理的价值。

为评估出公平、合理的价值，估价人员还必须有良好的职业道德，不能受任何私心杂念的影响；如果估价人员与估价对象有利益关系或是当事人的近亲属，应当回避；自有自估行为不具有法律效力；估价人员必须了解房地产供求状况和影响房地产价格的各种因素，不断提高估价理论水平、丰富估价经验并遵循严谨的估价程序。

【例 3－2】 对抵押的在建工程估价，双方的权利界面应以可让渡为公平，而不是看其房地产形态；对被拆迁房屋和安置用房的价格评估以时点的一致性为公平，并以被拆迁房屋的登记权利灭失为公平；房地产价格的评估值以客观、合理为公平，以能有效地调节买卖双方的经济利益和权利为公平，以合法使用前提为公平，以最高最佳使用为公平，以能符合市场供求为公平，选取的比较案例以能有效地替代为公平。一般公认的房地产估价原则都是体现公平、维系公平的。

阅读材料

房地产价格的形成法则

房地产价格的形成法则就是对房地产价格形成与运动的客观规律的简要概括。具体来说，它是由房地产的自然特征、经济特征及房地产价格的各种影响因素决定的。其主要内容包括如下十项法则：①供求法则；②替代法则；③机会成本法则；④变动法则；⑤收益与分配法则；⑥均衡法则；⑦收益递增递减法则；⑧贡献法则；⑨适合法则；⑩竞争法则。

(1) 供求法则　房地产作为商品，其价格的形成与变化在本质上也与一般商品相同，受供求法则的支配，房地产价格与需求呈正相关关系，与供给呈负相关关系。

在估价实务上，运用供求法则分析房地产价格时，一般可通过了解地方市场上的空房率、交易习惯以及房地产的一般价格走势来具体确定。一般来说，地方市场空房率极低，表明房地产的需求较旺、供给偏紧；空房率较高则与之相反。如果该区域市场的交易习惯是业主普遍愿意采取出租方式，则说明需求旺盛；反之则说明需求不振。通常还可从房地产的一般价格走势中大致推测出某类房地产的供求状况，但对此应具体分析。综合上述这些情况及其他市场特征，并进行量化分析，就可以在一定程度上掌握供求状况对价格的影响程度，并以此作为决定最终评估值的参考。

另外，对于我国来说，城市土地归国家所有，市场中能够流通的仅是有限年期的土地使用权，土地供给主要由国家控制，这一情况对地价具有至关重要的影响。此外，在进行供求分析时，应考虑时间因素，进行动态分析。因为现在的供求状况常常是在考虑将来发展状况而形成的，因此供求法则在某种程度上是与变动法则和竞争法则密切相关的，应进行综合分析。

(2) 替代法则　从现实的经济行为上来看，任何经济主体都希望以最小的费用（或代价、投入）取得最大的收益（或效用、产出），他们在购买物品时，都要选择效用大而价格低的商品。这样，在同一市场中，类似商品（包括有形的货物和无形的劳务）的价格将相互影响、相互牵制，最终彼此接近，这就是替代法则。房地产价格也受替代法则的作用。替代原理是市场比较法成立的理论依据。

替代法则实际上与收益法也有较深的渊源。在估价实务上，我们可根据某房地产的价格来确定能与该房地产产生同等纯收益的其他房地产的价格。另外，根据替代法则，如果现存房地产价格高于重新建造的、具有同等效用的房地产成本，则人们自然会选择重新建造房地产。可重置的现存房地产价格受到重置成本的牵制，重置成本必然成为现存房地产的价格上限。因此，替代法则也是成本法的理论依据之一，它属于房地产价格形成法则的核心内容之一。

(3) 机会成本法则　购买或生产某种物品的机会成本，等于放弃了最优替换物或放弃了的机会的价值。房地产价格的形成也受机会成本的制约，机会成本法则与市场比较法、收益法和成本法都有着密切的关系。使用者选择购置房地产的条件是，租金收益率大于或等于市场投资利率减去房地产的年增值幅度，否则使用者将不会购置房地产而选择租用，对于投资者来说，也将不会投资购置。因此，房地产价格受租金收益率与市场投资利润率及年增值幅度等的制约。这即是广义的房地产价格形成的机会成本法则。

(4) 变动法则　变动法则是房地产价格随着其影响因素之间的因果互动过程而不断变化。在估价实务上，无论是从运用各种估价方法的关键和难点上来看，还是从评估结果能否客观、准确地反映评估对象的市场价值上来看，它们在很大的程度上都取决于对房地产价格变动的把握是否准确。

一般来说，在估价上准确地分析房地产的价格变动，要做到对影响与形成房地产价格的一般因素、区域因素和个别因素做动态把握，并把分析的着眼点落在房地产的效用、相对稀缺性和有效需求及其三者之间的因果互动关系上。

(5) 收益与分配法则　房地产所产生的收益，一般是由劳动、资本、经营和土地四种要素结合而产生的，应该分配给各个要素，这是基本的经济原理，被称之为收益与分配法则或剩余生产力原理。收益与分配法则是收益法的理论依据之一。

依此法则，分配给土地的收益是总收益的最后部分。如果土地收益是最大的，即可认为该土地处于最高最佳使用状态。但在现实中，土地并不一定处于最高最佳使用状态，因此收益与分配法则与其他法则（如均衡法则、贡献法则和适合法则等）密切相关，综合运用这些法则可对房地产进行独立估价和部分估价等。

综上所述，收益与分配法则是普遍的经济法则，在估价实务上运用非常广泛。

(6) 均衡法则　房地产价格受各生产要素的组合状态影响，当各生产要素的组合均衡时，房地产的效用或收益才能得以有效发挥，价格处于较高水平；当各生产要素的组合非均衡时，房地产的效用或收益则难以有效发挥，价格将受到制约而降低。这就是均衡法则或称优化配置法则。

房地产价格受均衡法则的制约更大，尤其是土地投资对其价格的影响表现得更为明显。以住宅为例，建筑物与其他用地比较，显得过大或过小，则土地与建筑物的均衡受到破坏，该住宅的效用便不能有效发挥。若用于出租，则该住宅的租金收益也将不能达到应有的水平，这不仅影响整宗房地产的价格，而且对土地价格的影响更大。因为在这种情况下，若恢复土地的效用，则需要拆除建筑物，这将造成一定的损失，这个损失额即为土地的减价额。对土地的部分估价离不开均衡法则。

在估价实务上，均衡法则与最高最佳使用原则密切相关，它是从内部组成要素上来衡量房地产是否处于最高最佳使用状态。

（7）收益递增递减法则　此即经济学中的边际收益递增递减原理。由于房地产的固定性和不可移动性等特征，报酬的增减是难以随意调整的，因此其价格受此法则的制约更大。

此法则与最高最佳使用原则和均衡法则密切相关。运用收益法评估时，客观收益的确定也必须运用收益递增递减法则来衡量。

（8）贡献法则　贡献法则和收益与分配法则密切相关，也是收益法及残余估价法的理论依据之一。

同时，这一法则还可用于判定土地或建筑物的追加投资，不动产的部分改良、改造等是否合理。这对于确定房地产的客观收益和确定合理的评估前提条件都是非常重要的。

（9）适合法则　在估价实务上，一定要认真分析房地产与周围环境是否协调。这将直接关系到其收益量和价格，以及因不协调造成的某一部分的减价额。

例如，对于一栋设计、施工和设备都良好的新建筑物，其建筑面积为5000m^2，成本价格为1000元/m^2。若其坐落的土地面积为1000m^2，价格为1500元/m^2，但因地理位置的局限，该房地产的房地价格为1200元/m^2，则造成建筑物的减价，其数额为：

$$\text{该建筑物的合理市价} = 1200\text{元/m}^2 \times 5000\text{m}^2 - 1500\text{元/m}^2 \times 1000\text{m}^2 = 450\text{万元}$$

$$\text{建筑物的减价额} = 1000\text{元/m}^2 \times 5000\text{m}^2 - 4500000\text{元} = 50\text{万元}$$

（10）竞争法则　综上所述，房地产价格的形成法则是客观的，而估价原则是主观的。后者以前者为基础，后者又是前者在估价过程中被普遍遵循的保证。因此，根据我国目前的状况，应该同时注重两者在估价中的作用及意义，不可偏废。

阅读材料

房地产估价的原则

房地产估价要做到客观、公正、科学、合理，就必须遵循房地产价格形成的客观规律。目前，中国房地产估价应遵循以下六项原则：①合法原则；②最高最佳使用原则；③供求原则（值得指出的是，由于房地产具有地理位置的固定性、地区性和个别性，这种供求情况主要是指当地的房地产市场的供求情况）；④替代原则（对可能重置的物业来说，由于替代原则的存在，使得重置成本成为该物业价格的上限）；⑤估价时点原则；⑥公平原则。

阅读材料

其他论著房地产价格评估必须遵循的具体原则

房地产价格评估必须做到客观、公平、科学、合理，必须遵循房地产价格形成运动的客观规律，这是房地产价格评估的基本原则。具体说，房地产价格评估必须遵循如下原则：①价值决定价格原则；②供求原则；③房地分离评估、综合计价原则；④合法原则；⑤替代原则；⑥最高最佳使用原则；⑦边际收益先递增后递减原则；⑧评估时点原则；⑨预测原则及变动原则。

3.2 房地产估价程序

参照相关资料，对房地产估价程序做如下梳理。

房地产估价程序，是指房地产估价作业按其内在联系，所形成的各个具体操作步骤和环节。一般而言，房地产估价的基本程序是固定的，但运用某种估价方法评估的具体程序则有一定差异。一般而言，评估一宗房地产主要包括如下六个基本步骤。

3.2.1 明确估价的基本事项

在房地产评估过程中，会涉及许多方面的问题，需要处理的事项也较多。有些事项直接关系到估价作业的全过程，对评估值也有较大的影响，这些事项被称为估价的基本事项，必须预先明确。一般来说，估价的基本事项包括估价对象、估价目的、估价时点及评估前提四个方面。

1. 估价对象

(1) 评估实体的确定　确定评估实体即要明确评估对象是什么、范围如何。要明确估价对象是土地、建筑物，或是房地合一，明确其坐落、面积、用途、结构等；如估价对象是写字楼，要明确评估范围是否包括其配备的设备；如估价对象是酒店，要明确评估范围是否包括其中的家具等。

(2) 评估对象权利状态的确定　要明确所评估的是何种物权，如所有权、使用权或抵押权等。在我国，尤其要注意所评估的是通过有偿出让方式获得的土地使用权，还是土地使用权的批租年限，已使用年限、剩余使用年限是否受到限制、是否完整等。例如，评估对象是否已设定了租赁权、抵押权、典权、地役权等，设定他项权利的年限如何。

2. 估价目的

估价目的可具体分为买卖、交换、租赁、入股、抵押、典当、保险、课税、征用、征收、投资决策、清产核资、区域规划等。不同的评估目的对于估价方法的选择和估价结果是有一定影响的，因此必须明确评估目的。

明确了评估目的，也就相应地确定了所要评估的价格类型，如买卖价格、租赁价格、入股价格、抵押价格、征用价格、课税价格等。各种价格在评估时都有相应的注意事项，如抵押价格评估与买卖价格评估就有较大的差异，由于抵押价格评估要考虑抵押贷款清偿的安全性，因此其数额应等于评估对象的预期价格（抵押期限）减去处置税费等；征用价格和课税价格评估一般是按照国家的有关规定进行的，如有些国家及地区规定，土地的课税价格用路线价法评估；保险价格的评估仅指建筑物及其家具、设备的价值等。

3. 估价时点

房地产价格受多种因素影响，是不断变化的。对于同一宗房地产来说，在不同的时点上，其价格可能有较大的差别。我们通常所说的某宗房地产的价格，都是指该房地产在某个特定时点上的时价，我们所要评估的也正是这种时价。非时价的评估不仅是毫无意义的行为，而且也是无法进行的，因此必须明确估价时点。估价时点一般以年、月、日来表示，其详略程度一般是由房地产市场的稳定程度及评估的价格种类决定的。

4. 评估前提

由于特殊需要以及评估对象与其他事物之间所存在的关系，在评估时还要明确评估的前提条件，主要包括如下四种：

（1）独立估价　独立估价发生在估价对象为土地与建筑物合一的房地产上，根据某种需要或特定条件，有时单独就该房地产的土地部分进行评估，并且不考虑建筑物的存在，这种情形称为独立估价。简单地说，就是将土地当成空地，视为无建筑物存在的情形下进行评估。在地上建筑物预定拆迁的条件下，往往进行建筑物拆迁的独立估价。

（2）部分估价　部分估价是指估价对象房地产是由土地及建筑物构成的综合体，在该土地与建筑物为一个整体的既定条件下，仅就其中的土地或建筑物进行价格评估。它与独立估价的区别是，独立估价不考虑地上建筑物存在对地价的影响，而部分估价则考虑地上建筑物存在对地价的实际影响，或土地对建筑物价格的实际影响。由房地产价格的均衡法则、适合法则等可以判定，土地或建筑物的部分估价额将受到既定状态的影响而发生变化。

（3）合并估价或分割估价　以房地产的合并或分割为前提所进行的估价，称为合并或分割估价。例如，以购买邻地并与自有土地合并使用为前提，对邻地进行买卖价格评估，即为合并估价；又如，为使土地的一部分分割出售成为可能，而评估其剩余部分的价格，为分割估价。无论是合并估价还是分割估价，其估价结果都将与正常评估存在一定差异，其评估出的价格称为限定价格，即在市场受限定的条件下所形成的价格，该价格仅对特定的交易主体具有经济合理性。

（4）变更估价　变更估价是以改变房地产的利用状态为前提所进行的估价，也可称为变更利用状态估价，它主要包括如下几种情形：

1）以房地产改变原来的用途为前提进行的估价。例如，学生宿舍将改造为宾馆，政府机关办公楼将改造成供出租的写字楼等。

2）以房地产重新进行装修改造为前提进行的估价。

3）以拆除建筑物为前提对土地进行的估价。

上述需要确定的估价事项一般都是由委托人提出的，或根据委托人的意向由估价人员整理出来的。

3.2.2　拟定估价作业计划

为了保证估价工作高效、有秩序地展开，应预先拟定出合理的作业计划，其主要内容包括如下几个方面：

1）初选估价方法或评估的技术路线，以便于以后的工作有目的地进行。

2）确定投入人员。这是估价作业计划的关键内容。应根据评估任务量的大小、性质及难易程度确定，在确定时应充分考虑估价人员的专长。

3）制定评估作业日期及进度安排。评估作业日期一般是按委托人的要求确定的。

4）评估作业所需经费预算。一般而言，制定估价作业计划多采用线条图或网络计划技术，以保证计划的合理与优化。

3.2.3　实地勘察

由于房地产在实体上具有不可移动性和个别性等特点，在物权和适用上又存在多样化的特征，所以仅根据委托人或有关当事人提供的情况，还做不到具体、准确地把握估价对象。因此，估价人员必须亲临现场，实地查明有关情况。实地勘察的内容主要包括如下几方面。

1. 估价对象的位置及其周围环境

实地勘察时，除应查明地号或门牌号码外，还应对照地籍图判明估价对象的边界及其与邻地和道路的关系，这样才能准确地把握估价对象的位置、形状和土地面积等，应注意是否有误勘。同时，还要观察附近的建筑布局、绿化、卫生状况、地势、日照、通风及周围土地利用程度等，并进行实地拍照。

2. 估价对象的使用情况及现状

首先要核实估价对象的实际用途。如果属于有收益的房地产，还要查明其出租或经营的收益与费用。其次要查明建筑物的结构、建成时间、成新率、完损等级及内部装修等（应对建筑物进行内外拍照），并了解建筑面积、使用面积或可供出租和营业用的面积等。不要忽视调查实际使用情况与登记规定的限定用途是否一致、数量是否相符、权利状态与产权产籍档案记载的是否一致等。

3. 了解当地房地产市场的特征和情况

由于人口、环境、文化、教育、经济因素的影响，房地产市场在各个区域的情况并不相同，房地产市场的影响范围往往限于局部地区，所以房地产市场的微观分层特性（即显现出高度层次性和差别性）也较为明显。具体表现在，土地的分区利用造成地区及一个城市的不同分区、不同分区内的房产类型存在差异，同一分区内的建筑档次也存在不同程度的差异。

3.2.4 收集分析相关资料

1. 房地产价格的一般影响因素资料

房地产价格的一般影响因素，基本上属于宏观的社会因素，它们并不直接决定某宗房地产的价格，但它们对房地产市场的整体价格走势具有决定意义，有时对某类房地产的价格变化也能产生特别大的影响，而所有这些最终都会体现在个别房地产上。因此，必须广泛收集并深入分析这方面的有关资料。

从总体来看，一般影响因素对房地产价格的作用是错综复杂的，分析它们对估价对象价格究竟产生何种影响，更是一个难度很大且非常复杂的问题。一般来说，分析一般影响因素的作用没有固定的公式可以套用，主要依靠估价人员长期积累的丰富经验进行综合分析判定。尤其是在房地产市场起伏较大时，对于这些因素的分析更要依赖于经验，有时甚至体现为估价师的眼力。但是，当房地产市场走势比较稳定、价格变动比较平稳时，这些一般影响因素对房地产价格的综合作用还是能够体现出规律性的。房地产价格将出现平稳的变动趋势，这时可运用统计规律和预测方法来确定房地产价格的平均增减量、平均增长速度或价格变化模型。对这些数据加以具体分析，即可确定一般因素对评估对象价格变化的影响。

在分析过程中，应善于根据具体情况，确定对评估对象或某类房地产的价格变化有较大影响的关键因素，从而既可简化分析的难度，又可提高分析的精确性。

2. 区域市场资料

由于房地产市场的区域性，区域市场的资料对评估对象价格的影响更大。区域市场资料主要是一般影响因素在区域市场上的体现，包括该地区的经济、社会、城市建设（基础设施与公益设施的建设）、城市规划的发展变化，也包括该地区的市场特征及交易情况等。

3. 实例资料

实例资料，主要包括市场交易实例资料、开发建造实例资料和房地产运营收益实例资料（如出租房地产的有关资料）。在评估过程中，无论是否直接运用这些资料，都应尽量收集，以供参考。对于搜集到的实例资料，应整理成表格形式，以便于利用。

4. 评估对象的情况

该资料的收集是在实地勘察时完成的，一般是按固定的表格填写。各类资料的来源渠道主要是：

1）委托者提供。

2）实地勘察。

3）政府有关部门提供。

4）相关当事人提供。

5）咨询公司提供。

另外，必须指出的是，运用不同的估价方法，收集资料的侧重点是有较大差异的。

3.2.5　运用估价方法进行估算并决定估价结果

1. 选定估价方法测算

估价方法的采用，取决于估价对象的房地产类型、估价方法的适用条件及所搜集资料的数量和质量。在前面已根据估价对象初步选择了估价方法，在此再根据搜集到的资料情况，正式确定应采用的估价方法。影响估价方法的采用，不包括后一种情况。

估价方法选定后，就是进行具体的测算。以下详细说明如何运用各种估价方法测算估价对象的价值。

2. 确定估价结果

用不同的估价方法测算出的结果可能有所不同，这是很自然的。估价人员应比较、分析这些测算结果及之间的差异，当这些测算结果之间有较大差异时，应寻找导致较大差异的原因，并消除不合理的差异。

寻找导致较大差异的原因，可以按照下列从低级错误到高级错误的顺序进行检查：①测算过程是否有误；②基础数据是否准确；③参数选取是否合理；④公式选用是否恰当；⑤所选用的估价方法是否切合估价对象和估价目的；⑥是否符合估价原则。特别需要强调的是，估价中的每一个数值都应有来源依据。

在采用数学方法求出综合结果的基础上，估价人员还应考虑一些不可量化的价格影响因素（由于影响房地产价格的因素众多，估价人员不能拘泥于用某些计算公式得出的结果，还需要依靠自己的专业经验及对房地产市场行情的理解来把握评估价值），同时可听取有关人士的意见，对该结果进行适当的调整（或取整，或认定该结果），作为最终的估价结果。当估价结果有调整时，应在估价报告中明确而充分地阐述调整的理由。

3.2.6 撰写估价报告

估价报告是记述评估结果的文件，为了保证其质量，在撰写时要遵循掌握内容全面、格式清晰、简明扼要、突出评估依据的原则。估价报告的具体内容在第14章详述。

1. 估价报告的形式

估价报告有定型式（或称表格式）、自由式与混合式三种，可根据评估活动的具体情况灵活运用。

（1）定型式估价报告　定型式估价报告又称封闭式估价报告，是固定格式、固定内容，估价人员必须按要求填写，不得随意增减。其优点是一般事项反映全面，填写省时省力；缺点是不能根据估价对象的具体情况深入分析某些特殊事项。如果能针对不同的估价目的和不同类型的房地产制作相应的定型式估价报告，则可以在一定程度上弥补这一缺点。

（2）自由式估价报告　自由式估价报告又称开放式估价报告，是由估价人员根据评估对象的情况而自由撰写的、无一定格式的估价报告书。其优缺点与定型式估价报告恰好相反。

（3）混合式估价报告　混合式估价报告是兼取前两种报告书的形式，既有自由式部分，又有定型式部分的估价报告书。

2. 估价报告的组成

一份完整的估价报告通常由下述六部分组成：

1）封面，封面上应写明报告的名称。

2）目录。

3）致委托者函。

4）估价结果报告。

5）估价分析报告，即技术报告。

6）有关附件。

3. 估价报告的内容

在估价报告中至少要记载下列事项：

1）委托估价者名称。

2）受理估价者名称。

3）估价对象概况，包括估价对象的实体状况与权利状况。

4）估价目的。

5）估价时点。

6）估价作业期。

7）评估依据。

8）估价采用的方法、技术路线和测算过程。

9）估价结论。

10）决定估价额的理由。

11）估价前提及估价结果的使用范围。

12）估价人员情况。

13）附属资料，如评估对象的地籍图、平面图、外观和内部照片、产权证明，估价人员和估价机构的资格证明等。

上述六个基本估价步骤具有明显的阶段性。明确估价的基本事项与拟定估价作业计划，属于估价的准备阶段；实地勘察、收集与分析相关资料、运用估价方法进行估算并决定估价结果，属于估价的实施阶段；撰写估价报告则属于估价的结束阶段。上述三个阶段、六个步骤反映了估价的主要过程。不同论著在介绍估价程序时往往存在着某些差异，但差异点不是在上述六个基本步骤上，而是阐述问题的详略程度或范围不同。因此，估价的基本程序是相同的。

阅读材料

其他论著中介绍的房地产估价程序

①获取估价业务；②受理估价委托及明确估价基本事项；③拟定估价作业方案；④搜集估价所需资料；⑤实地查勘估价对象；⑥选定估价方法并进行测算；⑦确定估价结果；⑧撰写估价报告；⑨审核估价报告；⑩出具估价报告；⑪估价资料归档（估价资料的保存时间一般应在 15 年以上）。

阅读材料

土地估价的工作程序

1）委托立项。

2）确定估价的基本项目（估价对象、估价目的、估价期日、价格类型、估价日期）。

3）拟定估价作业计划，确定估价项目、估价内容、资料类型、资料来源、调查方法、人员安排、时间进度与成果组成等。

4）收集资料，实地踏勘社会、经济、政治环境等一般资料及宗地所处区域因素和个别因素，宗地自身条件，权利状况，利用状况等。

5）相关资料分析。

①一般资料：社会经济条件，政治状况，交通状况，基础设施条件，市场状况等。

②区域因素：宗地位置，所处等级，基准地价，商服状况，交通条件，基础设施，相邻区域条件。

③个别因素：最高最佳使用用途，利用现状，估价条件，容积率，宗地形状、面积，规划，规划限制，权利状况，使用年限等。

6）选择估价方法，测算宗地地价。

①基本估价方法：市场比较法，收益还原法，剩余法，成本逼近法。

②应用方法：路线价法，基准地价修正法，标准宗地估价法。

7）测算价格调整，确定评估地价。

8）撰写估价报告，提交确认机关确认。

9）将土地估价报告交付委托估价方。

10）立卷存档，包括土地估价时用到的资料，具体如下：

①土地使用权证。

②建设用地规划许可证。
③地籍图或土地利用现状图。
④地上建筑物状况（房屋所有权证，建筑物类型、高度、建筑面积等）。
⑤用地批准文件。
⑥土地转让合同或协议。
⑦其他需要提交的资料。

本章小结

本章主要讲述房地产价格的概念和形成条件；房地产的供求与价格；房地产价格的特征；房地产价值和价格的种类。重点是房地产价格的特征与种类。难点是房地产价格的影响因素。

同时补充阅读材料——中外房地产估价原则发展综述，使学生对房地产估价原则、程序的实践状况有所了解。

练习题

一、名词解释

1. 最高最佳原则
2. 替代原则
3. 估价时点原则

二、问答题

1. 房地产价格是否只受市场供求因素影响？
2. 土地的承载力大，是不是意味着地价就高？
3. 房地产制度与不动产价格政策，哪个对房地产价格的影响大？

三、单项选择题

1. 考虑影响房地产需求量的其他非价格因素，当消费者的收入水平提高时（　　）。
   A. 价格和需求量同步增长　　B. 价格减少和需求量增长
   C. 价格增长和需求量减少　　D. 价格和需求量同步减少
2. 拍卖价格、招标价格、协议价格三者之间的关系在正常情况下为（　　）。
   A. 拍卖价格 > 招标价格 > 协议价格　　B. 拍卖价格 > 协议价格 > 招标价格
   C. 招标价格 > 拍卖价格 > 协议价格　　D. 招标价格 > 协议价格 > 拍卖价格
3. 现货房地产与期货房地产估价的不同点是（　　）。
   A. 估价时点不同　　B. 交易日期不同
   C. 估价目的不同　　D. 估价对象的状况不同
4. 现有甲、乙、丙三块地，土地单价分别是：甲为1000元/m^2，乙为800元/m^2，丙为500元/m^2，其容积率分别为6、4、2。这三块地的其他条件完全相同，则明智的买者应购买（　　）。
   A. 甲　　B. 乙　　C. 丙　　D. 无法确定

5. 房地产的供给增加，需求不变，其价格会（　　）。
A. 上升　　B. 下降　　C. 维持不变　　D. 升降难定

6. 某套建筑面积 100m^2、每 m^2 建筑面积 3000 元的住房，总价 30 万元。如果实际单价为 2928 元/m^2，年折现率为 5%，则实际交易中的付款方式为（　　）。
A. 在成交日期时一次付清，给予 5% 的优惠
B. 从成交日期起分期付清，首付 10 万元，余款每隔半年支付 10 万元，一年付清
C. 一年后付清
D. 以抵押方式支付，首付 5 万元，余款在 10 年内以抵押方式支付

7. 估价时点为现在，估计对象为历史状况下的情形，多出现在（　　）中。
A. 房地产损害赔偿案件　　B. 房地产纠纷案件
C. 房地产预售　　D. 房地产预测

8. 在进行房地产估价时，一般以实地查勘之日作为估价时点，但在某些情况下要对过去或未来某个时点的价值进行评估。估价时点究竟是现在、过去还是未来，是由估价目的决定的。所以，估价时点也不是委托人或估价人员可以确定的，而是要根据估价选取的方法来确定。此说法是（　　）的。
A. 对　　B. 错

9. 估价机构接受估价委托后，由于业务繁忙，可以适当转让部分受托的估价业务，但要明确合适的人员负责该估价项目。此说法是（　　）的。
A. 对　　B. 错

10. 最高最佳使用原则要求房地产估价应以估价对象的无条件的最高最佳使用为前提进行。此说法是（　　）的。
A. 对　　B. 错

11. 对于估价对象为已经消失了的房地产，由于实地查勘的意义不大，所以不需要对估价对象原址进行调查了解。此说法是（　　）的。
A. 对　　B. 错

四、多项选择题

1. 房地产价格具有下列（　　）特征。
A. 房地产价格既可用价格表示，也可用租金表示
B. 房地产价格的实质是房地产权益的价格
C. 房地产价格是长期考虑下形成的
D. 房地产价格是由估价师通过严谨的科学计算形成的

2. 房地产之所以有价格，其前提条件是（　　）。
A. 房地产的有用性　　B. 房地产的稀缺性
C. 房地产的有效供给　　D. 房地产的有效需求

3. 房地产环境条件不包括（　　）。
A. 城市经济发展条件　　B. 房地产开发情况
C. 建筑物保养　　D. 城市社会发展水平
E. 房地产业税收政策

4. 房地产价格与一般物价相同之处在于（　　）。

A. 用货币表示　　　　B. 受供求关系影响
C. 按质论价　　　　D. 生产成本相同

5. 估价人员在拆迁估价中可按下列哪种方式来把握被拆迁房屋的性质和面积（　　）。
A. 一般以被拆迁房屋的权属证书及权属档案记载的为准
B. 地方对被拆迁房屋的性质和面积认定有特别规定的，从其规定
C. 拆迁人与被拆迁人协商一致后，可以依据协商结果进行评估
D. 在对被拆迁房屋的性质和面积不能协商一致时，拆迁人或被拆迁人应当申请有关部门或机构确认或测算

6. 从土地使用管制来看，世界上几乎所有的国家和地区对土地使用都有或多或少的限制。对于房地产估价来说，有意义的土地使用管制主要包括（　　）。
A. 城市规划　　　　B. 险情危害的相邻关系
C. 农用地转为建设用地　　　　D. 耕地转为非耕地

7. 城市规划限制条件可通过（　　）文件了解到。
A. 规划要点、规划设计条件通知书　　　　B. 审定设计方案通知书
C. 建设用地规划许可证　　　　D. 建设工程规划许可证

8. 在明确了估价基本事项的基础上，应对估价项目进行初步分析，拟定估价作业方案。估价作业方案的内容主要包括（　　）。
A. 拟采用的估价技术路线和估价方法　　　　B. 拟调查搜集的资料及其来源渠道
C. 预计所需的时间、人力、经费　　　　D. 估价作业步骤和时间进度安排

9. 在估价中要特别注意（　　）之间的内在联系。
A. 估价方法　　B. 估价目的　　C. 估价时点　　D. 估价对象状况

第4章 市场比较法

【教学目的】通过学习可以利用市场法进行估价；了解房地产估价的概念和目的；了解房地产估价的必要性。

【重点难点】重点和难点在于熟悉市场法基本原理，搜集交易实例和选取可比实例；掌握建立价格可比的基础，交易情况修正，交易日期调整，房地产状况调整和求取比准价格。

【能力点描述】熟悉利用市场法进行房地产估价的步骤、要点；能运用所学知识判定哪些房地产需要用市场法估价；具备利用市场法进行估价工作的基本知识和技能。

4.1 市场比较法的基本原理

参照有关文献，对市场比较法的基本原理做如下梳理。

4.1.1 市场比较法的概念

1. 市场比较法的称谓

市场比较法又称市场法、比较法、交易实例比较法、买卖实例比较法、市场资料比较法、现行市价法等。虽然它的名称众多，但基本含义都是指在求取待估房地产的价格时，依据替代原理，将待估房地产与在较近时期内已经成交的类似房地产进行比较对照，通过对交易情况、交易日期、区域因素和个别因素等修正，评估出待估房地产的价格。

市场法的基本含义是：在求取一宗待估房地产价值时，依据替代原理，将被估房地产与类似房地产的近期交易价格进行比较，通过对交易情况、交易日期、房地产状况等因素的修正，得出待估房地产在评估基准日的价值。房地产的状况因素修正可以分为区位状况修正、权益状况修正和实物状况修正。

本书将市场法定义为：将估价对象与在估价时点近期交易的类似房地产进行比较，对这些类似房地产的成交价格做适当的修正和调整，以此求取估价对象的客观合理价格或价值的方法。

阅读材料

国际通行的各种规范

在国际通行的各种估价规范中，都将公开市场价值标准确定为通常情况下估价时应该采用的价值标准。市场比较法是最能体现房地产估价的基本原理，最直观、适用性最广、也容易准确把握的估价方法。进行房地产估价应首先选用市场法。其他估价方法究其实质都是市场法的变形和补充（包括成本法、收益法和假设开发法等）。房地产市场比较发达的国家和地区，如英国、美国、日本等，市场比较法应用很普遍。例如，在美国，一般城市每周都有多种房地产杂志，免费在各大购物中心提供，房子结构、地区、照片、价格应有尽有。在我国，随着房地产市场日益发展和规范化，国家标准《房地产估价规范》已经由原国家技术质量监督局和建设部联合发布，1999 年 6 月 1 日实施。《房地产估价规范》中规定，有条件选用市场法进行估价的应以市场法为主要的估价方法。

2. 市场比较法的实质

市场法的本质是以房地产的市场交易价格为导向求取估价对象的价值。其实质也就是房地产估价过程的实质。

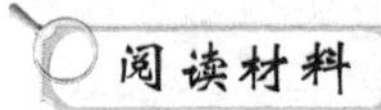

理论与应用技术前提

（1）需要一个充分发育的、活跃的市场；

（2）市场竞争应比较充分　寡头垄断易导致价格联盟；独家垄断下的供给易演变成单边的需求竞争，也易导致价格联盟；二级市场更具有代表性和真实性（对公开市场而言）。

（3）阶段时期内价格走势基本平稳。

（4）市场法应用的技术要求。

1）找到与估价对象相同或相似的参照物（比较实例）是该方法运用的前提。交易越频繁，与估价对象类似的交易实例越容易获得。

2）事实上，与估价对象完全相同的参照物是不可能找到的，这就要求对类似地产或参照物的相同性和差异性进行分析评价，对其差异性修正调整，其修正调整的指标、参数等资料的获取和准确性，是决定市场法能否精确运用的关键。

3）参照物及估价对象可比较的指标和技术参数等可以收集到，或通过可以分析测算进行编制。

4）估价机构和人员对市场的认知、信息和经验的积累、知识和方法的运用以及作业流程的清晰程度，亦容易影响市场比较法运用过程中参数确定的精准度。

3. 市场比较法的思路

市场法的思路源于房地产价格形成的替代原理。替代原理使存在替代关系的房地产出现价格的相互牵引，并趋于一致。

因此，一宗房地产的市场价格可以由近期出售的相似房地产的价格来决定。也就是说，可利用与评估房地产有替代关系的其他房地产的成交价格，来推测房地产最可能实现的市场价格。

当然，由于房地产的个别性，交易实例与评估房地产之间总是存在着一定的差异，这些差异决定了两者的价格也会有差异。

所以，在依据成交实例的价格来推测评估房地产价格的过程中，必须要对成交实例和待估房地产进行认真的比较，分析两者的特性差异，进而定量估测因这些差异可能产生的价格差异。

4. 市场比较法的优缺点

市场法的优点就是以替代原则为理论依据，将待估房地产价格与可比房地产实际售价建立联系。因此，求取的房地产市场价格符合当事人的现实经济行为，具有现实性和真实性，说服力强。在同一地区或同一供求范围内的类似地区中，与被评估房地产类似的房地产交易越多，市场法应用越有效。

市场法也存在不足之处。在房地产市场不发达或交易规模小的情况下，这种方法就难以应用。某些很少出售或类型少见的房地产，如展览馆、寺庙、工厂等，几乎不存在可比的市场交易实例，无法采用市场法估价。所以，市场法只有在市场发达、有可比交易实例时，才是有效的可靠估价方法。

阅读材料

基本评价

1）市场法是最能体现不动产估价的基本原理、最直观体现公开市场价值标准，也是应用最广、最容易准确把握的一种估价方法。

2）收集采用的资料在数量和质量上的优劣，以及比较分析涉及的范围、相似性和差别性、比较判断的精准度至关重要。

3）只要具备替代关系的交易案例资料，市场法就可以用于不动产的买卖、租赁、抵押等各种交易形式价格及租金确定，其比较分析的思想和分析技术还可以用于确定收益、成本、折旧及其他价值参数的估计。

4.1.2　市场比较法的理论依据

市场法的理论依据是房地产价格形成的替代原理。因为在房地产价格形成中有替代原理的作用，所以估价对象的未知价格可以通过类似房地产的已知成交价格来求取。当然，由于在房地产交易中交易者的心态、偏好、对市场的了解程度、讨价还价能力等不同，具体房地产交易的成交价格可能会偏离其正常市场价格。但是只要有足够多的交易实例，类似房地产的成交价格的综合结果可以作为正常市场价格的最佳指标。

应用市场法估价的关键是在房地产市场中查找类似房地产的交易实例。类似房地产主要是指在用途、建筑结构、所在地区等方面与待估房地产相似的房地产。换句话说，待估房地产提供的服务、效用可以由类似房地产代替。但类似房地产与待估房地产之间只能具备一般可比性，这是由房地产的不同质性决定的。即使两座房子有同样的构造、规模，它们也是在不同的位置上，有不同的邻里关系。所以，估价人员需要认真研究市场上已成交的房地产的特性、销售状况、环境条件等，以便从中选择具有可比性的房地产交易实例。

阅读材料

替代原则

任何经济主体的市场行为，一般是以最小的代价取得最大的效用。因此，在购物时，人们总是选择效用大而价格低者。市场经济主体的这种选择行为的结果，使效用均等的不同物品的价格趋于一致。同样地，在房地产市场上，若两宗效用相等或相似的房地产同时存在，买者总是要明智地选择价格低的；或者当有两宗价格相同的房地产可供选择时，人们选择效用大者购买。这就是说，在房地产市场上，任何理智的当事人都会依据替代原则，将拟交易的房地产与类似已成交的房地产的价格进行比较，然后抉择买卖。类似房地产之间的价格互相牵制、彼此接近。因为房地产市场中存在替代原则，所以进行房地产估价时，可以用类似房地产的已知交易价格，比较得出待估房地产的未知价格。

阅读材料

替代原理

1）房地产具有明显的异质性，但作为可交易商品，在同一供需圈，若干效用（区位、用途、规模、档次、建筑物品种、品牌等）相近的房地产具有替代关系，价格会相互影响相互牵制，最终基本相近。

2）买者会尽可能地掌握市场上目前与之具有相同效用的房地产价格水平，而不会以高出市场价格的水平来购入房地产。相反，卖者也不会以低于市场价格的水平将其卖出。

3）只有承认同一市场上相同的商品具有相同的市场价值，才有可能根据市场资料对估价对象进行估价。

4）替代原理要求房地产估价结果不得明显偏离类似房地产同等条件下的正常价格。

4.1.3 市场比较法适用的对象和条件

1. 市场比较法适用的对象

市场法适用的对象是具有交易性的房地产，只要有适合的类似房地产交易实例即可应用，如房地产开发用地、普通商品住宅、高档公寓、别墅、写字楼、商场、标准工业厂房等。但要注意，有些交易性的房地产由于国家采用某种政策限制开发，有可能会导致在较长的一段时间内不会发生类似房地产的交易，如高档公寓、别墅、写字楼等。

市场法不适用情形有两种：一种是对那些很少发生交易的房地产，如特殊工业厂房、学校、古建筑、教堂、寺庙、纪念馆等，难以采用市场法估价；另一种是在房地产市场发育不够或者房地产交易较少发生的地区难以采用市场法估价，如经济基础薄弱的偏远农村，原因是缺乏必要的市场资料。

阅读材料

在下列情况下，市场法往往难以适用。

1）没有房地产交易发生或在房地产交易发生较少的地区。

2）某些类型少见的房地产或交易实例很少的房地产，如古建筑等。

3）很难成为交易对象的房地产，如教堂、寺庙等。

4）风景名胜区土地。

5）图书馆、体育馆、学校用地等。

2. 市场比较法适用的条件

市场法适用的条件有两条：①在同一供求范围内存在着较多的类似房地产的交易。在一些房地产市场尚不够发育的地区，很难采用比较法；即使在总体房地产市场较发达的地区，在某些情况下也可能不大适用。②如果估价人员不具有专业知识和丰富的经验，对估价对象所在地区的房地产市场行情和交易习惯等不够熟悉，则很难运用市场法得出正确的估价结果。

阅读材料

同一供需圈

1）同一供需圈是指与估价对象具有替代关系，价格会相互影响的适当区域范围。

2）同一供需圈不一定是具有同样或相近的自然地理位置，也可以是具有同样或相近的社会经济位置。

3）紧紧抓住效用相同或相似，具有可替代性这个中心，将同一供需圈理解为具有同样或相近自然地理位置或社会经济位置的“相同或相似区域”更为贴切。

4）估价对象的用途、规模、档次不同，同一供需圈的大小也有所不同。范围越大，可比性越差，替代性越小，反之越大。

5）估价中常见的是相邻区域和类似区域。

①相邻区域。对宗地而言，估价宗地所处的、以某一特定用途为主的一定范围的区域，称为相邻区域；对区域而言，相邻区域是指紧邻该区域的其他区域。

②类似区域。类似区域是指与估价宗地所属区域类似的、可归入同一供需圈的其他区域。

6）同一供需圈的确定为比较案例选取指明了地域范围。

7）确定同一供需圈，应综合考虑行政区划、土地级别、市场和社会环境、区域土地利用特性等方面。一般先考虑相邻区域，再考虑类似区域。在城镇内部，当土地利用条件无明显变化时，划定的土地级别或均质区域往往是估价宗地同一供需圈的边界范围。

3. 市场比较法的限制条件

近期正常交易的类似的、非单一的、可修正的房地产交易实例，确定合法性后，作为参照物或比较物为比较实例，应遵循如下原则（要求条件）：

1）与待估房地产的用途或性质相同或大致相同。

2）与待估房地产的建筑结构相同。

3）与待估房地产处于同一地区或同一市场供求范围的类似地区。

4）比较实例的规模相当（面积）。

5）比较实例的权利性质与估价对象的权利性质相同。

6）比较实例的交易类型与估价目的吻合。

7）交易日期与待估房地产的估价时点接近。

8）尽可能选取正常交易或可修正为正常交易的实例。

4.1.4　市场比较法的操作步骤

运用市场法估价一般分为下列七个步骤进行：①搜集交易实例；②选取可比实例；③建

立价格可比基础；④进行交易情况修正；⑤进行交易日期调整；⑥进行房地产状况调整；⑦求取比准价格。

4.1.5　市场比较法的计算公式

市场法的基本计算公式是：

$$P = P' \cdot A \cdot B \cdot C \cdot D \cdot E$$

式中　P——待估房地产评估价格；

P'——可比交易实例价格；

A——交易情况修正系数；

B——交易日期修正系数；

C——区域因素修正系数；

D——个别因素修正系数；

E——权益修正系数。

即某一比较实例的修正价格 = 某一比较实例成交价 × 交易情况修正系数 × 交易日期修正系数 × 区域因素修正系数 × 个别因素修正系数 × 权益修正系数

4.2　市场比较法的运用

参照有关文献，对市场法的运用做如下梳理，如图 4－1 所示。

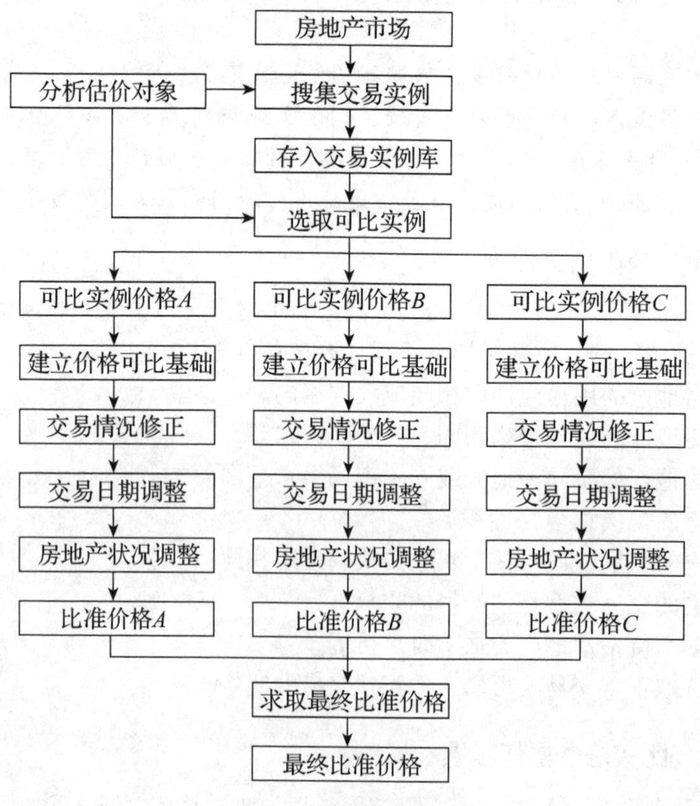

图 4－1　市场法的运用

4.2.1　搜集交易实例

1. 搜集大量交易实例的必要性

运用市场法估价，需要拥有大量真实的交易实例（一些不能反映市场真实价格行情的报价、标价是无效的）。只有拥有了大量真实的交易实例，才能把握正常的市场价格行情，才能评估出客观合理的价格或价值。所以，首先应尽可能地搜集较多且真实的交易实例。

2. 搜集交易实例的途径

搜集交易实例的途径主要有下列几个：

1）查阅政府有关部门的房地产交易资料。

2）向房地产交易当事人、邻居、促使交易协议达成的经纪人、律师、财务人员、银行有关人员等了解房地产成交价格和有关交易情况。

3）与房地产出售者，如业主、房地产开发商、房地产经纪人等洽谈，获得该房地产的资料。

4）查阅报刊、网络资源上有关房地产出售、出租的广告、信息等资料。

5）参加房地产交易展示会，了解房地产价格行情，搜集有关信息，索取有关资料。

6）同行之间相互提供。估价机构或估价人员可以相互交换所搜集的交易实例及经手的估价案例资料。

3. 搜集内容的完整性和真实性

搜集内容完整、真实的交易实例，是提高估价精度的基本保证。在搜集交易实例时应尽可能搜集较多的内容，一般应包括：①交易双方的基本情况和交易目的；②交易实例房地产的状况，如坐落、用途、土地状况、建筑物状况、周围环境、景观等；③成交日期；④成交价格；⑤付款方式；⑥交易情况，如交易税费的负担方式，有无隐价瞒价、急买急卖、人为哄抬、亲友间的交易等特殊交易情况。为避免在搜集交易实例时遗漏重要的内容并保证所搜集内容的统一性和规范化，最好事先将房地产分为不同的类型，如居住、商业、办公、旅馆、餐饮、娱乐、工业、农业等，针对这些不同类型的房地产，将所要搜集的内容制作成统一的表格，此表格可命名为“交易实例调查表”，见表 4－1。

4. 建立交易实例库

房地产估价机构和估价人员应当建立房地产交易实例库。建立交易实例库不仅是运用市场法估价的需要，还是从事房地产估价的一项基础性工作。建立交易实例库，有利于交易实例资料的保存和在需要时查找、调查。

建立交易实例库的最简单做法，是将搜集交易实例时填写好的“交易实例调查表”及有关资料（如照片等），以交易实例卡片或档案袋的形式（一个交易实例一张卡片或一个档案袋），分门别类地保存起来。有条件的，可以开发有关的计算机软件，将搜集到的交易实例信息输入计算机中。

表 4－1　交易实例调查表

房地产类型：

名称		
类型		
卖方		
买方		
成交日期		
成交价格		
付款方式		
房地产状况说明	实物状况说明	
	权益状况说明	
	区位状况说明	
交易情况说明		
位置图		形象图

调查人员：　　　　　　　　　　　　　　　　调查日期：　年　月　日

4.2.2　选取可比实例

虽然估价人员搜集的交易实例或房地产交易实例库中存放的交易实例较多，但针对某一具体的估价对象、估价目的和估价时点，不是任何交易实例都可以拿来参照比较的，有些交易实例并不适用，因此需要从中选择符合一定条件的交易实例作为参照比较的交易实例。这些用于参照比较的交易实例，称为可比实例。

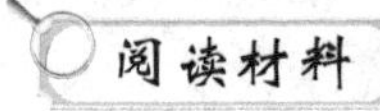

相关性与替代性是判定的基本准则

1）必须清楚地确认估价对象产品属性与特征，如用途、权利状况、客户定位与构成、建筑档次、功能布局与结构、现房与期房、物业管理等。

2）能够描绘其竞争性市场，如竞争性物业或楼盘分布与数量、供求关系、土地利用格局与规划发展方向、成交记录和价格变化、区域政策设计和执行情况等。

3）案例成交价格不宜差距过大，一般不超过 25%。

可比实例选取得恰当与否，直接影响到市场法评估出的价格的准确性，因此应特别慎重。选取可比实例的基本要求是：①可比实例应是估价对象的类似房地产；②可比实例的成交日期应与估价时点接近；③可比实例的交易类型应与估价目的吻合；④可比实例的成交价格应为正常价格或能够修正为正常价格。

在实际选取可比实例时，上述四个方面可具体化为下列几点：

1）可比实例应与估价对象处在同一地区或是处于同一供求范围内的类似地区。

2）可比实例的用途应与估价对象的用途相同。用途主要分为：①居住；②商业；③办公；④旅旅馆；⑤工业；⑥农业等。注意用途的合法性、业态的相似性、利用的合法性。

3）可比实例的规模应与估价对象的规模相当。选取的可比实例规模一般应在估价对象规模的0.5~2，即：0.5≤可比实例规模/估价实例规模≤2。

4）可比实例的档次应与估价对象的档次相当。

5）可比实例的建筑结构应与估价对象的建筑结构相同。主要的建筑结构有：①钢结构；②钢筋混凝土结构；③砖混结构；④砖木结构；⑤简易结构。

6）可比实例的权利性质应与估价对象的权利性质相同（如经济适用房与商品房，划拨、拍卖、协议出让土地使用权等）。

7）可比实例的成交日期应与估价时点接近（一般在一年以内）。这里的接近是相对而言的：如果房地产市场比较平稳，则较早之前发生的交易实例可能仍然有参考价值，也可以被选作可比实例；如果房地产市场变化快，则此期限应缩短，可能只有近期发生的交易实例才有说服力。一般认为，交易实例的成交日期与估价时点相隔一年以上的不宜采用，因为难以对其进行交易日期修正。有时即使进行交易日期修正，可能会出现较大的偏差。

8）可比实例的交易类型应与估价目的（如抵押、租赁、买卖、征用等）吻合。

9）可比实例的成交价格应是正常成交价格或能够修正为正常成交价格。

一般要求选取 3 个以上（含 3 个）、10 个以下（含 10 个）的可比实例。

阅读材料

案例个数须在 3 个以上的理由

1）选取的案例价格必须为正常价格，而这种价格正常与否需要估价人员主观判断。

2）对案例价格进行期日、区域和个别因素影响幅度的测定和修正，不可能做到准确到位。

3）统计规律表明：交易案例各自的价格偏差方向是随机的，有的偏高，有的偏低，将它们取平均值，可以消除这些偏差。选取的案例数量越多，偏差越小。案例个数少于 3 个，代表性较差，可能出现因个别性缘故导致估价结果偏差。

阅读材料

公开市场、正常价格、估价期日、较近日期（近期）

（1）公开市场

①市场上交易各方为理性的经济人；②交易的目的在于最大限度地追求经济利益；③掌握必要的市场信息和专业知识；④交易条件公开并不具有排他性，所有有意愿的主体都可以平等自由地参与交易。

（2）正常价格

①正常价格是最有可能成交的价格，或者大多数买家和卖家都认可的价格；②应该是成交价格，不是买者的期望价，也不是卖者的期望价；③是不附加任何条件的价格，它不等于卖方实际所得，也不等于买方实际支出，如不包含税费负担等；④可表现为价格、租金、股金、成本费用、销售提成等多种形式。

（3）估价期日

1）它说明估价中需要估算和判定的是估价对象哪个具体日期的价格是客观合理价格或正常价格。

2）它说明了估价结果是在哪一个时间点上的客观合理价格，以便应用。

3）明确估价期日，实际上要求把握对该期日所处经济周期的市场状况，以及对该时点估价对象利用状况、权利状况、影响其地价因素状况进行尽职调查和详细披露。

4）明确了估价期日，就对交易日期修正系数的调试和测定有了明确的指向。

5）由于交易案例价格形成的形式和内容存在多样性，调查取得的案例成交价格可能在支付比例、支付方式（如一次性支付或分期支付，保证金或押金的额度和存放时间等）、支付时间上有所不同。有了明确的估价期日，在建立可比价格基础阶段，为消除资金时间价值的差异，可进行归口贴现。

（4）较近时期（近期）

1）估价对象估价设定期日与选取的比较案例成交日期的时间距离或期限（可理解为日、月、年），期限越短、市场环境越接近，可比性（替代性）越大；否则相反。

2）市场交易频繁，价格变化较快时，以日或月为量级考察合适；市场交易平淡，价格基本平稳，以月或年为量级考察合适。

3）房产数量大且交易频繁，用途单纯，案例较多，信息渠道较多，其较近时期宜控制在6个月以内；土地交易案例相对较少，且多为混合用途，考虑到开发周期，较近时期宜控制在2年以内。

4）估价对象反映的是估价期日的区域和个别条件，而比较案例反映的是成交时日的区域和个别条件。由于近年来社会经济、城市规划和建设速度较快，影响土地价格的因素处于快速变化之中。选取比较案例时应尽可能把较近时间缩短。

4.2.3 建立价格可比基础

建立价格可比基础包括：①统一付款方式；②统一采用单价；③统一币种和货币单位；④统一面积内涵；⑤统一面积单位。

1. 统一付款方式

将分期付款的可比实例成交价格折算为在其成交日期时一次付清的数额。具体方法是资金的时间价值中的折现计算。

【例4-1】 某宗房地产交易总价为30万元，其中首期付款20%，余款于半年后支付。假设月利率为0.5%，试计算该宗房地产在成交日期一次付清的价格。

解：该宗房地产在成交日期一次付清的价格计算如下：

30万元×20%+30万元×(1-20%)÷$(1+0.5\%)^6$=29.29万元

假设已知的不是月利率，折现计算方法如下：

（1）假设已知年利率r，则折现值为$(1+r)^{0.5}$。

（2）假设已知半年利率r，则折现值为$(1+r)$。

（3）假设已知季度利率r，则折现值为$(1+r)^2$。

2. 统一采用单价

在统一采用单价方面，通常为单位面积上的价格，如建筑物、土地等。其他的比较单位，可以采用单位个数，如仓库（货位）、停车场（车位）、旅馆（床位或房间）、电影院（座位）、医院（床位）、保龄球馆（球道）等。

3. 统一币种和货币单位

在统一币种方面，不同币种之间的价格换算，应采用该价格所对应的日期时的汇率。通常情况下，是采用成交日期时的汇率。

在统一货币单位方面，按照使用习惯，常见的货币有人民币、美元、港币等，通常采用元为货币单位。

4. 统一面积内涵

在现实房地产交易中，有的按建筑面积计价，有的按套内建筑面积计价，也有的按使用面积计价。它们之间的换算关系如下：

建筑面积下的价格 = 套内建筑面积下的价格 × 套内建筑面积/建筑面积

建筑面积下的价格 = 使用面积下的价格 × 使用面积/建筑面积

套内建筑面积下的价格 = 使用面积下的价格 × 使用面积/套内建筑面积

阅读材料

面积内涵

在面积内涵方面，建筑物通常有建筑面积、使用面积以及成套房屋的套内建筑面积之别。此外，住宅还有居住面积，商业用房还有营业面积，出租的房屋还有可出租面积，成片开发的土地还有可转让的土地面积，成片开发的商品房还有可出售的建筑面积等。

5. 统一面积单位

在面积单位方面，中国大陆通常采用 m^2 为计量单位，土地的面积单位有时还采用公顷（hm^2）（$1hm = 10000m^2$）、亩（1 亩 $= 666.67m^2$），中国香港地区和美国、英国等习惯采用平方英尺（ft^2）（$1ft^2 = 0.0929m^2$），中国台湾地区和日本、韩国一般采用坪（1 坪 $= 3.3057m^2$）。它们之间的换算关系如下：

$$m^2 \text{ 下的价格} = \text{亩下的价格} \div 666.67$$

$$m^2 \text{ 下的价格} = hm^2 \text{ 下的价格} \div 10000$$

$$m^2 \text{ 下的价格} = ft^2 \text{ 下的价格} \times 10.764$$

$$m^2 \text{ 下的价格} = \text{坪下的价格} \times 0.303$$

【例 4-2】 搜集了甲、乙两个交易实例，甲交易实例房地产的建筑面积 $200m^2$，成交总价 80 万元人民币，分三期付款，首期付 16 万元人民币，第二期于半年后付 32 万人民币，余款 32 万元人民币于 1 年后付清。乙交易实例房地产的使用面积 $2500ft^2$，成交总价 15 万美元，于成交时一次付清。如果选取该两个交易实例为可比实例，试在对其成交价格做有关修正、调整之前进行“建立价格可比基础”处理。

解：

（1）统一付款方式　如果以在成交日期时一次付清为基准，假设当时人民币的年利率为8%，则：

甲总价 = 16 万元人民币 + 32 万元人民币 ÷ $(1+8\%)^{0.5}$ + 32 万元人民币 ÷ $(1+8\%)$

= 76.422 万元人民币

乙总价 = 15 万美元

（2）统一采用单价

甲单价 = 764220 元人民币 ÷ 200m^2 = 3821.1（元人民币/m^2 建筑面积）

乙单价 = 150000 美元 ÷ 2500ft^2 = 60 美元/ft^2 使用面积

（3）统一币种和货币单位　假设乙交易实例成交当时的人民币与美元的市场汇率为1美元等于8.3元人民币，则：

甲单价 = 3821.1 元人民币/m^2 建筑面积

乙单价 = 60 美元/ft^2 使用面积 × 8.3 元人民币/美元 = 498 元人民币/ft^2 使用面积

（4）统一面积内涵　如果以建筑面积为基准，通过调查得知该类房地产的建筑面积与使用面积的关系为1ft^2 建筑面积等于0.75ft^2 使用面积，则：

甲单价 = 3821.1 元人民币/m^2 建筑面积

乙单价 = 498 元人民币/ft^2 使用面积 × 0.75ft^2 使用面积/ft^2 建筑面积

= 373.5 元人民币/ft^2 建筑面积

（5）统一面积单位　如果以 m^2 为基准，由于 $1m^2 = 10.764ft^2$，则：

甲单价 = 3821.1 元人民币/m^2 建筑面积

乙单价 = 373.5 元人民币/ft^2 建筑面积 × 10.764ft^2 建筑面积/m^2 建筑面积

= 4020.4 元人民币/m^2 建筑面积

4.2.4　交易情况修正

1. 交易情况修正的含义

可比实例的成交价格可能是正常的，也可能是不正常的。由于要求评估的估价对象的价格是客观合理的，所以如果可比实例的成交价格是不正常的，则应将其调整为正常的，如此才能作为估价对象的价格。这种对可比实例成交价格进行的修正，称为交易情况修正。因此，经过交易情况修正后，就将可比实例实际而可能是不正常的价格变成了正常价格。

阅读材料

交易类型相同的体现

1）交易目的与背景：公开市场、持续经营、破产清算。

2）交易方式，包括征收、征用、招拍挂出让、协议出让和转让、作价出资、授权经营、出租、抵押等。

2. 造成成交价格偏差的因素

由于房地产具有不可移动、独一无二、价值量大等特性，以及房地产市场是不完全市场，房地产的成交价格容易受交易中的一些特殊因素的影响，从而偏离正常的市场价格。交易中的特殊因素较复杂，归纳起来主要有下列几个方面：

（1）有利害关系人之间的交易　例如亲友之间、母子公司之间、公司与其员工之间的房地产交易，成交价格通常低于正常市场价格。

（2）急于出售或急于购买的交易 例如欠债到期要还，无奈只有出售房地产偿还，此种情况下的成交价格往往偏低；相反，在急于购买情况下的成交价格往往偏高。

（3）交易双方或某一方对市场行情缺乏了解的交易 如果买方不了解市场行情，盲目购买，成交价格往往偏高；相反，如果卖方不了解市场行情，盲目出售，成交价格往往偏低。

（4）交易双方或某一方有特别动机或偏好的交易 例如，买方或卖方对其所买卖的房地产有特别的爱好、感情，特别是该房地产对买方有特殊的意义或价值，从而卖方惜售，或买方执意要购买，此种情况下的成交价格往往偏高。

（5）特殊交易方式的交易 例如，拍卖、招标、哄抬或抛售等。房地产正常成交价格的形成方式，应是买卖双方经过充分讨价还价的协议方式。拍卖、招标等方式容易受现场气氛、情绪的影响而使成交价格失常。但中国目前土地使用权出让是例外，拍卖、招标方式形成的价格较能反映市场行情，协议方式形成的价格往往偏低。

（6）交易税费非正常负担的交易 在房地产交易中往往需要缴纳一些税费，如营业税、土地增值税、契税、印花税、交易手续费、补交土地使用权出让金等。按照税法及政府（中央和地方政府）的有关规定，有的税费应由卖方缴纳，如营业税、土地增值税；有的税费应由买方缴纳，如契税、补交土地使用权出让金；有的税费则买卖双方都应缴纳或各负担一部分，如印花税、交易手续费。正常成交价格是指在买卖双方各自缴纳自己应缴纳的交易税费下的价格，即在此价格下，卖方缴纳卖方应缴纳的税费，买方缴纳买方应缴纳的税费。需要评估的客观合理价格，也是基于买卖双方各自缴纳自己应缴纳的交易税费。但在现实交易中，往往出现本应由卖方缴纳的税费，买卖双方协议由买方缴纳；或者本应由买方缴纳的税费，买卖双方协议由卖方缴纳。例如，土地增值税本应由卖方负担，却转嫁给了买方；契税、补交土地使用权出让金本应由买方负担，却转嫁给了卖方；交易手续费本应由买卖双方各负担一部分，却转嫁给了其中的某一方。在某些地区，房地产价格之外还有所谓的代收代付费用。这些代收代付费用也可能存在类似的转嫁问题。

（7）相邻房地产的合并交易 房地产价格受其土地形状、土地面积、建筑规模的影响。形状不规则或面积、规模过小的房地产，价格通常较低。但这种房地产如果与相邻房地产合并后，效用通常会增加。因此，当相邻房地产的拥有者欲购买该房地产时，该房地产的拥有者通常会索要高价，而相邻房地产的拥有者往往也愿意出较高的价格购买。所以，相邻房地产合并交易的成交价格往往高于单独存在、与其不相邻者交易时的正常市场价格。

【例 4－3】 有 A、B 两宗面积较小（或形状不规则、宽度与深度比例不适当）的相邻土地，市场价格各为 30 万元。如果将该两宗土地合并为一宗土地，由于面积增大或形状变得较规则而有利于合理利用，合并后的土地价值为 100 万元。可见合并增值 40 万元（100 万元 -30 万元 $\times 2=40$ 万元）。在这种情况下，如果地块 A 的拥有者购买地块 B（反之亦然），地块 B 的拥有者可索价 30 万元至 70 万元，正常为 50 万元。地块 A 的拥有者愿意付出比地块 B 的价值 30 万元高的价格取得 B 地块也是正常的，因为他至少没有损失，而且还可能分享合并所产生的增值利益。

（8）受债权债务关系影响的交易　例如，附带着抵押、典当或拖欠工程款等的交易。《中华人民共和国合同法》第二百八十六条规定：发包人未按照约定支付价款的，承包人可以催告发包人在合理期限内支付价款。发包人逾期不支付的，除按照建筑工程的性质不宜折价、拍卖的以外，承包人可以与发包人协议将该工程折价，也可以申请人民法院将该工程依法拍卖。建筑工程的价款就该工程折价或者拍卖的价款优先受偿。

3. 交易情况修正的方法

有上述特殊交易情况的交易实例不宜选为可比实例，但当可供选择的交易实例较少而不得不选用时，则应对其进行交易情况修正。

交易情况修正的方法，主要有百分率法和差额法。

（1）采用百分率法的一般公式

$$\text{可比实例成交价格} \times \text{交易情况修正系数} = \text{可比实例正常价格}$$

（2）采用差额法的一般公式

$$\text{可比实例成交价格} \pm \text{交易情况修正数额} = \text{可比实例正常价格}$$

（3）常用公式

$$\text{交易情况修正后的正常价格} = \text{可比实例价格} \times (\text{正常情况指数}/\text{可比实例情况指数})$$
$$= P \times 100/(\quad\quad)$$

在交易情况修正中之所以要以正常价格为基准，是因为只有这样，比较的基准才会只有一个，而不会出现多个。因为在市场法中要求选取多个可比实例进行比较，如果以每个可比实例的实际成交价格为基准，就会出现多个比较基准。

【例 4-4】 以正常价格为基准，若可比实例成交价格比其正常价格高 10%，则：

$$\text{正常价格} \times (1 + 10\%) = \text{可比实例成交价格}$$

如果正常价格 = 1500 元/m^2，则：

$$\text{可比实例成交价格} = 1500 \times (1 + 10\%) = 1650 \text{ 元}/m^2$$

如果以可比实例成交价格为基准，若正常价格比可比实例成交价格低 10%，则：

$$\text{可比实例成交价格} \times (1 - 10\%) = \text{正常价格}$$

假定可比实例成交价格 = 1650 元/m^2，则：

$$\text{正常价格} = 1650 \times (1 - 10\%) = 1\,485 \text{ 元}/m^2$$

可见“可比实例成交价格比其正常价格高 10%”与“正常价格比可比实例成交价格低 10%”是不等同的。为此，在交易情况修正中应采用可比实例成交价格比其正常价格是高多少或是低多少的说法。

进行交易情况修正需要了解交易中有哪些特殊因素影响成交价格、并测定这些因素使成交价格偏离正常价格的程度。但由于缺乏客观、统一的尺度，这种测定有时非常困难。因此，在哪种情况下应当修正多少，主要由估价人员凭其专业知识和丰富的经验加以判断。不过，估价人员平常就应搜集整理交易实例并加以分析，在积累了丰富经验的基础上，把握适当的修正系数也是不难的。

其中，对于交易税费非正常负担的修正，只要调查、了解清楚了交易税费非正常负担的情况，然后依此计算即可。具体是将成交价格调整为依照政府有关规定，无规定的依照当地习惯，交易双方负担各自应负担的税费下的价格。主要应把握下列两点：①正常成交价格 -

应由卖方负担的税费 = 卖方实际得到的价格。②正常成交价格 + 应由买方负担的税费 = 买方实际付出的价格。

【例 4-5】 某宗房地产的正常成交价格为 2500 元/m^2，卖方应缴纳的税费为正常成交价格的 7%，买方应缴纳的税费为正常成交价格的 5%。试计算卖方实际得到的价格和买方实际付出的价格。

解：

卖方实际得到的价格和买方实际付出的价格分别计算如下：

卖方实际得到的价格 = 2500 元/m^2 − 2500 元/m^2 × 7% = 2325 元/m^2

买方实际付出的价格 = 2500 元/m^2 + 2500 元/m^2 × 5% = 2625 元/m^2

【例 4-6】 某宗房地产交易，买卖双方在合同中写明，买方付给卖方 2325 元/m^2，买卖中涉及的税费均由买方负担。据悉，该地区房地产买卖中应由卖方缴纳的税费为正常成交价格的 7%，应由买方缴纳的税费为正常成交价格的 5%。试求该宗房地产的正常成交价格。

解：

该宗房地产的正常成交价格求取如下：

正常成交价格 − 应由卖方负担的税费 = 卖方实际得到的价格

应由卖方负担的税费 = 正常成交价格 × 应由卖方缴纳的税费比率

正常成交价格 = 卖方实际得到的价格/(1 − 应由卖方缴纳的税费比率)

= 2325 元/m^2/(1 − 7%) = 2500 元/m^2

【例 4-7】 某宗房地产交易，买卖双方在合同中写明，买方付给卖方 2625 元/m^2，买卖中涉及的税费均由卖方负担。据悉，该地区房地产买卖中应由卖方缴纳的税费为正常成交价格的 7%，应由买方缴纳的税费为正常成交价格的 5%。试求该宗房地产的正常成交价格。

解：

该宗房地产的正常成交价格求取如下：

正常成交价格 + 应由买方负担的税费 = 买方实际付出的价格

应由买方负担的税费 = 正常成交价格 × 应由买方缴纳的税费比率

正常成交价格 = 买方实际付出的价格/(1 + 应由买方缴纳的税费比率)

= 2625 元/m^2/(1 + 5%) = 2500 元/m^2

【例 4-8】 甲卖给乙一套住宅，80m^2，7 万元成交，所有交易税费均由乙负担，其中契税交纳 1400 元，交易手续费共 480 元（按规定双方各交纳一半），办证费 80 元（按规定由乙负担），评估费 350 元（乙委托，由乙负担），问：甲乙双方的正常成交价格是多少？乙实际支付的价格是多少？

解：

正常成交价格 = 卖方实际得到价格 + 应由卖方负担的税费，在题中，卖方实际得到价格为 7 万元，应由卖方负担的税费为 240 元（480 元的一半），因此，正常成交价格 = 70240 元。乙方实际支付价格 = 正常成交价格 + 应由买方负担的税费，应由买方负担的税费 =（1400 + 240 + 80 + 350）元 = 2070（元），因此乙方实际支付价格 = 70240 元 + 2070 元 = 72310 元

4.2.5 交易日期调整

1. 交易日期调整的含义

可比实例的成交价格是其成交日期时的价格，是在其成交日期时的房地产市场状况下形成的。要求评估的估价对象的价格是在估价时点的价格，是应该在估价时点的房地产市场状况下形成的。如果成交日期与估价时点不同（往往是不同的，而且通常成交日期早于估价时点），房地产市场状况可能发生了变化，如政府出台新的政策、利率发生变化、出现通货膨胀或通货紧缩等，从而房地产价格就有可能不同。因此，应将可比实例在其成交日期时的价格调整为在估价时点的价格。这种对可比实例成交价格进行的调整，称为交易日期调整。

交易日期调整实质上是房地产市场状况对房地产价格影响的调整。经过交易日期调整后，就将可比实例在其成交日期时的价格变成了在估价时点时的价格。

2. 交易日期调整的公式

交易实例的交易日期与待评估房地产的估价时点往往有一段时间差。在这一期间，房地产市场可能发生变化，房地产价格可能升高或降低。因此需要根据房地产价格的变动率，将交易实例房地产价格调整为估价时点的房地产价格。这就是交易日期调整，也称期日调整。

交易日期调整的关键是要把握估价对象这类房地产的价格自某个时期的变化情况，具体是调查在过去不同时间的数宗类似房地产的价格，找出这类房地产价格随着时间变化而变动的规律，据此再对可比实例成交价格进行交易日期调整。调整的具体方法，可通过价格指数或价格变动率进行，也可采用时间序列分析（有关内容可参见本书第9章）。

价格指数有定基价格指数和环比价格指数。在价格指数编制中，需要选择某个时期作为基期。如果是以某个固定时期作为基期的，称为定基价格指数；如果是以上一时期作为基期的，称为环比价格指数。

房地产价格的变动率一般用房地产价格指数来表示。利用价格指数进行期日调整的公式如下：

估价时点的交易实例价格 = 估价时点的价格指数/可比实例交易时的价格指数 × 可比实例在成交日期的价格

（1）采用百分率法进行交易日期调整的一般公式

可比实例在成交日期的价格 × 交易日期调整系数 = 在估价时点的可比实例价格

（2）采用定基价格指数进行估价时

交易日期调整系数 = 估价时点的房地产价格指数/交易日期的房地产价格指数

交易日期的房地产价格指数可参考房地产价格指数、地价指数、中房指数、二手房交易价格指数、物价指数等。

（3）采用环比价格指数进行估价时

可比实例在成交日期的价格 × 成交日期的下一时期的价格指数 × 再下一时期的价格指数 × … × 估价时点的价格指数 = 在估价时点的价格指数

阅读材料

交易日期调整

在实际的交易日期调整中，有下列几类价格指数或价格变动率可供选用：①一般物价指数或变动率；②建筑造价指数或变动率；③建筑材料价格指数或变动率；④建筑人工费指数或变动率；⑤房地产价格指数或变动率。房地产价格指数或变动率又可细分为：①全国房地产价格指数或变动率；②某地区房地产价格指数或变动率；③全国某类房地产价格指数或变动率；④某地区某类房地产价格指数或变动率。

至于具体应选用哪种价格指数或变动率进行交易日期调整，要看具体的估价对象和有关情况。如果引起房地产价格变动的是单纯的通货膨胀因素，则可以选用一般物价指数或变动率；如果是建筑造价、建筑材料或建筑人工费方面的因素，则可以选用相应的价格指数或变动率。从理论上讲，由于房地产价格指数或变动率能全面反映引起房地产价格变化的因素，因此宜选用房地产价格指数或变动率。但严格来说，不是任何类型的房地产价格指数或变动率都可以采用，所以最适用的房地产价格指数或变动率，是可比实例所在地区的同类房地产的价格指数或变动率。

【例 4－9】 某宗房地产 2004 年 6 月的价格为 1800 元/m^2，现需将其调整到 2004 年 10 月。已知该宗房地产所在地区的同类房地产 2004 年 4 月至 10 月的价格指数分别为 79.6，74.7，76.7，85.0，89.2，92.5，98.1（以 2002 年 1 月为 100）。试计算该宗房地产 2004 年 10 月的价格。

解：

该宗房地产 2004 年 10 月的价格计算如下：

$1800 \times 98.1 \div 76.7 = 2302.2$ 元/m^2

【例 4－10】 某宗房地产 2004 年 6 月的价格为 2000 元/m^2，现需将其调整到 2004 年 10 月。已知该宗房地产所在地区的同类房地产 2004 年 4 月至 10 月的价格指数分别为 96.0，94.7，96.7，105.0，109.2，112.5，118.1（均以上个月为 100）。试计算该宗房地产 2004 年 10 月的价格。

解：

该宗房地产 2004 年 10 月的价格计算如下：

2000 元/$m^2 \times 105.0 \div 100 \times 109.2 \div 100 \times 112.5 \div 100 \times 118.1 \div 100 = 3046.8$ 元/m^2

【例 4－11】 现需要评估某宗房地产 2004 年 9 月末的价格，选取了下列可比实例：成交价格 3000 元/m^2，成交日期 2003 年 10 月末。另调查获知 2003 年 6 月末至 2004 年 2 月末该类房地产的价格平均每月比上月上涨 1.5%，2004 年 2 月末至 2004 年 9 月末平均每月比上月上涨 2%。试对该可比实例的价格进行交易日期调整。

解：

对该可比实例的价格进行交易日期调整，是将该价格调整到 2004 年 9 月末，即：

3000 元/$m^2 \times (1 + 1.5\%)^4 \times (1 + 2\%)^7 = 3658$ 元/m^2

【例 4－12】 某宗可比实例房地产 2004 年 1 月 30 日的价格为 1000 美元/m^2，该类房地产以人民币为基准的价格变动平均每月比上月上涨 0.2%。假设人民币与美元的市场汇率 2004 年 1 月 30 日为 1 美元＝8.26 元人民币，2004 年 9 月 30 日为 1 美元＝8.29 元人民币。试将该可比实例的价格调整到 2004 年 9 月 30 日。

解：

该可比实例的价格调整到 2004 年 9 月 30 日为：

1000 美元/$m^2 \times 8.26$ 元人民币/美元 $\times (1 + 0.2\%)^8 = 8393$ 元人民币/m^2

【例 4－13】 某宗可比实例房地产 2004 年 1 月 30 日的价格为 1000 美元/m^2，该类房地产以美元为基准的价格变动平均每月比上月下降0.5%。假设人民币与美元的市场汇率2004年1月30日为1美元=8.26元人民币，2004年9月30日为1美元=8.29元人民币。试将该可比实例的价格调整到2004年9月30日。

解：

该可比实例的价格调整到2004年9月30日为：

$1000 \times (1-0.5\%)^8 \times 8.29 = 7964$ 元人民币/m^2

4.2.6 房地产状况调整

1. 房地产状况调整的含义

如果可比实例房地产与估价对象房地产本身之间有差异，则应对可比实例成交价格进行房地产状况调整，因为房地产价格还反映房地产本身的状况。进行房地产状况调整，是将可比实例在其房地产状况下的价格，调整为在估价对象房地产状况下的价格。经过房地产状况调整后，就将可比实例在其房地产状况下的价格变成了在估价对象房地产状况下的价格。

2. 房地产状况调整的内容

由于房地产状况可以分为区位、权益和实物三大方面，从而房地产状况调整可分为区位状况调整、权益状况调整和实物状况调整。在这三大方面的调整中，还可进一步细分为若干因素的调整。进行房地产状况调整，是市场法的一个难点和关键。

(1) 区位状况调整的内容　区位状况是对房地产价格有影响的房地产区位因素的状况。进行区位状况调整，是将可比实例房地产在其区位状况下的价格，调整为在估价对象房地产区位状况下的价格。

区位状况比较、调整的内容主要包括：繁华程度、交通便捷程度、环境景观、公共服务设施完备程度（属于可比实例、估价对象以外的部分）、临路状况、朝向、楼层等影响房地产价格的因素。

(2) 权益状况调整的内容　权益状况是对房地产价格有影响的房地产权益因素的状况。进行权益状况调整，是将可比实例房地产在其权益状况下的价格，调整为在估价对象房地产权益状况下的价格。

权益状况比较、调整的内容主要包括：土地使用年限，城市规划限制条件（如容积率）等影响房地产价格的因素。在实际估价中，遇到最多的是土地使用年限调整，其调整的具体方法参见本书第5章的有关内容。

(3) 实物状况调整的内容　实物状况是对房地产价格有影响的房地产实物因素的状况。进行实物状况调整，是将可比实例房地产在其实物状况下的价格，调整为在估价对象房地产实物状况下的价格。

实物状况比较、调整的内容很多，对于土地来说，主要包括：面积大小、形状、基础设施完备程度（属于可比实例、估价对象之内的部分）、土地平整程度、地势、地质水文状况等影响房地产价格的因素；对于建筑物来说，主要包括：成新率、建筑规模、建筑结构、设备、装修、平面格局、工程质量等影响房地产价格的因素。

3. 房地产状况调整的思路和方法

房地产状况调整的思路是：首先列出对估价对象这类房地产的价格有影响的房地产状况各方面的因素，包括区位方面的、权益方面的和实物方面的；其次判定估价对象房地产和可比实例房地产在这些因素方面的状况；然后将可比实例房地产与估价对象房地产在这些因素方面的状况进行逐项比较，找出由它们之间的差异造成的价格差异程度；最后根据价格差异程度对可比实例价格进行调整。总的来说，如果可比实例房地产优于估价对象房地产，则应对可比实例价格做减价调整；反之，则应做增价调整。

房地产状况调整的方法有百分率法、差额法和回归分析法。采用百分率法进行房地产状况调整的一般公式为：

可比实例在其房地产状况下的价格 × 房地产状况调整系数 = 在估价对象房地产状况下的价格

采用差额法进行房地产状况调整的一般公式为：

可比实例在其房地产状况下的价格 ± 房地产状况调整数额 = 在估价对象房地产状况下的价格

在百分率法中，房地产状况调整系数应以估价对象房地产状况为基准来确定。

具体进行房地产状况调整的方法有直接比较调整和间接比较调整两种。

1）直接比较调整一般是采用评分的办法，以估价对象房地产状况为基准（通常定为 100 分），将可比实例房地产状况与它逐项进行比较、打分。如果可比实例房地产状况比估价对象房地产状况差，则打的分数就低于 100；相反，打的分数就高于 100。然后将所得的分数转化为调整价格的比率。

采用直接比较进行房地产状况调整的表达式为：

可比实例在其房地产状况下的价格 ×100/(　　) = 在估价对象房地产状况下的价格

上式括号内应填写的数字，为可比实例房地产状况相对于估价对象房地产状况的得分。

2）间接比较调整与直接比较调整相似，所不同的是设想一个标准房地产状况，然后以此标准房地产状况为基准（通常定为 100 分），将估价对象及可比实例的房地产状况与它逐项进行比较、打分。如果估价对象、可比实例的房地产状况比标准房地产状况差，则打的分数就低于 100；相反，打的分数就高于 100。再将所得的分数转化为调整价格的比率，采用间接比较进行房地产状况调整的表达式为：

可比实例在其房地产状况下的价格/(　　) × (　　) = 在估价对象房地产状况下的价格

上式位于分母的括号内应填写的数字为可比实例房地产状况相对于标准房地产状况的得分，第二个括号内应填写的数字为估价对象房地产状况相对于标准房地产状况的得分。

4. 房地产状况调整应注意的问题

1）可比实例的房地产状况，无论是区位状况、权益状况还是实物状况，都应是成交价格所对应或反映的房地产状况，而不是在估价时点或其他时点的状况。因为在估价时点或其他时点，可比实例房地产状况可能发生了变化，从而其成交价格就不能反映了。除了期房交易的成交价格之外，可比实例的房地产状况一般是可比实例房地产在其成交日期时的状况。

2）由于不同使用性质的房地产，影响其价格的区位和实物因素不同，即使某些因素相同，其对价格的影响程度也不一定相同。因此，在进行区位状况和实物状况的比较、调整时，具体比较、调整的内容及权重应有所不同。例如，居住房地产讲求宁静、安全、舒适；商业房地产着重繁华程度、交通条件；工业房地产强调对外交通运输；农业房地产重视土壤、排水和灌溉条件等。

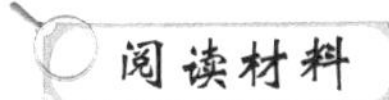

旧房价格怎样评估

旧房估价的方法很多，三级市场旧房交易的估价方法采取的是市场法。如果某地区有一套旧房需要估价，先要找一套该地区同类的已经成交的住宅进行比较，根据朝向、楼层、成新率、房型进行修正，好的加系数，差的减系数。

朝向以南向为准，东向减5%～6%，西向减8%，北向减10%。多层住宅楼层以3～4层为准，底层减5%～6%，顶层减10%，二层至五层各有自己的档次。成新率主要以建造年代为准，适当考虑保养程度，如1988年建造的住宅，每年减1%的系数。当然也有最低限度，如最大幅度减至40%。房型的系数加减比较复杂，两室一厅住宅的客厅以$12m^2$为基准，小于$12m^2$要减系数，最多的要减15%，大于$12m^2$的要加系数。同时厅的利用价值（过道厅、独立厅、明厅还是暗厅）不一样，加减的系数也不一样。厨房间、卫生间以$4m^2$为准，大于或小于$4m^2$要加减系数，明间与暗间要有系数区别。还有得房率的高低与加减系数也密切相关等。

旧房价格评估有很大的时效性：第一，受同类地区新商品房价格高低的影响；第二，受旧房出售量与需求量的影响。旧房价格评估的公式为：

评估结果为：房地产价格＝(重置单价－物业折旧－功能折旧－经济折旧)×建筑面积

【例4－14】 有两个比较实例A和B，成交价分别为650元/m^2和700元/m^2。现分别以直接比较法（表4－2）和间接比较法（表4－3）对它们做区域因素修正。

表4－2 区域因素修正表直接比较法

区域因素	待估房地产	实例A	实例B
1. 自然条件	25	28	22
2. 交通条件	25	23	27
3. 规划限制	25	21	26
4. 社会环境	25	24	28
总分值	100	96	103

修正比率：

实例$A=100\div96$　实例$B=100\div103$

修正后的成交价：

实例$A=650$元/$m^2\times100\div96=677.08$元/$m^2$

实例$B=700$元/$m^2\times100\div103=679.61$元/$m^2$

表4－3 区域因素修正表间接比较法

区域因素	标准房地产	实例A	实例B	待估房地产
1. 自然条件	25	25	20	22
2. 交通条件	25	21	24	23
3. 规划限制	25	19	23	22
4. 社会环境	25	23	28	25
总分值	100	88	95	92

修正比率：

实例$A=92\div88$　实例$B=92\div95$

修正后的成交价：

实例 $A=650$ 元/$m^2\times92\div88=679.51$ 元/m^2

实例 $B=700$ 元/$m^2\times92\div95=677.88$ 元/m^2

阅读材料

可比实例选择要求

采用市场法、收益法时对可比实例的选择应当符合以下要求：

1）应与估价对象所处的拆迁区位分区相同。

2）评估对象的用途相同。其中住宅房屋的可比实例必须是小类用途相同，非住宅房屋的可比实例应按本规范的分类与估价对象的类别相同。

3）应与估价对象的建筑结构相同。建筑结构主要是指大类建筑结构，一般分为：①钢结构；②钢筋混凝土结构；③砖混结构；④砖木、木结构；⑤简易结构。

4）应与估价对象的规模相当。

5）交易类型应选取一般买卖或租赁的交易实例，其交易价格应是正常市场交易价格。

6）成交日期与估价时点接近，通常应为近期六个月内成交的类似房地产实例作为可比实例，一般不应超过十二个月。

7）采用可比实例修正测算确定评估价格的，选用的可比实例的数量应为 3 个及以上。

8）各个可比实例的成交单价相互间的价格差异一般不应超过 20%，即使在交易实例较少的情况下，该价格差异最大不应超过 30%。

9）对可比实例的成交价格的系数修正每项不得超过 20%，综合系数修正不得超过 30%。

阅读材料

某估价对象区位因素系数表

（1）区位因素调节系数评分表。相关情况见表 4－4。

表 4－4　区位因素调节系数评分表

序号	因素名称	标准分值	考察项目	评分等级			
				一等	二等	三等	四等
1	自然环境	10	自然景观、风向	7.5	6.5	6	5.5
			空气污染、噪声、水文	7.5	6.5	6	5.5
2	规划设计	15	建筑或小区布局	7.5	6.5	6	5.5
			建筑密度、外观等	7.5	6.5	6	5.5
			绿地率、室外公共活动空间与绿化景观	7.5	6.5	6	5.5
3	物业管理	10	物业管理情况	10	9	8	7
4	交通条件	20	离市区主干道的距离	13	12	11	10
			公交线路情况	13	12	11	10

（续）

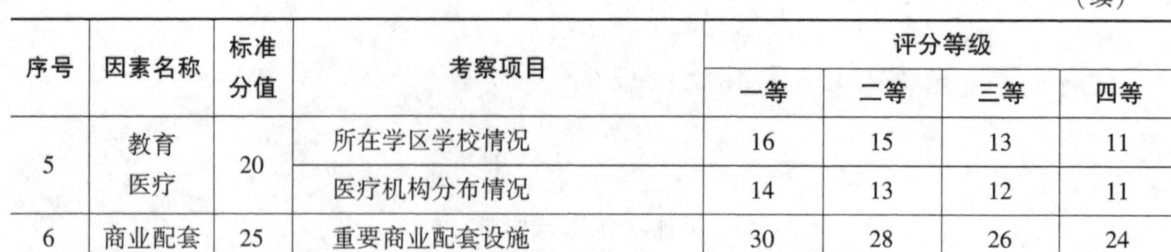

序号	因素名称	标准分值	考察项目	评分等级			
				一等	二等	三等	四等
5	教育医疗	20	所在学区学校情况	16	15	13	11
			医疗机构分布情况	14	13	12	11
6	商业配套	25	重要商业配套设施	30	28	26	24

（2）区位因素调节系数评分等级说明表。相关情况见表4－5。

表4－5　区位因素调节系数评分等级说明表

序号	因素名称	考察项目	一等	二等	三等	四等
1	自然环境	自然景观	公认的自然环境优越的地方	自然环境良好，附近有一定的绿地和绿化，基本整洁、卫生	附近有少量绿地和绿化，卫生环境欠缺	附近无绿化，拥挤、杂乱、环境差
		环境污染	空气清新、无污染；无噪声；水域清洁，达卫生标准	空气良好，少量污染；白天都有部分交通噪声；水体局部污染	空气局部受污染；靠近大马路，白天和晚间均有噪声影响	靠近污染源；靠近车站、机场等，有严重噪声
2	规划设计	建筑或小区布局	建筑或小区布局合理、错落有致，满足通风、日照等健康要求	布局一般，排列整齐	布局过于局促	任意布置，拥挤
		建筑密度与外观等	建筑密度在30%～40%，外形美观	建筑密度在40%～50%，外观比较整齐	建筑密度在50%～60%，外观陈旧	建筑密度在60%以上，外观破旧杂乱
		室外公共活动空间与绿化景观	绿地率在30%以上，立体绿化，室外公共活动空间丰富	绿地率在30%以下，部分绿地和绿树，公共活动空间较小	少量绿化，基本无公共活动空间	无绿化，无公共活动空间
3	物业管理	物业管理情况	全封闭物业管理	半封闭物业管理	有物业管理	无物业管理
4	交通条件	与市区主干道的距离	300m以内	在300～600m	在600～800m	在800m以上
		公交路线情况	距离公交站点100m以内，有3条以上的重要公交线路	距离公交站点100～200m，有1～2条重要公交线路	距离重要的公交线路的距离在200～500m	距离公交线路的距离在500m以上

（续）

序号	因素名称	考察项目	一等	二等	三等	四等
5	教育医疗	所在学区学校情况	属于省级及以上重点中学（初中）和重点小学学区	属于市级及以上重点中学（初中）和重点小学学区	属于区级及以上重点中学（初中）和重点小学学区	一般中小学学区
		医疗机构分布情况	距离市级及以上医院1000m以内	距离市级及以上医院1000～2000m	距离市级及以上医院2000～2500m	距离市级及以上医院2500m以上
6	商业配套	重要商业配套设施	在400m范围内有大型的市级商业配套设施	在400～800m范围内区级商业设施比较集中	在800m范围内有零散分布的商业网点，基本满足生活需求	在800m范围内基本上无商业网点

（3）区位因素修正系数说明

1）区位因素修正系数以住宅房屋区位因素调节系数为基础确定。

2）对可比实例和待估房屋进行区位修正时，可比实例区位因素调节系数为 K_s，待估房屋区位因素调节系数为 K_d，则可比实例修正为标准样本房屋区位状况修正系数 $P = K_s/K_d \times 100$。

3）当选取的可比实例处于拆迁项目范围之外时，必须进行区域因素修正。

4）P 的取值范围为80～120。

阅读材料

房屋实体因素修正系数表

（1）住宅房屋成新因素修正系数表。相关情况见表4-6。

表4-6 住宅房屋成新因素修正系数表

待估房屋	三成新	四成新	五成新	六成新	七成新	八成新	九成新及以上
修正系数	76～79	79.5～82.5	83～86	86.5～89.5	90～93	93.5～96.5	97～100

（2）朝向因素修正系数表。相关情况见表4-7。

表4-7 朝向因素修正系数表

卧室朝向	北	西	东	一间朝南	两间朝南	三间朝南
修正系数	96	98	99	100	101	102

（3）住宅房屋层次因素修正系数表。相关情况见表4-8、表4-9、表4-10。

表 4-8　住宅房屋层次因素修正系数表

总楼层＼层次	一	二	三	四	五	六	七	八
一	100							
二	100	98						
三	100	102	98					
四	100	102	103	98				
五	100	102	103	102	98			
六	100	102	103	103	102	96		
七	100	102	103	103	102	100	96	
八	100	102	103	103	102	100	96	94

表 4-9　层次修正系数对比表

层次＼总楼层	四	五	六	七	八层及以上
一	-3%	-5%	-5%	-5%	-5%
二	0	0	0	0	0
三	5%	5%	5%	5%	5%
四	-2%	5%	5%	5%	5%
五		-4%	5%	5%	5%
六			-6%	0%	0%
七				-8%	0%
八层及以上					10%
顶层					-15%

注：八层以上有电梯的楼房，住房免费使用电梯的，三楼以上均为5%，顶层-15%；住房交电梯使用费的，二楼以上均为0，顶层-15%；一层有架空层的，有独用小院的，在主干道临街的，为100%；三层（含三层）以下调节系数为0。顶层修正不包括复式结构或特殊防水处理的顶层房屋。

表 4-10　楼层修正系数对比表

层次＼总楼层	四	五	六	七	八	九
一层	0	0	0	0	0	0
二层	1%	1%	1%	1%	1%	1%
三层	2%	2%	2%	2%	2%	2%
四层	0	2%	2%	2%	2%	2%
五层		0	1%	2%	2%	2%
六层			0	1%	1%	1%

（续）

层次＼总楼层	四	五	六	七	八	九
七层				0	0	0
八层					-1%	-1%
九层						-2%

注：七、八、九层住房均指无电梯住房。

（4）住宅房屋层高因素修正系数表。相关情况见表4-11、表4-12。

表4-11　住宅房屋层高因素修正系数表

层高/m	2.5	2.6	2.7	2.8	2.9	3.0	3.1	3.2	3.3
修正系数	97	98	99	100	101	102	103	104	105

表4-12　层高修正系数对比表

	层高每增减10cm的重置价格调节系数		
结构类型	钢混、砖混	砖木	简易
调节系数	±1.1%	±1.7%	±0.6%

注：标准层高为3m。层高高度的计算见《建筑物层高计算方法》。

（5）实体因素修正系数测算说明

1）住宅房屋成新因素、朝向因素、层次因素、层高因素的修正系数权重分别为 $w_i=(0.3, 0.2, 0.3, 0.2)$。

2）可比实例和待估房屋进行实体因素修正时，可比实例实体因素调节系数为 K_s，待估房屋实体因素调节系数为 K_d。

3）如被拆迁住宅房屋在成新因素、朝向因素、层次因素、层高因素方面评定的修正系数分别为 $S_i=(S_1, S_2, S_3, S_4)$，则 $K_d=w_i\times S=0.30\times S_1+0.20\times S_2+0.30\times S_3+0.20\times S_4$。

4）可比实例修正为待估房屋实体修正系数 $P=(K_s\div K_d)\times 100$。$P$ 的取值范围为80～120。

阅读材料

实物状况调整因素中的容积率修正

容积率与地价的关系并非呈线性关系，需根据具体区域的情况具体分析。

容积率修正可采用下式计算：

经容积率修正后可比实例价格＝可比实例价格×(待估宗地容积率修正系数/可比实例价格容积率修正系数)

【例4-15】 现选取一可比房地产实例，成交价格为6000元/m²，成交日期为2000年7月。假设2000年1月至2001年7月，该类房地产价格每月比上月上涨1%，2001年7月至2002年1月，该类房地产价格每月比上月下降0.2%，则对该可比实例进行交易日期修正后2002年1月的方地产价格为：

解：$P = 6000$ 元/$m^2 \times (1+1\%)^{12} \times (1-0.2\%)^6$

$= 6000$ 元/$m^2 \times 1.127 \times 0.988$

$= 6681$ 元/m^2

【例4－16】某城市某用途土地容积率修正系数见容积率修正系数表相关情况见表4－13。

表4－13　容积率修正系数表

容积率	0.1	0.4	0.7	1.0	1.1	1.3	1.7	2.0	2.1	2.5
修正系数	0.5	0.6	0.8	1.0	1.1	1.2	1.6	1.8	1.9	2.1

如果确定比较案例宗地地价每 m^2 为 800 元，容积率为 2.1，被估宗地规划容积率为 1.7，则待估宗地容积率修正计算如下：

经容积率修正后可比实例价格 $= 800$ 元/$m^2 \times 1.6/1.9 = 673.7$ 元/m^2

4.2.7　求取比准价格

求取比准价格即综合修正结果，最终确定估价额。采用百分率法、差额法和回归分析法。每项修正对可比实例成交价格的调整不得超过20%，综合调整不得超过30%。

1. 求取某个与可比实例对应的比准价格的方法

市场法估价需要进行交易情况、交易日期、房地产状况三方面的修正和调整。经过了交易情况修正后，就将可比实例的实际而可能不是正常的价格变成了正常价格；经过了交易日期调整后，就将可比实例在其成交日期时的价格变成了在估价时点时的价格；经过了房地产状况调整后，就将可比实例在其房地产状况下的价格变成了在估价对象房地产状况下的价格。这样，经过了这三个方面的修正、调整后，就把可比实例房地产的实际成交价格，变成了可比实例房地产在估价时点时的客观合理价格。如果把这三个方面的修正、调整综合起来，计算公式如下：

（1）修正、调整系数连乘形式

可比实例的比准价格＝可比实例成交价格×交易情况修正系数 ×交易日期调整系数×房地产状况调整系数

（2）修正、调整系数累加形式

可比实例的比准价格＝可比实例成交价格×（1＋交易情况修正系数＋交易日期调整系数＋房地产状况调整系数）

下面仅采用百分率法以连乘形式来进一步说明市场法的综合修正与调整计算。由于房地产状况调整有直接比较调整和间接比较调整，因此较具体化的综合修正与调整计算公式有直接比较修正与调整公式和间接比较修正与调整公式。

（1）直接比较修正与调整公式

可比实例的比准价格＝可比实例成交价格×100/(　　)×(　　)/100 ×100/(　　)

上式中，交易情况修正的分子为100，表示以正常价格为基准；交易日期调整的分母为100，表示以成交日期时的价格为基准；房地产状况调整的分子为100，表示以估价对象的房地产状况为基准。

（2）间接比较修正与调整公式

可比实例的比准价格 = 可比实例成交价格 ×100/(　　) ×(　　)/100 ×100/(　　) ×(　　)/100

上式中，标准化修正的分子为 100，表示以标准房地产的状况为基准，分母是可比实例房地产相对于标准房地产所得的分数；房地产状况调整的分母为 100，表示以标准房地产的状况为基准，分子是估价对象房地产相对于标准房地产所得的分数。

2. 比准价格的计算结果

将多个可比实例对应的比准价格综合成一个最终比准价格的方法每个可比实例的成交价格经过上述各项修正、调整之后，都会相应地得到一个比准价格。例如有 5 个可比实例，经过各项修正、调整之后会得到 5 个比准价格。但这些比准价格可能是不相同的，最后需要将它们综合成一个比准价格，以此作为市场法的测算结果。从理论上讲，综合的方法主要有三种：①平均数；②中位数；③众数。

1）平均数有简单算术平均数和加权算术平均数。其中，简单算术平均数是把修正、调整出的各个价格直接相加，再除以这些价格的个数，所得的数即为综合出的一个价格。

加权算术平均数是在把修正、调整出的各个价格综合成一个价格时，考虑到每个价格的重要程度不同，先赋予每个价格不同的权数，然后综合出一个价格。通常对于与估价对象房地产最类似的可比实例房地产所修正、调整出的价格，赋予最大的权数；反之，赋予最小的权数。

2）中位数是把修正、调整出的各个价格按从低到高或从高到低的顺序排列，当项数为奇数时，位于正中间位置的那个价格为综合出的价格；当项数为偶数时，位于正中间位置的那两个价格的简单算术平均数为综合出的价格。例如：2600，2650，2800，2860，3950 的中位数为 2800。2200，2400，2600，2900 的中位数为（2400 + 2600）÷2 = 2500。

3）众数是一组数值中出现次数最多的数值。例如：2200，2600，2300，2600，2300，2600 这组数值的众数是 2600。

此外，还可以采用其他方法将修正、调整出的多个价格综合成一个价格。例如去掉一个最高价格和一个最低价格，将余下的进行简单算术平均。在实际估价中，最常用的是平均数，其次是中位数，很少采用众数。当数值较多时，可以采用中位数和众数。如果一组数值中含有异常的或极端的数值，采用平均数有可能得到非典型的甚至是误导的结果，这时采用中位数比较合适。

【例 4－17】 实例 A 的成交价格为 650 元/m^2，低于正常价格 3%，交易情况修正指数为 100/97；该地区同类房地产价格的额上涨幅度平均每月为 1.4%，估价时点与交易日期相差为 9 个月，交易日期修正指数为（1 + 1.4% ×9）×100/100；区域修正因素指数取直接比较法的 100/96；实例 A 的建筑材料和施工质量均优于待估房地产，经测算，个别因素修正指数为 100/106，求实例 A 的修正价格。

解：实例 A 的修正价格 = 650 元/m^2 ×[100/97 ×（1 + 1.4% ×9）×100/100 ×100/96 ×100/106]

= 650 元/m^2 ×1.1408 = 741.52 元/m^2

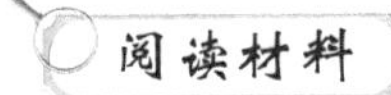

市场法应用过程中容易出现的问题

1）可比实例是否在同一供求区，规模是否相当，权利性质是否一致，估价目的是否吻合，结构是否一致，面积是否相当等，与待估房地产估价时点相差是否长于1年，长于1年的应说明理由。

2）基础数据是否有误，搜集的数据是否有可比性（建立价格可比基础），是否剔除了交易税费的非正常负担。

3）影响因素的选择是否合适；注意修正的方法是用直接比较法还是用间接比较法。

4）各因素的修正方向是否有误，防止修正颠倒。因素说明表中的因素与描述中因素是否一致；各单项修正和综合修正是否超出了修正幅度；最终比准价格是否进行了综合和说明。

5）因素条件说明是否明确和量化。

6）比较指数选取是否有充分依据。

4.2.8　市场比较法的特殊应用

适用情况：足够多的交易实例中缺少相同的房地产，可将交易实例进行分解。

【例4－18】 某待估房地产为一宗土地，相邻地区的一个交易实例中的土地部分与其十分相似，该交易实例的成交价格为1570万元，土地面积为790m²。经分解可知建筑物部分于交易当时的市价为1253万元，扣除此项后，可用作比较实例的土地部分的价格为：

$(1570-1253)$ 万元 $\div 790\text{m}^2 = 0.401266$ 万元$/\text{m}^2 = 4012.66$ 元$/\text{m}^2$

1. 市场法应用中应注意的事项

在房地产价格指数体系尚未建立的地区，可以被评估价格的实际变动幅度作为修正比率；或者用长期趋势法。

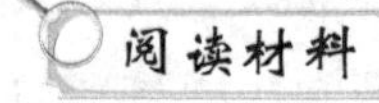

美国房地产估价体系关于市场法的应用与启示

市场法的本质是以房地产的市场交易价格为导向求取估价对象的价值。现就美国估价要求而言做如下简单介绍，并与我国做比较。

（1）市场法原理及其适用性和局限性　市场法的理论依据是房地产价格形成的替代原则，即在评估房地产价格时，如果物业的效用相近，那么价格应该相差不多，比较的时候，选取类似的房地产作为定价的参照系。但是，没有两种物业是完完全全相同的。在使用市场法的时候，必须对可比案例进行修正，以估价对象为样本，对案例进行“整容”。

只要有足够的成交案例，市场法可以用于任何情况。相对于成本法和收益法来说，市场比较法中需要主观判断的地方少。理论上讲，所有的修正都是可以从市场上取得的。由于市场比较法建立在市场数据的基础上，它具有很强的现实性，适用范围宽、易于采用。

但是，它的局限性正是需要收集大量、正常的房地产交易数据。比如说，在一个不活跃的市场里，房地产交易量很少，可供选择的可比案例非常有限，那么如果用市场比较法测算就会造成比较大的价值偏差。从统计学的角度来看，如果样本的空间不够大，那么具有一定置信度的区间就会变宽。假若置信区间的上下限之间的距离拉得很开，对于价值的评估就会失去判断标准。

(2) 中美两国在市场比较法中的一些不同

1) 美国估价要求市场比较法的前提是可比案例与估价对象最高最佳使用是相同的。这是采用市场比较法的先决条件，如果一个案例不能满足这个要求，那么它将不能被用作可比案例。

2) 两国对比较单位的选择有所不同。在美国，由于市场发展比较成熟，合理的比较单位往往会在很小的区间内波动，所以能反映物业的客观价值。因此在进行测算前，必须分析选择合理的单位作为比较基础。比如说，评估仓库的时候，"元/m"是否比"元/m^2"更能反映价值规律；评估大型超市时，"元/单位长度货架"是否比"元/m^2"更能反映其价值规律等。

3) 在市场比较法的修正项方面，两国也有一定的差异。美国采用的是十项比较法，考虑的因素比我国的更多、更细。

4) 两国对比较项的修正也有所不同。我们主要采取百分比法，但究竟要修正多少个百分点，主要还是依赖于经验和估价师主观的判断。美国主要采用的是配对比较法，即通过对两个相似案例的两两比较，将两者间的差异因素量化，再对可比案例进行修正，最后将结果与估价对象进行比较。这种方法比我们采用的百分比修正法客观，但同时需要市场上大量相似案例来提供庞大的数据支撑。

例如：相比之下，美国估价体系中市场比较法的比较、调整内容多达十项，包括：

Property Right Conveyed——房地产产权调整；

Financing Terms——金融调整；

Condition of Sale——交易情况调整；

Expenditure Immediately after Sale——售后开销调整（又称价外支付）；

Market Condition (Time) ——市场情况调整；

Location——区位调整；

Physical Characteristics——物理折旧调整；

Economic Characteristics——经济性调整；

Use (Zoning) ——用途规划调整；

Non - Reality Components of Value——非不动产价值调整。

为方便记忆，他们说：Private First Class Essentially Make Less Paid Except U. S. Navy。

在我国，这些比较项有些是不适用的，有些是相似的，有些是国内体系中所缺少的。

资料来源：许军. 美国房地产估价（MAI）体系关于市场比较法的应用与启示［J］. 中国房地产估价与经纪，2007（3）.

【例 4 - 19】

可比实例 A、B、C 的基本资料见表 4 - 14。

表 4 - 14　基本资料

	可比实例 A	可比实例 B	可比实例 C
成交价格	5000 元/m^2	650 美元/m^2	5500 元/m^2
成交日期	2004 年 1 月 1 日	2004 年 3 月 1 日	2004 年 7 月 1 日
交易情况	+2%	+5%	-3%
房地产状况	-8%	-4%	+6%

假设人民币与美元的汇率在2004年3月1日为1:8.4，在2004年10月1日为1:8.3；该类写字楼以人民币为基准的市场价格2004年1月1日至2004年2月1日基本保持不变，2004年2月1日至2004年5月1日平均每月比上月下降1%，以后平均每月比上月上升0.5%。试利用上述资料测算该写字楼2004年10月1日的正常市场价格。

解：(1) 计算公式：

比准价格 = 可比实例价格 × 交易情况修正系数 × 交易日期调整系数 × 房地产状况调整系数

(2) 求取比准价格 V_A = 5000元/m² × 100 ÷ (100 + 2) × (1 − 1%)³ × (1 + 0.5%)⁵ × 100 ÷ (100 − 8) = 5300.51元/m²

(3) 求取比准价格 V_B = 650美元/m² × 8.4 × 100 ÷ (100 + 5) × (1 − 1%)² × (1 + 0.5%)⁵ × 100 ÷ (100 − 4) = 5442.93元/m²

(4) 求取比准价格 V_C = 5500元/m² × 100 ÷ (100 − 3) × (1 + 0.5%)³ × 100 ÷ (100 + 6) = 5429.79元/m²

(5) 将上述三个比准价格的简单算术平均数作为市场法的测算结果，则：

估价对象价格（单价）= (5300.51 + 5442.93 + 5429.79) 元/m² ÷ 3 = 5391元/m²

【例4－20】 有一块面积为800m²的长方形用地，地势平坦，北临公路，原建设有木结构二层楼店铺兼住宅。拟兴建办公大楼而进行评估。试用市场法进行评估，估价时点2018年11月29日。

首先收集选择在附近地区及同一供需圈内的类似地区的买卖实例，得到汇总表，参见表4－15。

表4－15 类似地区买卖实例

地区	面积/m²	时间	买卖价格（元/m²）	地块概要
A	600	2017年10月	21000	略，近邻地区
B	1100	2018年1月	23000	略，近邻地区
C	700	2018年1月	27000	略，近邻地区

(1) 交易情况修正　据调查显示，交易情况基本一致，不必修正。

(2) 交易日期修正　以附近地区办公楼用地买卖价格变动趋势等修正率如下：

2017年10月至2018年1月：3%；2018年1月至估价时点：6%。所以A、B、C地块的交易日期修正率分别为9%，6%，6%。

(3) 区域因素修正　A、B区域条件基本类似不必修正；C由于街道、环境等因素优于待估土地，修正+8。

(4) 个别因素修正　由于街道、环境、地块形状等个别因素的差别，分别就各因素比较后综合得到：A劣于待估土地，修正−10；B劣于待估土地，修正−5；C优于待估土地，修正+4。

经过上述修正，可得：

A：21000 元/m^2 ×100/100　×109/100　×100/100　×100/90 = 25433 元/m^2

B：23000 元/m^2 ×100/100　×106/100　×100/100　×100/95 = 25663 元/m^2

C：27000 元/m^2 ×100/100　×106/100　×100/108　×100/104 = 25481 元/m^2

由于 A、C 修正后的价格接近，用算术平均数法求得 A、C 修正后的平均值为 25457 元/m^2，再用加权算术平均数求得待估土地价格为 25457 元/m^2 ×0.8 + 25663 元/m^2 ×0.2 = 25498 元/m^2。

【例 4－21】有一待估宗地 G 需要评估，现收集到与待估宗地条件类似的六宗地，该六宗地与估价对象的具体情况见表 4－16。

表 4－16　该六宗地与估价对象的具体情况

宗地	成交价（元/m^2）	交易时间	交易情况	容积率	土地状况
A	680	2002	+1%	1.3	+1%
B	610	2002	0	1.1	-1%
C	700	2002	+5%	1.4	-2%
D	680	2003	0	1.0	-1%
E	750	2004	-1%	1.6	+2%
F	700	2005	0	1.3	+1%
G		2005	0	1.1	0

该城市地价指数表见表 4－17。

表 4－17　该城市地价指数表

时间	1999 年	2000 年	2001 年	2002 年	2003 年	2004 年	2005 年
指数	100	103	107	110	108	107	112

另据调查，该市此类用地容积率与地价的关系为：当容积率在 1～1.5 时，容积率每增加 0.1，宗地单位地价比容积率为 1 时的地价增加 5%；超过 1.5 时，超出部分的容积率每增长 0.1，单位地价比容积率为 1.5 时的地价增加 3%。对交易情况、土地状况的修正，都是案例宗地与被估宗地比较，表 4－15 中负号表示案例的条件比待估宗地产的条件差，正号表示案例宗地的条件优于被估宗地的条件，数值大小代表对宗地地价的修正幅度。

试根据以上条件，评估 G 宗地 2005 年的价值。

解：（1）建立容积率、地价指数表，具体见表 4－18。

表 4－18　容积率、地价指数表

容积率	1.0	1.1	1.2	1.3	1.4	1.5	1.6
地价指数	100	105	110	115	120	125	128

（2）案例修正计算

A. 680 元/m^2 ×112/110　×100/101　×105/115 ×100/101 = 620 元/m^2

B. 610 元/m^2 ×112/110　×100/100　×105/105 ×100/99 = 627 元/m^2

C. 700 元/m^2 ×112/110　×100/105　×105/120 ×100/98 = 606 元/m^2

D. 680 元/m^2 ×112/108　×100/100　×105/100 ×100/99 = 748 元/m^2

E. 750 元/m^2 ×112/107 ×100/99 ×105/128×100/102 = 638 元/m^2

F. 700 元/m^2 ×112/112 ×100/100 ×105/115 ×100/101 = 633 元/m^2

（3）评估结果　案例 D 的值为异常值，应予剔除。其他结果较为接近，取其平均值作为评估结果。

（620 +627 +606 +638 +633）元/m^2 ÷5 =625 元/m^2

阅读材料

如何提高市场法的评估精度

房地产估价中的市场法，就是指与估价时点近期有过交易的类似房地产进行比较，对这些类似房地产的已知价格进行适当的修正，以此估算估价对象的客观合理价格或价值的方法（见《房地产估价规范》（GB/T 50291—2015））。市场法是一种最简单、有效的方法，因为估价过程中的资料直接来源于市场，因此，在《房地产估价规范》第 4. 1. 2 条指出："估价对象的同类房地产有较多交易的，应选用比较法。"可见，市场法在房地产估价方法中的重要性，同时，也是运用最多的估价方法之一。

当然，选用市场法的前提条件是：①需要一个充分发育活跃的房地产市场。房地产市场上，房地产交易越频繁，与估价对象相类似房地产的价格越容易获得。②参照物及估价对象可比较的指标、技术参数等是可以收集到的。运用市场法估算估价对象的价格或价值，重要是能够找到与估价对象相同或相似的参照物。与估价对象完全相同的参照物是不可能找到的，这就要求对类似房地产参照物进行修正调整，其修正调整的指标、参数等资料的获取和准确性，是决定市场法运用与否的关键。

随着我国房地产业的发展，房地产市场日趋活跃，交易非常频繁，为市场法运用奠定了基础。但是，由于市场信息的不对称而造成的相对阻塞，估价人员直接、及时获取最新成交案例的机会相对较少；交易情况不透明、存在交易内幕，这两种情况制约了市场法估算估价对象的价格或价值的估价精度。因此，如果估价人员的经验不足，选择的参照案例不能全面反映对价格或价值的影响、对房地产市场的发展趋势判断不准、对同类房地产市场的特征把握不全面而不分修正因素的主次、不按照《房地产估价规范》对市场法的技术规范操作等，就会影响估价精度而造成估价结果的偏离。

为了准确反映估价对象的价格或价值，提高估价结果的精度，应做到以下几点。

（1）提高估价人员的规范意识、全面理解和把握《房地产估价规范》精神　《房地产估价规范》作为房地产估价的操作技术规范，是房地产估价人员在进行房地产估价的全过程的行为准则和技术指导。估价人员要深刻理解和把握规范的含义、精神实质，从进入房地产估价这个行业开始，在承办业务开始到估价报告出具、估价底稿归档，都必须严格执行规范；平时加强学习、交流，提高执业水平。

（2）估价流程规范　在承办业务后，估价人员应严格按照估价程序，对估价对象的产权等资料进行必要的鉴定，两名或多名估价人员（只有一名估价人员，在经验或把握不全面时容易产生误差；多名估价人员可以分工协作，一人疏漏的他人可以补充）到估价对象现场进行勘察，进行全面、细致的市场调查。资料汇总、认真分析，把握对价格或价值影响的主次因素，确定修正调整系数，内部审核，必要时进行座谈，将误差降到最小。

（3）设立专门的信息资料部门　设立专门的信息资料的部门，负责收集市场信息、房地产交易资料，进行实地查看，核对成交的真实性；对资料进行汇总、归纳、分析，以掌握市场动态和发展趋势，为估价部门提供翔实、准确、及时的交易案例，从而提高参考案例的可比精度。

（4）正确选取案例，进行指标、技术参数的修正　市场法的要义是选取的参照案例应具有可比性，指标、技术参数修正具备重要性、准确性和时限性。估价过程要抓住影响价格或价值的因素，要异中求同、同中求异。比如，估价对象与参照案例的交通条件不一样（但离市中心和主要购物中心距离相当），其他情况基本一致，且均为估价时点前一周内成交并且价格无明显波动。交易价格分别为：A：1020 元/ m^2（两条交通线路）、B：1040 元/m^2（三条交通线路）、C：1000 元/m^2（一条交通线路）；估价对象的有三条交通线路。经过调查分析，同类房地产交易中，交通条件不同其交易价格也不一样：交通条件越好，价格越高。这样，我们可以认定：交通条件是影响价格的一个重要因素，每条交通线路对价值或价格的影响程度为 2 %。

在修正时，以估价对象为 100 ，则参照案例的修正后分别为 98、100 、96；修正后参照案例的价格分别为 1041 元/ m^2、1040 元/m^2、1042 元/ m^2，在前述条件下，估价对象的估算价格为 1041 元/m^2（简单算术平均法）。

显然，这个结果与实际极为接近，因此可以作为本次估价结果。

在举例中，可以看出：参照案例的可比性是基础，它将直接影响估价结果。

因此，在采用市场法估算估价对象的价格或价值时，应重点注意参考案例的可比性。如以下情况就不宜作为参考案例：

1）时间超过两年；价格波动较大的情况下（如 ±15%）时，参考案例成交时间超过半年。

2）特殊情况下的交易案例。

3）超过《房地产估价规范》规定的单项调整超过 20%、综合调整超过 30% 的交易案例。

4）不同区位（或供需圈内）的交易案例。

5）不同用途（如估价对象为住宅，则参照案例不宜选商场用途的房地产）。

（5）参照案例的修正

1）修正方法。可以采用百分比率法、差额法或回归分析法对参照案例进行修正。但是对难以量化的因素应进行定性分析，确定其对价格或价值的影响程度，在修正时给以一定的权重，从而更准确地反映估价对象的市场价格或价值。

2）修正程序。应严格按照《房地产估价规范》进行。

3）指标。技术参数选取。综合分析参照案例、合理量化价格或价值影响指标，确定修正系数。

4）注意问题：①调查参照案例的实际资料，找出价格差异因素；②估价人员对整个房地产市场及同一供需圈的行情及趋势总体把握；③分析因素要全面，选取重点要突出、主次要分明；④修正使用的因素条件说明表、比较因素条件指数等匹配对应；⑤量化分值要合理，进行必要的验证等。

市场法的内涵丰富，运用技巧很重要。在运用中，应严格按照《房地产估价规范》执行，结合估价人员经验，灵活运用，严格估价过程，把关估价结果，提高估价结果的估算精度。

本章小结

本章主要介绍市场法的基本原理，搜集交易实例，选取可比实例，建立价格可比基础，交易情况修正，交易日期调整，房地产状况调整，求取比准价格，市场法总结和运用举例。同时补充阅读材料——中外市场法估价发展综述，使学生对市场法理论、国内外房地产市场法的研究状况有所了解。

练习题

一、名词解释

1. 市场比较法
2. 类似房地产

二、问答题

1. 怎样综合各比较实例的修正价格？
2. 如何选择比较实例？
3. 如何建立价格比较基础？
4. 运用市场比较法要做哪些修正？修正后的价格如何计算？

三、选择题（1～7为单选题，8～9为多选题）

1. 下列（　　）情况会导致房地产的价格偏高。

   A. 政府协议出让土地　　B. 购买相邻房地产

   C. 卖方不了解行情　　D. 设立抵押的房地产

2. 某建筑物的建筑面积5000m²，坐落的土地面积为2000m²，土地单价为1500元/m²，用成本法估算出的该建筑物的重置价格为1600元/m²，市场上该类房地产的正常房地价格为1800元/m²，则该建筑物的价格为（　　）元/m²。

   A. 1000　　B. 1100　　C. 1200　　D. 1300

3. 市场法中，采用间接比较对可比实例价格进行个别因素修正，其中可比实例的个别因素优于标准个别因素的得103分，估价对象的个别因素劣于标准个别因素的得98分，则个别因素修正系数为（　　）。

   A. 1.05　　B. 0.98　　C. 0.95　　D. 1.03

4. 比准价格是一种（　　）。

   A. 理论价格　　B. 公平价格　　C. 市场价格　　D. 评估价格

5. 直接比较修正一般是采用（　　）的方法，以估价对象的房地产状况为基准，将可比实例的房地产状况与它逐项比较。

   A. 评选　　B. 评定　　C. 评分　　D. 评价

6. 为评估某宗房地产2002年10月13日的价格，选取了可比实例甲。其成交价格为3000元/m²，成交日期为2001年11月13日。经调查获知2001年6月至2002年10月该类房地产的价格平均每月比上月上涨1%。对可比实例甲进行交易日期修正后的价格为（　　）元/m²。

A. 3314　　B. 3347　　C. 3380　　D. 3033

7. 甲土地的楼面地价为 2000 元/m^2，建筑容积率为 5，乙土地的楼面地价为 1500 元/m^2，建筑容积率为 7，若两块土地的面积等其他条件相同，则（　　）的总价多。

A. 甲　　B. 乙　　C. 甲、乙一样多　　D. 无法比较

8. 市场法中实物状况修正的内容包括（　　）等项。

A. 容积率　　B. 面积大小　　C. 建筑结构　　D. 工程质量

9. 交易日期修正的具体方法为（　　）。

A. 价格指数　　B. 价格变动率　　C. 时间序列分析　　D. 价格可变系数

四、案例分析题

1. 估价对象为某三星级宾馆，土地使用权性质为划拨商业用地。

（1）业主委托房地产估价机构评估该宾馆的抵押价值。下列关于房地产抵押贷款风险的表述中，正确的是（　　）。

A. 抵押期限内房地产市场变动造成市场价值下降形成预期风险

B. 抵押期限内房地产不当使用造成市场价值减损形成适宜性风险

C. 抵押人不能履行债务时，因处置抵押物的强制性等造成房地产价形成耗损风险

D. 选用估价方法不恰当形成适宜性风险

（2）如果该宾馆的财务数据能客观反映同类宾馆的客观经营状况和经营收益，则在运用收益法评估该宾馆的价值时（　　）。

A. 该宾馆财务数据中的当年净利润可视作年净收益

B. 按当地同类宾馆的正常经营利润水平核算得到的该宾馆的年利润可视作年净收益

C. 该宾馆财务数据中的年净利润减当地同类宾馆的正常商业利润可视作年净收益

D. 根据该宾馆财务数据中的年总利润、建筑物折旧和财务费用，并考虑未来变动情况，扣减当地同类宾馆的正常商业利润后的所得可视作年净收益

（3）若采用成本法估价，下列表述中不正确的是（　　）。

A. 应对房屋建筑物、房屋装修部分分别计算折旧

B. 无论是借贷资金还是自有资金都应计算利息

C. 在估价测算过程中土地取得成本应包括补缴的土地使用权出让金

D. 在最终积算价值中应扣减需要补缴的土地使用权出让金

（4）假如以投保火灾险为估价目的评估该宾馆的保险价值，估价结果为 3500 万元，则（　　）。

A. 3500 万元是该宾馆的公开市场价值

B. 3500 万元是该宾馆房地产的公开市场价值

C. 3500 万元是保险事故发生后的损失价值

D. 投保时，保险金额不能超过 3500 万元

2. 某商品住宅小区内临小区外道路的部分绿地因扩展城市道路而被占用，该商品住宅小区居民向房地产估价师咨询房地产价值变动情况。

（1）若房地产估价师认为该住宅小区房地产整体价值发生减损，其主要原因是（　　）。

A. 道路扩宽后，交通发生变化

B. 绿地率发生变化

C. 公共配套设施发生变化

D. 土地形状发生变化

（2）若房地产估价师认为该住宅小区房地产整体价值增值，其主要原因是（　　）。

A. 噪声和污染程度发生变化

B. 土地形状发生变化

C. 人口密度发生变化

D. 出行便捷程度发生变化

（3）房地产估价师认为测算房地产价值变化额度的正确思路是（　　）。

A. 由于住宅小区用地条件发生变化，按住宅用地采用基准地价修正法计算价值变化额度

B. 以减少的绿地的建设成本费用作为价值变化额度

C. 用市场法分别测算出城市道路扩展后房地产的价值，相减得出房地产价值变化额度

D. 用路线法测算临街距离引起的房屋价值变化，得出房地产价值变化额外负担度

3. 某工厂有甲、乙两个厂区，当初两个厂区的土地均以划拨方式取得。其中甲厂区在20世纪90年代已经补交了土地使用权出让金，办理了土地使用权出让手续。现在甲厂区为危险房，乙厂区为严重损坏房，相关行政主管部门已通知工厂停止使用。该工厂为了生存和发展，决定转让甲厂区、抵押乙厂区房地产，用筹得的资金在乙厂区经有关部门批准后重新建造厂房。现请某估价机构同时对两厂区进行估价。

（1）针对以上情况，在估价时最恰当的做法是（　　）。

A. 将两个厂区视为一个估价项目一起估价，出具一份估价报告

B. 将两个厂区视为两个估价项目分别估价，每个项目出具一份估价报告

C. 两个厂区分别估价，出具一份估价报告

D. 视委托人要求进行估价并出具估价报告

（2）委托人要求估价机构按照委托人的估价目的对甲、乙两个厂区的房屋和土地进行估价。估价机构认为（　　）。

A. 可以按委托人要求对两个厂区的房屋和土地进行估价

B. 只能对两个厂区的土地进行估价

C. 可以对甲厂区的土地、乙厂区的房屋和土地进行估价

D. 可以对乙厂区的土地、甲厂区的房屋和土地进行估价

（3）对乙厂区的土地估价的思路应当是（　　）。

A. 按出让土地使用权评估其公开市场价值

B. 按出让土地使用权评估其市场价值，再扣除应缴纳的土地使用权出让金

C. 用成本法估算土地公开市场价值，再扣除应缴纳的土地使用权出让金

D. 用假设开发法估价、先估算其改造完成后的价值，再减去开发成本、管理费用、投资利息、销售费用、销售税费、开发利润和投资者购买待开发土地应负担的税费

五、计算题

为评估某宗房地产的正常市场价格，选取了 A、B、C 三宗类似房地产的交易实例作为可比实例，有关资料见表 4 - 19。

表 4 - 19　有关资料

	可比实例 A	可比实例 B	可比实例 C
成交价格	5000 元/m^2	4800 元/m^2	5300 元/m^2
成交日期	2002 年 1 月 1 日	2002 年 4 月 1 日	2002 年 8 月 1 日
交易情况	+2%	+3%	-2%
房地产状况	-2%	-6%	+4%

该类房地产的市场价格从 2002 年 1 月 1 日至 2002 年 6 月 1 日平均每月比上月上升 0.3%，以后平均每月比上月上升 0.1%。试利用上述资料估算该房地产 2002 年 9 月 1 日的正常市场价格。

第 5 章 收益法

【教学目的】通过学习，掌握收益法的原理、特点和适用范围。
【重点难点】重点在于熟练运用收益法的基本公式和计算步骤；难点在于求取净收益时扣除项目的准确界定和资本化率的确定。
【能力点描述】熟悉利用收益法进行房地产估价的步骤、要点；能运用所学知识判定哪些房地产需要用收益法估价；具备利用收益法进行估价工作的基本知识和技能。

5.1 收益法的基本原理

参照有关资料，对收益法的基本原理做如下梳理。

5.1.1 收益法的概念

1. 收益法的称谓、本质

收益法又称收益资本化法、收入资本化法、投资法，是预测估价对象的未来收益，然后将其转换为价值，以此求取估价对象的客观合理价格或价值的方法。收益法的本质是以房地产的预期收益能力为导向求取估价对象的价值。

2. 收益法的类型

根据将未来预期收益转换为价值的方式（即资本化方式）的不同，收益法可分为直接资本化法和报酬资本化法。直接资本化法是将估价对象未来某一年的某种预期收益除以适当的资本化率或者乘以适当的收益乘数转换为价值的方法。其中，未来某一年的某种预期收益乘以适当的收益乘数转换为价值的方法，称为收益乘数法。报酬资本化法即现金流量折现法，表示房地产的价值等于其未来各期净收益的现值之和，是预测估价对象未来各期的净收益（净现金流量），选用适当的报酬率（折现率）将其折算到估价时点后累加，以此求取估价对象的客观合理价格或价值的方法。

收益法的雏形是用若干年（或若干倍）的年地租（或年收益）来表示土地价值的早期购买年法，即：地价 = 年地租 × 购买年。例如，威廉·配第在《赋税论》中写道："在爱尔兰，土地的价值只相当于六年至七年的年租，但在海峡彼岸，土地就值二十年的年租。"后来有了地租资本化法，即：地价 = 地租/利息率。并用其来解释早期购买年法只不过是地租资本化法的另一种表现——购买年是利息率的倒数。例如，马克思说："在英国，土地的购买价格，是按年收益若干倍来计算的，这不过是地租资本化的另一种表现。”之后有了直接资本化法（价格 = 年收益/资本化率）及其变化形态的收益乘数法（价格 = 年收益 × 收益乘数）。再后来，出现了报酬资本化法。

下面先以报酬资本化法为主来说明收益法。虽然从历史来看先有直接资本化法后有报酬资本化法，但弄懂了报酬资本化法后就不难理解直接资本化法，如同弄懂了地租资本化法后就不难理解早期购买年法一样。直接资本化法将在本章第 5 节介绍。

阅读材料

收益法的两种类型

收益法亦称资本化法，被称为房地产估价方法的“皇后”。其关键词“资本化”是指把收益转换成资本或价值的过程。收益法作为一种基本方法，按其用途不同可划分为两大类：一种是直接资本化法，又称传统资本化法。另一种是投资报酬资本化法，又称现金流量折现法或收益现值法。

5.1.2　收益法的理论依据

1. 收益法的理论基础

收益法是以预期原理为基础的。预期原理说明，决定房地产当前价值的不是过去的因素而是未来的因素。具体地说，房地产当前的价值通常不是基于其历史价格、开发建设成本，或者过去的市场状况，而是基于市场参与者对其未来所能产生的收益或者能得到的满足、乐趣等的预期。历史资料的作用主要是借助它来推知未来的动向和情势，解释未来预期的合理性。即从理论上讲，一宗房地产过去的收益虽然与其价值无关，但其过去的收益往往是未来收益的一个很好的指示，除非外部条件发生异常变化，使得过去的趋势不能继续发展下去。

阅读材料

收益法的两个理论来源

一是复利和贴现理论，二是预期的未来投资收益理论，两者的结合可以称为收益贴现理论。

2. 收益法的基本思想

收益法的基本思想可以粗略地表述为：由于房地产的寿命长久，占用收益性房地产不仅现在能获得收益，而且能期望在未来持续获得收益。所以，购买收益性房地产可以被视为一种投资：投资者购买收益性房地产的目的不是购买房地产本身，而是购买房地产未来所能带来的收益，是以现在的一笔资金去换取未来的一系列资金。这样，对于投资者来说，将资金购买房地产获取收益，与将资金存入银行获取利息所起的作用是相同的。于是，一宗房地产的价格就相当于这样一笔资金，如果将这笔资金存入银行也会带来与该宗房地产所产生的收益相等的收入。形象一点讲，如果：

$$某笔资金 \times 利率 = 房地产的净收益$$

那么，这笔资金就是该宗房地产的价格。将上述等式变换一下便得到：

房地产价格 = 房地产的净收益/利率

例如，某人拥有的房地产每年可产生 2 万元的净收益，同时此人有 40 万元资金以 5% 的年利率存入银行，每年可得到与该宗房地产所产生的净收益等额的利息，则对该人来说，这宗房地产与 40 万元的资金等价，即这宗房地产值 40 万元。

上述收益法的基本思想，是一种朴实、简明、便于理解的表达，严格来说还不够确切。在下一节我们将会看到，它是净收益和报酬率每年均不变，获取收益的年限为无限年，并且获取房地产收益的风险与获取银行存款利息的风险相同情况下的收益法情形。如果净收益每年不是一个固定数，如不是始终为 2 万元，而是有时为 2 万元，有时为 1.8 万元，那么就很难用一笔固定的资金（这里的 40 万元）和一个固定的利率（这里的 5%）与它等同；如果在利率也变化的情况下，如有时为 5%，有时为 8%，那么就更不能简单地把这 40 万元说成是房地产的价格；如果再考虑获取收益的年限为有限年的情况（例如，土地是通过有偿出让方式取得的有限期的使用权；或者由于其他原因造成获取收益的年限为有限年，如某宗房地产预计 30 年后将会被海水淹没或荒漠化），则问题就更复杂。因为将一笔资金存入银行所得的利息，从理论上讲是未来无限年都有的（排除银行倒闭的情况）。另外，收益法中的报酬率为什么要与银行的利率等同起来，而不与其他可能获得更高利息（报酬）的资本的利率（报酬率）等同起来，我们将在后面的内容中论述收益法中的报酬率等同于一定的银行利率也是一个特例。

考虑到上述种种情况，我们现将普遍适用的收益法原理表述为：将估价时点视为现在，那么在现在购买一宗有一定收益期限的房地产，预示着在其未来的收益期限内，可以源源不断地获取净收益，如果现有一笔资金可与这未来一定期限内的净收益的现值之和等值，则这笔资金就是该宗房地产的价格。

现代收益法是建立在资金具有时间价值的观念上的。资金的时间价值又称货币的时间价值，是指现在的资金比将来同样多的资金有更高的价值；或者通俗地说，现在的钱比将来的钱更值钱。俗话“多得不如现得”就是这种观念的反映。为了证明资金的时间价值，你可以问任何理性经济人：“今天你借给我 1000 元，一年后我还给你 1000 元，你是否愿意？”如果他回答说“不”，那么就说明明年的 1000 元就不等于今天的 1000 元。如果他愿意接受的最低偿还额是 1100 元，则说明明年的 1100 元就相当于今天的 1000 元。在这种情况下，资金的时间价值是以每年 10% 进行计算的。有了资金的时间价值观念之后，收益性房地产的价值就是其未来净收益的现值之和，该价值高低主要取决于下列三个因素：①未来净收益的大小——未来净收益越大，房地产的价值就越高，反之就越低；②获得净收益的可靠性——获得净收益越可靠，房地产的价值就越高，反之就越低；③获得净收益期限的长短——获得净收益期限越长，房地产的价值就越高，反之就越低。

阅读材料

收益资本化思路

收益资本化思路源于房地产价格形成的预期原理，即房地产的价格是由房地产将来给业主带来的全部经济收益的现值决定的，因为房地产具有效用长久性的特点。由于房地产效用的长久性，在房地产耐用年限内，这种收益将源源不断地产生。为了得到获取这种收益的权利，购买人该支付多少呢？对于购买人而言，一个极朴素的想法便是：支付的价格不能超过房地产在他所购买的权利期限内将产生的所有净收益的现值总和，否则就是不经济的。

而对于卖方而言，如果房地产某项权利出售的价格低于该项权利将来所产生的全部净收益的现值总和，那么他还不如留着这项房地产权利自己来收获那些可以预期的收益。

因此，供需双方都能接受的价格便是房地产在权利期限内所产生的全部净收益的现值总和。这样一种价格判定的过程，便是"资本化"，即将一宗能持续地产生收益的财产转化为（或者说认同为）一笔具有同等效用的货币。

5.1.3　收益法适用的对象、条件

1. 收益法适用的对象

收益法适用的对象是有收益或有潜在收益的房地产，如写字楼、住宅（公寓）、商店、旅馆、餐馆、游乐场、影剧院、停车场、加油站、标准厂房（用于出租的）、仓库（用于出租的）、农地等。它不限于估价对象本身现在是否有收益，只要估价对象所属的这类房地产有获取收益的能力即可。例如，估价对象目前为自用或空闲的公寓，虽然目前没有实际收益，但却具有潜在收益，因此可以将其设想为出租的情况下来运用此方法估价，即先通过市场法求出估价对象的净收益或收入、费用等，再利用收益法来估价。但对于政府办公楼、学校、公园等公用、公益性房地产的估价，收益法大多不适用。

2. 收益法适用的条件

评估对象使用时间较长且具有连续性，能在未来相当年内取得一定收益；评估对象的未来收益和评估对象的所有者所承担的风险能用货币较准确地衡量。

5.1.4　收益法的估价步骤

运用收益法估价一般分为下列四个步骤：①收集并验证与估价对象未来预期收益有关的数据资料，如估价对象及其类似房地产收入、费用的数据资料；②预测估价对象的未来收益（如净收益）；③求取报酬率或资本化率、收益乘数；④选用适宜的收益法公式计算出收益价格。

5.2　报酬资本化法的公式

参照有关资料，对报酬资本化法公式做如下梳理。

5.2.1　报酬资本化法的最一般公式

弄清了收益法的基本原理之后，下面来分析报酬资本化法的各种计算公式。这里假设净收益、报酬率均已知。净收益和报酬率的实际求取，将分别在本章第 3 节和第 4 节介绍。

$$V = A_1/(1+Y_1) + A_2/[(1+Y_1)(1+Y_2)] + A_3/[(1+Y_1)(1+Y_2)(1+Y_3)] + \cdots + A_n/[(1+Y_1)(1+Y_2)\cdots(1+Y_n)]$$

式中　V——某宗房地产的收益价格；

A_1，A_2，…，A_n——第 1，2，…，n 期的净收益；

Y_1，Y_2，…，Y_n——第 1，2，…，n 期的报酬率。

对上述公式做补充说明如下：

1）上述公式实际上是收益法基本原理的公式化，是收益法的原理公式，主要运用于理论分析。

2）在实际估价中，一般假设报酬率长期维持不变，即 $Y_1=Y_2=Y_3=\cdots=Y_n=Y$，则上述公式可简化为：

$$V=A_1/(1+Y)+A_2/[(1+Y)^2+A_3/(1+Y)^3+\cdots+A_n/(1+Y)^n]$$

3）当上述公式中的 A 每年不变或按一定规则变动，n 为有限年或无限年的情况下，可以导出后面的各种公式。所以，后面各种公式实际上是上述公式的特例。

4）报酬资本化法公式均是假设净收益相对于估价时点发生在期末。实际估价中如果净收益发生的时间相对于估价时点不是在期末，例如在期初或期中，则应对净收益或者对公式做相应调整。例如，净收益发生在年初为 $A_{初}$，则将其转换为发生在年末的公式为：

$$A_{末}=A_{初}(1+Y)$$

5）公式中 A，Y，n 的时间单位是一致的，通常为年，也可以是月、季等。例如，房租通常按月收取，基于月房租求取的是月净收益。在实际中，如果 A，Y，n 的时间单位不一致，例如 A 的时间单位为月，而 Y 的时间单位为年，则应对净收益或者对报酬率或者对公式做相应调整。

5.2.2 净收益每年不变的公式

净收益每年不变的公式具体有两种情况：一种是收益年限为有限年，另一种是收益年限为无限年。

1. 收益年限为有限年的公式

$$V=A/Y\times[1-1/(1+Y)^n]$$

此公式的假设前提（也是应用条件，下同）是：①净收益每年不变为 A；②报酬率为 Y（不等于0）；③收益年限 n 为有限年。

2. 收益年限为无限年的公式

$$V=A/Y$$

这是一个在估价实务中经常运用的计算公式，此公式的假设前提是：①净收益每年不变为 A；②报酬率为 Y（大于0）；③收益年限 n 为无限年。

3. 净收益每年不变公式的作用

净收益每年不变的公式除了可以用于计算价格，还有许多其他作用，例如：①用于不同使用年限（如不同土地使用年限）或不同收益年限（以下简称不同年限）价格之间的换算；②用于比较不同年限房地产价格的高低；③用于市场法中因为年限不同进行的价格调整。

【例 5-1】 某宗房地产是在政府有偿出让的土地上开发建设的，当时获得的土地使用年限为50年，至今已使用了6年。预计利用该宗房地产正常情况下每年可获得净收益8万元；该宗房地产的报酬率为8.5%。试计算该宗房地产的收益价格。

解：该宗房地产的收益价格计算如下：

$$V=8\text{万元}/8.5\%\times[1-1/(1+8.5\%)^{50-6}]=91.52\text{万元}$$

【例5-2】 某宗房地产预计未来每年的净收益为8万元，收益年限可视为无限年，该类房地产的报酬率为8.5%。试计算该宗房地产的收益价格。

解：该宗房地产的收益价格计算如下：

$$V = A/Y = 8\text{万元}/8.5\% = 94.12\text{万元}$$

（1）用于不同年限价格之间的换算　为论述上的简便，现以K代表上述收益年限为有限年公式中的中括号内的内容，即：

$$K_n = 1 - 1/(1+Y)^n = (1+Y)^n - 1/(1+Y)^n$$

由此，如K_{70}即表示n为70年时的K值，K_∞表示n为无限年时的K值。另用V_n表示收益年限为n年的价格，如V_{50}即表示收益年限为50年的价格，V_∞表示收益年限为无限年的价格。于是，不同年限价格之间的换算方法如下：

若已知V_∞，求V_{70}、V_{50}如下：

$$V_{70} = V_\infty K_{70}$$

$$V_{50} = V_\infty K_{50}$$

若已知V_{50}，求V_∞、V_{40}如下：

$$V_\infty = V_{50}/K_{50}$$

$$V_{40} = V_{50}K_{40}/K_{50}$$

如果将上述公式一般化，则有：

$$V_n = V_N(1+Y)^{N-n}[(1+Y)^n - 1]/[(1+Y)^N - 1]$$

上述不同年限价格之间的换算隐含着下列前提：①V_N与V_n对应的报酬率相同且不等于0（当V_N或V_n之一为V_∞时，要求报酬率大于0；当V_N和V_n都不为V_∞且报酬率等于0时，$V_n = V_N n/N$）；②V_N与V_n对应的净收益相同或可转化为相同（如单位面积的净收益相同）；③如果V_n与V_N对应的是两宗房地产，则该两宗房地产除了收益年限不同之外，其他方面均应相同或可调整为相同。

当V_n与V_N对应的报酬率不同时，如V_n对应Y_n，V_N对应报酬率为Y_N，其他方面仍符合上述前提，则有：

$$V_n = V_N \frac{Y_N(1+Y_N)^N[(1+Y_n)^n - 1]}{Y_n(1+Y_n)^n[(1+Y_N)^N - 1]}$$

【例5-3】 已知某宗收益性房地产30年土地使用权下的价格为3000元/m²，对应的报酬率为8%。现假设报酬率为10%，试求该宗房地产50年土地使用权下的价格。

解：该宗房地产50年土地使用权下的价格求取如下：

$$V_n = V_N \frac{Y_N(1+Y_N)^N[(1+Y_n)^n - 1]}{Y_n(1+Y_n)^n[(1+Y_N)^N - 1]}$$

$$V_{50} = 3000\text{元}/\text{m}^2 \times 8\%(1+8\%)^{30}[(1+10\%)^{50} - 1]/\{10\%(1+10\%)^{50}[(1+8\%)^{30} - 1]\}$$
$$= 2642.00\text{元}/\text{m}^2$$

（2）用于比较不同年限价格的高低　要比较两宗房地产价格的高低，如果该两宗房地产的年限不同，直接比较是不妥的。如果要比较，则需要将它们先转换成相同年限下的价格。转换成相同年限下价格的方法与上述不同年限价格之间的换算方法相同。

【例5-4】 有甲、乙两宗房地产，甲房地产的收益年限为50年，单价2000元/m²，乙房地产的收益年限为 30 年，单价 1800 元/m²。假设报酬率均为 6%，试比较两宗房地产价格的高低。

解：要比较该两宗房地产价格的高低，需要将它们先转换为相同年限下的价格。为了计算方便，将它们都转换为无限年下的价格：

$$甲房地产\ V_{\infty} = V_{50}/K_{50} = 2114.81\ 元/m^2$$

$$乙房地产\ V_{\infty} = V_{30}/K_{30} = 2179.47\ 元/m^2$$

通过上述处理之后可知，乙房地产的价格名义上低于甲房地产的价格（1800 元/m² 低于 2000 元/m²），实际上却高于甲房地产的价格（2179.47 元/m² 高于 2114.81 元/m²）。

（3）用于市场法中因年限不同进行的价格调整　上述不同年限价格之间的换算方法，对于市场法中因可比实例房地产与估价对象房地产的年限不同而需要对价格进行调整是特别有用的。在市场法中，可比实例房地产的年限可能与估价对象的年限不同，因此需要对可比实例价格进行调整，使其成为与估价对象相同年限下的价格。

【例 5－5】 某宗 50 年出让土地使用权的工业用地，所处地段的基准地价为：1200 元/m²，在评估基准地价时设定的土地使用年限为无限年，现行土地报酬率为 10%。假设除了土地使用年限不同之外，该宗工业用地的其他状况与评估基准地价时设定的状况相同，试通过基准地价求取该宗工业用地的价格。

解：本题通过基准地价求取该宗工业用地的价格，实际上就是将土地使用年限为无限年的基准地价转换为 50 年的基准地价。具体计算如下：

$$V_{50} = V_{\infty} K_{50}$$

$$V_{50} = 1200\ 元/m^2 \times [1 - 1/(1 + 10\%)^{50}] = 1189.78\ 元/m^2$$

净收益每年不变的公式还有一些其他作用，如可以用来说明在不同报酬率下土地使用年限延长到何时，有限年的土地使用权价格接近无限年的土地所有权价格。通过计算可以发现，报酬率越高，接近无限年的价格越快。当报酬率为 2% 时，需要 520 年才能达到无限年的价格，3% 时为 350 年，4% 时为 260 年，5% 时为 220 年，6% 时为 180 年，7% 时为 150 年，8% 时为 130 年，9% 时为 120 年，14% 时为 80 年，20% 时为 60 年。当报酬率为 25% 时，只要 50 年就相当于无限年的价格。

5.2.3　净收益在前若干年有变化的公式

净收益在未来的前若干年有变化的公式具体有两种情况：一种是收益年限为有限年，另一种是收益年限为无限年。

1. 收益年限为有限年的公式

$$V = \sum_{i=1}^{t} A_i/(1 + Y)^i + A\{1 - 1/(1 + Y)^{n-t}/[Y(1 + Y)^t]\}$$

式中　t——净收益有变化的年限。

此公式的假设前提是：①净收益在未来的前 t 年（含第 t 年）有变化，在 t 年以后无变化为 A；②报酬率为 Y（不等于 0）；③收益年限为有限年 n。

2. 收益年限为无限年的公式

$$V = \sum_{i=1}^{t} A_i/(1 + Y)^i + A/[Y(1 + Y)^t]$$

此公式的假设前提是：①净收益在未来的前 t 年（含第 t 年）有变化，在 t 年以后无变化为 A；②报酬率为 Y（大于 0）；③收益年限 n 为无限年。

净收益在前若干年有变化的公式有重要的实用价值。因为在现实中每年的净收益往往不同，如果采用公式

$$V = A/Y[1 - 1/(1 + Y)^n] \text{ 或}$$
$$V = A/Y$$

来估价，有时未免太片面；而如果根据净收益每年都有变化的实际情况来估价，又不大可能（除非收益年限较短）。为了解决这个矛盾，一般是根据估价对象的经营状况和市场环境，对其在未来 3 ~ 5 年或更长时期的净收益进行估计，并且假设从此以后的净收益将不变，然后对这两部分净收益进行折现处理，计算出房地产的价格。特别是像商店、旅馆、餐饮、娱乐之类的房地产，在建成后的前几年由于试营业等原因，收益可能不稳定，更适宜采用这种公式进行估价。

【例 5 - 6】 某宗房地产已知可取得收益的年限为 38 年，通过预测得到其未来 5 年的净收益分别为 20 万元、22 万元、25 万元、28 万元、30 万元，从未来第 6 年到第 38 年每年的净收益将稳定在 35 万元左右，该类房地产的报酬率为 10%。试计算该宗房地产的收益价格。

解：该宗房地产的收益价格计算如下：

$$\begin{aligned} V &= \sum_{i=1}^{t} A_i/(1+Y)^i + A[1 - 1/(1+Y)^{n-t}]/[Y(1+Y)^t] \\ &= 20\text{ 万元}/(1+10\%) + 22\text{ 万元}/(1+10\%)^2 + 25\text{ 万元}/(1+10\%)^3 + 28\text{ 万元}/(1+ \\ &\quad 10\%)^4 + 30\text{ 万元}/(1+10\%)^5 + 35\text{ 万元}/10\%/(1+10\%)^5 \times [1 - 1/(1+10\%)^{38-5}] \\ &= 300.86\text{ 万元} \end{aligned}$$

【例 5 - 7】 通过预测得到某宗房地产未来 5 年的净收益分别为 20 万元、22 万元、25 万元、28 万元、30 万元，从未来第 6 年到无穷远每年的净收益将稳定在 35 万元左右，该类房地产的报酬率为 10%。试计算该宗房地产的收益价格。

解：该宗房地产的收益价格计算如下：

$$\begin{aligned} V &= \sum_{i=1}^{t} A_i/(1+Y)^i + A/[Y(1+Y)^t] \\ &= 20\text{ 万元}/(1+10\%) + 22\text{ 万元}/(1+10\%)^2 + 25\text{ 万元}/(1+10\%)^3 + \\ &\quad 28\text{ 万元}/(1+10\%)^4 + 30\text{ 万元}/(1+10\%)^5 + 35\text{ 万元}/[10\% \times (1+10\%)^5] \\ &= 310.20\text{ 万元} \end{aligned}$$

与上例的 38 年收益年限的房地产价格 300.86 万元相比，例 5 - 7 无限年的房地产价格要高 9.34 万元（310.20 万元 - 300.86 万元 = 9.34 万元）。

5.2.4　净收益按一定数额递增的公式

净收益按一定数额递增的公式具体有两种情况：一种是收益年限为有限年，另一种是收益年限为无限年。

1. 收益年限为有限年的公式

$$V = (A/Y + b/Y^2)[1 - 1/(1+Y)^n] - b/Y\ [n/(1+Y)^n]$$

式中 b——净收益逐年递增的数额，如净收益未来第 1 年为 A，则未来第 2 年为 $(A+b)$，未来第 3 年为 $(A+2b)$，依此类推，未来第 n 年为 $[A+(n-1)b]$。

此公式的假设前提是：①净收益按一定数额 b 递增；②报酬率为 Y（不等于 0）；③收益年限为有限年 n。

2. 收益年限为无限年的公式

$$V=A/Y+b/Y^2$$

此公式的假设前提是：①净收益按一定数额 b 递增；②报酬率为 Y（大于 0）；③收益年限 n 为无限年。

5.2.5 净收益按一定数额递减的公式

净收益按一定数额递减的公式只有收益年限为有限年一种，公式为：

$$V=(A/Y-b/Y^2)\left[1-1/(1+Y)^n\right]+b/Y\left[n/(1+Y)^n\right]$$

式中 b——净收益逐年递减的数额，如净收益未来第 1 年为 A，则未来第 2 年为 $(A-b)$，未来第 3 年为 $(A-2b)$，依此类推，未来第 n 年为 $[A-(n-1)\ b]$。

此公式的假设前提是：①净收益按一定数额 b 递减；②报酬率为 Y（不等于 0）；③收益年限为有限年 n，且 $n\leqslant A/b+1$。

$n\leqslant A/b+1$ 和不存在收益年限为无限年公式的原因是：当 $n\geqslant A/b+1$ 年时，第 n 年的净收益 $\leqslant 0$。这可以通过令第 n 年的净收益 $\leqslant 0$ 推导出，即：

$$A-(n-1)\ b\leqslant 0$$

$$n\geqslant A/b+1$$

此后各年的净收益均为负值，任何一个“经济人”在 $(A/b+1)$ 年后都不会再经营下去。

5.2.6 净收益按一定比率递增的公式

净收益按一定比率递增的公式具体有两种情况：一种是收益年限为有限年，另一种是收益年限为无限年。

1. 收益年限为有限年的公式

$$V=[A/(Y-g)]\{1-[(1+g)/(1+Y)]^n\}$$

式中 g——净收益逐年递增的比率，如净收益未来第 1 年为 A，则未来第 2 年为 $A(1+g)$，未来第 3 年为 $A(1+g)^2$，依此类推，未来第 n 年为 $A(1+g)^{n-1}$。

此公式的假设前提是：①净收益按一定比率 g 递增；②报酬率 Y 不等于净收益逐年递增的比率 g；③收益年限为有限年 n。

【例 5-8】 某宗房地产是在政府有偿出让的土地上建造的，土地使用权的剩余年限为 48 年；预计该房地产未来第 1 年的净收益为 16 万元，此后每年的净收益会在上一年的基础上增长 2%；该类房地产的报酬率为 9%。试计算该宗房地产的收益价格。

解：该宗房地产的收益价格计算如下：

$V=[A/(Y-g)]\{1-[(1+g)/(1+Y)]^n\}$

$=16$ 万元 $/(9\%-2\%)\times\{1-[(1+2\%)/(1+9\%)]^{48}\}$

$=219.12$ 万元

2. 收益年限为无限年的公式

$$V=A/(Y-g)$$

此公式的假设前提是：①净收益按一定比率 g 递增；②报酬率 Y 大于净收益逐年递增的比率 g；③收益年限 n 为无限年。

此公式要求 Y 大于 g 的原因是，从数学上看，如果 g 大于或等于 Y，Y 就会无穷大。但这种情况在现实中是不可能出现的，原因是：①任何房地产的净收益都不可能以极快的速度无限递增；②较快的速度递增通常意味着较大的风险，从而将要求提高风险报酬。

5.2.7 净收益按一定比率递减的公式

净收益按一定比率递减的公式具体有两种情况：一种是收益年限为有限年，另一种是收益年限为无限年。

1. 收益年限为有限年的公式

$$V=[A/(Y+g)]\{1-[(1-g)/(1+Y)]^n\}$$

式中 g——净收益逐年递减的比率，如净收益未来第 1 年为 A，则未来第 2 年为 $A(1-g)$，未来第 3 年为 $A(1-g)^2$，依此类推，未来第 n 年为 $A(1-g)^{n-1}$。

此公式的假设前提是：①净收益按一定比率 g 递减；②报酬率为 Y（不等于 0）；③收益年限为有限年 n。

2. 收益年限为无限年的公式

$$V=A/(Y+g)$$

此公式的假设前提是：①净收益按一定比率 g 递减；②报酬率为 Y（大于 0）；③收益年限 n 为无限年。

运用举例：

净收益为有效毛收入减运营费用。如果有效毛收入与运营费用逐年递增或递减的比率不等，也可以利用净收益按一定比率递增或递减的公式计算估价对象的收益价格。例如，假设有效毛收入逐年递增的比率为 g_I，运营费用逐年递增的比率为 g_E，收益年限为有限年，则计算公式为：

$$V=[I/(Y-g_I)]\{1-[(1+g_I)/(1+Y)]^n\}-[E/(Y-g_E)]\{1-[(1+g_E)/(1+Y)]^n\}$$

式中 I——有效毛收入；

E——运营费用。

5.2.8 预知未来若干年后的价格的公式

预测房地产未来 t 年的净收益分别为 A_1，A_2，A_3，…，A_t，第 t 年末的价格为 V_t，则其现在的价格为：

$$V=\sum_{i=1}^{t}A_i/(1+Y)^i+V_t/[Y(1+Y)^t]$$

有的书里也包括如下两公式：

$$V=[A/(Y-g)][1-(1+g)^t/(1+Y)^t]+V_t/(1+Y)^t$$

$$V=[A/(Y+g)][1-(1-g)^t/(1+Y)^t]+V_t/(1+Y)^t$$

此公式的假设前提是：①已知房地产在未来第 t 年末的价格为 V_t（或第 t 年末的市场价

值，或第 t 年末的残值。当购买房地产的目的是为了持有一段时间后转售，则 V_t 为预期的第 t 年末转售时的价格减去销售税费后的净值，简称期末转售收益)。②已知房地产未来 t 年（含第 t 年）的净收益（简称期间收益)。③期间收益和期末转售收益具有相同的报酬率 Y。

预知未来若干年后的价格的公式，一是适用于房地产目前的价格难以知道，但根据发展前景比较容易预测其未来的价格或未来价格相对于当前价格的变化率时，特别是在某地区将会出现较大改观或房地产市场行情预计有较大变化的情况下；二是对于收益年限较长的房地产，有时不是按其收益年限来估价，而是先确定一个合理的持有期，然后预测持有期间的净收益和持有期末的价值，再将它们折为现值。

阅读材料

房地产估价中使用收益法应注意的问题

1）有收益性房地产的内涵。

2）出租性房地产相关总收益的确定。

3）利息是否应作为总费用扣除。

4）折旧是否应作为总费用扣除，以及折旧年限的确定。

5）总费用中应考虑的税费项目。

6）总费用中的维修费的求取方法及测算途径。

7）对于出租性房地产，当土地取得方式为划拨时，土地收益部分应作为总费用扣除。

8）资本化率的确定方法。

9）房地产收益年限的确定。

资料来源：敬松，韩杰，黄蓓蓉，等. 房地产估价中使用收益法应注意的问题［J］. 中国资产评估，2003（1）：33－36.

5.3 净收益

参照有关资料，对净收益做如下梳理。

5.3.1 房地产收益的种类

运用收益法估价（无论是报酬资本化法还是直接资本化法)，需要预测估价对象的未来收益。在收益法中可转换为价值的未来收益主要有四种：①潜在毛收入；②有效毛收入；③净收益（均为客观值)；④税前现金流量。

净收益的计算公式：

$$\begin{aligned}\text{净收益} &= \text{潜在毛收入} - \text{空置等造成的收入损失} - \text{运营费用}\\ &= \text{有效毛收入} - \text{运营费用}\end{aligned}$$

1）潜在毛收入是假定房地产在充分利用、无空置（即100%出租）情况下的收入。

2）有效毛收入是由潜在毛收入扣除空置等造成的收入损失后的收入。空置等造成的收入损失是因空置、拖欠租金（延迟支付租金、少付租金或不付租金）以及其他原因造成的收入损失。

3）运营费用是维持房地产正常生产、经营或使用必须支出的费用及归属于其他资本或经营的收益，不包括所得税、房地产抵押贷款偿还额、建筑物折旧、土地摊提费、房地产改建扩建费。在实际估价中，我们把一切不是由房地产本身创造的收益都当作是“运营费用”。运营费用率的计算公式为：

运营费用率 = 运营费用/有效毛收入

对于某些类型的房地产，其运营费用率有一个相对固定的范围。

4）净收益是净运营收益的简称，它是由有效毛收入扣除运营费用后得到的归属于房地产的收入。运营费用是维持房地产正常使用或营业所必须支出的费用。

5）税前现金流量是从净收益中扣除抵押贷款还本付息额后的数额。

利用估价对象本身的资料直接推算出的潜在毛收入、有效毛收入、运营费用或净收益，应与类似房地产的正常情况下的潜在毛收入、有效毛收入、运营费用或净收益进行比较。若与正常客观的情况不符，应进行适当的调整修正，使其正常客观。

5.3.2　净收益测算的基本原理

收益性房地产获取收益的方式主要有出租和营业两种。据此，净收益的测算途径可分为两种：一种是基于租赁收入测算净收益，例如存在大量租赁实例的普通住宅、公寓、写字楼、商铺、标准工业厂房、仓库等类房地产；另一种是基于营业收入测算净收益，例如旅馆、疗养院、影剧院、娱乐场所、加油站等类房地产。有些房地产既存在大量租赁实例又有营业收入，如商铺、餐馆、农地等，在实际估价中能够通过租赁收入测算净收益的，宜通过租赁收入测算净收益来估价。所以，基于租赁收入测算净收益是收益法的典型形式。

1. 基于租赁收入测算净收益

基于租赁收入测算净收益的基本公式为：

净收益 = 潜在毛收入 − 空置等造成的收入损失 − 运营费用
　　　= 有效毛收入 − 运营费用

1）潜在毛收入、有效毛收入、运营费用、净收益通常以年度计，并假设在年末发生。

2）空置等造成的收入损失一般以潜在毛收入的某一百分率来计算。

3）运营费用与会计上的成本费用有所不同，是从估价角度出发的，不包含房地产抵押贷款还本付息额、会计上的折旧额、房地产改扩建费用和所得税。

阅读材料

净收益 = 租赁收入 − 维修费 − 管理费 − 保险费 − 税金 − 租赁代理费

租赁收入 = 有效毛收入 + 租赁保证金、押金等利息收入

在实际求取时，是否要扣除维修费、管理费、保险费、房地产税和租赁代理费，应在分析租赁契约的基础上决定。应该注意租约约定税费由谁负担，从而确定扣除项目。带家具、设备出租的，应扣除其对租金的贡献。

2. 基于营业收入测算净收益

有些收益性房地产通常不是以租赁方式而是以营业方式获取收益的，如旅馆、娱乐中心、加油站等。这些收益性房地产的净收益测算与基于租赁收入的净收益测算，主要有如下两个方面的不同：一是潜在毛收入或有效毛收入变成了经营收入，二是要扣除归属于其他资

本或经营的收益，如商业、餐饮、工业、农业等经营者的正常利润。基于租金收入测算净收益，由于归属于其他资本或经营的收益在房地产租金之外，即实际上已经扣除，所以就不再扣除归属于其他资本或经营的收益。

5.3.3 几种收益类型房地产净收益的求取

净收益的具体求取因估价对象的收益类型不同而有所不同，可归纳为下列几种情况。

1. 出租的房地产净收益求取

出租的房地产是收益法估价的典型对象，包括出租的住宅（特别是公寓）、写字楼、商铺、停车场、标准厂房、仓库和土地等，其净收益通常为租赁收入扣除由出租人负担的费用后的余额。租赁收入包括租金收入和租赁保证金或押金的利息收入。出租人负担的费用（见表5－1出租的房地产求取净收益需要扣除的费用）是出租人与承租人约定或按惯例由出租人负担的部分。

表5－1 出租的房地产求取净收益需要扣除的费用

项目名称	出租人负担	承租人负担	标准	数量	年金额
水费					
电费					
燃气费					
供暖费					
通信费					
有线电视费					
物业服务费用①					
维修费					
室内装修折旧费②					
家具设备折旧费②					
保险费③					
物业税④					
营业税等税费⑤					
租赁手续费					
租赁代理费⑥					
其他费用					

①如果物业管理企业对房屋及配套的设施设备和相关场地进行维修、养护、管理，维护相关区域内的环境卫生和秩序所收取的费用。

②如果由出租人提供室内装修和家具家电设备（如家具、电视机、电冰箱、空调等），应扣除它们的折旧费。

③如投保房屋火灾险等的保险费。

④如房产税、城镇土地使用税等。

⑤包括营业税、城市维护建设税和教育费附加。

⑥委托经纪机构出租，经纪机构向出租人收取的费用。

在实际求取净收益时，通常是在分析租约的基础上决定所要扣除的费用项目。如果租约约定保证合法、安全、正常使用所需的一切费用均由出租人负担，则应将它们全部扣除；如果租约约定部分或全部费用由承租人负担，则出租人所得的租赁收入就接近于净收益，此时扣除的费用项目就要相应减少。当按惯例确定出租人负担的费用时，要注意与租金水平匹配。在现实房地产租赁中，如果出租人负担的费用项目多，则租金就要高一些；如果承租人负担的费用项目多，则租金就要低一些。

2. 营业的房地产净收益求取

营业的房地产的最大特点是，房地产所有者同时又是经营者，房地产租金与经营者利润没有分开。

1）商业经营的房地产，应根据经营资料测算净收益，净收益为商品销售收入扣除商品销售成本、经营费用、商品销售税金及附加、管理费用、财务费用和商业利润。

2）工业生产的房地产，应根据产品市场价格以及原材料、人工费用等资料测算净收益，净收益为产品销售收入扣除生产成本，产品销售费用，产品销售税金及附加，管理费用，财务费用和厂商利润。

3）农地净收益的测算，是由农地平均年产值（全年农产品的产量乘以单价）扣除种苗费、肥料费、人工费、畜工费、机工费、农药费、材料费、水利费、农舍费、农具费、税费、投资利息、农业利润等。

3. 自用或尚未使用的房地产净收益求取

自用或尚未使用的房地产，可以根据同一市场上有收益的类似房地产的有关资料按上述相应的方式测算净收益，或者通过类似房地产的净收益直接比较得出净收益。

4. 混合的房地产净收益求取

对于现实中包含上述多种收益类型的房地产，其净收益视具体情况采用下列方式之一求取：一是把它看成是各种单一收益类型房地产的简单组合，先分别求取各自的净收益，然后予以加总。二是先测算各种类型的收入，再测算各种类型的费用，然后将两者相减。三是把费用分为固定费用和变动费用，将测算出的各种类型的收入分别减去相应的变动费用，予以加总后再减去总的固定费用。

5.3.4　求取净收益时对有关收益的取舍

1. 有形收益和无形收益

房地产的收益可分为有形收益和无形收益。有形收益是由房地产带来的直接货币收益，无形收益是指房地产带来的间接利益，如获得安全感、自豪感，提高个人的声誉和信用，增强企业的融资能力和获得一定的避税能力等。在求取净收益时不仅要包括有形收益，还要考虑各种无形收益。

无形收益通常难以货币化，因而在求取净收益时难以考虑，但可以通过选取较低的报酬率或资本化率来考虑无形收益。同时值得注意的是，如果无形收益已通过有形收益得到体现，则不应再单独考虑，以免重复计算。如在当地能显示承租人形象、地位的写字楼，即承租人租用该写字楼办公可显示其实力，该因素往往已包含在该写字楼的较高租金中。

2. 实际收益和客观收益

房地产的收益可分为实际收益和客观收益。实际收益是在现状下实际取得的收益，一般来说它不能直接用于估价。因为具体经营者的经营能力等对实际收益影响很大，如果将实际收益进行资本化，就会得到不切实际的结果。例如：①当前收益权利人在法律上、行政上享有某种权力或受到特殊的限制，致使房地产的收益偏高或偏低，而这些权力或限制又不能随同转让；②当前房地产并未处于最佳利用状态，其收益偏低；③收益权利人经营不善，导致亏损，净收益为零甚至为负值；④土地处于待开发状态，当前无收益，同时还必须支付有关税费，净收益为负值。

客观收益是排除了上述实际收益中属于特殊的、偶然的因素之后得到的在正常的市场条件下用于法律上允许的最佳利用方向上的正常收益值，其中应包含对未来收益和风险的合理预期。一般来说，只有这种收益才可以作为估价的依据。所以，估价中采用的潜在毛收入、有效毛收入、运营费用或者净收益，除了有租约限制的以外，都应采用正常、客观的数据。因此，除了有租约限制的以外，利用估价对象本身的资料直接测算出潜在毛收入、有效毛收入、运营费用或者净收益后，还应与类似房地产在正常情况下的潜在毛收入、有效毛收入、运营费用或者净收益进行比较，如果与正常客观的情况不符，则应对它们进行适当的修正，使其成为正常、客观的。

有租约限制的，租赁期限内的租金应采用租约约定的租金（简称租约租金，又叫称为实际租金），租赁期限外的租金应采用正常客观的市场租金。所以，租约租金高于或低于市场租金都会影响房地产的价值。从投资角度来说，当租约租金高于市场租金时，房地产的价值就要高一些；相反，当租约租金低于市场租金时，房地产的价值就要低一些。当租约租金与市场租金差异较大时，毁约的可能性也较大，这对于房地产的价值也有影响。

收益法的一种变通形式是“成本节约法”。当一种权益或资产并不产生收入，可以帮助所有者避免原本可能发生的成本时，就可以采用这种方法评估其价值。该方法的实质是，某种权益或资产的价值等于其未来有效期内可以节约的成本的现值。承租人权益的价值评估是这种方法的一种典型。承租人权益的价值等于剩余租赁期限内租约租金与同期市场租金的差异经折现后的现值。如果租约租金低于市场租金，则承租人权益就有价值；反之，如果租约租金高于市场租金，则承租人权益就是负价值。

对于同一宗房地产，有租约限制下的价值、无租约限制下的价值和承租人权益的价值三者之间的关系为：

有租约限制下的价值 = 无租约限制下的价值 - 承租人权益的价值

【例 5-9】 某商店的土地使用年限为 40 年，从 2000 年 10 月 1 日起计。该商店共有两层，每层可出租面积各为 200m²。一层于 2001 年 10 月 1 日租出，租赁期限为 5 年，可出租面积的月租金为 180 元/m²，且每年不变；二层现在暂时空置。附近类似商场一、二层可出租面积的月租金分别为 200 元/m² 和 120 元/m²，运营费用率为 25%。该类房地产的报酬率为 9%。试测算该商场 2004 年 10 月 1 日带租金出售时的正常价格。

解：该商场 2004 年 10 月 1 日带租金出售时的正常价格测算如下：

（1）商店一层价格的测算

租赁期限内年净收益 = $200\text{m}^2 \times 180$ 元/(m^2·月) × (1 - 25%) × 12 月 = 32.40 万元

租赁期限外年净收益 = $200\text{m}^2 \times 200$ 元/(m^2·月) × (1 - 25%) × 12 月 = 36.00 万元

$V = 32.40$ 万元$/(1+9\%) + 32.40$ 万元$/(1+9\%)^2 + 36.00$ 万元$/[9\% \times (1+9\%)^2][1-1/(1+9\%)^{40-4-2}]$

$= 375.69$ 万元

（2）商店二层价格的测算

年净收益 $= 200\text{m}^2 \times 120$ 元$/(\text{m}^2 \cdot$ 月$) \times (1-25\%) \times 12$ 月 $= 21.60$ 万元

$V = 21.60$ 万元$/9\% \times [1-1/(1+9\%)^{40-4}] = 229.21$ 万元

该商店的正常价格 = 商店一层价格 + 商店二层价格

$= 375.69$ 万元 $+ 229.21$ 万元 $= 604.90$ 万元

阅读材料

客观总收益、客观总费用

（1）客观总收益　总收益是指以收益为目的的房地产和与之有关的各种设施、劳动力及经营管理者要素结合产生的利益。也就是指待估房地产在一年内得到的所有收益。客观总收益是指待估房地产在正常情况下、最佳利用状态下的客观总收益。

（2）客观总费用　客观总费用指取得该收益所必需的各项支出，如维修费、管理费等，也就是为创造总收益所必须投入的正常支出。

5.3.5　净收益流模式

运用报酬资本化法估价，在求取估价对象的净收益时，应根据估价对象的净收益在过去和现在的变动情况及未来可获收益年限，确定估价对象未来各期的净收益，并判断未来净收益流属于下列哪种类型，以便选用相应的报酬资本化法公式进行计算：①净收益每年基本上固定不变；②净收益每年基本上按某个固定的数额递增或递减；③净收益每年基本上按某个固定的比率递增或递减；④其他有规则变动的情形。

在实际估价中，使用最多的是净收益每年不变的公式，其净收益 A 的求取方法有下列几种：

（1）过去数据简单算术平均法　它是通过调查，求取估价对象过去若干年（如过去3年或5年）的净收益，然后将其简单算术平均数作为 A。

（2）未来数据简单算术平均法　它是通过调查，预测估价对象未来若干年（如过去3年或5年）的净收益，然后将其简单算术平均数作为 A。

（3）未来数据资本化公式法　它是通过调查，求取估价对象过去若干年（如过去3年或5年）的净收益，然后利用报酬资本化法公式演变出的下列等式来求取 A（可视为一种加权算术平均数）：

$$(A/Y)[1-(1+Y)^t] = \sum_{i=1}^{t} A_i/(1+Y)^i$$

或

$$A = Y(1+Y)^t/[(1+Y)^t - 1]\sum_{i=1}^{t} A_i/(1+Y)^i$$

由于收益法采用的净收益应是估价对象的未来净收益，而不是历史净收益或当前净收益。所以，上述三种方法中相对而言第三种最合理，其次是第二种。

【例 5-10】某宗房地产的收益年限为 40 年，判定其未来每年的净收益基本上固定不变，通过预测得到其未来 4 年的净收益分别为 25 万元、26 万元、24 万元、25 万元，报酬率为 10%。试求该宗房地产的收益价格。

解：该宗房地产的收益价格求取如下：

$$A=10\%\times(1+10\%)^4/[(1+10\%)^4-1]\times[25\text{万元}/(1+10\%)+26\text{万元}/(1+10\%)^2+24\text{万元}/(1+10\%)^3+25\text{万元}/(1+10\%)^4]=25.02\text{万元}$$

$$V=(25.02\text{万元}/10\%)\times[1-1/(1+10\%)^{40}]=244.67\text{万元}$$

5.3.6 收益年限的确定

收益年限是估价对象自估价时点起至未来可获收益的年数。收益年限应视估价对象的不同，在房地产自然寿命、法律规定（如土地使用权法定最高年限）、合同约定（如租赁合同约定的租赁期限）等的基础上，结合房地产剩余经济寿命来确定。一般情况下，估价对象的收益年限为其剩余经济寿命，其中，土地的收益年限为剩余使用年限。

1）对于单独土地和单独建筑物的估价，应分别根据土地剩余使用年限和建筑物剩余经济寿命确定收益年限，选用相应的收益年限为有限年的公式进行计算，净收益中不扣除建筑物折旧费和土地摊提费。

2）对于土地与建筑物合成体的估价对象，如果是建筑物的经济寿命晚于或与土地使用年限一起结束的，应根据土地剩余使用年限确定收益年限，选用相应的收益年限为有限年的公式进行计算，净收益中不扣除建筑物折旧费和土地摊提费。

3）对于土地与建筑物合成体的估价对象，如果是建筑物的经济寿命早于土地使用年限结束的，可采用下列方式之一：①先根据经济寿命确定未来可获收益年限，选用对应的有限年的收益法计算公式，净收益中不扣除建筑物折旧费和土地摊提费，再加上土地使用年限超出建筑物经济寿命的土地剩余使用年限价值的折现值；②将未来可获收益的年限设想为无限年，选用无限年的收益法计算公式，净收益中应扣除建筑物折旧费和土地摊提费。

5.4 报酬率

参照有关文献，对报酬率做如下梳理。

5.4.1 报酬率的实质

报酬率（Yield Rate，Y）是与利息率、折现率、内部收益率的性质相同的名词。进一步弄清报酬率的内涵，需要弄清一笔投资中投资回收与投资回报的概念及其之间的区别。投资回收是指所投入的资本的回收，即保本；投资回报是指所投入的资本全部回收之后所获得的额外资金，即报酬。以向银行存款为例，投资回收就是向银行存入的本金的回收，投资回报就是从银行那里得到的利息。所以，投资回报是不包含投资回收的，报酬率为投资回报与所投入的资本的比率。

可以将购买收益性房地产视为一种投资行为：这种投资所需投入的资本是房地产的价格，试图获取的收益是房地产预期会产生的净收益。投资既要获取收益，又要承担风险。所谓风险，是指由于不确定性的存在，导致投资收益的实际结果偏离预期结果造成损失的可能性。投资的结果可能盈利较多，也可能盈利较少，甚至会亏损。以最小的风险获取最大的收益，可以说是所有投资者的愿望。盈利的多少与投资者自身的能力有关，如果去掉投资者自身的因素，盈利的多少则主要与投资对象及其所处的投资环境有关。在一个完善的市场中，投资者之间竞争的结果是：要获取较高的收益，意味着要承担较大的风险；或者，有较大的风险，投资者必然要求有较高的收益，即只有较高收益的吸引，投资者才愿意进行有较大风险的投资。因此，从全社会来看，报酬率与投资风险正相关，风险大的投资，其报酬率也高，反之则低。

认识到了报酬率与投资风险的关系，实际上就在观念上把握住了求取报酬率的方法，即所应选用的报酬率，应等同于与获取估价对象产生的净收益具有同等风险投资的报酬率。例如，两宗房地产的净收益相等，其中一宗房地产获取净收益的风险大，从而要求的报酬率高，另一宗房地产获取净收益的风险小，从而要求的报酬率低。因此，风险大的房地产的价值低，风险小的房地产的价值高。

5.4.2 求取报酬率的方法

搞清了报酬率实质后，下面介绍求取报酬率的基本方法。这些方法都有一些前提条件，如要求房地产市场比较发达等。

1. 累加法（安全利率加风险调整值法）

累加法是将报酬率视为包含无风险报酬率和风险补偿率两大部分，然后分别求出每一部分，再将它们相加、累加法的一个基本公式为：

报酬率 = 无风险报酬率 + 投资风险补偿 + 管理负担补偿 + 缺乏流动性补偿 – 投资带来的优惠

完全无风险的投资在现实中难以找到，对此可以选用同一时期的相对无风险的报酬率去代替无风险报酬率，例如选用同一时期的一年期国债利率或中国人民银行公布的一年期银行存款利率。于是，投资风险补偿就变为投资估价对象相对于投资同一时期国债或银行存款的风险补偿；管理负担补偿变为投资估价对象相对于投资同一时期国债或银行存款管理负担的补偿；缺乏流动性补偿变为投资估价对象相对于投资同一时期国债或银行存款缺乏流动性的补偿；投资带来的优惠变为投资估价对象相对于投资同一时期国债或银行存款所带来的优惠。风险调整值应根据估价对象所在地区的经济现状及未来预测、估价对象的用途及新旧程度等确定。

需要注意的是，上述无风险报酬率和具有风险性的房地产的报酬率，一般是指名义报酬率，即已经包含了通货膨胀的影响。这是因为在收益法估价中，广泛使用的是名义净收益率，因而应使用与之相对应的名义报酬率。

2. 市场提取法（净收益与售价比率法）

市场提取法是搜集同一市场上三宗以上类似房地产的价格、净收益等资料，选用相应的报酬资本化法公式，求出报酬率。例如：

1）在 $V = A/Y$ 的情况下，通过 $Y = A/V$ 来求取 Y，即可以采用同一市场上类似房地产的净收益与其价格的比率作为报酬率。

2）在 $V = A\left[1 - 1/(1+Y)^n\right]/Y$ 的情况下，通过试错法或内插法求取。

3）在 $V = A/(Y-g)$ 情况下，通过 $Y = A/V + g$ 来求取 Y。

3. 投资报酬率排序插入法

收益法估价采用的报酬率是典型投资者在房地产投资中所要求的报酬率。具有同等风险的任何投资的报酬率应该是相似的，所以可通过同等风险投资的报酬率来求取估价对象的报酬率。报酬率排序插入法的操作步骤和内容如下：

1）调查、收集估价对象所在地区的房地产投资、相关投资及其报酬率和风险程度的资料，如各种类型的银行存款的利率、政府债券的利率、公司债券的利率、股票的报酬率及其他投资的报酬率等。

2）将所收集的不同类型投资的报酬率按从低到高的顺序排列，制成图表。

3）将估价对象与这些类型投资的风险程度进行分析比较，考虑管理的难易、投资的流动性以及作为资产的安全性等，判断出同等风险的投资，确定估价对象风险程度应落的位置。

4）根据估价对象风险程度所落的位置，在图表上找出对应的报酬率，从而确定出所要求取的报酬率。

4. 投资复合收益法（投资组合技术）

（1）抵押贷款与自有资金的组合　将抵押贷款与自有资金的组合是将购买房地产的抵押贷款收益率与自有资本收益率的加权平均数作为综合资本化率。

$$R = M \cdot R_M + (1 - M)\ R_E$$

式中　R——综合资本化率；

R_M——抵押贷款资本化率，通常为抵押贷款利率；

R_E——自有资本要求的正常收益率；

M——抵押贷款价值比率，即抵押贷款金额占房地产价值的比率，一般介于60%～90%。

（2）土地与建筑物的组合

$$R = L \cdot R_L + (1 - L)\ R_B$$

式中　R——综合资本化率；

R_B——建筑物资本化率；

R_L——土地资本化率；

L——土地价值占房地价值的比率。

【例5－11】在房地产市场中收集到五个与待估房地产类似的交易实例，见表5－2（假设交易价格为无限年期）。

表5－2　净收益与售价交易实例

类似实例	净收益（元/年·m^2）	交易价格（元/m^2）	报酬率（%）
1	418.9	5900	7.1
2	450.0	6000	7.5
3	393.3	5700	6.9
4	459.9	6300	7.3
5	507.0	6500	7.8

对以上五个类似实例的报酬率进行简单算术平均就可以得到报酬率为：

$Y = (7.1\% + 7.5\% + 6.9\% + 7.3\% + 7.8\%)/5 = 7.32\%$

5.5　直接资本化法

参照有关文献，对直接资本化法做如下梳理。

5.5.1　直接资本化法概述

1. 直接资本化法的概念和基本公式

直接资本化法是将估价对象未来某一年的某种收益除以适当的资本化率或者乘以适当的收益乘数转换为价值的方法。

未来某一年的某种收益通常是采用未来第一年的数值，其种类有毛租金、潜在毛收入、有效毛收入、净收益等。

资本化率是房地产的某种年收益与其价格的比率，即：

$$资本化率 = 年收益/价格$$

利用资本化率将年收益转换为价值的直接资本化法，常用的是下列公式：

$$V = \mathrm{NOI}/R$$

式中　V——房地产价值；

NOI——房地产未来第一年的净收益；

R——资本化率。

因此，资本化率的具体计算公式为：

$$R = \mathrm{NOI}/V$$

收益乘数是房地产的价格除以其某年年收益所得的倍数，即：

$$收益乘数 = 价格/年收益$$

利用收益乘数将年收益转换为价值的直接资本化法公式为：

$$房地产价值 = 年收益 \times 收益乘数$$

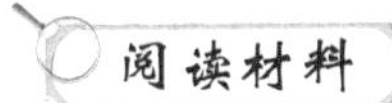

资本化率

资本化率又称为还原利率，它是决定评估价值的关键因素。资本化率是将不动产纯收益还原成不动产价格的利率或比例，其实质是一种资本投资收益率。在净收益不变的情况下，资本化率越高，意味着投资风险越大，房地产价值越低。不同地区、不同时期、不同性质、不同用途的房地产，由于投资风险的不同，资本化率也是不尽相同的。

2. 资本化率的种类

(1) 综合资本化率

综合资本化率是将土地和附着于其上的建筑物看作一个整体评估所采用的资本化率。此时评估的是房地产整体的价值，采用的净收益也是房地合一的净收益。

(2) 建筑物资本化率

建筑物资本化率用于评估建筑物的自身价值。这时采用的净收益是建筑物自身所产生的净收益，把房地产整体收益中的土地净收益排除在外。

(3) 土地资本化率

土地资本化率用于求取土地自身的价值。这时采用的净收益是土地自身的净收益，把房地产整体收益中的建筑物净收益排除在外。

综合资本化率、建筑物资本化率和土地资本化率的关系，可用公式表示如下：

$$R_O = V_L \times R_L + V_B \times R_B$$

式中 R_O——综合资本化率；

R_L——土地资本化率；

R_B——建筑物资本化率；

V_L——土地价值；

V_B——建筑物价值。

3. 几种收益乘数法

与不同种类的年收益对应，收益乘数具体有毛租金乘数（Gross Rent Multiplier，GRM）、潜在毛收入乘数（Potential Gross Income Multiplier，PGIM）、有效毛收入乘数（Effective Gross Income Multiplier，EGIM）和净收益乘数（Net Income Multiplier，NIM）。相应地，收益乘数法有毛租金乘数法、潜在毛收入乘数法、有效毛收入乘数法和净收益乘数法。

(1) 毛租金乘数法　毛租金乘数法是将估价对象未来某一年或某一月的毛租金乘以相应的毛租金乘数转换为价值的方法，即：

$$房地产价值 = 毛租金 \times 毛租金乘数$$

毛租金乘数是市场上房地产的价格除以其毛租金所得的倍数，即：

$$毛租金乘数 = 价格/毛租金$$

毛租金乘数也是经常所讲的“租售比”。当采用月租金转换为价值时，要通过月租金与价格的关系求得的毛租金乘数；当采用年租金转换为价值时，要通过年租金与价格的关系求得的毛租金乘数。

毛租金乘数法有下列优点：①方便易行，在市场上较容易获得房地产的价格和租金资料；②由于在同一市场上，相似房地产的租金和价格同时受相同的市场因素影响，因此毛租金乘数是一个比较客观的数值；③避免了由于多层次测算可能产生的各种误差的累计。

毛租金乘数法的缺点如下：①忽略了房地产租金以外的收入；②忽略了不同房地产的空置率和运营费用的差异。

毛租金乘数法的用途：该方法一般用于土地或出租型住宅（特别是公寓）的估价。但由于该计算方法比较粗糙，往往作为市场法或其他收益法的一个部分。

(2) 潜在毛收入乘数法　潜在毛收入乘数法是将估价对象某一年的潜在毛收入乘以潜在毛收入乘数转换为价值的方法，即：

$$V = \mathrm{PGI} \times \mathrm{PGIM}$$

潜在毛收入乘数是市场上房地产的价格除以其年潜在毛收入所得的倍数，即：

$$\mathrm{PGIM} = V/\mathrm{PGI}$$

与毛租金乘数法相比，潜在毛收入乘数法相对全面一些，它考虑了房地产租金以外的收入，但同样没有考虑房地产的空置率和运营费用的差异。

如果估价对象与可比实例房地产的空置率差异是暂时的，并且运营费用比率相似，则使用潜在毛收入乘数法是一种简单可行的方法。但总的来说，该方法也比较粗糙，适用于估价对象资料不充分或精度要求不高的估价。

（3）有效毛收入乘数法　有效毛收入乘数法是将估价对象某一年的有效毛收入乘以有效毛收入乘数转换为价值的方法，即：

$$V = \mathrm{EGI} \times \mathrm{EGIM}$$

有效毛收入乘数是房地产的价格除以其年有效毛收入所得的倍数，即：

$$\mathrm{EGIM} = V/\mathrm{EGI}$$

有效毛收入乘数法的优点是，不仅考虑了房地产租金以外的收入，还考虑了房地产的空置率。因此，当估价对象与可比实例房地产的空置率有较大差异，而且预计这种差异还将继续下去时，则使用有效毛收入乘数比使用潜在毛收入乘数更合适，因为投资者在估算房地产价值时是会考虑空置率的差异的。该方法的缺点是没有考虑运营费用的差异，因而也只用于粗略的估价。

（4）净收益乘数法　净收益乘数法是将估价对象某一年的净收益乘以净收益乘数转换为价值的方法，即

$$V = \mathrm{NOI} \times \mathrm{NIM}$$

净收益乘数是房地产的价格除以其年净收益所得的倍数，即：

$$\mathrm{NIM} = V/\mathrm{NOI}$$

净收益乘数法能提供更可靠的价值测算。

由于净收益乘数与资本化率是互为倒数的关系，通常很少直接采用净收益乘数法形式，而采用资本化率将净收益转换为价值的形式，即：

$$V = \mathrm{NOI}/R$$

5.5.2　资本化率和收益乘数的求取方法

资本化率和收益乘数都可以采用市场提取法，通过市场上近期交易的与估价对象的净收益流模式（包括净收益的变化、收益年限的长短）等相同的许多类似房地的有关资料（由这些资料可求得年收益和价格）求取。

综合资本化率（R_0）还可以通过净收益率（NIR）与有效毛收入乘数（EGIM）之比、资本化率与报酬率的关系（见5.5.3）及投资组合技术求取。通过净收益率与有效毛收入乘数之比求取综合资本化率的公式为：

$$R_0 = \mathrm{NIR}/\mathrm{EGIM}$$

由于

$$\mathrm{NIR} = 1 - \mathrm{OER}$$

所以

$$R_0 = (1 - \mathrm{OER})/\mathrm{EGIM}$$

上述公式的来源是：

因为

$$R_0 = \mathrm{NOI}/V$$

所以，将上述等式右边的分子和分母同时除以有效毛收入（EGI）得：

$$R_0 = \frac{\mathrm{NOI}/\mathrm{EGI}}{V/\mathrm{EGI}} = \mathrm{NIR}/\mathrm{EGIM}$$

如果可比实例与估价对象的净收益流模式等相同，可用估价对象的净收益率或运营费用率和可比实例的有效毛收入乘数来求取估价对象的综合资本化率。

5.5.3　资本化率与报酬率的区别和关系

资本化率 R 和报酬率 Y 都是将房地产的净收益转换为价值的比率，但两者是有很大区别的。资本化率是在直接资本化法中采用的，是直接将房地产的净收益转换为价值的比率；报酬率是在报酬资本化法中采用的，是通过折现的方式将房地产的净收益转换为价值的比率。资本化率是房地产某一年的净收益与房地产价值的比率（通常用未来第一年的净收益除以价值来计算），仅表示从净收益到价值的比率，并不明确地表示获利能力；报酬率则是用来除一连串的未来各期净收益，以求得未来各期净收益现值的比率。

在报酬资本化法中，如果净收益流模式不同，具体的计算公式就有所不同。例如，在净收益每年不变且持续无限年的情况下，报酬资本化法的公式为：

$$V = A/Y$$

$$R = Y$$

在净收益每年不变但收益年限为有限年的情况下，报酬资本化法的公式为：

$$V = (A/Y)\ [1 - 1/(1+Y)^n]$$

$$R = Y/[1 - 1/(1+Y)^n]$$

在净收益每年按一定比率递增且持续无限年的情况下，报酬资本化法的公式为：

$$V = A/(Y - g)$$

$$R = Y - g$$

在预知未来若干年后的价格相对变动的情况下，报酬资本化法的公式为：

$$V = A/\ \{Y - \Delta Y/[(1+Y)^t - 1]\}$$

$$R = Y - \Delta Y/[(1+Y)^t - 1]$$

可见，报酬率与净收益本身的变化，与获得净收益期限的长短等无直接关系；资本化率则与净收益本身的变化，与获得净收益期限的长短等有直接关系。

阅读材料

美国不动产收益法评估中的回报率

国内评估中对回报率的计算，通常采用静态的资本化率，用安全利率加风险调整值法计算出具体的回报率。在北京，资本化率通常用3% ~4%的风险调整值，即6% ~8%作为资本化率。美国收益法在理论和评估实务两方面都得到了深远的发展，在早期建立了直接资本化法（Direct Capitalization）和报酬资本化法（Yield Capitalization）的理论基础，现代则由于计算机的使用，在收益法中发展了一些特定技术和程序（如在报酬资本化法中应用贴现现金流量分析、收益模型和不动产模型），对不动产估价和投资分析产生了重大的影响。

（1）回报率的概念　在美国的不动产收益评估中通常可以将回报率分为收益率（Income Rate，R）和报酬率（Yield Rate，Y）两大类。

（2）影响回报率变动的因素　影响回报率变动的因素很多，《不动产估价》（美国估价学会编写）一书中列举了六个主要因素：风险程度、市场对未来通货膨胀的态度、替代投资的预期回报率、过去可比较不动产的回报率、抵押贷款资金的供给状况和税费优惠。在国内，计算回报率时，往往将银行利率（认定为安全利率）加一个风险调整值作为回报率，此种方法显得过于简单，它没有考虑不同类型、不同地区、不同时期、不同抵押贷款模式的物业有不同的回报率。

（3）收益率（R）　在《不动产估价》一书中，收益率（R）是用于直接资本化法中的回报率。它包括以下几种：

1）综合资本化率。综合资本化率（R_0）是房地产单一年度净收益期望值与房地产总价值或总价格的比率。

2）土地资本化率和建筑物资本化率。这是指在投资组合技术中，应用到土地资本化率和建筑物资本化率两个技术指标。

3）抵押贷款常数和自有资金资本化率。它是应用在投资组合技术中计算综合资本化率。

4）期初资本化率和期末资本化率。

（4）报酬率（Y）　在《不动产估价》一书中，报酬率是应用在报酬资本化法中的回报率。报酬率是资本的回报率，通常以年复利百分率来表示。收益模型或不动产模型是美国不动产估价中预测投资者收益的特殊公式或模型。

在没有折扣且参与收益分配的情况下，利率就等于放款者的报酬率。放款者的利益与自有资金的利益一样，即贷款偿还额的周期性收益（利息收益）和到期应该偿还或到期前应该偿还的贷款余额。

资料来源：张秀智. 美国不动产收益法评估中的回报率［J］. 中国房地信息，2003（2）：48－52.

【例 5－12】 某宗房地产的未来收益见表 5－3。假定报酬率为 10%，试求其资本化率。

表 5－3　某宗房地产的未来净收益流

年份	1	2	3	4	5
净收益（元）	5000	5250	5600	5850	65000

解：先求取该宗房地产的价值。该宗房地产的价值为其未来每年净收益的现值之和，计算结果见表 5－4。

表 5－4　某宗房地产未来净收益的现值

年份	1	2	3	4	5	合计
净收益（元）	5000	5250	5600	5850	65000	
现值（元）	4545. 45	4338. 84	4207. 36	3995. 63	40359. 89	57447. 17

求出该宗房地产的价值之后，其资本化率为其未来第一年的净收益与价值的比率，即

$$R = 5000\text{ 元}/57447.17\text{ 元} = 8.70\%$$

本例由于净收益是无规则变动的，所以资本化率与报酬率之间没有明显的数学关系。

5. 5. 4　直接资本化法与报酬资本化法的比较

1. 直接资本化法的优缺点

直接资本化法的优点是：①不需要预测未来许多年的净收益，通常只需要测算未来第一年的收益；②资本化率或收益乘数直接来源于市场所显示的收益与价值的关系，能较好地反

映市场的实际情况；③计算过程较为简单。

但由于直接资本化法利用的是某一年的收益来资本化，所以要求有较多与估价对象的净收益流模式相同的类似房地产来求取资本化率或收益乘数，对可比实例的依赖度很强。例如，要求选取的类似房地产的收益变化与估价对象的收益变化相同，否则估价结果会有误。假设估价对象的净收益每年上涨2%，而选取的类似房地产的净收益每年上涨3%，如果以该类似房地产的资本化率8%将估价对象净收益转换为价值，则会高估估价对象的价值。

2. 报酬资本化法的优缺点

报酬资本化法的优点是：①指明了房地产的价值是其未来各期净收益的现值之和，这既是预期原理最形象的表述，又考虑到了资金的时间价值，逻辑严密，有很强的理论基础；②每期的净收益或现金流量都是明确的，直观且容易理解；③由于具有同等风险的任何投资的报酬率应该是相似的，所以不必直接依靠与估价对象的净收益流模式相同的类似房地产来求取适当的报酬率，而通过其他具有同等风险的投资的收益率也可以求取报酬率。

但由于报酬资本化法需要预测未来各期的净收益，从而较多地依赖于估价人员的主观判断，并且各种简化的净收益流模式不一定符合市场的实际情况。

当相似的预期收益存在大量的可比市场信息时，直接资本化法会是相当可靠的。当市场可比信息缺乏时，报酬资本化法则能提供一个相对可靠的评估价值，因为估价人员可以通过投资者在有同等风险的投资上要求的报酬率来确定估价对象的报酬率。

5.5.5 收益法的派生方法

1. 购买年法（收益倍数法或资本化乘数法）

购买年法是最早出现的计算土地价格的方法，购买年仍然是由还原利率决定，实质上是收益法，是地租资本化的另一种表现形式，也被称为收益倍数法或资本化乘数法。

购买年法的意义在于：计算过程简捷、快速；可以反映国家与国家或者地区与地区之间的社会经济状况；能检验还原利率的选取是否准确。

购买年法与收益倍数法的区别：购买年是专门用于土地的估价方法；收益倍数法更简便、应用范围更广，如毛租金乘数法等。

由于我国不存在对于同一地区具有一般意义的购买年，此法只具有参考意义。

2. 收益分析法

收益分析法是根据待估房地产在一定时间内可能产生的期望纯收益以及有关的租赁费用，确定房地产租金的一种估价方法，适用于经营性房地产的评估。常用分析公式为：

$$收益租金 = 折旧后的纯收益 + 有关的租赁费用$$

3. 残余估价法（土地和建筑物残余法）

用收益法评估房地产整体价值时，不宜分别估算出土地和建筑物的价值后再进行简单的加总。但如果知道了房地整体价值后，为了分离出土地或建筑物的价值，可利用求出的土地或建筑的净收益余值求取土地和建筑物分摊的价值。

（1）土地残余法

$$V_L = (A_O - V_B R_B)/R_L$$

式中 A_O——土地与地上建筑物共同产生的净收益；

V_L——土地价值；

V_B——建筑物价值；

R_L——土地的资本化率；

R_B——建筑物的资本化率。

在土地难以采用其他方法估价时，土地残余法是有效的方法。另外，在需要对附有旧建筑物的土地进行估价时，虽然采用比较法能求得设想该旧建筑物不存在时的空地价值，但对于因附有旧建筑物而导致的土地价值降低应减价多少，比较法通常难以解决，这时如果运用土地残余法便可以求得。

（2）建筑物残余法

$$V_B = (A_O - V_L R_L)/R_B$$

建筑物残余法对于检验建筑物相对于土地是否过大或过小很有用处。此外，它还可以用来估计建筑物的折旧，即将建筑物的重新购建价格减去运用建筑物残余法求取的建筑物价值。

阅读材料

收益法应用中收益额的选择及其预测

（1）收益额的选择

1）经济收益与会计收益。经济收益与会计收益的差异主要体现在确认和计量方面，具体归结为以下四个方面：①收益确认的时点不同；②收益确定的方法不同；③资本保持的概念不同；④计量的可靠程度不同。

2）净利润与现金流量。净利润与现金流量既有差异，也存在密切联系，主要体现在以下方面：①净利润是预计未来现金流量的基础；②现金流量与净利润的差异，可揭示净利润品质的好坏。

3）企业自由现金流量与股权自由现金流量。

企业自由现金流量 = 息税前利润 ×（1 - 税率）+ 折旧 - 资本性支出 - 追加营运资本

股权自由现金流量是企业支付所有营运费用、再投资支出、所得税和净债务支付（即利息、本金支付减发行新债务的净额）后可分配给企业股东的剩余现金流量，其计算公式为：

股权自由现金流量 = 净利润 + 折旧 - 资本性支出 - 营运资本追加额 - 债务本金偿还 + 新发行债务

4）经济增加值（EVA）。

EVA =（税后资本回报 - 资金成本）× 公司资产经济账面值

其中，税后资本回报等于公司资产（包括固定资产和营运资金），而资产经济账面值是会计账面值加上权益约当储备（如折旧及商誉）的调整。

（2）收益额的预测　结合收益额预测问题，应考虑和注意以下问题：

1）预测是一种复杂的过程，需要预测者有良好的统计学、计量经济学以及市场营销学等教育背景，同时应注意定性分析和定量研究、评估指标与评估环境等的结合。一般成功预测的六大要素是：①决策环境和损失函数；②确定预测目标；③预测说明；④预测水平；⑤信息集；⑥对某一特定的预测问题的预测方法。

2）应用于收益法中的收益是未来预期的，而非过去实际的。

3）应正确确定收益预测的基准。

4）收益额的测算，关键在于对产生收益额实体的了解和把握程度。美国人格里·格瑞等列出了五种最重要的现金流指标，即收入增长率（和超额收益期）、净营运利润率、公司收入税税率、净投资和营运资本投资的增长。

资料来源：刘玉平. 收益法应用中收益额的选择及其预测［J］. 中国资产评估，2004（5）：14－18.

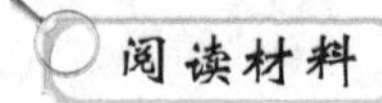

阅读材料

收益法中参数的确定

收益法又称收益还原法或收益本金化法，是国际上公认的评估基本方法之一。收益法涉及预期收益额、未来收益期、折现率这三个基本参数。收益法的核心问题就是确定预期收益额、未来收益期、折现率。

（1）预期收益额的确定

1）预期收益额的确定，既要联系历史，又要高于历史。将历史与未来完全割裂、简单地以历史去推知未来都有失偏颇。

2）预期收益额的确定，有赖于但又不限于参照客户企业提供的资料。

3）预期收益额的确定，既可以采用现金流的方法，又不排斥采用净收益的方法。

（2）未来收益期限的确定　从整个受益年度出发，可以是有限期与无限期的统一。

有期限者根据具体情况的不同，可以选用营业执照的期限、经营合同规定的期限、租赁期限、整个经济寿命周期等。

在企业经营比较正常且没有对足以影响企业继续经营的某项资产的使用年限进行限定，或者这种限定是可以解除的，并可以通过延续的方式永续使用的，在测算其收益时，收益期的确定可采用无限期（永续法）。

（3）折现率的确定　为了确定适宜的折现率，应该遵循匹配原则，同时考虑风险报酬原则。在遵循上述原则的基础上，具体的折现率的确定可以参照行业平均资金收益率法，资本资产收益率法，无风险报酬率加风险报酬率法，结合西方国家相关理论精华和我国的具体情况等来确定。

5.6 收益法在房地产评估中的应用

参照有关资料，对收益法在房地产评估中的应用做如下梳理。

【例5－13】 有一宗占地面积为1000m² 的城镇建设用地，使用者先以行政划拨方式取得，后于1995年11月1日通过补办出让手续取得该宗地50年期的土地使用权，同时建成一座总建筑面积为2500m² 的办公楼，并全部用于出租。2000年11月1日进行的市场调查情况如下：

1）实际租金为30元/(月·m²)，实际成本为10元/(月·m²)。在当地，规模档次相同办公楼的月租金收入一般为30万元，月平均费用15万元，此外出租时可收取押金60万元，押金收益率为5%。

2）该办公楼耐用年限为50年，残值率为0，建筑重置价为4000元/m²（建筑面积）。

3）土地还原利率为 6%，建筑物还原利率为 8%。

试根据上述资料评估该宗土地于 2000 年 11 月 1 日的市场价格。

解：1）计算房地年纯收益、房地年总收益。该办公楼出租，除租金外还收取押金，因此年总收益中还应该包含押金的年运营收益。

年租金收益 = 月租金收入 × 12 月 = 30 万元/月 × 12 月 = 360 万元

押金年运用收益 = 押金 × 押金收益率 = 60 万元 × 5% = 3 万元

年总收益 = 年租金收益 + 押金年运用收益 = 360 万元 + 3 万元 = 363 万元

计算房地年总费用：

年总费用 = 月平均费用 × 12 月 = 15 万元/月 × 12 月 = 180 万元

计算房地年纯收益：

房地年纯收益 = 房地年总收益 − 房地年总费用

= 363 万元 − 180 万元 = 183 万元

2）计算建筑物年纯收益、建筑物现值。该办公楼建成于 1995 年 11 月 1 日，至 2000 年 11 月 1 日已经过了 5 年，残值率为 0。

建筑物现值 = 重置价格 × 建筑面积 × 剩余使用年数/耐用年限

= 4000 元/m^2 × 2500m^2 ×（50 − 5）年/50 年 = 900 万元

建筑物年纯收益 = 建筑物现值 × 建筑物还原率

= 900 万元 × 8% = 72 万元

3）计算土地年纯收益。

土地年纯收益 = 房地年纯收益 − 建筑物年纯收益

= 183 万元 − 72 万元 = 111 万元

4）计算土地总价格。该宗土地是 1995 年 11 月 1 日经过出让获得 50 年使用权的，至 2000 年 11 月 1 日已经过了 5 年，剩余使用年限为 45 年。

土地总价格 = $(111/6\%) \times [1 - 1/(1+6\%)^{50-5}]$ = 1715.6 万元

5）计算土地单位面积价格。

土地单位面积价格 = 土地总价格 ÷ 土地使用权面积 = 1715.6 万元 ÷ 1000m^2 = 17156 元/m^2

【例 5－14】 在一宗 3000m^2 的土地上建成建筑面积为 2000m^2 的房屋。根据成本法，建筑物的现时价格为 2000m^2 × 1200 元/m^2 = 240 万元，该建筑物尚可使用 20 年，建筑物的还原利率为 12%，土地的还原利率为 10%。

假定该房地产以每月每平方米 100 元的租金标准出租，使用面积为建筑面积的 60%，不含折旧费的年租赁费为 72 万元。试根据土地残余法确定土地的价格。

解：1）房地一体总收益为：100 元/（月 · m^2）× 2000m^2 × 60% × 12 月 − 720000 元 = 72 万元

2）属于建筑物的年纯收益为：240 万元 ×（12% + 1/20）= 40.80 万元

3）属于土地的年纯收益：72 万元 − 40.80 万元 = 33.92 万元

4）土地价格为：33.92 万元/10% = 339.2 万元

单方土地价格为：339.2 万元/3000m^2 = 1131 元/m^2

【例 5－15】 在一宗 3000m^2 的土地上建造建筑面积为 2000m^2 的钢筋混凝土结构房屋。

根据市场法估价，该幅土地的现时价格为$3000m^2 \times 1150$元$/m^2 = 345$万元。土地的还原利率为10%，建筑物的还原利率为12%，建筑物尚可使用20年。

假定该房地产以每月每平方米100元的租金标准出租，使用面积为建筑面积的60%，不含折旧费的年租赁费为72万元。试根据建筑物残余法确定建筑物的价格。

解：

1）房地一体总收益为：100元/月/$m^2 \times 2000m^2 \times 60\% \times 12$月$-720000$元$=72$万元

2）属于土地的纯收益为：345万元×10% =34.5万元

3）属于建筑物的纯收益：72万元-34.5万元=37.5万元

4）建筑物总价格为：37.5万元/(12% +1/20) =220.59万元

单方建筑物价格为：220.59万元/$2000m^2$ =1102.95元/m^2

【例5-16】某宾馆需要估价。据调查，该宾馆共有300张床位，平均每张床位每天向客人实收50元，年平均空房率30%，营业平均每月花费14万元；当地同档次宾馆一般床位价为每床每天45元，年平均空房率20%，正常营业每月总费用平均占每月总收入的30%；该类房地产还原利率为10%。试根据所给资料估计该宾馆的价格。

解：1）年总收益=300床×45元/(床·天)×365天×(1-20%)=3942000元

2）年总费用=3942000元×30% =1182600元

3）年纯收益=3942000元-1182600元=2759400元

4）宾馆价格=2759400元/10% =27594000元

【例5-17】某宗房地产建成于2000年底，此后收益年限为48年；2001年底至2004年底分别获得净收益83万元、85万元、90万元、94万元；预计2005年底至2007年底可分别获得净收益94万元、93万元、96万元，从2008年底起每年可获得的净收益将稳定在95万元；该类房地产的报酬率为9%。试利用上述资料测算该宗房地产2004年底的收益价格。

解：

$$V = \sum [A_t/(1+Y)^t] + \{A/[Y(1+Y)^t]\}[1-1/(1+Y)^{n-t}]$$

$A_1 = 94$万元

$A_2 = 93$万元

$A_3 = 96$万元

$A = 95$万元

$Y = 9\%$

$n = 48$年-4年$=44$年　　$t = 3$年

$$V = 94/(1+9\%) + 93/(1+9\%)^2 + 96/(1+9\%)^3 + \{95/[9\% \times (1+9\%)^3]\}[1-1/(1+9\%)^{44-3}]$$

=1029.92万元

【例5-18】有一出租楼房，占地面积为$100m^2$，建筑面积为$150m^2$，建筑物为砖混结构，土地使用权自1988年1月起计，使用年期为40年。建筑物原值为30万元，月租金为每建筑平方米50元，房产税按建筑物原值减扣30%后的余值的1.2%缴纳（每年），年经常费（含除房产税外的所有其他税费）为3万元，该类房地产的资本化率为8%。试评估该楼房在1998年1月的买卖价格。

解：1）采用方法：收益还原法。

2）计算总收益。

年总收益＝50元/(月·m^2)×12月×150m^2＝90000元

3）计算总费用。

年总费用＝30000元×(1－30%)×1.2%＋30000元＝30252元

4）求取年纯收益。

年纯收益＝90000元－30252元＝59748元

5）确定收益年期。因为土地使用权年期为40年，已使用10年，所以房地产收益年期为30年。

6）计算房地产价格。

$V=A/Y\times[1-1/(1+Y)^n]$ ＝ 59748元/8%×$[1-1/(1+8\%)^{30}]$＝672630元

7）评估结果。根据计算结果，该楼房在1998年1月的评估价格为67.26万元。

【例5－19】 6年前，甲提供一宗1000m^2、土地使用年限为50年的土地，乙出资300万元人民币，合作建设3000m^2建筑面积的房屋。房屋建设期为2年，建成后，其中1000m^2建筑面积归甲所有，使用20年，期满后无偿归甲所有。现今，乙有意将使用期满后的剩余年限购买下来，甲也乐意出售。但双方对价格把握不准并有争议，协商请一家专业房地产估价机构进行估价。

解：据调查得知，现时该类房屋每平方米建筑面积的月租金平均为80元，出租率为85%，年运营费用约占年租赁有效毛收入的35%，报酬率为10%。

1）求取未来44年的净收益的现值之和：

年净收益＝80元/(月·m^2)×1000m^2×85%×(1－35%)×12月＝53.04万元

$V_{44}=A/Y\ [1-1/(1+Y)^n]$ ＝ 53.04万元/10%×$[1-1/(1+10\%)^{44}]$＝522.40万元

2）求取未来16年的净收益的现值之和：

$V_{16}=A/Y\ [1-1/(1+Y)^n]$ ＝ 53.04万元/10%×$[1-1/(1+10\%)^{16}]$＝414.97万元

3）求取未来16年的28年土地使用权和房屋所有权的现值

$V_{28}=V_{44}-V_{16}$＝522.40万元－414.97万元＝107.43万元

【例5－20】 估价对象概况：估价对象是一座供出租的写字楼，土地总面积12000m^2，总建筑面积52000m^2；建筑物层数为地上22层，地下2层；建筑结构为钢筋混凝土结构；土地使用年限为50年，从1999年5月15日起计。

估价要求：需要评估该写字楼2004年5月15日的购买价格。

解：估价过程：

（1）选择估价方法　该宗房地产是供出租的写字楼，为收益性房地产，适用收益法估价，故选用收益法。具体是选用收益法中的报酬资本化法。

（2）搜集有关资料　通过调查研究，搜集的有关资料如下：

1）租金按净使用面积计。可供出租的净使用面积总计为31200m^2，占总建筑面积的60%，其余部分为大厅、公共过道、楼梯、电梯、公共卫生间、大楼管理人员用房、设备用房等占用的面积。

2）租金平均为35元/（m^2·月）。

3）空房率年平均为10%，即出租率年平均为90%。

4）建筑物原值5500万元。

5）家具设备原值500万元。

6）经常费平均每月10万元，包括人员工资、水电、空调、维修、清洁、保安等费用。

7）房产税依照建筑物原值扣减30%后的余值的1.2%计算缴纳（每年）。

8）其他税费约为月总收入的6%（每月）。

（3）测算年有效毛收入

年有效毛收入 = 31200m² ×35 元/(m² · 月) ×12 月 ×90% = 1179.36 万元

（4）测算年运营费用

1）经常费：

年经常费 = 10 万元/月 ×12 月 = 120 万元

2）房产税：

年房产税 = 5500 万元 ×(1 −30%) ×1.2% = 46.20 万元

3）家具设备折旧费：采用直线折旧法计算每年家具设备的折旧费。家具设备的经济寿命推定平均为10年，残值率为4%。

年家具设备折旧费 = 500 万元 ×(1 −4%)/10 = 48 万元

4）其他税费：

年其他税费 = 31200m² ×35 元/(月 · m²) ×90% ×6% ×12 月 = 70.76 万元

5）年运营费用：

年运营费用 = 1) +2) +3) +4)

= 120 万元 +46.20 万元 +48 万元 +70.76 万元 = 284.96 万元

（5）计算年净收益

年净收益 = 年有效毛收入 − 年运营费用

= 1179.36 万元 −284.96 万元

= 894.40 万元

（6）确定报酬率　在调查市场上相似风险的投资所要求的报酬率的基础上，确定报酬率为10%。

（7）计算房地产价格　判断净收益基本上每年不变，且因收益年限为有限年，具体的计算公式为：

$$V = (A/Y)\ [1 - 1/(1 + Y)^n]$$

上述公式中的收益年限 n 等于45年（因为从1999年5月15日起计土地使用年限为50年，1999年5月15日到2004年5月15日为5年，此后的收益年限为45年），则：

$V = 894.4$ 万元$/10\% \times [1 - 1/(1 + 10\%)^{45}] = 8821$ 万元

估价结果：根据计算结果，并参考估价人员的经验，确定估价对象于2004年5月15日的购买总价为8821万元，约合每平方米建筑面积1696.35元。

【例5－21】6年前甲公司提供一宗40年使用权的出让土地与乙公司合作建设一办公楼，总建筑面积3000m²，于4年前建成并投入使用，办公楼正常使用寿命长于土地使用年限。甲、乙双方当时合同约定，建成投入使用后，其中的1000m²建筑面积归甲方，2000m²建筑面积由乙方使用15年，期满后无偿归甲方。现今，乙方欲拥有该办公楼的产权，甲方也愿意将其转让给乙方。试估算乙方现时应出资多少万元购买甲方的权益。据调查得知，现时该类办公楼每平方米建筑面积的月租金平均为80元，出租率为85%，年运营费用约占租赁有效毛收入的35%，资本化率为10%。

解：(1) 计算办公楼现值

1) 办公楼整体年净收益 $=80$ 元/(月·m^2) $\times 3000m^2 \times 85\% \times (1-35\%) \times 12$ 月

$=159.12$ 万元

2) 收益年限 $=40$ 年 -6 年 $=34$ 年

3) 办公楼现值为：

$V=A/R[1-1/(1+R)^2]=159.12$ 万元$/10\% \times [1-1/(1+10\%)^{34}]=1528.92$ 万元

(2) 计算乙方的使用权价格

1) 乙方使用权年净收益 $=80$ 元/(月·m^2) $\times 2000m^2 \times 85\% \times (1-35\%) \times 12$ 月

$=106.08$ 万元

2) 乙方使用权剩余收益年限 $=15$ 年 -4 年 $=11$ 年

3) 乙方使用权剩余收益年限价格为：

$V=(A/R)[1-1/(1+R)^2]$

$=106.08$ 万元$/10\% \times [1-1/(1+10\%)^{11}]=689$ 万元

(3) 甲方权益价格 = 办公楼现值 − 乙方使用权价格

$=1528.92$ 万元 -689 万元 $=839.92$ 万元

【例5-22】 估价对象为一出租写字楼，土地总面积 $7000m^2$，建筑总面积 $56000m^2$，建筑物结构为钢筋混凝土结构，地上36层，地下2层，土地使用权年限为50年，从1998年9月30日取得土地时起计，建设期3年。需要评估出该宗房地产2003年9月30日的买卖价格。有关资料为：该写字楼使用面积为建筑面积的65%，月租金为每平方米使用面积150元，空置率平均为15%。建筑物原值22000万元，耐用年限60年，残值率0；家具设备原值8000万元，耐用年限为12年，残值率为4%。经常费每月100万元，房产税为租金的12%，营业税等为6%。报酬率为8%。

解：(1) 运用收益法有限年公式求取房地产价格　其公式为：

$$V=(A/Y)\ [1-1/(1+Y)^n]$$

(2) 计算年总收益　年总收益 $=56000m^2 \times 65\% \times 150$ 元/(月·m^2) $\times 12$ 月 $\times (1-15\%)=5569.2$ 万元

(3) 计算年总费用

1) 年折旧费 $=8000$ 万元 $\times (1-4\%)/2 = 640$ 万元

2) 年经常费 $=100$ 万元/月 $\times 12$ 月 $=1200$ 万元

3) 年房产税 $=5569.2$ 万元 $\times 12\% = 668.3$ 万元

4) 营业税等 $=5569.2$ 万元 $\times 6\% = 334.15$ 万元

年总费用 $=640$ 万元 $+1200$ 万元 $+668.3$ 万元 $+334.15$ 万元 $=2842.45$ 万元

(4) 计算年净收益 $=5569.2$ 万元 -2842.45 万元 $=2726.75$ 万元

(5) 计算房地产价格

$V=2726.75$ 万元$/8\% \times [1-1/(1+8\%)^{50-5}]=33016.58$ 万元

【例 5-23】某待估房地产为一幢 24 层的写字楼，钢筋混凝土框架结构，占地面积 $2500m^2$，建筑总面积 $26000m^2$，土地使用期 50 年，1998 年落成。相关资料：该房地产可供出租面积 $16900m^2$，每平方米租金 100 元/月，出租率为 95%，建筑物原值为 2600 万元，辅助设施原值 260 万元，日常开支 5 万元，土地税、房产税及其他税费合计为总收入的 8%。要求评估 2003 年 5 月的收益现价。

解：1）评估方法：该房地产主要以出租方式经营，故选用收益法。

2）计算总收益：$16900m^2 \times 100$ 元/(月 · m^2) $\times 12$ 月 $\times 95\% = 1926.6$ 万元

3）计算总费用：建筑物折旧期按 50 年计，残值为 0，辅助设施耐用年限为 10 年，残值率 5%。

年折旧费 = 2600 万元/50 + 260 万元/10 × 95% = 76.7 万元

年日常开支 = 5 万元/月 × 12 月 = 60 万元

各项税费 = 1926.6 万元 × 8% = 154.1 万元

年总费用 = 76.7 万元 + 60 万元 + 154.1 万元 = 290.8 万元

4）计算纯收益。

年纯收益 = 1926.6 万元 - 290.8 万元 = 1635.8 万元

5）计算价格：按 45 年使用期，还原利率为 10%，则

房地产价格 = 1635.8 万元/10% $\times [1 - 1/(1 + 10\%)^{45}]$ = 16133.6 万元

阅读材料

收益法实际计算中常见错误

1）项目和参数使用错误，收益或费用（出租方为取得收益而支出的费用）的项目判断不准或错误。

2）年期计算错误，主要错在折旧年限或房屋剩余使用年限。

3）有几个还原率时，还原率采用不准。

4）计算错误，如只算单价，不算总价，或相反；未能区分楼面地价与地面地价，建筑面积与土地面积等。

收益法应用过程中应注意的问题：

1）收益是否采用客观收益，是否考虑租约限制、空置率、损失率，对于客观收益是否考虑到未来的变化，收益均应以年为单位，查看是否一致。

2）运营成本考虑得是否全面，是否剥离了其他资产的收益，是否有漏项和重复计算问题。

3）资本化率的确定理由是否充分，方式是否正确。选用的是综合收益率，还是土地收益率或建筑物收益率，以及各种收益率所对应的收益。

4）收益年限的确定是否正确。

5）模型的选用是否正确，对其前提条件是否做了说明等。

6）年限差别注意：建筑耐用年限必须服从于土地使用年限。

7）承租土地使用权评估方法注意：市场租金和合同租金差值的还原。

本章小结

本章主要介绍收益法的原理、特点、适用范围和运用举例。教学重点、难点：熟练运用收益法的基本公式和计算步骤。

同时补充阅读材料——中外收益法估价发展综述，使学生对收益法理论、国内外收益法研究、实践发展状况有所了解。

练习题

一、名词解释

1. 收益法
2. 土地残余法

二、问答题

1. 如何理解折现与资本化的关系？为什么说收益法的实质是纯收益的资本化？
2. 残余收益法、购买年法以及收益分析法在估价实务中有何现实意义？
3. 在纯收益变化时，收益法又将如何变化？

三、选择题（1～3 为单选题，4～5 为多选题）

1. 在计算净收益时，潜在毛收入、有效毛收入、运营费用、净收益通常以年度计，并假设在年末发生。此说法（　　）。

   A. 对　　B. 错

2. 已知某酒店可以在未来 30 年内取得丰厚收益，经计算未来 3 年收益分别为 93 万元、100 万元、120 万元，从第 4 年到第 30 年的净收益会稳定在 130 万元，该区域酒店类房地产的报酬率为 12%，则此宗估价对象房地产的价格为（　　）万元。

   A. 992.06　　B. 983.10　　C. 1080　　D. 852

3. 某一厂房建成后 5 年被改造为超级市场，并补办了土地使用权出让手续，土地使用权出让年限为 40 年，建筑物的经济寿命为 50 年，则计算该建筑物折旧的经济寿命应为（　　）年。

   A. 40　　B. 42　　C. 45　　D. 50

4. 对于报酬资本化法最一般的公式，下列说法正确的有（　　）。

   A. 是收益法的原理公式，主要用于理论分析
   B. 实际估价中，一般假设报酬率长期维持不变
   C. 报酬资本化法公式均是假设净收益相对于估价时点发生在期末
   D. 净收益、报酬率、收益期限的单位要一致，通常为年，也可以是月、季等

5. 收益性房地产的价值就是其未来净收益的现值之和，价值的高低主要取决于（　　）。

   A. 未来净收益的大小　　B. 获得净收益的可靠性
   C. 获得净收益期限的长短　　D. 获得净收益预期

四、案例分析题

1. 估价对象为某三星级宾馆，土地使用权性质为划拨商业用地。

（1）业主委托房地产估价机构评估该宾馆的抵押价值。下列关于房地产抵押贷款风险的表述中，正确的是（　　）。

A. 抵押期限内房地产市场变动造成市场价值下降形成预期风险

B. 抵押期限内房地产不当使用造成市场价值减损形成适宜性风险

C. 抵押人不能履行债务时，因处置抵押物的强制性等造成房地产价值形成耗损风险

D. 选用估价方法不恰当形成适宜性风险

（2）如果该宾馆的财务数据能客观反映同类宾馆的客观经营状况和经营收益，则在运用收益法评估该宾馆的价值时（　　）。

A. 该宾馆财务数据中的当年净利润可视作年净收益

B. 按当地同类宾馆的正常经营利润水平核算得到的该宾馆的年利润可视作年净收益

C. 该宾馆财务数据中的年净利润减当地同类宾馆的正常商业利润可视作年净收益

D. 根据该宾馆财务数据中的年总利润、建筑物折旧和财务费用，并考虑未来变动情况，扣减当地同类宾馆的正常商业利润后的所得可视作年净收益

（3）若采用成本法估价，下列表述中不正确的是（　　）。

A. 应对房屋建筑物、房屋装修部分分别计算折旧

B. 无论是借贷资金还是自有资金都应计算利息

C. 在估价测算过程中土地取得成本应包括补缴的土地使用权出让金

D. 在最终积算价值中应扣减需要补缴的土地使用权出让金

（4）假如以投保火灾险为估价目的评估该宾馆的保险价值，估价结果为3500万元，则（　　）。

A. 3500万元是该宾馆的公开市场价值

B. 3500万元是该宾馆房地产的公开市场价值

C. 3500万元是保险事故发生后的损失价值

D. 投保时，保险金额不能超过3500万元

2. 某商品住宅小区内临小区外道路的部分绿地因扩展城市道路而被占用，该商品住宅小区居民向房地产估价师咨询房地产价值变动情况。

（1）若房地产估价师认为该住宅小区房地产整体价值发生减损，其主要原因是（　　）。

A. 道路扩宽后，交通发生变化

B. 绿地率发生变化

C. 公共配套设施发生变化

D. 土地形状发生变化

（2）若房地产估价师认为该住宅小区房地产整体价值增值，其主要原因是（　　）。

A. 噪声和污染程度发生变化

B. 土地形状发生变化

C. 人口密度发生变化

D. 出行便捷程度发生变化

（3）房地产估价时测算房地产价值变化额度的正确思路是（　　）。

A. 由于住宅小区用地条件发生变化，按住宅用地采用基准地价修正法计算价值变化额度

B. 以减少的绿地的建设成本费用作为价值变化额度

C. 用市场法分别测算出城市道路扩展后房地产的价值，相减得出房地产价值变化额度

D. 用路线价法测算临街距离引起的房屋价值变化得出房地产价值变化额外负担度

3. 某工厂有甲、乙两个厂区，当初两个厂区的土地均为划拨方式取得。其中甲厂区在 20 世纪 90 年代已经补交了土地使用权出让金，办理了土地使用权出让手续。现在甲厂区为危险房，乙厂区为严重损坏房，房地行政主管部门已通知工厂停止使用。该工厂为了生存和发展，决定转让甲厂区、抵押乙厂区房地产，经有关部门批准后用筹得的资金在乙厂区重新建造厂房。现聘请某估价机构同时对两厂区进行估价。

(1) 针对以上情况，在估价时最恰当的做法是（　　）。

A. 将两个厂区视为一个估价项目一起估价，出具一份估价报告

B. 将两个厂区视为两个估价项目分别估价，每个项目出具一份估价报告

C. 两个厂区分别估价，出具一份估价报告

D. 视委托人要求进行估价并出具估价报告

(2) 委托人要求估价机构按照委托人的估价目的对甲、乙两个厂区的房屋和土地进行估价。估价机构认为（　　）。

A. 可以按委托人要求对两个厂区的房屋和土地进行估价

B. 只能对两个厂区的土地进行估价

C. 可以对甲厂区的土地、乙厂区的房屋和土地进行估价

D. 可以对乙厂区的土地、甲厂区的房屋和土地进行估价

(3) 对乙厂区的土地估价的思路应当是（　　）。

A. 按出让土地使用权评估其公开市场价值

B. 按出让土地使用权评估其市场价值，再扣除应缴纳的土地使用权出让金

C. 用成本法估算土地公开市场价值，再扣除应缴纳的土地使用权出让金

D. 用假设开发法估价，先估算其改造完成后的价值，再减去开发成本、管理费用、投资利息、销售费用、销售税费、开发利润和投资者购买待开发土地应负担的税费

五、计算题

1. 有一宗土地，出让年期为 50 年，资本化率为 10%，预计未来前 5 年的净收益分别为 15 万元、16 万元、18 万元、15 万元、20 万元，第 6 年开始净收益可以稳定在 25 万元，试评估该宗土地的收益价值。

2. 有一宗房地产，2003 年的净收益为 50 万元，资本化率为 5%，若：①未来各年的净收益将在上一年的基础上增加 1 万元；②未来各年的净收益将在上一年的基础上增长 1%。试分别评估两种情况下 2003 年初的房地产价值。

3. 现有一宗地面积为 200m^2，1998 年 11 月通过出让方式取得土地使用权，使用年期为 50 年。该宗土地上的房屋建筑面积为 350m^2，现全部用于出租。试根据以下资料，评估该宗土地 2002 年 11 月份的价格。

（1）该房屋出租，每年收取押金 4 万元，平均每个月租金收入为 3.5 万元，平均每个月总费用为 1.5 万元。

（2）该房屋耐用年限为 50 年，已使用 5 年，目前重置价格为每建筑平方米 3500 元，残值率为 0。

（3）押金收益率为 8%。

（4）土地的还原利率为 6%，建筑物的还原利率为 8%。

4. 某宗房地产 2001 年 5 月的年净收益为 300 万元，预测未来 3 年的年净收益仍然保持这一水平，2004 年 5 月转售时的价格比 2001 年 5 月上涨 12%，转售时卖方应缴纳的税费为售价的 6%。若该类房地产的投资收益率为 9%，试测算该宗房地产 2001 年 5 月的价格。

第6章 成本法

【教学目的】熟悉成本法的基本原理、操作步骤、房地产价格构成和重新构建价格。掌握成本法的基本公式和建筑物折旧。了解商品住宅和经济适用住房价格的构成、农地征用和城市房屋拆迁费用、房屋折旧和房屋完损等级评定的有关规定。

【重点难点】重点和难点在于成本法的基本原理与操作步骤；房屋折旧的计算。

【能力点描述】熟悉利用成本法进行房地产估价的步骤、要点；能运用所学知识判定哪些房地产需要用成本法估价；具备利用成本法进行估价工作的基本知识和技能。

6.1 成本法的基本原理

参照有关资料，对成本法的基本原理做如下梳理。

6.1.1 成本法的概念

1. 称谓

成本法又称重置成本法、成本逼近法、原价法、承包商法等。成本法也可称为积算法，即通过成本累积的方式，把所有这些的花费累加起来，再附加一个增值收益。

阅读材料

成本逼近法

成本逼近法是以开发土地所耗费的各项客观费用为主要依据，再加上一定的利润、利息、应缴纳的税金和土地增值收益来确定土地价格的方法。

使用成本逼近法求取有限年期的土地使用权价格的公式为：

土地价格 =（土地取得费及相关税费 + 土地开发费 + 利息 + 利润 + 土地增值收益）× 年期修正系数 ×（1 + 个别修正系数）

2. 概念

成本法是求取估价对象在估价时点的重新构建价格，然后扣除折旧，以此求取估价对象的客观合理价格或价值的方法。成本法的本质是以房地产的开发建设成本为导向求取估价对象的价值。

成本法也可以说是以房地产价格各构成部分的累加为基础来测算房地产价格的方法，是依据开发或建造待估房地产或类似房地产所需要的各项必要正常费用，包括正常的利润、利息和税费，而评估待估对象价格的方法。所以，成本法这个概念中的“成本”，并不是通常意义上的成本，而是指价格。但在该方法中也用到了通常意义上的成本。因此，在遇到“成本”一词时，要注意根据上下文的内容判定其具体所指。

3. 成本积算思路

成本积算思路就是根据房地产开发所需的成本来评估房地产的价格，它是由市场上“经济人”的替代规律所导致的。用成本法估价求取的价格称为积算价格。

阅读材料

“经济人”的假定

“经济人”是经济学中对“经济活动中的人”的一种假定，是指以经济效益最优为唯一目标，掌握充分的市场信息，对市场、环境具有完全的洞察力，能精确地计算各种因子将对自己实现目标过程所产生的影响的人。这种假定虽然简单，但对于理解和分析经济现象有重要意义，使经济学研究不至于陷入各种细节之中，有助于把握经济现象的实质。

对于需求方而言，如果市场上的房地产价格高于在当时的市场条件下开发同类房地产的成本，那么他将放弃从市场直接购买房地产的想法，而采取自行开发建造的方式。因此房地产开发的社会成本是需求方愿意支付价格的上限。

对于供给方而言，如果开发出来的房地产商品，其销售收入不能回收其开发成本并使其获得正常利润，他也不会接受这一价格，开发成本是供给方愿意接受价格的下限。

因此，开发成本是供需双方都能够接受的价格。成本积算思路在理论上的反映就是生产费用价值论。

4. 成本法的实质

成本法是通过对估价对象房地产的各组成部分的市场价格的估算，最终确定估价对象整体的市场价格的方法。

其实质是以房地产的开发建设成本为导向，求取估价对象的价值。

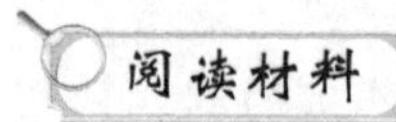

成本法基本评价

土地商品价格取决于效用、稀缺性和有效购买力，并非取决于成本，所以运用该方法评估土地商品的估价结果与市场价格水平会有差异。因此，成本法应用范围受到一定的限制，它主要适用在收益法、市场法很难用的场合。

5. 注意问题

1）历史资料的真实性。

2）形成资产价值的成本耗费是必要的。

3）要区分实际成本和客观成本。实际成本是某个具体的开发商的实际花费，客观成本是假设开发建设时大多数开发商的正常花费。在估价中应采用客观成本，而不是实际成本。

4）要结合市场供求分析来确定评估价值。当市场供大于求时，价值应向下调整；当求大于供时，价值应向上调整。

6. 成本法的优缺点

成本法的缺点是：在现实中，房地产的价格直接取决于其效用，而非花费的成本，成本的增减一定要对效用有所作用才能影响价格。价格等于“成本加平均利润”是在长期内平均来看的，而且还需要具备两个条件：一是自由竞争（即可以自由进入市场），二是该种商品本身可以大量重复生产。房地产的开发建设成本高并不一定意味着房地产的价格就该高，开发建设成本低也不一定说明房地产的价格就不该高。

成本法的优点是“成本”能让一般人看得见，估价有“依据”。但运用成本法估价时值得注意的是：在现实中，房地产的价格直接取决于其效用，而非花费的成本，成本的增减一定要对效用有所作用才能影响价格；换一个角度讲，房地产成本的增加并不一定能增加其价值，投入的成本不多也不一定说明其价值不高。

6.1.2　成本法的理论依据

成本法的理论依据是生产费用价值论——商品的价格是其生产所必要的费用而决定的。具体又可以分为从卖方的角度来看和从买方的角度来看。从卖方的角度来看，是生产费用价值论。从买方的角度来看，是替代原理。

具体一点讲，从卖方的角度来看，房地产的价格是基于其过去的生产费用，重在过去的投入，是卖方愿意接受的最低价格，不能低于他为开发建设该房地产花费的代价，如果低于该代价，他就要亏本。从买方的角度来看，房地产的价格是基于社会上的生产费用，类似于替代原理，具体一点讲，是买方愿意支付的最高价格，不能高于他所预计的重新开发建设该房地产所需花费的代价，如果高于该代价，他还不如自己开发建设（或者委托另外的人开发建设）。例如，该房地产为土地与建筑物合成体的房地产时，买方在确定购买价格时通常会这样考虑：如果自己另外购买一块相当的土地，它的现时价格是多少，然后在该块土地上建造类似的建筑物，它的现时费用又是多少，此两者之和即为自己愿意支付的最高价格。如果所购买的房地产中的建筑物是旧的，通常还要考虑建筑物的折旧，即还要减价。

由上可见，一个是不低于开发建设已经花费的代价，另一个是不高于预计重新开发建设所需花费的代价，买卖双方可以接受的共同点必然是正常的代价（包含正常的费用、税金和利润）。因此，估价人员便可以根据开发建设估价对象所需的正常费用、税金和利润之和来测算其价格。

阅读材料

土地价格原理

城市土地既是大自然的产物，但同时又因人类的改造而凝结着人类劳动，因此，利用成本法评估土地使用权的价格，就是以开发土地所耗费的各项费用之和为主要依据，再加上一定的利润、利息、应缴纳的税金和土地所有权收益来确定土地价格。

依据等量资金应获取等量收益的投资原理，土地取得费和土地开发费应产生相当的利润，根据国家对土地的所有权在经济上得到体现的要求，再加上土地所有权应得的收益，就得到土地价格。

6.1.3 成本法适用的对象和条件

1. 成本法适用的对象

只要是新近开发建设、可以假设重新开发建设或者计划开发建设的房地产，都可以采用成本法估价。成本法一般适合在农村地区、城乡接合部、新开发地区以及旧城改造地区，特别适用于那些既无收益又很少发生交易的房地产估价，如学校、图书馆、体育场馆、医院、政府办公楼、军队营房、公园等公用、公益房地产，以及化工厂、钢铁厂、发电厂、油田、码头、机场等有独特设计或只针对个别用户的特殊需要而开发建设的房地产。单纯建筑物的估价通常也是采用成本法。另外，成本法也适用于估价市场不完善或小型市场上无法运用市场法估价的房地产或一些特殊用地价格的评估。

在房地产保险（包括投保和理赔）及其他损害赔偿中，通常也是采用成本法估价。因为在保险事故发生后或其他损害中，房地产的损毁往往是局部的，需要将其恢复到原貌；对于发生全部损毁的，有时也需要用重置或重建的办法来解决。

注意：成本法主要用于工业用地估价，商业和住宅用地不适用；适用于新开发土地估价，不适用建成区域已开发土地的估价。

2. 成本法适用的条件

现实中，房地产的价格直接取决于其效用，而非花费的成本。也就是说，成本的增加并不一定增加其价值，投入成本不多也不一定说明其价值不高。同时，由于土地的价值具有自然增值性，与投入成本关系不大，所以，成本法在土地估价中的应用受到限制。

成本法估价比较费时费力，测算重新构建价格和折旧也有一定的难度，尤其是那些过于旧的建筑物，往往需要估价人员针对建筑物进行实地勘察，依靠其主观判断。成本法估价还要求估价人员有专业知识和丰富的经验，特别是要具有良好的建筑、建筑材料、建筑设备和工程造价等方面的专业知识。

6.1.4 成本法的操作步骤

运用成本法估价一般分为下列四个步骤进行：①搜集有关房地产开发建设的成本、税费、利润等资料；②测算重新构建价格；③测算折旧；④求取积算价格。

阅读材料

北京市商品住宅销售价格构成

(1) 开发成本费用　开发成本费用包括①土地使用权取得费；②前期工程费；③建筑、安装工程费；④基础设施建设费；⑤公共配套设施建设费；⑥开发间接费。

(2) 期间费用　商品住宅开发期间费用为管理费用、财务费用、销售费用等与住宅开发项目有关的支出。

(3) 税金

(4) 商品住宅开发期间依法应当缴纳的其他行政性事业性收费。

(5) 利润 销售利润以 (1)、(2) 项之和为基数计取。

6.2 房地产价格构成

参照有关资料，对房地产价格构成做如下梳理。

下面以取得房地产开发用地进行房屋建设，然后销售所建成的商品房这种典型的房地产开发经营方式为例，从便于测算各构成项目的金额的角度，划分房地产价格构成。在这种情况下，房地产价格通常由七大项构成：①土地取得成本；②开发成本；③管理费用；④投资利息；⑤销售费用；⑥销售税费；⑦开发利润。

6.2.1 土地取得成本

土地取得成本是指取得房地产开发用地所需的费用、税金等。在完善的交易市场中，土地取得成本一般是由购置土地的价款和在购置时应由开发商（作为买方）缴纳的税费（如契税、交易手续费）构成。在目前情况下，土地取得成本的构成根据房地产开发用地取得的途径，可分为下列三种：

(1) 通过征用农地取得 土地取得成本包括农地征用中发生的费用和土地使用权出让金等。

(2) 通过在城市中进行房屋拆迁取得 土地取得成本包括城市房屋拆迁中发生的费用和土地使用权出让金等。城市房屋拆迁中发生的费用，参见6.6节的有关内容。

(3) 通过在市场上购买取得 如购买政府出让或其他开发商转让的已完成征用或拆迁补偿安置的熟地，土地取得成本包括购买土地的价款和在购买时应由买方缴纳的税费等。

阅读材料

土地取得成本

土地取得成本为取得土地而向原土地使用者支付的各项客观费用，分为三种情况：

1) 为国家征用集体土地，而支付给农村集体经济组织的费用，包括土地补偿费、地上附着物和青苗补偿费及安置补助费等。

征地中各项费用必须符合《土地管理法》及土地所在地方人民政府的相关规定并结合市场确定。

土地补偿费、安置补助费一般按被征地前三年的平均年产值的倍数计算（占用耕地的，土地补偿费为前三年平均年产值的6~10倍，安置补助费为年产值的4~6倍），两项合计不超过30倍。

以某市为例：该市被征农地主要为耕地、园地、林地和鱼塘。以年产值2500元/亩为基准。

土地补偿费：

①征用耕地土地补偿费：年产值的10倍。

②征用园地、林地和鱼塘土地补偿费：年产值的8~12倍。

③征用其他农地的土地补偿费：年产值的10倍。

④征用未利用地土地补偿费：年产值的10倍。

安置补助费：

①征用耕地，按面积计算，被征地单位人均耕地在1亩以上的，为前三年平均年产值的5倍。人均耕地不足1亩的，从6倍，且人均耕地每减少0.1亩，增加1倍，但最高不超过15倍。

②征用其他农地的，按土地补偿费的70%计取。

③征用未利用地和非农建设用地，不支付补助费。

青苗补偿费：

①一年生作物按前三年平均年产值计取。

②一年两季作物以上的，按前三年平均年产值的50%计取。

③可移植的苗木、花草以及多年生经济林木等，支付移植费；不能移植的，给予合理补偿或作价收购。

④果园、鱼塘或其他养殖业按当年实际损失补偿。其中安置人数的计算公式如下：

安置人数=征用农用地/被征地前人均农地面积

地上附着物补偿费：

按地方规定执行。

征地过程中发生的税费：

①占用耕地时的耕地占用税（占用耕地时使用）。

②占用耕地时的耕地开垦费（13元/m^2，占用耕地时使用，占用基本农田的加收40%）。

③占用菜地的新菜地开发建设基金（10000元/亩，占用城市郊区菜地的）。

④农业重点开发建设基金（2400元/亩）。

⑤征地管理费（土地补偿费、青苗补偿费、地上附着物补偿费、安置补助费四项之和的百分比，3%左右）。

⑥土地用途变更费（1~2元/m^2）。

⑦当地政府规定的其他有关税费。

2）城镇国有土地（建成区）的土地取得费可按拆迁安置补偿费计算。土地取得为取得已利用城市土地而向原土地使用者支付的拆迁补偿费用，这是对原城市土地使用者在土地上投资未收回部分的补偿。

拆迁补偿标准各地均有具体规定。主要包括：

①拆除房屋及构筑物的补偿费。

②拆迁安置补助费。

③房屋拆迁管理费。

④房屋拆迁服务费。

⑤政府规定的其他有关税费。

3）从市场受让土地时，土地取得费就是土地受让价格（应为客观合理的公开市场价格，不是“有条件受让”等特殊交易）。应注意买入土地的税费不应计入（由剩余法公式推导可知），另需注意价格内涵（如“×通一平”，是否含出让金、受让价格是否含有建设规费等），避免与土地开发费等重复计算。

在实际操作中，注意上述税费须为正常税费，其他非正常性支出如土地闲置费等不能计入成本。

在实际操作中，以同一区域或类似区域土地取得费的均价作为待估宗地的土地取得成本。

6.2.2　开发成本

开发成本是指在取得房地产开发用地后进行土地开发和房屋建设所需的直接费用、税金等，在理论上可以将其划分为土地开发成本和建筑物建造成本。在实际中主要包括下列几项：

1）勘察设计和前期工程费，包括可行性研究、规划、勘察、设计及“三通一平”等工程前期所发生的费用。

2）基础设施建设费，包括所需的道路、给水、排水、电力、通信、燃气、热力等设施的建设费用。

3）房屋建筑安装工程费，包括建造房屋及附属工程所发生的土建工程费用和安装工程费用。

4）公共配套设施建设费，包括所需的非营业性的公共配套设施的建设费用。

5）开发建设过程中的税费。

阅读材料

土地开发费

土地开发费用分宗地外土地开发费和宗地内土地开发费两种。

(1) 宗地外土地开发费　按该区域土地平均开发程度下需投入的各项客观费用计算。主要是指区域土地开发利用所需的道路、给水、排水、电力、通信、燃气（有时还包括蒸汽）等基础设施和公共建设配套费，应该为区域客观平均费用。

土地使用权“×通一平”是指宗地外“×通”，宗地内土地平整的“一平”。

(2) 宗地内土地开发费　宗地内除场地平整费外，其他土地开发费（如路、水、电、通信等）按客观平均费用计算，一般不纳入评估地价，而归口至资产评估范畴。

土地开发费一般依据当地人民政府公布的相关文件规定，明确公布的各配套费的具体内容和征收标准，同时结合待估宗地基准日的开发程度进行计算。如果当地未公布配套费的征收文件或公布征收的配套费标准与实际开发程度不一致，则需参考当地基准地价测算时的土地开发费，同时到土地开发的相关部门调查、分析、测算设定开发程度条件下的开发费。某市主城区一般宗地“六通一平”土地开发费用见表6－1。

表6－1　某市主城区一般宗地“六通一平”土地开发费用

（单位：万元）

开发程度	道路	给水	排水	电力	邮电通信	燃气	平整土地
开发费用	60	40	35	30	10	30	10

6.2.3 管理费用

管理费用是为管理和组织房地产开发经营活动发生的各种费用，包括开发商的人员工资及福利费、办公费、差旅费等，可总结为土地取得成本与开发成本之和的一定比率。在估价时，管理费用通常可按土地取得成本与开发成本之和乘以这一比率来测算。

6.2.4 投资利息

此处的投资利息与会计上的财务费用不同，包括土地取得成本、开发成本和管理费用的利息。垫付的土地取得费，垫付的土地开发费，应该计算相应的投资利息。从经济学的角度讲，资金或预付资本不管是从银行借，还是自己投入的，都应该计算利息。投资利息应作为一个要素考虑。

计算利息时要注意的问题：

1）不管自有资金还是借入资金，都要计算利息。

2）关于计息期。计息的时间，要准确地把握垫付的资金所占用的时间。分清期初一次性投入、均匀投入、分段均匀投入。期初一次性投入：全期计息。均匀投入：计息期为开发期的一半。分段均匀投入（例如：第一年投入30%，第二年投入70%）：计息期为各段时间一半附加剩余占用期间。

在用成本法评估土地价格时，投资包括土地取得成本和土地开发费两大部分。由于两部分资金的投入时间和占用时间不同，土地取得成本在土地开发动工前即要全部付清，在开发完成销售后方能收回，因此计息期应为整个开发期和销售期。土地开发费在开发过程中逐步投入，销售后收回，若土地开发费是均匀投入，则计息期为开发期的一半。

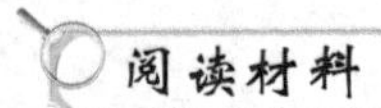

土地开发利息

按照界定土地开发程度的正常开发周期、各项费用的投入期限和资本年利息率，分别估计各期投入利息，按复利计算。注意开发利润不能计算利息。

对于土地取得费及有关税费的利息，按资金在计息期即整个开发周期内一次投入计算；对于开发费的利息，按资金在计息期即整个开发周期内均匀投入计算。利息计算如下：

1）直接采用当地市、县人民政府公布的市政基础设施配套费，且公布的配套费能够达到实际开发费标准。

$$投资利息=(土地取得费及有关税费+市政基础设施配套费)\times[(1+利息率)^{开发周期}-1]$$

2）当地市、县人民政府公布的市政基础设施配套费未达到实际开发费标准。

$$投资利息=(土地取得费及有关税费+市政基础设施配套费)\times[(1+利息率)^{开发周期}-1]+(土地开发费-市政基础设施配套费)\times[(1+利息率)^{开发周期/2}-1]$$

3）当地市、县未公布配套费标准，土地开发费是经过调查确定的。

$$投资利息=土地取得费及有关税费\times[(1+利息率)^{开发周期}-1]+土地开发费\times[(1+利息率)^{开发周期/2}-1]$$

6.2.5 销售费用

销售费用是指销售开发完成后的房地产所需的费用，包括广告宣传费、销售代理费等。销售费用通常按售价乘以一定比率来测算。

6.2.6 销售税费

销售税费是指销售开发完成后的房地产应由开发商（作为卖方）缴纳的税费，又可分为下列两类：

(1) 销售税金及附加　销售税金及附加包括增值税、城市维护建设税和教育费附加(通常简称“两税一费”）等。

(2) 其他销售税费　其他销售税费包括应由卖方负担的交易手续费，如销售税费、交易契税等。

6.2.7 开发利润

现实中的开发利润是一种结果，是由销售收入（售价）减去各种成本、费用和税金后的余额。而在成本法中，售价是未知的，是需要求取的，开发利润则是需要事先测算的，所以运用成本法估价需要先测算出开发利润。测算开发利润应掌握下列几点：

1）开发利润是所得税前的，即：

开发利润 = 开发完成后的房地产价值 - 土地取得成本 - 开发成本 - 管理费用 - 投资利息 - 销售费用 - 销售税费

2）开发利润是在正常条件下开发商所能获得的平均利润，而不是个别开发商最终获得的实际利润，也不是个别开发商所期望获得的利润。

3）开发利润是按一定基数乘以同一市场上类似房地产开发项目所要求的相应平均利润率来计算的。开发利润的计算基数和相应的利润率有下列几种：

①计算基数 = 土地取得成本 + 开发成本，相应的利润率可称为直接成本利润率，即：

直接成本利润率 = 开发利润/(土地取得成本 + 开发成本)

②计算基数 = 土地取得成本 + 开发成本 + 管理费用，相应的利润率可称为投资利润率，即：

投资利润率 = 开发利润/(土地取得成本 + 开发成本 + 管理费用)

③计算基数 = 土地取得成本 + 开发成本 + 管理费用 + 投资利息 + 销售费用，相应的利润率可称为成本利润率，即：

成本利润率 = 开发利润/(土地取得成本 + 开发成本 + 管理费用 + 投资利息 + 销售费用)

④计算基数 = 开发完成后的房地产价值（售价），相应的利润率可称为销售利润率，即：

销售利润率 = 开发利润/开发完成后的房地产价值

所以，在测算开发利润时要注意计算基数与利润率的匹配，即采用不同的计算基数，应选用相对应的利润率；反过来，选用不同的利润率，应采用相对应的计算基数，不能混淆。从理论上讲，同一个房地产开发项目的开发利润，无论是采用哪种计算基数与其相对应的利润率来测算，所得的结果都是相同的。

阅读材料

土地开发周期、土地开发利润、土地增值收益

(1) 土地开发周期　土地开发周期是从拿地（签订出让合同，取得土地使用权）至具备开工建设的条件（指评估设定宗地外开发条件到位，宗地内实现场地平整，可以进场施工）的期限。

(2) 土地开发利润

土地开发利润 =(土地取得费及税费 + 开发费)×利润率

如一般城市规定普通商品住宅投资利润率为投资成本的10%，经济适用房投资利润率为投资成本的3%；目前工业用地土地开发利润一般为6%～10%。

(3) 土地增值收益

土地增值收益 =(土地取得费 + 土地开发费 + 税费 + 利息 + 利润)×土地增值收益率

例如江苏省土地增值收益率的分地区确定原则，即按苏北、苏中、苏南地区分别确定土地增值收益率不低于10%、15%和20%。

6.3 基本公式

参照有关资料，对收益法基本公式做如下梳理。

6.3.1 成本法最基本的公式

成本法最基本的公式为：

积算价格 = 重新构建价格 - 建筑物折旧

上述公式可针对下列三类估价对象而具体化：①新开发的土地；②新建的房地产（此处指房地、建筑物两种情况）；③旧的房地产（此处指房地、建筑物两种情况）。

新开发的土地和新建的房地产采用成本法估价一般不扣除折旧，但应考虑其工程质量、规划设计、周围环境、房地产市场状况等方面对价格的影响而给予适当的增减修正。例如，运用成本法评估某项在建工程的价值，即使该在建工程实实在在花了较大的成本，但在房地产市场不景气时，要予以减价调整。

求取新开发土地的价格、新建房地产的价格和旧房地产的重新构建价格的基本步骤是：①搞清房地产价格构成；②估算各构成部分的金额；③将各构成部分的金额累加。

6.3.2 适用于新开发土地的基本公式

新开发土地包括填海造地、开山造地、征用农地后进行“三通一平”等开发的土地，在旧城区中拆除旧建筑物等开发的土地。在这些情况下成本法的基本公式为：

新开发土地价格 = 取得待开发土地的成本 + 土地开发成本 + 管理费用 + 投资利息 + 销售费用 + 销售税费 + 开发利润

上述基本公式，在具体情况下又会有具体形式。如新开发区土地的分宗估价公式如下：

新开发区某宗土地的单价 =（取得开发区用地的总成本 + 土地开发总成本 + 总管理费用 + 总投资利息 + 总销售费用 + 总销售税费 + 总开发利润）÷（开发区用地总面积 × 开发完成后可转让土地面积的比率）× 用途、区位等因素修正系数

式中 开发完成后可转让土地面积的比率 = 开发完成后可转让土地总面积/开发区用地总面积 ×100%。

实际估算时通常分为下列三个步骤进行：

1）计算开发区全部土地的平均价格。

2）计算开发区可转让土地的平均价格。用第一步计算出的平均价格除以可转让土地面积的比率。

3）计算开发区某宗土地的价格。将第二步计算出的平均价格，根据宗地的规划用途、具体位置、使用年限、建筑容积率等做适当的增减修正。

对新开发区土地的分宗估价，成本法是一种有效的方法，因为在初期新开发区内的房地产市场一般还未形成，土地收益也还没有。

【例6-1】 某成片荒地面积 2km^2，取得该荒地的代价为1.2亿元，将其开发成“五通一平”熟地的开发成本和管理费用为2.5亿元，开发期为3年，贷款年利率为10%，销售税费和开发利润分别为可转让熟地价格的5.5%和9.5%，开发完成后可转让土地面积的比率为60%。试求该荒地开发完成后可转让熟地的平均单价。

解：

该荒地开发完成后可转让熟地的总价

= 取得该荒地的总代价 + 土地开发总成本 + 总管理费用 + 总投资利息 + 总销售税费 + 总开发利润

= 取得该荒地的总代价 + 土地开发总成本 + 总管理费用 + 总投资利息 + 可转让熟地的总价 ×（销售税费率 + 销售利润率）

得出：

该荒地开发完成后可转让熟地的总价

=（取得该荒地的总代价 + 土地开发总成本 + 总管理费用 + 总投资利息）÷［1 -（销售税费率 + 销售利润率）］

该荒地开发完成后可转让熟地的平均单价

=（取得该荒地的总代价 + 土地开发总成本 + 总管理费用 + 总投资利息）÷［1 -（销售税费率 + 开发利润率）］÷ 可转让熟地总面积

=（取得该荒地的总代价 + 土地开发总成本 + 总管理费用 + 总投资利息）÷［1 -（销售税费率 + 开发利润率）］÷（该荒地总面积 × 可转让土地面积的比率）

$=[120000000\text{元}\times(1+10\%)^3+250000000\text{元}\times(1+10\%)^{1.5}]\div\{[1-(5.5\%+9.5\%)]/(2000000\text{m}^2\times60\%)\}$

$=439.4\text{元/m}^2$

6.3.3 适用于新建房地产的基本公式

在新建房地的情况下，成本法的基本公式为：

新建房地价格 = 土地取得成本 + 土地开发成本 + 建筑物建造成本 + 管理费用 + 销售费用 + 投资利息 + 销售税费 + 开发利润

在新建建筑物的情况下，上述公式中不含土地取得成本、土地开发成本及应归属于土地的管理费用、投资利息、销售费用、销售税费和开发利润，即：

新建建筑物价格 = 建筑物建造成本 + 管理费用 + 投资利息 + 销售费用 + 销售税费 + 开发利润

在实际估价中，应根据估价对象和当地的实际情况对上述公式进行具体化。

阅读材料

新建房地产价格 = 取得土地费用 + 新建建筑物价格

= 征地费 + 拆迁补偿 + 拆迁安置费 + 建造建筑物费用 + 正常利税

6.3.4 适用于旧房地产的基本公式

在旧房地的情况下，成本法的基本公式为：

旧房地价格 = 土地的重新取得价格或重新开发成本 + 建筑物的重新构建价格 - 建筑物的折旧

在上式中，必要时还应扣除由于旧建筑物的存在而导致的土地价值减损。

在旧建筑物的情况下，成本法的基本公式为：

旧建筑物价格 = 建筑物的重新构建价格 - 建筑物的折旧

必要时，还应扣除由于旧建筑的存在而导致的土地价值减损。

6.3.5 运用成本法的注意事项

要求在运用成本法时注意“逼近”，其中最主要的是：要区分实际成本和客观成本。实际成本是某个开发商的实际花费，客观成本是假设开发建造时大多数开发商的正常花费，由于各开发商对同一项目进行开发的实际花费是不一样的，估价时应反映该项目的客观合理价格，故在估价中应采用客观成本，而不是实际成本；结合市场供求来确定评估价格，当市场供大于求时，价格应向下调整。

土地成本的求取：若土地是在既成的城市建成区内，难以把握其重新开发成本时，则通常是采用市场法或收益法等其他估价方法，求取假设地上建筑物不存在时的实地价格。

6.4 重新构建价格

参照有关资料，对重新构建价格做如下梳理。

6.4.1 重新构建价格的概念

重新构建价格是假设在估价时点重新取得或重新开发、重新建造全新状况的估价对象所需的一切合理的和必要的费用、税金，以及应得的利润之和。

在这里，应特别记住下列三点：

1）重新构建价格是估价时点时的。估价时点并非总是“现在”，也可能为“过去”。如房地产纠纷案件，通常是以过去为估价时点。

2）重新构建价格是客观的。重新构建价格不是个别企业或个人的实际耗费，而是社会一般的公平耗费，是客观成本，不是实际成本。如果实际耗费超出了社会一般的平均耗费，超出的部分不仅不能形成价格，而且是一种浪费；而低于社会一般平均耗费的部分，不会降低价格，只会形成个别企业或个人的超额利润。

3）建筑物的重新构建价格是全新状况下的价格，未扣除折旧；土地的重新构建价格（具体为重新取得价格或重新开发成本）是在估价时点状况下的价格。

6.4.2　重新构建价格的求取思路

1）求取房地的重新构建价格，是先求取土地的重新取得价格或重新开发成本，再求取建筑物的重新构建价格，然后相加。在实际估价中，也可以采用类似于评估新建房地价格的成本法来求取。

2）求取土地的重新构建价格，通常是假设土地上的建筑物不存在，再采用比较法、基准地价修正法等估价方法求取其重新取得价格，这特别适用于难以求取城市建成区内的土地的重新开发成本时。求取土地的重新构建价格，也可以采用成本法求取其重新开发成本。

3）求取建筑物的重新构建价格，是假设旧建筑物所在的土地已经取得，且此土地为空地，但除了旧建筑物不存在之外，其他的状况均维持不变，然后在此空地上重新建造与旧建筑物完全相同或者具有同等效用的新建筑物所需的一切合理的和必要的费用、税金，以及正常利润，即为建筑物的重新构建价格；或是设想将建筑物发包给建筑承包商建造，由建筑承包商将可直接使用的建筑物移交给发包人，在这种情况下，发包人应支付给建筑承包商的费用，再加上发包人应负担的正常费用、税金和利润，即为建筑物的重新构建价格。

6.4.3　建筑物重新构建价格的求取方式

建筑物的重新构建价格有重置价格和重建价格两种：

1）重置价格又称重置成本，是采用估价时点的建筑材料、建筑构配件、设备和建筑技术等，按照估价时点时的价格水平，重新建造与估价对象建筑物具有同等效用的新建筑物的正常价格。

2）重建价格又称重建成本，是采用与估价对象建筑物相同的建筑材料、建筑构配件、设备和建筑技术等，按照估价时点时的价格水平，重新建造与估价对象建筑物完全相同的新建筑物的正常价格。这种重新建造方式可形象地称为“复制”。重建价格进一步来说，是在原址，按照原规模和建筑型式，使用与原建筑材料、建筑构配件和设备相同的新的建筑材料、建筑构配件和设备，采用原建筑技术和工艺等，按照估价时点时的价格水平，重新建造与原建筑物完全相同的新建筑物的正常价格。

由于上述两种重新建造方式的不同，往往得出的重新构建价格不同。在一般情况下，重置价格适用于因年代久远，已缺乏与旧建筑物相同的建筑材料、建筑购配件和设备，或因建筑技术和建筑标准改变等，使旧建筑物复原建造有困难的建筑物的估价。而重建价格适用于有特殊保护价值的建筑物的估价，如人们看重的有特殊建筑风格的建筑物等。

重置价格的出现是技术进步的必然结果，同时也是替代原理的体现。由于技术进步，使原来的许多设计、工艺、原材料、结构等都已过时或成本过高，而采用新材料、新技术等，不仅功能更加完善，成本也会降低，所以通常重置价格都比重建价格低。

6.4.4 建筑物重新构建价格的求取方法

建筑物的重新构建价格可采用成本法、比较法来求取，或通过政府确定公布的基准房屋重置价格扣除其中包含的土地价格后的比较修正来求取，也可以按照工程造价估算的方法来求取，具体有下列四种方法：（1）单位比较法；（2）分部分项法；（3）工料测量法；（4）指数调整法。

1. 单位比较法

单位比较法是以建筑物为整体，选取与建筑物价格或成本密切相关的某种单位为比较单位，通过调查了解类似建筑物的这种单位价格或成本，并对其做适当的调整修正得到估算建筑物重新构建价格的方法，主要有单位面积法和单位体积法。例如，停车场的比较单位通常为每个车位，旅馆的比较单位通常为每个房间或床位，保龄球馆的比较单位通常为每个球道。单位面积法是根据当地近期建成的类似建筑物的单位面积造价，对其做适当的调整修正（有关调整修正的内容和方法类似于市场法），然后乘以估价对象建筑物的面积来估算建筑物的重新构建价格的方法。这是一种常用、简便迅速的方法，但比较粗略。

【例 6-2】 单位面积法：某建筑物的建筑面积为 $300m^2$，该类用途和建筑结构的建筑物的单位建筑面积造价为 1200 元/m^2。试估算该建筑物的重新构建价格。

解：该建筑物的重新构建价格估算为：$300m^2 \times 1200$ 元/m^2 = 36 万元

单位体积法与单位面积法相似，是根据当地近期建成的类似建筑物的单位体积造价，对其做适当的调整修正，然后乘以估价对象建筑物的体积来估算建筑物的重新构建价格的方法。这种方法适用于成本与体积关系较大的建筑物，如储油罐、地下油库等。

【例 6-3】 单位体积法：某建筑物的体积为 $500m^3$，该类建筑结构和用途的建筑物的单位体积造价为 600 元/m^3，试估算该建筑物的重新构建价格。

解：该建筑物的重新构建价格可估计为：$500m^3 \times 600$ 元/m^3 = 30 万元

在现实房地产估价中，往往将建筑物划分为不同的建筑结构、用途或等级，制作不同时期的建筑物基准重置价格表，以供求取某个具体建筑物的重置价格时使用。此表的格式可参见表 6-2。

表 6-2 建筑物基准重置价格表

基准日期：　　年　月　日　　　　　　　　　　　　单位价格：元/m^2

	钢结构	钢筋混凝土结构	砖混结构	砖木结构	其他结构
普通住宅					
高档公寓					
别墅					
大型商场					
中小商店					
办公楼					

（续）

	钢结构	钢筋混凝土结构	砖混结构	砖木结构	其他结构
宾馆					
标准厂房					
仓库					
影剧院					
加油站					
其他					

2. 分部分项法

分部分项法是以建筑物的各个独立构件或工程的单位价格或成本为基础来估算建筑物重新构建价格的方法。此方法先估算各个独立构件或工程的数量，然后乘以相应的单位价格或成本，再相加。

在运用分部分项法估算建筑物的重新构建价格时，需要注意如下两点：①应结合各构件或工程的特点使用计量单位，有的要用面积单位，有的要用体积单位，有的要用长度单位，有的要用容量单位（如 kW），如基础工程的计量单位通常为 m^3，墙面抹灰工程的计量单位通常为 m^2，楼梯栏杆工程的计量单位通常为延长米；②不要漏项或重复计算，以免造成估算不准。

采用分部分项法估算建筑物的重新构建价格的简化例子见表 6－3。

表 6－3　采用分部分项法估算建筑物的重新构建价格

项目	数量	单位成本	成本（元）
基础工程	$150m^3$	200 元/m^3	30000
墙体工程	$160m^2$	400 元/m^2	64000
楼地面工程	$150m^2$	200 元/m^2	30000
屋面工程	$150m^2$	300 元/m^2	45000
给排水工程			25000
供暖工程			15000
电气工程			20000
合计			229000
税费、利息和管理费		20%	45800
重新构建价格			274800

3. 工料测量法

工料测量法是先估算建筑物所需各种材料、设备的数量和人工时数，然后逐一乘以估价时点相应的单价和人工费标准，再将其相加来估算建筑物重新构建价格的方法。这种方法与编制建筑概算或预算的方法相似，即先估算工程量，再配上概（预）算定额的单价和取费标准来估算。

工料测量法的优点是翔实，缺点是费时费力并需有其他专家（如建筑师）的参与，它主要用于具有历史价值的建筑物估价。

采用工料测量法估算建筑物重新构建价格的简化例子见表6-4。

表6-4　采用工料测量法估算建筑物重新构建价格

项目	数量	单价	成本（元）
现场准备			3000
水泥			6500
沙石			5000
砖块			12000
木材			7000
瓦面			3000
铁钉			200
人工			15000
税费			1000
其他			5000
重新构建价格			57700

4. 指数调整法

指数调整法是运用建筑成本（造价）指数或变动率，将估价对象建筑物的原始成本调整到估价时点的现行成本来估算建筑物重新构建价格的方法。这种方法主要用于检验其他方法的估算结果。

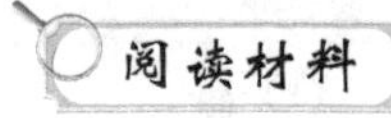

建筑物重置成本的估算方式

（1）直接方式　直接方式是对旧有建筑物的构成部分或全体，调查其使用材料的种类、品级、数量及所需劳务的种别、时间等，并以旧有建筑物所处地区在估价时点的各种单价为基础，计算直接工程费，加上间接工程费及适当的承包商利润，求取标准建筑费；加上发包人应直接负担的通常附带费用，以求得重置成本，即根据当地的概预算定额估算重置成本。

（2）间接方式　间接方式是参照与旧有建筑物类似的新建筑物的实际建造的直接工程费、间接工程费、承包商利润及发包人必须负担的其他费用，并将不属于标准费用的加以适当修正以便估算重置成本的方法。

阅读材料

房屋拆迁重置价格表

（1）住宅及一般非住宅房屋重置价格　住宅及一般非住宅房屋重置价格见表6-5。

表6-5 住宅及一般非住宅房屋重置价格 （单位：元/m²）

类别	等级	结构、装修及设施情况	重置价格
钢筋混凝土结构	一级	层高3.8~4.5m，一层楼，桩基，框架，外墙面砖或涂料，内墙中级抹灰、涂料，水磨石地坪或地砖，铝合金门窗，水、电设施及卫生间齐全，通信、消防设施齐全，厅、走廊铺地砖	1050
	二级	层高3.0~3.8m，桩基，框架，外墙面砖或涂料，内墙中级抹灰、涂料，水磨石地坪或地砖，铝合金门窗，水、电设施及卫生间齐全，通信、消防设施齐全，厅、走廊铺地砖	900
五层以上砖混结构	一级	层高2.7~2.8m，桩基，抗震柱，层层圈梁，现浇楼梯，前后阳台，现浇屋面有保温层，水、电设施及卫生间齐全，电话、电视插座	650
	二级	层高2.7~2.8m，桩基或满堂基础，抗震柱、层层圈梁，现浇楼梯，一侧阳台，现浇屋面有保温层，水、电设施及卫生间齐全，电话、电视插座	600
四层以下砖混结构	一级	层高2.7~3.0m，砖材料条形基础、满堂基础或条形基础，构造柱，层层圈梁，现浇楼梯，屋面有保温层，水、电设施及卫生间齐全	560
	二级	层高（檐高）2.7~3.0m，底圈梁、构造柱，方套石或240/115砖墙，墙内外抹灰较好，圆孔板层面或瓦屋面木（水泥）桁条，有水、电设施	520
	三级	层高（檐高）2.6~2.8m，毛块石或240mm砖墙，内外抹灰一般，圆孔板屋面或瓦屋面木（水泥）桁条，有水、电设施	490
砖木结构	一级	层高（檐高）2.8~3.0m，条形基础圈梁，方整石或240mm砖墙，松杉木屋架、水泥或木桁条，瓦屋面，水、电表、灯具齐全	540
	二级	层高（檐高）2.6~2.8m，毛石基础，毛石墙或240mm砖墙，瓦屋面，较好杂木桁条或水泥、木屋架，室内采光、通风较好，水、电表、灯具齐全	500
	三级	层高（檐高）2.4~2.6m，毛石墙或240mm砖墙，内外抹灰一般，瓦屋面，杂木或毛竹桁条，简易屋架，采光、通风一般，水、电表、灯具齐全	460
简易结构	一级	檐高2.0~2.3m，乱石墙或120mm砖墙，简易瓦屋面（石棉瓦），杂木或毛竹桁条，采光、通风，保温较差	240
	二级	檐高2m以下，炉渣砖或土坯墙，毛竹桁条，常年潮湿，采光、通风很差	180

注：1. 表中所列房屋的层高（檐高）在规定的标准以外，每超出或低于10cm，每m²的重置价格增加或减少2%，前后檐高不等的按平均高度计算。

2. 有阁楼的平房，高度在3.5~4.5m，其阁楼下层净高度超过2.2m，上层通风采光较好，且高度在1.5m以上的部分折半计算建筑面积。

3. 房屋借山的，每借一山折减4%。

(2) 单层工业厂房及仓库房屋重置价格 单层工业厂房及仓库房屋重置价格见表6-6。

表6-6　单层工业厂房及仓库房屋重置价格　（单位：元/m^2）

类别	特征	结构、装修及设施情况	重置价格
钢混排架结构	带行车	结构为：钢筋混凝土基础，钢筋混凝土排架结构；钢屋架和钢筋混凝土屋架，钢筋混凝土屋面板；有吊车梁；砖墙维护结构；檐高6.0~7.2m。门窗为：实腹钢门窗。墙面及天棚为：内墙面一般涂料；外墙面水泥砂浆；无吊顶。屋面、楼面、地面为：混凝土地面或水磨石地面；有组织排水屋面，保温屋面。设备为：有动力电源，排气（风）设备。该类别房屋典型的是机修车间，金加工车间；吊车吨位为3~10t；当吊车吨位、檐高等条件不符时，另行调整	870
	不带行车	结构为：素混凝土、砖条形基础，钢筋混凝土地圈梁，钢筋混凝土独立柱基础或杯形柱基础；预制或现浇钢筋混凝土柱承重；实砌砖墙；钢筋混凝土预制屋架及钢筋混凝土预制板屋面或钢屋架、彩钢板屋面；檐高6.0~7.2m。门窗为：普通钢门窗；铝合金卷帘门或钢木大门。墙面为：内外粉混合砂浆，内刷普通涂料。屋面、楼面、地面为：混凝土地坪或水磨石地坪；有组织排水屋面，带保温层。设备为：有动力电源、排气（风）设备	690
钢结构	不带行车	结构为：有梁式钢筋混凝土条形基础；1.2m高实砌砖墙；1.2m以上C型钢墙架，钢柱；钢梁或钢屋架、C型钢檩条、单层彩钢板屋面；檐高6.0~7.2m。门窗为：铝合金或塑钢门窗；彩钢板门或彩钢板（铝合金卷帘门）。墙面为：内外粉混合砂浆，彩钢板墙面。屋面、楼面、地面为：混凝土地坪，可开汽车；超细玻璃棉保温层、钢丝网托底，彩钢板天沟。设备为：有动力电源，排气（风）设备	570
砖混结构		结构为：素混凝土、砖条形基础，砖柱基或钢筋混凝土独立柱基；砖柱、组合砖柱或砖墙承重；钢屋架、混凝土檩条、屋面板或纤维板、瓦屋面；檐高6.0~7.2m。门窗为：普通钢门窗，铝合金卷帘门或钢木大门。墙面及天棚为：内外粉混合砂浆，内刷普通涂料。屋面、楼面、地面为：混凝土地坪或水磨石地坪；一般为无组织排水、屋面板或纤维板、瓦屋面。设备为：必要的水电到位	500
简易结构	搁料房屋	结构为：简易砖基础；乱砖墙，空斗墙承重，杂木或毛竹檩条、椽子。门窗为：无门窗或简易门窗。墙面及天棚为：无粉刷、刷石灰水或纸筋灰粉刷。屋面、楼面、地面为：简易水泥地坪或砖地坪；石棉瓦屋面、单层彩钢板或压型金属板屋面。设备为：有电无水	260
	钢架大棚	结构为：简易砖基础；土坯墙；杂木或毛竹立柱、檩条；简易钢柱、钢桁架：无围护。门窗为：简易木门窗。墙面及天棚：无粉刷。屋、楼、地面为：简易水泥地坪或砖地坪；石棉瓦屋面、单层彩钢板或压型金属板等屋面。设备为：无水电	200

注：1. 层高调整范围为：檐高在7.2m以上应调增，6.0m以下应调减（不含7.2m/6.0m）。调整值为：每增减0.3m，价格增减2%。

2. 具体跨度调整见表6-7。

表6－7　跨度调整

跨度/m	9	12	18	24	30	36
系数	125%	115%	0%	88%	82%	79%

（3）具体跨数调整见表6－8。

表6－8　跨数调整

跨数	2	3	4	5
系数	100%	98%	97%	96.5%

6.5　建筑物折旧

6.5.1　建筑物折旧的概念和原因

这里所讲的建筑物折旧，是指估价上的折旧而非会计上的折旧。估价上的折旧与会计上的折旧，虽然有相似之处，但也有本质上的区别。估价上的折旧是指由各种原因所造成的价值损失，其数额为建筑物在估价时点的市场价值与其重新构建价格之间的差额。从重新构建价格中扣除折旧，是进行减价调整。

在实际估价中，建筑物折旧分为物质折旧、功能折旧、经济折旧。

1. 物质折旧

物质折旧又称物质磨损、有形损耗，是建筑物在实体方面的损耗所造成的价值损失。进一步可以归纳为四个方面：①自然经过的老朽；②正常使用的磨损；③意外的破坏损毁；④延迟维修的损坏残存。

自然经过的老朽主要是由于自然力的作用引起的，如风吹、日晒、雨淋等引起的建筑物腐朽、生锈、老化、风化、基础沉降等，与建筑物的实际经过年数（建筑物从建成之日到估价时点的日历年数）正相关，同时要看建筑物所在地区的气候和环境条件，如酸雨多的地区，建筑物的损耗就大。

正常使用的磨损主要是由于人工使用引起的，与建筑物的使用性质、使用强度和使用年数正相关。例如，居住用途的建筑物的磨损要低于工业用途的建筑物的磨损。工业用途的建筑物可分为有腐蚀性的建筑物和无腐蚀性的建筑物，有腐蚀性（如在使用过程中产生对建筑物有腐蚀作用的废气、废液）的建筑物的磨损要高于无腐蚀性的建筑物的磨损。

意外的破坏损毁主要是因突发性的天灾人祸引起的，包括自然方面的，如地震、水灾、风灾；人为方面的，如失火、碰撞等意外的破坏损毁。

延迟维修的损坏残存主要是由于没有适时地采取预防、保养措施或修理不够及时，造成不应有的损坏或提前损坏，或已有的损坏仍然存在，如门窗有破损，墙或地面有裂缝或洞等。

2. 功能折旧

功能折旧又称精神磨损、无形损耗，是指建筑物成本效用的相对损失所引起的价值损失，它包括由于消费观念变更、设计更新、技术进步等原因导致建筑物在功能方面的相对残缺、落后或不适用所造成的价值损失；也包括建筑物功能过度充足所造成的失效成本。例如，建筑式样过时，内部布局过时，设备陈旧落后，缺乏现在人们认为的必要设施、设备等。拿住宅来说，现在时兴“三大、一小、一多”式住宅，即客厅、厨房、卫生间大，卧室小，壁橱多的住宅，过去建造的卧室大、客厅小、厨房小、卫生间小的住宅，相对而言就过时了。再如高档办公楼，现在要求智能化，如果某个办公楼没有智能化或智能化程度不够，相对而言也落后了。

3. 经济折旧

经济折旧又称外部性折旧，是指建筑物本身以外的各种不利因素所造成的价值损失，包括供给过量、需求不足、自然环境恶化、环境污染、交通拥挤、城市规划改变、政府政策变化等。例如，在一个高级住宅区的附近建设一座工厂，该住宅区的住宅价值会下降，这就是经济折旧。这种经济折旧一般是不可恢复的。再如，在经济不景气时期以及高税率、高失业率等，也会使房地产的价值降低，这也是一种经济折旧。但这种现象不会永久存在，当经济复苏后这方面的折旧就消失了。

【例 6-4】 某旧住宅，测算其重置价格为 40 万元，地面、门窗等破旧引起的物质折旧为 3 万元，因户型设计不好、没有独用厕所和共用电视天线等导致的功能折旧为 8 万元，由于位于城市衰落地区引起的经济折旧为 7 万元。试求取该旧住宅的折旧总额和现值。

解：该旧住宅的折旧总额和现值分别计算如下：

该旧住宅的折旧总额 = 3 万元 + 8 万元 + 7 万元 = 18 万元

该旧住宅的现值 = 重置价格 − 折旧

= 40 万元 − 18 万元

= 22 万元

6.5.2 求取建筑物折旧的方法

求取建筑物折旧的方法很多，可归纳为三类：①年限法；②实际观察法；③成新折扣法。这些方法还可以综合运用。

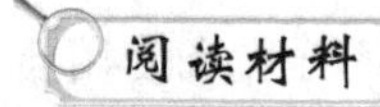

计算折旧额的多种方法

计算折旧额的方法有很多种，如直线法、余额递减法、偿还基金法、年数合计法、成新折扣法等。常用的方法是直线折旧法和成新折扣法。

1. 年限法

年限法是把建筑物的折旧建立在建筑物的寿命、经过年数或剩余寿命之间关系的基础上。

建筑物的寿命分为自然寿命和经济寿命。建筑物的自然寿命是指建筑物从竣工验收合格之日起到不堪使用时的年数。建筑物的经济寿命是指建筑物从竣工验收合格之日起预期产生的收入大于运营费用的持续年数，如图 6-1 所示。

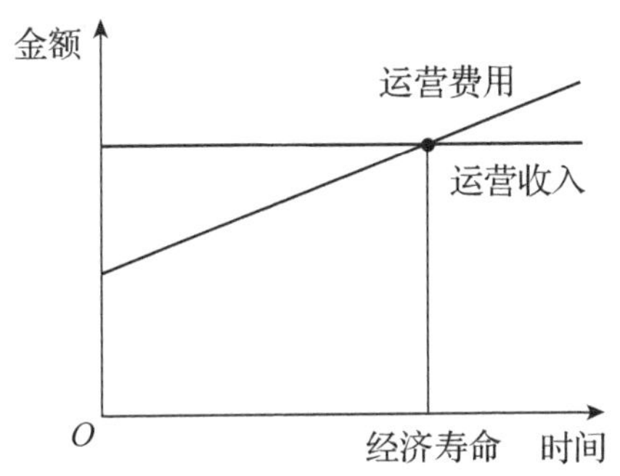

图 6－1　建筑物的经济寿命

建筑物的经济寿命短于其自然寿命，具体是根据建筑物的结构、用途和维修养护情况，结合市场状况、周围环境、经营收益状况等进行综合判断做出的。建筑物在其寿命期间如果经过了翻修、改造等，自然寿命和经济寿命都有可能得到延长。

建筑物的经过年数分为实际经过年数和有效经过年数。实际经过年数是建筑物从竣工验收合格之日起到估价时点的日历年数。有效经过年数是建筑物在估价时点按其状况与效用所显示的年数。有效经过年数可能短于也可能长于实际经过年数：①建筑物的维修养护正常的，有效经过年数与实际经过年数相当；②建筑物的维修养护比正常维修养护好或经过更新改造的，有效经过年数短于实际经过年数，剩余经济寿命相应较长；③建筑物的维修养护比正常维修养护差的，有效经过年数长于实际经过年数，剩余经济寿命相应较短。

在成本法求取折旧中，建筑物的寿命应为经济寿命，经过年数应为有效经过年数，剩余寿命应为剩余经济寿命，则

$$有效经过年数 = 经济寿命 - 剩余经济寿命$$

在估价上一般不采用实际经过年数而采用有效经过年数或预计的剩余经济寿命，是因为采用有效经过年数或剩余经济寿命求出的折旧更符合实际情况。例如，有两座实际经过年数相同的同类建筑物，如果维修养护不同，其市场价值也会不同，但如果采用实际经过年数计算折旧，则它们的价值会相同。实际经过年数可以作为求取有效经过年数的参考，即有效经过年数可以在实际经过年数的基础上做适当的调整后得到。

年限法中最主要的是直线法。直线法是最简单的和迄今应用得最普遍的一种折旧方法，它在建筑物的经济寿命期间每年的折旧额相等。其年折旧额的计算公式为：

$$D_i = D = (C - S)/N = C(1 - R)/N$$

式中　D_i——第 i 年的折旧额，或称作第 i 年的折旧，在直线法的情况下，每年的折旧额 D_i 不变；

C——建筑物的重新构建价格；

S——建筑物的净残值，是建筑物的残值减去清理费用后的数额，建筑物的残值是预计建筑物达到经济寿命、不宜继续使用、经拆除后的旧料价值。清理费用是拆除建筑物和搬运废弃物所发生的费用；

N——建筑物的经济寿命；

R——建筑物的净残值率，简称残值率，是建筑物的净残值与重新构建价格的比率，即 $R = S/C \times 100\%$。

另外，$C-S$ 称为折旧基数；年折旧额与重新构建价格的比率称为年折旧率，如果用 d 来表示，即：

$d = D/C \times 100\% = (C-S)/(C \times N) \times 100\% = (1-R)/N \times 100\%$

有效经过年数为 t 年的建筑物折旧总额的计算公式为：

$$E_t = D \times t = (C-S)\ t/N = C\ (1-R)\ t/N$$

式中 E_t——建筑物的折旧总额。

采用直线法折旧下的建筑物现值的计算公式为：

$$V = C - E_t = C - (C-S)\ t/N = C\ [1-(1-R)\ t/N]$$

式中 V——建筑物的现值。

【例 6-5】某建筑物的建筑面积 $100m^2$，有效经过年数为 10 年，单位建筑面积的重置价格为 500 元/m^2，经济寿命 30 年，残值率 5%。试用直线法计算该建筑物的年折旧额、折旧总额，并计算其现值。

解：已知 $C = 500$ 元/$m^2 \times 100m^2 = 50000$ 元；$R = 5\%$；$N = 30$ 年；$t = 10$ 年。则：

年折旧额 $D = C(1-R)/N$

$= [50000$ 元 $\times (1-5\%)]/30$ 年

$= 1583$ 元/年

折旧总额 $E_t = C(1-R)t/N$

$= [50000$ 元 $\times (1-5\%) \times 10$ 年$]/30$ 年 $= 15833$ 元

建筑物现值 $V = C[1-(1-R)t/N]$

$= 50000$ 元 $\times [1-(1-5\%) \times 10$ 年/30 年$] = 34167$ 元

2. 实际观察法

实际观察法不是直接以建筑物的有关年限（特别是实际经过年数）来求取建筑物的折旧的，而是注重建筑物的实际损耗程度。因为早期建成的建筑物未必损坏严重，从而价值未必低；而新近建造的建筑物未必维护良好，特别是若施工质量、设计等方面存在缺陷，则价值未必高。实际观察法是由估价人员亲临现场，直接观察、分析、估算建筑物在物质、功能及经济等方面的折旧因素所造成的折旧的方法。

建筑物的损耗分为可修复的损耗和不可修复的损耗。修复是指使建筑物恢复到新的或相当于新的状况，有时是修理，有时是更换。预计修复所需的费用小于或等于修复所带来的房地产价值的增加额的（即：修复所需的费用≤修复后房地产的价值－修复前房地产的价值），为可修复的损耗；反之，为不可修复的损耗。对于可修复的损耗，可直接估算其修复所需的费用作为折旧额。

利用实际观察法也可判定建筑物的成新率，或推测其有效经过年数、剩余经济寿命，在此基础上再利用其他方法计算建筑物的折旧或直接计算建筑物的现值。

阅读材料

装修折旧计算

按照市场惯例，装修折旧一般要按 5 年制计算，折旧按第一年 10%、第二年 20% 的递进方法计算。

3. 成新折扣法

成新折扣法是根据建筑物的建成年代、新旧程度等，确定建筑物的成新率，直接求取建筑物的现值。其计算公式为：

$$V = C \times q$$

式中　q——建筑物的成新率（%）。

成新折扣法适用于同时需要对大量建筑物进行估价的场合，尤其是进行建筑物现值调查时，但比较粗略。

在实际估价中，成新率是一个综合指标，其求取可以采用“先定量，后定性，再定量”的方式依下列三个步骤进行：

1）用年限法计算成新率。如用直线法计算成新率的公式为：

$$成新率 = \left(1 - \frac{1 - 残值率}{经济寿命} \times 使用年限\right) \times 100\%$$

2）根据建筑物的建成年代对上述计算结果做初步判断，看是否吻合。

3）采用实际观察法对上述结果做进一步的调整修正，并说明上下调整修正的理由。当建筑物的维修保养属于正常的，实际成新率与直线法计算出的成新率相当；当建筑物的维修保养比正常维修保养好或经过更新改造的，实际成新率应大于直线法计算出的成新率；当建筑物的维修保养比正常维修保养差的，实际成新率应小于直线法计算出的成新率。

【例 6-6】 某 10 年前建成交付使用的建筑物，估价人员实地观察判定其剩余经济寿命为 30 年，残值率为零。试用直线法计算该建筑的成新率。

解：该建筑的成新率 = 30 年 ÷（10 + 30）年 × 100% = 75%

阅读材料

确定房屋、构筑物成新率

计算公式为：

成新率 = 构筑物尚可使用年限构筑物/（已使用年限 + 构筑物尚可使用年限）× 100%

例如尚能使用的建筑物成新率不应低于 30%，具体见表 6-9。

表 6-9　房屋、构筑物成新率

质量等级	新旧程度	备注
完好房	十、九、八成	
基本完好房	七、六成	
一般损坏房	五、四成	确定需要拆除改建的危险房按残值计算其现值
严重损坏房	三成	
危险房	二、一成	

4. 折旧方法的综合运用

估价人员有时可以同时采用上述几种折旧方法求取建筑物的折旧，但不同的折旧方法求得的结果不尽相同。为此，可以采用简单算术平均或加权算术平均等方法将求得的结果综合成一个统筹兼顾的结果，这是一种综合运用。在估价实务上，通常先以年限法为基础计算折旧，然后根据实际观察法进行修正，这也是一种综合运用。

求取建筑物折旧的方法，还可以分为综合折旧法、分类折旧加总法和个别折旧加总法。这三种方法的精度是从粗到细的。在估价实务上，宜先将建筑物区分为可修复项目和不可修复项目，对于可修复项目，估计其修复费用作为折旧额；对于不可修复项目，再将其分为短寿命项目和长寿命项目，如将建筑物分为结构、设备和装修，因为它们的寿命不同，如基础、屋顶、地板、空调、电梯之间的寿命不同，然后采用年限法或成新折扣法分别计算其折旧额。最后将修复费用、短寿命项目的折旧额、长寿命项目的折旧额相加，便得到建筑物的折旧总额。

【例 6-7】 某建筑物的重置价格为 180 万元，经济寿命为 50 年，有效经过年数为 10 年。其中，门窗等损坏的修复费用为 2 万元；装修的重置价格为 30 万元，平均寿命为 5 年，已使用 3 年；设备的重置价格为 60 万元，平均寿命为 15 年，已使用 10 年。残值率假设均为零。试求其折旧总额。

解：门窗等损坏的折旧额 = 2 万元

装修的折旧额 = 30 万元 × 1/5 年 × 3 年 = 18 万元

设备的折旧额 = 60 万元 × 1/15 年 × 10 年 = 40 万元

长寿命项目的折旧额 =（180 - 2 - 30 - 60）万元 × 1/50 年 × 10 年 = 17.6 万元

该建筑物的折旧总额 = 2 万元 + 18 万元 + 40 万元 + 17.6 万元 = 77.6 万元

需要说明的是：无论采用上述哪种折旧方法求取建筑物的折旧或现值，估价人员都应亲临估价对象现场，观察、鉴定建筑物的实际新旧程度，根据建筑物的建成时间、维修保养和使用情况，以及地基的稳定性等，确定应扣除的折旧额或成新率。

6.5.3 求取建筑物折旧应注意的问题

1. 估价上的折旧与会计上的折旧的区别

估价上的折旧注重的是市场价值的真实减损，会计上的折旧注重的是原始价值的分摊、补偿或回收。会计上，C 代表资产原值，不随时间的变化而变化，估价上，C 代表重新构建价格，是估价时点的价格，估价时点不同，C 的值可能不同。会计上，资产原值与累计折旧额的差被称作资产的账面价值，它无须与资产的市场价值相一致，在估价上，重新构建价格与折旧总额的差被视为资产的实际价值，它必须与资产的市场价值一致。

2. 土地使用年限对建筑物经济寿命的影响

1）建筑物的经济寿命早于土地使用年限结束的，应按建筑物的经济寿命计算建筑物折旧。

如图 6-2a 所示，在出让土地使用权上建造的普通商品住宅，土地使用权出让年限为 70 年，建设期为 2 年，建筑物经济寿命为 50 年。在这种情况下，计算建筑物折旧的经济寿命应为 50 年，而不是 52 年或 70 年。

如图 6-2b 所示，一座旧办公楼，在其建成后 10 年补办了土地使用权出让手续，土地使用权出让年限为 50 年，建筑物经济寿命为 45 年。在这种情况下，计算建筑物折旧的经济寿命应为 45 年，而不是 35 年、50 年或 60 年。

2）建筑物的经济寿命晚于土地使用年限结束的，应按建筑物的实际经过年数加上土地使用年限计算建筑物折旧。

如图 6－2c 所示，一座在出让土地使用权上建造的商场，土地使用权出让年限为 40 年，建设期为 3 年，建筑物经济寿命为 60 年。在这种情况下，计算建筑物折旧的经济寿命应为 37 年，而不是 60 年、63 年或 40 年。

如图 6－2d 所示，一座旧厂房改造的超级市场，在该旧厂房建成后 6 年补办了土地使用权出让手续，土地使用权出让年限为 40 年，建筑物经济寿命为 50 年。在这种情况下，计算建筑物折旧的经济寿命应为 46 年，而不是 50 年、44 年或 40 年。

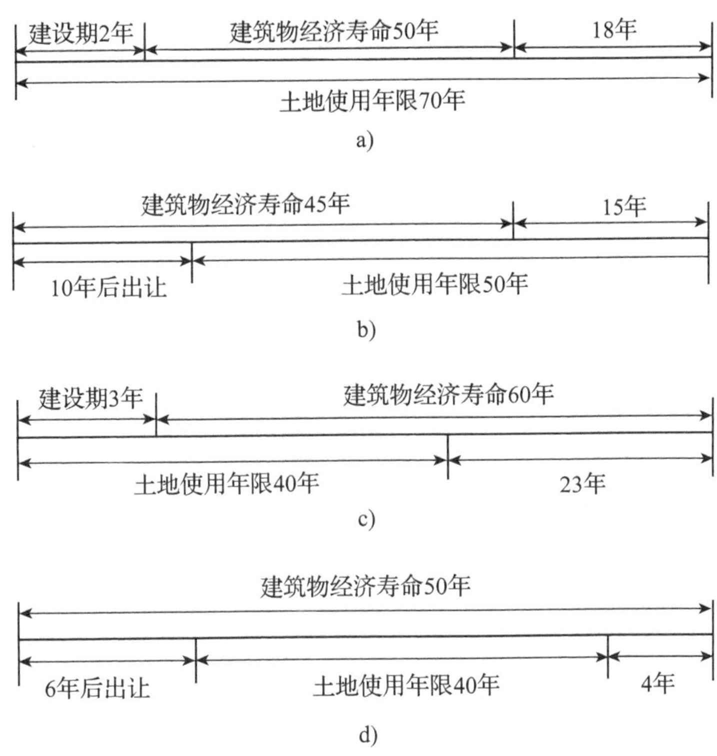

图 6－2　建筑物经济寿命与土地使用年限关系的几种情况

6.6　成本法应用中涉及的有关规定

参照有关资料，为便于成本法的实际应用，对商品住宅和经济适用住房价格构成、农地征用和城市房屋拆迁费用、房屋折旧及房屋完损等级评定的有关规定如下梳理。

6.6.1　商品住宅和经济适用住房价格构成的有关规定

1. 商品住宅价格构成的有关规定

商品住宅价格应以合理成本为基础，有适当利润，结合供求状况和国家政策要求制定，并根据楼层、朝向和所处地段等因素，实行差别价格。

商品住宅价格由下列项目构成：

（1）成本　成本包括以下内容：

1）征地费及拆迁安置补偿费：按国家有关规定执行。

2）勘察设计及前期工程费：依据批准的设计概算计算。

3）住宅建筑、安装工程费：依据施工图预算计算。

4）住宅小区基础设施建设费和住宅小区级非营业性配套公共建筑的建设费：依据批准的详细规划和施工图预算计算；住宅小区的基础设施和配套建设项目按照国家和省、自治区、直辖市人民政府颁发的城市规划定额指标执行。

5）管理费：以上述1）至4）项之和为基数的1%～3%计算。

6）贷款利息：计入成本的贷款利息，根据当地建设银行提供的本地区商品住宅建设占用贷款的平均周期、平均比例、平均利率和开发项目具体情况确定。

（2）利润　利润由上述成本中1）至4）项之和为基数核定。利润率暂由省、自治区、直辖市人民政府确定。

（3）税金　税金按国家税法规定缴纳。

（4）地段差价　地段差价的征收办法暂由省、自治区、直辖市人民政府根据国家制定。

下列费用不计入商品住宅价格：

1）非住宅小区内的公共建筑的建设费用。

2）住宅小区内的营业性用房和设施的建设费用。

根据楼层、朝向确定的商品住宅差价，其代数和应趋近于零。

2. 经济适用住房价格构成的有关规定

2002年11月17日，国家计委、建设部印发的《经济适用住房价格管理办法》（计价格［2002］2503号）规定：经济适用住房价格实行政府指导价。制定经济适用住房价格，应当与城镇中低收入家庭经济承受能力相适应，以保本微利为原则，与同一区域内的普通商品住房价格保持合理差价，切实体现政府给予的各项优惠政策。

经济适用住房基准价格由开发成本、税金和利润三部分构成。

（1）开发成本　开发成本包括以下内容：

1）按照法律、法规规定用于土地征用和房屋拆迁等所支付的征地和拆迁安置补偿费。

2）开发项目前期工作所发生的工程勘察、规划及建筑设计、施工通水、通电、通气、通路及平整场地等勘察设计和前期工程费。

3）列入施工图预（决）算项目的主体房屋建筑安装工程费，包括房屋主体部分的土建（含桩基）工程费、水暖电气安装工程费及附属工程费。

4）在小区用地规划红线以内，与住房同步配套建设的住宅小区基础设施建设费，以及按政府批准的小区规划要求建设的不能有偿转让的非营业性公共配套设施建设费。

5）管理费按照不超过以上1）至4）项费用之和的2%计算。

6）贷款利息按照房地产开发经营企业为住房建设筹措资金所发生的银行贷款利息计算。

7）行政事业性收费按照国家有关规定计收。

（2）税金　税金依照国家规定的税目和税率计算。

（3）利润　利润按照不超过开发成本中1）至4）项费用之和的3%计算。

下列费用不得计入经济适用住房价格：

1）住宅小区内经营性设施的建设费用。

2）开发经营企业留用的办公用房、经营用房的建筑安装费用及应分摊的各种费用。

3）各种与住房开发经营无关的集资、赞助、捐赠和其他费用。

4）各种赔偿金、违约金、滞纳金和罚款。

5）按规定已经减免及其他不应计入价格的费用。

6.6.2　农地征用和城市房屋拆迁费用的有关规定

1. 农地征用费用的有关规定

根据《中华人民共和国土地管理法》（2004 年 8 月 28 日修订）等法律、行政法规的规定，在农地征用中发生的费用主要有：

1）征地补偿费用。

①土地补偿费。征用耕地的土地补偿费，为该耕地被征用前 3 年平均年产值的 6 ~ 10 倍。征用其他土地的土地补偿费标准，由省、自治区、直辖市参照征用耕地的土地补偿费的标准规定。

②安置补助费。征用耕地的安置补助费，按照需要安置的农业人口数计算。需要安置的农业人口数，按照被征用的耕地数量除以征地前被征收单位平均每人占有耕地的数量计算。每一个需要安置的农业人口的安置补助费标准，为该耕地被征收前 3 年平均年产值的 4 ~ 6 倍。但是，每公顷被征收耕地的安置补助费，最高不得超过被征收前 3 年平均年产值的 15 倍。征收其他土地的安置补助费标准，由省、自治区、直辖市参照征收耕地的安置补助费的标准规定。经省、自治区、直辖市人民政府批准，可以增加安置补助费。但是，土地补偿费和安置补助费的总和不得超过土地被征收前 3 年平均年产值的 30 倍。

③地上附着物和青苗的补偿费。地上附着物和青苗的补偿费包括房屋、农田基础设施、树木、青苗等的补偿费，其标准由省、自治区、直辖市规定。

2）新菜地开发建设基金（征用城市郊区菜地的）。

3）耕地开垦费（占用耕地的）。

4）耕地占用税（占用耕地的）。

5）征地管理费。是由用地单位在征地费总额的基础上按一定比例支付的管理费用。

6）政府规定的其他有关税费。

2. 城市房屋拆迁费用的有关规定

在城市规划区内国有土地上实施房屋拆迁所发生的费用主要有：

1）房屋拆迁补偿安置费用。该费用是由拆迁人对于被拆迁人给予拆迁补偿和拆迁安置所发生的全部费用构成，其大小相当于下列几项之和：

①被拆迁房屋的房地产市场价格。该价格不包含搬迁补助费、临时安置补助费和拆迁非住宅房屋造成停产、停业的补偿费，以及被拆迁房屋室内自行装修装饰的补偿金额。它由具有房地产价格评估资格的估价机构，根据被拆迁房屋的区位、用途、建筑面积等因素评估确定。

②被拆迁房屋室内自行装修装饰的补偿金额。它由拆迁人和被拆迁人协商确定；协商不

成的，可以通过委托评估确定。

③各种补助费、补偿费。它们包括搬迁补助费、临时安置补助费（或周转房费）和拆迁非住宅房屋造成停产、停业的补偿费。这些补助费、补偿费的标准，由省、自治区、直辖市人民政府规定。

2）房屋拆迁服务费。

3）房屋拆迁管理费。该费用以城市拆迁规模大小，按照不超过房屋拆迁补偿安置费用的0.3%～0.6%收取。具体收费标准，由各省、自治区、直辖市物价、财政部门制定。

4）政府规定的其他有关税费。

阅读材料

城市房屋拆迁中发生的有关税费

在城市房屋拆迁中发生的有关税费如下：①被拆除房屋及附属物的补偿费；②搬迁补助费；③临时安置补助费或周转房费；④拆迁非住宅房屋造成停产、停业的补偿费；⑤拆迁服务费；⑥拆迁管理费；⑦政府规定的其他有关税费。

6.6.3 房屋折旧的有关规定

1. 年折旧额的计算公式

$$年折旧额 = 原价 \times (1 - 残值率) \div 耐用年限$$

2. 经租房产根据房屋结构分类

（1）钢筋混凝土结构　全部或承重部分为钢筋混凝土结构，包括框架大板与框架轻板结构的房屋。这类房屋一般内外装修良好，设备比较齐全。

（2）砖混结构一等　部分钢筋混凝土，主要是砖墙承重的结构。外墙部分砌砖、水刷石、水泥抹面或涂料粉刷，并设有阳台，内外设备齐全的单元式住宅或非住宅房屋。

（3）砖混结构二等　部分钢筋混凝土，主要是砖墙承重的结构。外墙是清水墙，没有阳台，内部设备不全的非单元式住宅或其他房屋。

（4）砖木结构一等　材料上等、标准较高的砖木（石料）结构。这类房屋一般是外部有装修处理、内部设备完善的庭院式或花园洋房等高级房屋。

（5）砖木结构二等　结构正规，材料较好，一般外部没有装修处理，室内有专用上水、下水等设备的普通砖木结构房屋。

（6）砖木结构三等　结构简单，材料较差，室内没有专用上水、下水等设备，较低级的砖木结构房屋。

（7）简易结构　如简易楼、平房、木板房、砖坯、土草房、竹木捆绑房等。

3. 各种结构房屋的耐用年限

1）钢筋混凝土结构：生产用房50年，受腐蚀的生产用房35年，非生产用房60年。

2）砖混结构一等：生产用房40年，受腐蚀的生产用房30年，非生产用房50年。

3）砖混结构二等：生产用房40年，受腐蚀的生产用房30年，非生产用房50年。

4）砖木结构一等：生产用房30年，受腐蚀的生产用房20年，非生产用房40年。

5）砖木结构二等：生产用房 30 年，受腐蚀的生产用房 20 年，非生产用房 40 年。

6）砖木结构三等：生产用房 30 年，受腐蚀的生产用房 20 年，非生产用房 40 年。

7）简易结构：10 年。

阅读材料

武汉市城市房屋拆迁估价操作中的耐用年限与残值率

耐用年限见表 6－10。

表 6－10　耐用年限

房屋结构	耐用年限
钢筋混凝土结构	60～80 年
砖混结构一、二等	40～60 年
砖木结构一、二、三等	30～50 年
简易结构	10～15 年

注：数据摘自《武汉市城市房屋拆迁估价操作技术规范》。

残值率见表 6－11。

表 6－11　残值率

房屋结构	残值率（%）
钢筋混凝土结构	0
砖混结构一等	2
砖混结构二等	2
砖木结构一等	6
砖木结构二等	4
砖木结构三等	3
简易结构	3

4. 房屋残值

房屋残值是指房屋达到使用年限，不能继续使用，经拆除后的旧料价值；清理费用是指拆除房屋和搬运废弃物所发生的费用；残值减去清理费用，即为残余价值，其与房屋造价的比例为残值率。各种结构房屋的残值率一般为：①钢筋混凝土结构 0；②砖混结构一等 2%；③砖混结构二等 2%；④砖木结构一等 6%；⑤砖木结构二等 4%；⑥砖木结构三等 3%；⑦简易结构 0。

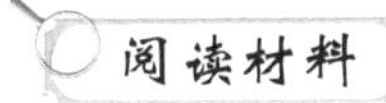

常州市现行房屋折旧制度

常州市市区房屋结构、耐用年限、年折旧率对照表见表 6－12。

表 6-12　常州市市区房屋结构、耐用年限、年折旧率对照表

房屋结构		耐用年限	年折旧	结构情况
钢筋结构		60	1.67%	全部或承重部分钢筋混凝土结构
砖混结构		50	2%	部分钢筋混凝土，主要是砖木承重，包括混合、砖木、砖混结构
简易结构	一等	30	3.3%	土墙或低标准砖墙承重，不规则木门
	二等	15	6.7%	简易房、铁栅、竹木房等

注：成套房不适用此表。

常州市市区房屋成新率评定对照表见表 6-13。

表 6-13　常州市市区房屋成新率评定对照表

完损等级	新旧程度	成新率
完好	十成新、九成新、八成新	80% ~100%
基本完好房	七成新、六成新	60% ~79%
一般损坏房	五成新、四成新	40% ~59%
严重损坏房	三成新	30% ~39%
危险房	不足三成新	按残值计算

注：1. 1949 年前建造，成新率不得超过 65%，其中砖混三等不得超过 60%。

2. 1966 年以前建造的，成新率不得超过 75%，其中砖混三等不得超过 65%。

3. 1980 年以前建造的，成新率不得超过 80%，其中砖混三等不得超过 75%。

4. 建造 5 年以上的，成新率不得超过 90%。

5. 建造年限 5 年以内，根据房屋新旧程度完好等级，按实际评定。

房屋经济耐用年限和残值率表见表 6-14。

表 6-14　房屋经济耐用年限和残值率表

参考值 / 类别 / 结构	经济耐用年限（年）			残值率（%）
	住房	其他房屋	受腐蚀的其他房屋	
钢筋混凝土结构（包括框架结构、剪力墙结构、筒体结构、框架—剪力墙结构等）	60	50	35	0
砖混结构	50	40	30	2
砖木结构	40	30	20	3
土木结构	35	25	15	1
简易结构	10	10	10	0

6.6.4　现行房屋完损等级评定的有关规定

房屋完损等级，是用来检查房屋维修保养情况的一个标准，是确定房屋实际新旧程度和

估算折旧的重要依据。房屋的完好程度越高，其现值就越接近于重新构建价格。

1）房屋完损等级是根据房屋的结构、装修、设备三个组成部分的各个项目完好、损坏程度来划分的，分为下列五类：①完好房；②基本完好房；③一般损坏房；④严重损坏房；⑤危险房。

2）房屋结构、装修、设备三个组成部分的各个项目为：①房屋结构组成分为：地基基础、承重构件、非承重墙、屋面、楼地面；②房屋装修组成分为：门窗、外抹灰、内抹灰、顶棚、细木装修；③房屋设备组成分为：水卫、电照、暖气及特种设备（如消防栓、避雷装置等）。

3）房屋完损等级的判定依据。

①完好房：结构构件完好，装修和设备完好、齐全完整，管道畅通，现状良好，使用正常。或虽然个别分项有轻微损坏，但一般经过小修就能修复的。

②基本完好房：结构基本完好，少量构部件有轻微损坏，装修基本完好，油漆缺乏保养，设备、管道现状基本良好，能正常使用，经过一般性的维修能恢复的。

③一般损坏房：结构一般性的损坏，部分构部件有损坏或变形，屋面局部漏雨，装修局部有破损，油漆老化，设备、管道不够畅通，水卫、电照管线、器具和零件有部分老化、损坏或残缺，需要进行中修或局部大修更换部件的。

④严重损坏房：房屋年久失修，结构有明显变形或损坏，屋面严重漏雨，装修严重变形、破损，油漆老化见底，设备陈旧不齐全，管道严重堵塞，水卫、电照管线、器具和零部件残缺及严重损坏，需进行大修或翻修、改建的。

⑤危险房：承重构件已属危险构件，结构丧失稳定及承载能力，随时有倒塌的可能，不能确保住用安全的。

4）房屋新旧程度的判定标准是：①完好房：十、九、八成；②基本完好房：七、六成；③一般损坏房：五、四成；④严重损坏房及危险房：三成以下。

5）房屋估价办法，以重置完全价值确定各类房屋的价值为房屋估价的基本原则。重置完全价值是指按照当前房屋生产条件和市场情况重新建造所需的全部金额。在房屋估价中，1980 年以后新建的房屋，有原值的，以原值计价入账；没有原值的或变化较大的可以重置完全价值估价。1984 年 1 月 1 日起新建的房屋，一律以原价值计价（新建的原值：系指交付使用财产的价值）。

重置完全价值 = 类同的工程平均造价 + 室外工程费

室外工程费是指建筑物以外，房管部门管修的上下水道、电照、甬路、自来水表井和化粪井等。各地区可结合当地的实际情况自行确定各类房屋的建筑 m^2 造价，作为估价入账的依据。

6.7　成本法总结和运用举例

参照有关资料，对成本法的运用案例做如下梳理。

【例 6-8】 某宗房地产，土地总面积 2500m^2，是 6 年前通过征用农地取得的，当时费用 800 元/m^2，现时取得该类土地，每 m^2 需 1000 元，地上建筑总建筑面积 6000m^2，是两年前建成交付使用的，当时建筑造价 800 元/m^2，现时建造同类建筑物每 m^2 为 1100 元，估计该建筑物有八成新，该类建筑物的残值率为 2%，试选用所给资料评估该房地产的现时总价和单价。

解：(1) 求土地价格 V_L

$V_L=2500m^2\times1000$ 元/$m^2=250$ 万元

(2) 求建筑物价格 V_B

①求建筑物重置价格 $C=6000m^2\times1100$ 元/$m^2=660$ 万元

②求 $V_B=C\times q=660$ 万元 $\times80\%=528$ 万元

(3) 计算房地产总价 $V=V_L+V_B=250$ 万元 $+528$ 万元 $=778$ 万元

(4) 计算房地产单价 $P=V/S=778$ 万元 $\div6000m^2=1296.67$ 元/m^2

【例 6-9】 有一房地产，土地总面积 $1000m^2$，为 10 年前通过征用农地取得，当时每亩花费 16 万元，现时重新取得该类土地每平方米需 600 元；地上建筑物总建筑面积 $2000m^2$，于 8 年前建成交付使用，当时建筑造价每平方米 500 元，现时建造同类建筑物每平方米需 1000 元，估计该建筑物尚可使用 32 年，残值率为 5%

试选用所给资料估计该房地产的现时总价和单价。

解：(直线法)

1) 土地现价总额 $=1000m^2\times600$ 元/$m^2=600000$ 元

2) 建筑物现价总额 $=C[1-(1-R)\times t\div(t+n)]$

$=2000m^2\times1000$ 元/$m^2\times[1-(1-5\%)\times8$ 年 $\div(8+32)$ 年$]$

$=1620000$ 元

3) 房地产现时总价 $=60000$ 元 $+1620000$ 元 $=2220000$ 元

4) 房地产现时单价 $=2220000$ 元 $\div2000m^2=1110$ 元/m^2

【例 6-10】 估价对象概况：估价对象是一个专用仓库；坐落在某城市建成区内；土地总面积 $2500m^2$，总建筑面积 $8500m^2$；土地权利性质为出让土地使用权；建筑物建成于 1984 年 7 月底，建筑结构为钢筋混凝土结构。需要评估该专用仓库 2004 年 7 月 30 日的价值。

解：1) 选择估价方法：成本法、市场法。

2) 选择计算公式：

旧房地价格 = 土地的重新取得价格或重新开发成本 +
建筑物的重新构建价格 − 建筑物的折旧

3) 求取土地的重新取得价格或重新开发成本：拟通过市场法和成本法求取。

①采用市场法求取土地价格。

可比实例 A：土地面积 $2300m^2$；成交日期 2003 年 5 月；成交价格 605 元/m^2。

比较价值 = 实例土地成交价格 × 交易情况修正 × 交易日期修正 × 土地状况调整

$=605$ 元/$m^2\times(100\div100)\times(107\div100)\times(100\div95)$

$=681.4$ 元/m^2

可比实例 B：土地面积 $3000m^2$；成交日期 2003 年 12 月；成交价格 670 元/m^2。

比较价值 $=670$ 元/$m^2\times(100\div100)\times(103\div100)\times(100\div100)=690.1$ 元/m^2

可比实例 C：土地面积 $2500m^2$；成交日期 2004 年 5 月；成交价格 633 元/m^2。

比较价值 = 633 元/m^2 ×(100 ÷ 95)×(101 ÷ 100)×(100 ÷ 99)= 679.8 元/m^2

估价对象土地的单价 =(681.4 + 690.1 + 679.8)元/m^2 ÷ 3 = 684 元/m^2

②用土地取得的价格总和计算估价对象的价格：

在估价时点（2004 年 7 月 30 日）征用郊区农地平均每亩需要支付 10 万元的征地补偿、安置等费用，约合 150 元/m^2；向政府支付土地使用权出让金等费用 30 元/m^2；将土地开发成可直接供建筑使用的土地，需要“五通一平”，为此，每平方米还需要投资（含开发土地的费用、税金和利润）110 元。以上合计为 290 元/m^2，可视为城市边缘熟地的价格。

该城市土地分为 10 个级别，城市边缘熟地列为最差级，即处于第 10 级土地上，而估价对象房地产处于第 7 级土地上，因此还需要进行土地级别对价格影响的调整。各级土地之间的价格差异见表 6 - 15。

表 6 - 15　各级土地之间的价格差异

土地级别	1	2	3	4	5	6	7	8	9	10
土地是次级土地的倍数	1.30	1.30	1.30	1.30	1.30	1.30	1.30	1.30	1.30	1.30
地价是最差级土地的倍数	10.60	8.16	6.27	4.83	3.71	2.86	2.20	1.69	1.30	1.00

估价对象土地的单价 = 290 元/m^2 × 2.20 = 638 元/m^2

估价对象土地的总价 = 638 元/m^2 × 2500m^2 = 159.5 万元

4）求取建筑物的重新构建价格。

现时（在估价时点 2004 年 7 月 30 日）与估价对象建筑物类似的不包括土地价格在内的建筑物的造价为 1000 元/m^2 建筑面积，以此作为估价对象建筑物的重置价格。

估价对象建筑物的重新构建总价 = 1000 元/m^2 × 8500m^2 = 850 万元

5）求取建筑物的折旧。

采用直线法求取折旧额。参照规定并根据估价人员的判断，该专用仓库建筑物的经济寿命为 60 年，残值率为零。故：

估价对象建筑物的折旧总额 = 850 万元 × 20 年 ÷ 60 年 = 283.3 万元

估价人员到现场观察，认为该专用仓库建筑物的折旧程度为三成，即将近七成新，与上述计算结果基本吻合。

6）求取积算价格。

旧房地价格 = 土地的重新取得价格或重新开发成本 + 建筑物的重新构建价格 - 建筑物的折旧
= 159.5 万元 + 850 万元 - 283.3 万元
= 726.2 万元

估价结果：

根据上述计算结果并参考估价人员的经验，将本估价对象专用仓库 2004 年 7 月 30 日的价值总额评估为 726.2 万元，折合每平方米建筑面积 854 元。

【例 6 - 11】 某市经济技术开发区内有一块土地面积 15000m^2，该地块的土地征用费用（含安置、拆迁、青苗补偿费和耕地占用税）为每亩 10 万元，土地开发费为每平方公里2 亿元，土地开发周期为两年，第一年投入资金占总开发费用的35%，开发商要求的投资回报率为10%，当地土地出让增值收益率为15%，银行贷款年利率为11%，试评估该土地的价格。

解：该地块的各项投入资本均已知，可用成本法评估。

（1）计算土地取得费 = 10 万元/亩 = 150 元/m^2

（2）计算土地开发费 = 2 亿元/km^2 = 200 元/m^2

（3）计算投资利息土地取得费的计息期为 2 年，土地开发费为分段均匀投入

土地取得费利息 = 150 元/m^2 × [(1 + 11%)^2 − 1] = 34.82 元/m^2

土地开发费利息 = 200 元/m^2 × 35% × [(1 + 11%)$^{1.5}$ − 1] + 200 元/m^2 × 65% × [(1 + 11%)$^{0.5}$ − 1]

= (11.86 + 6.96) 元/m^2 = 18.82 元/m^2

（4）计算开发利润 = (150 元/m^2 + 200 元/m^2) × 10% = 35 元/m^2

（5）计算土地价格

土地价格 = (150 + 200 + 18.82 + 35) 元/m^2 × (1 + 15%)

= (150 + 200 + 34.82 + 18.82 + 35) 元/m^2 × (1 + 15%)

= 504.44 元/m^2

（6）评估结果

该宗地单价为 504.44 元/m^2，总价为 7566600 元。

【例 6 − 12】 某开发区征用土地总面积 5km^2，现已完成了“七通一平”，开发区内道路、绿地、水面及其他公共和基础设施占地 1.5km^2。该开发区拟出让一宗工业用地，出让年限为 50 年，土地面积为 10000m^2。根据测算，该开发区土地征地、安置、拆迁及青苗补偿费用为 4.5 亿元，征地中发生的其他费用为 1.5 亿元；征地后，土地“七通一平”的费用为 200 万元，开发周期为两年，且第一年的投资额占总开发投资的 40%，总投资回报率为 20%，当年银行贷款利息率为 10%，土地还原率确定为 7%。试估算出该宗工业用地的单位面积价格和总价格。

解：（1）土地取得费 = (4.5 + 1.5) × 10^8 元 ÷ (5 × 10^6) m^2 = 120 元/m^2

（2）土地开发费 = (2.0 × 10^6) 元 ÷ (1 × 10^4) m^2 = 200 元/m^2

（3）投资利息

= 120 元/m^2 × [(1 + 0.1)^2 − 1] + 200 元/m^2 × 40% × [(1 + 0.1)$^{1.5}$ − 1] + 200 元/m^2 × 60% × [(1 + 0.1)$^{0.5}$ − 1]

= (25.20 + 12.30 + 5.86) 元/m^2 = 43.36 元/m^2

（4）投资利润 = (120 + 200) 元/m^2 × 20% = 64 元/m^2

（5）土地增值收益 = (120 + 200 + 43.36 + 64) 元/m^2 × 20% = 85.47 元/m^2

（6）土地价格 = 土地取得费用 + 土地开发费 + 投资利息 + 投资利润 + 土地增值收益

= (120 + 200 + 43.36 + 64 + 85.47) 元/m^2 = 512.83 元/m^2

（7）进行可出让土地比率修正　由于开发区内道路、绿地、水面及其他公共和基础设施占地是无法出让的，因此这些土地的价格要分摊到可出让土地的价格中去，计算方法如下：

开发区可出让土地比率 = (开发区总面积 − 不可出让土地面积)/开发区土地总面积 × 100%

= (5 − 1.5) km^2/5km^2 × 100% = 70%

可出让土地的平均单价 = 512.83 元/m^2/70% = 732.61 元/m^2

（8）进行土地使用权年期修正

732.61 元/m^2 × [1 − 1/(1 + 0.07)^{50}] = 707.74 元/m^2

（9）土地总价格 = 707.74 元/m^2 × 10000m^2 = 7077400 元

【例 6 − 13】 某宗房地产的土地总面积为 1000m^2，是 10 年前通过征用农地取得的，当时平均每亩花费 18 万元，现时重新取得该类土地每平方米需要 620 元；地上建筑物的总建筑面积为 2000m^2，是 8 年前建成交付使用的，当时的建筑造价为每平方米建筑面积 600 元，现时建造同类建筑物每平方米建筑面积需要 1200 元，估计该建筑物有八成新。试选用所给资料估算该宗房地产的现时总价和单价。

解：该题主要应注意重新构建价格应为估价时点时的。该宗房地产的价格估算如下：

土地现值 = 620 元/m^2 × 1000m^2 = 620000 元

建筑物现值 = 1200 元/m^2 × 2000m^2 × 80% = 1920000 元

估价对象的现时总价 = 620000 元 + 1920000 元 = 2540000 元

估价对象的现时单价 = 2540000 元 ÷ 2000m^2 = 1270 元/m^2

【例 6 − 14】 某市经济技术开发区内有一块土地面积为 15000m^2，该地块的土地征地费用（含安置、拆迁、青苗补偿费和耕地占用税）为每亩 10 万元，土地开发费为每平方公里 2 亿元，土地开发周期为两年，第一年投入资金占总开发费用的 35%，开发商要求的投资回报率为 10%，当地土地出让增值收益率为 15%，银行贷款年利率为 6%，试评估该土地的价值。

该土地的各项投入成本均已知，可用成本法评估。

解：（1）计算土地取得费

土地取得费 = 10 万元/亩 = 150 元/m^2

（2）计算土地开发费

土地开发费 = 2 亿元/km^2 = 200 元/m^2

（3）计算投资利息　土地取得费的计息期为两年，土地开发费为分段均匀投入，则：

土地取得费利息 = 150 元/m^2 × [(1 + 6%)^2 − 1] = 18.54 元/m^2

土地开发费利息 = 200 元/m^2 × 35% × [(1 + 6%)$^{1.5}$ − 1] + 200 元/m^2 × 65% × [(1 + 6%)$^{0.5}$ − 1]

= 6.39 元/m^2 + 3.84 元/m^2

= 10.23 元/m^2

（4）计算开发利润

开发利润 = (150 + 200) 元/m^2 × 10% = 35 元/m^2

（5）计算土地价值

土地单价 = (150 + 200 + 18.54 + 10.23 + 35) 元/m^2 × (1 + 15%) = 475.84 元/m^2

土地总价 = 475.84 元/m^2 × 15000m^2 = 7137600 元

该宗地单价为 475.84 元/m^2，总价为 7137600 元。

【例 6 − 15】 估价对象概况：生地为山坡地，经开发可适用于兴建住宅。总开发面积为 50000m^2，生地地价 400 元/m^2，求此新开发土地价格（按单利计息）。

解：方法选择：因该土地为新开发土地，所以可采用成本法评估。

资料：测量、挖土、填土、修路及基础设施建设等开发费用为200元/m^2；可供建筑使用的面积为40000m^2，其余10000m^2为道路及其他公共用地；土地开发时间为20个月；管理、销售及其他间接费用率为7%；该地区土地投资回报率为8%；贷款月利率为1%。计算新开发土地价格（按照单利计算）。

设可转让土地面积比率为f，已知间接费率$a=7\%$，该地区土地投资回报率$r=8\%$，贷款月利率$i=1\%$，生地地价$P'=400$元/m^2，基础设施建设等开发费用$C=200$元/m^2。

1）计算可转让土地面积比率。$f=40000\text{m}^2/50000\text{m}^2\times100\%=80\%$

2）确定利息负担时间。$n_1=20$个月，$n_2=20$个月/2=10个月

3）选择公式计算土地单价。

$P=1/(1-r)\times1/f\times\{[P'(1+n_1 i)+C(1+n_2 i)]\times1/(1-a)\}$（按照单利计算）

$=1/(1-8\%)\times1/80\%\times\{[400$元/$m^2\times(1+20\times0.01)+200$元/$m^2\times(1+10\times0.01)]\times1/(1-7\%)\}$

$=1023$元/平方米

总地价$=1023$元/$m^2\times40000\text{m}^2=4092$万元

【例6-16】某一新建住宅楼，土地面积为1000m^2，总建筑面积为4000m^2；地价为5000元/m^2，建筑物建造成本为1200元/m^2，建筑工期为10个月（在建设期内地价和建筑成本均未发生变化）。资料：年利率10%，收益率5%。求该住宅楼建成时的市值（按单利计息）。

解：（1）成本价格=地价+建筑物建造成本+利息+开发利润+税金

（2）利息=总地价×年利率×建筑工期

$=5000$元/$m^2\times1000\text{m}^2\times10\%\times10$月/12月$=416667$（元）（按单利计息）

（3）开发商利润=（地价+建筑物成本）×收益率

$=(5000$元/$m^2\times1000\text{m}^2+1200$元/$m^2\times4000\text{m}^2)\times5\%$

$=(500+480)$万元$\times5\%=49$万元

（4）税金　按实际纳税额计算得25万元。

（5）价格$=5000$元/$m^2\times1000\text{m}^2+4000$元/$m^2\times1200\text{m}^2+41.6667\times10^4$元$+49\times10^4$元$+25\times10^4$元

$=(500+480+41.6667+49+25)$万元$=1095.6667$万元

【例6-17】估价对象概况：政府办公楼，土地总面积为400m^2，建筑总面积为1200m^2；建造于1977年；钢筋混凝土结构。求房地产1998年5月的市值。

解：（1）计算公式，评估对象现值=土地价格+建筑物重置成本-折旧

（2）评估土地价格：该土地为市区土地，在该土地上建设政府办公楼，现依市场法，通过与三个买卖实例进行比较，最终确定该土地单价2000元/m^2，总地价$=2000$元/$m^2\times400\text{m}^2=80$万元。

（3）估算建筑物的重置成本：目前与之类似的建筑物的重置成本为1500元/m^2，则该建筑物的重置成本$=1500$元/$m^2\times1200\text{m}^2=180$万元

（4）计算折旧额：该建筑物的使用及保养情况正常，可用耐用年限法计算其折旧额。

该建筑物的耐用年限为 60 年，已使用 21 年，残值率为 0。

现依直线折旧法计算其折旧额 = 180 万元 ×21 年/60 年 = 63 万元

（5）计算估价额（积算价格）= 80 万元 + 180 万元 − 63 万元 = 197 万元

单价 = 197 万元/1200 元/m^2 = 1642 元/m^2。

【例 6 − 18】 某公司于 5 年前以出让方式取得一宗面积 2000m^2 的 40 年使用权的土地，并于 3 年前建成物业投入使用，总建筑面积为 5000m^2。现时重新取得 40 年土地使用权的出让价格为 2000 元/m^2，重新建造建筑物的建安成本为 600 万元（建设期为 2 年，第一年投入 40%，第二年投入 60%，可视为年中集中投入），管理费用为建安成本的 3%，年利率为 6%，销售税费为 90 万元，开发利润为 120 万元。门窗、墙面等损坏的修复费用为 8 万元；装修的重置价格为 140 万元，平均寿命为 5 年；设备的重置价格为 100 万元，平均寿命为 10 年；假设残值均为零。试计算该宗房地产现时的价格（土地资本化率为 8%）。

解：1）运用成本法计算，公式为：

房地产价格 = 土地重新取得价格 + 建筑物的重新构建价格 − 建筑物折旧

2）求土地的重新取得价格：因该土地使用权为 40 年，已过去了 5 年，故要求土地使用权为 35 年的价格为：

$$
\begin{aligned}
V_{35} &= V_{40} \times K_{35}/K_{40} \\
&= 2000\text{ 元}/\text{m}^2 \times 2000\text{m}^2 \times (1+8\%)^{40-35}[(1+8\%)^{35}-1]/[(1+8\%)^{40}-1] \\
&= 390.94\text{ 万元}
\end{aligned}
$$

3）计算建筑物的重新构建价格：

①建安成本 = 600 万元

②管理费用 = 600 万元 ×3% = 18 万元

③投资利息 = (600 + 18) 万元 ×40% ×[(1 + 6%)$^{1.5}$ − 1] + (600 + 18) 万元 ×60% ×[(1 + 6%)$^{0.5}$ − 1]
= 33.54 万元

④销售税费 = 90 万元

⑤开发利润 = 120 万元

⑥建筑物的重新构建价格 = (600 + 18 + 33.54 + 90 + 120) 万元 = 861.54 万元

4）计算建筑物的折旧额：

①门窗、墙面等损坏的折旧额 = 8 万元

②装修部分的折旧额 = 140 万元 ×1 年/5 年 ×3 = 84 万元

③设备部分的折旧额 = 100 万元 ×1 年/10 年 ×3 = 30 万元

④长寿命项目的折旧额 = (861.54 − 8 − 140 − 100) 万元 ×1 年/38 年 ×3 = 48.44 万元

建筑物的折旧总额 = (8 + 84 + 30 + 48.44) 万元 = 170.44 万元

5）该宗房地产的现时价格 = (390.94 + 861.54 − 170.44) 万元 = 1082.04 万元

【例 6 − 19】 某开发区土地开发完成后，需要评估出让土地的底价。该开发区土地开发程度达到“七通一平”，可供出让的土地面积占开发区总土地面积的 80%。出让土地使用年限为 50 年。开发区所在地的土地取得费（含税费）为 15 万元/亩；土地开发费为 10 万元/亩，在开发期内均匀投入，土地开发周期 20 个月，贷款月利率为 1%，按月计算复利；土

地开发的投资回报率要求达到20%，土地增值收益率要求达到10%，土地还原率取8%。

请根据以上资料评估出该开发区出让土地的底价。

解：1）新开发区成片开发分块出让的土地价格公式。

出让土地价格 =（土地取得费用 + 土地开发费用 + 利息 + 利润 + 土地增值收益可出让土地面积比率）× 年期修正系数

2）计算步骤。

①计算土地取得费（含税费）。

土地取得费 = 15 万元/亩 × 10000 元/万元 ÷ 666.67m^2/亩 = 225 元/m^2

②计算土地开发费用。

土地开发费用 =（10 × 10000）元 ÷ 666.67m^2/亩 = 150 元/m^2

3）计算利息。土地取得费用的计息期为整个开发周期，即20个月；开发费用的计息期为半个开发周期，即10个月；以复利计息。

利息 = 土地取得费利息 + 土地开发费利息

= 225 元/m^2 × [(1 + 1%)^{20} − 1] + 150 元/m^2 × [(1 + 1%)^{10} − 1]

= 65.24 元/m^2

4）计算利润。

利润 =（土地取得费 + 土地开发费）× 投资回报率

=（225 + 150）元/m^2 × 20% = 75 元/m^2

5）计算土地增值收益。

土地增值收益 =（土地取得费 + 土地开发费 + 利息 + 利润）× 土地增值收益率

=（225 + 150 + 65.24 + 75）元/m^2 × 10% = 51.52 元/m^2

6）计算无限年期全开发区土地的单位地价。

无限年期全开发区土地单价 = 土地取得费 + 土地开发费 + 利息 + 利润 + 土地增值收益

=（225 + 150 + 65.24 + 75 + 51.52）元/m^2

= 566.76 元/m^2

7）计算无限年期可出让土地平均单位地价。

无限年期可出让土地平均单价 =（无限年期全开发区土地单价）/可出让土地面积比率

= 566.76 元/m^2 ÷ 80% = 708.45 元/m^2

8）进行使用年期修正，计算50年期可出让土地平均单位地价。

50年期可出让土地平均单价 = 无限年期可出让土地平均单价 × 年期修正系数

= 708.45 元/m^2 × [1 − 1/(1 + 8%)^{50}]

= 693 元/m^2

阅读材料

成本法应用过程中容易出现的问题与注意事项

1）土地取得成本包括购地款和有关税费。

2）土地开发成本的计算依据及取值是否正确，注意客观成本和实际成本的区别。

3）利息计算是否正确，注意利息率、计息周期，资金以何种方式投入，需要计息的项目（土地取得费，包括为购地而支付的税费，开发成本、管理费用）。

4）利润的计算是否正确，利润率的确定是否有充分的依据，利润率的计算基数与利润是否对应，利息不算利润。

5）折旧方法的选用、折旧计算是否正确。注意经济寿命和自然寿命、有效经过年数和实际经过年数的区别，建筑物折旧年限的确定。

6）销售税费的计算是否有误，其计算基数应该是销售收入。

7）模型的选用是否正确，各种模型所对应的开发程度，以及考虑的项目是否齐全。

8）计算是否有误。

9）各项费用有充分依据。

10）土地增值收益部分的计算和年期修正问题：

①如果利用百分比来确定增值收益，则需要进行年期修正。

②如果利用补交出让金标准来确定增值收益，则不需要年期修正。

本章小结

本章主要介绍成本法的基本原理、房地产价格构成、成本法的基本公式、重新构建价格、建筑物折旧、成本法应用中涉及的有关规定、成本法总结及运用举例。

同时补充阅读材料，介绍中外成本法估价的发展，使学生对成本法价值理论，国内、外成本法研究及实践状况有所了解。

练习题

一、名词解释

1. 成本法
2. 重置成本
3. 重建成本

二、问答题

1. 成本估价法的理论依据和适用范围是什么？
2. 估价的折旧计算有几种主要方法？实践中如何合理地综合运用这些方法？
3. 新建房地产的土地取得费用一般有几种情况？它们的组成内容有何区别？

三、选择题

1. 房屋完损等级分为（　　）类。

A. 三　　B. 四　　C. 五　　D. 六

2. 同一建筑物若使用性质不同，其年折旧额由大到小的排列顺序为（　　）。

A. 一般生产用房、腐蚀性生产用房、非生产用房

B. 非生产用房、一般生产用房、腐蚀性生产用房

C. 腐蚀性生产用房、一般生产用房、非生产用房

D. 非生产用房、腐蚀性生产用房、一般生产用房

3. 基本完好房的成新度可以为（　　）。

A. 五成　　B. 六成　　C. 七成　　D. 八成

4. 根据国家有关规定，房屋完损等级是根据房屋（　　）的完好程度和损坏程度来划

分的。

A. 结构　　B. 设备　　C. 设计　　D. 装修

5. 某建筑物的建筑面积 $5000m^2$，土地面积为 $2000m^2$，土地价格为 1500 元/m^2，用成本法估算出的该建筑物的重置价格为 1600 元/m^2，市场上该类房地产的正常房地价格为 1800 元/m^2，则该建筑物的价格为（　　）元/m^2。

A. 1000　　B. 1100　　C. 1200　　D. 1300

6. 某一厂房建成后 5 年被改造为超级市场，并补办了土地使用权出让手续，土地使用权出让年限为 40 年，建筑物的经济寿命为 50 年，则计算该建筑物折旧的经济寿命应为（　　）年。

A. 40　　B. 42　　C. 45　　D. 50

7. 房地产估价中的折旧注重的是（　　）。

A. 原始取得价值的减价修正　　B. 原始取得价格的摊销与回收

C. 重置价格的摊销与回收　　D. 价值的减价修正

8. 8 年前建成交付使用的某建筑物，建筑面积是 120 m^2，单位建筑面积的重置价格为 800 元/m^2，建筑物残值率为 6%，年折旧率 2.2%，计算该建筑物的现值是（　　）元。

A. 76880　　B. 79104　　C. 77952　　D. 81562

9. 李某于 1998 年花 7 万元购得"一大三小"住宅一套。此后不久，在住宅小区上风位建了一座化工厂，致使空气中时常有一股酸臭味。于是李某在 2002 年底将该住房以 5 万元低价转售，则引起减价的折旧因素有（　　）。

A. 物质折旧　　B. 经济折旧　　C. 功能折旧　　D. 区位折旧

10. 某房屋拆除后的旧料价值为 10 万元，清理费用为 30 万元，该房屋造价为 500 万元，则残值率为（　　）。

A. 2%　　B. 0　　C. 4%　　D. −4%

11. 某商业大楼建造期 2 年，建成 8 年后补办了土地使用权出让手续，土地使用年限为 40 年，建筑物的经济寿命为 35 年，评估时该建筑物的折旧年限应取（　　）年。

A. 35　　B. 45　　C. 48　　D. 50

四、计算题

1. 估价对象是一个商住楼，土地总面积 $3000m^2$，总建筑面积 $9500m^2$，建筑物建成于 1981 年 6 月底，建筑结构为钢筋混凝土结构。已知估价对象土地的单价为 700 元/m^2，2001 年 6 月 30 日与估价对象建筑物类似的不包括土地价格在内的建筑物的造价为每 m^2 建筑面积 1000 元（含合理利润、税费等），该建筑物的经济寿命为 60 年，残值率为零。试用成本法评估该商住楼在 2001 年 6 月 30 日的价值。

2. 某钢筋混凝土结构建筑物，经济寿命为 50 年，有效经过年数为 10 年。经调查测算，现在重新建造全新状态的该建筑物的建造成本为 1500 万元（建设期为 2 年，假定第一年投入建造成本的 50%，第二年投入 50%，均为均匀投入），管理费用为建造成本的 3%，年利息率为 6%，销售税费为 100 万元，开发利润为 180 万元。又知其中该建筑物的墙、地面、门窗等损坏的修复费用为 25 万元；装修的重置价格为 300 万元，平均寿命为 5 年，已使用 2 年；设备的重置价格为 200 万元，平均寿命为 15 年，已使用 10 年。假设残值率均为 0，试计算该建筑物的折旧总额。

第7章 假设开发法

【教学目的】通过学习，要求学生掌握假设开发法的基本原理，熟悉假设开发法的应用，掌握假设开发法的操作步骤与内容。
【重点难点】重点在于假设开发法的应用条件与操作步骤。难点在于假设开发法及其应用。
【能力点描述】熟悉利用假设开发法进行房地产估价的步骤、要点；具备利用假设开发法进行估价工作的基本经验和技能。

7.1 假设开发法的基本原理

参照相关资料，对假设开发法的基本原理做如下梳理。

7.1.1 假设开发法的概念

1. 称谓

假设开发法又称开发法、预期开发法、剩余法、倒算法、净余估价法、余值法等，是将预测的估价对象未来开发完成后的价值减去未来的正常开发成本、税费和利润等，以此求取估价对象的客观合理价格或价值的方法。

2. 基本思路

假设开发法是将待估地产的预期开发价值，扣除正常投入费用、正常税金及合理利润后，依据该剩余值测算待估地产价格的方法。假设开发法在评估待开发土地价值时运用得较为广泛。

具体来说，房地产开发商购买土地进行开发的目的是将其出售赚取利润。开发商买地，进行土地投入，必须有收益，而且这个收益率越高越好。因此，开发商就会根据规划部门对该地块的限制条件，如用途、容积率、绿地覆盖度、最高层数、朝向等，以及有关法律法规的限制来确定该块土地的最佳使用状况。然后根据目前的房地产市场状况预测建筑完成后房地产售价，以及为完成这一开发所需花费的建筑费、设计费、相关税费、各类预付资本的利息和开发商应得的正常利润。

运用该方法评估地价时，首先估算开发完成后不动产正常交易的价格，然后，扣除建筑物建造费用和与建筑物建造、买卖有关的专业费、利息、利润、税收等费用，以价格余额来确定待估土地价格。

7.1.2 假设开发法的理论依据

假设开发法是一种科学实用的估价方法，其基本理论依据与收益法相同，是预期原理。假设开发法估价的基本思路可以用下列模拟典型投资者思想活动的例子较好地反映出来。

假如我是一个房地产开发商，有一块可供开发建设的土地，我将愿意以多高的价格来购买它？无疑，我明白购买该块土地的目的不是为了自己享有，而是要通过它赚取利润。我也清楚想得到该块土地的开发商不止我一个，他们都怀有与我一样的动机。因此，我不能企求从这块土地的开发中得到超乎寻常的利润，否则，该块土地的竞争将使我得不到它，从而使我一无所获。但是，我打算从这块土地的开发中获得的利润也不能比别人所愿意获得的最低利润少，或将此资金、时间和精力投到其他方面所能取得的正常利润少，否则我还不如将此资金、时间和精力投到其他方面（此点是基于机会成本的考虑）。所以，我只求得到社会上同类房地产开发项目的一般正常利润。而为了得到这块土地，我首先得仔细分析这块土地的内外条件，如坐落、面积和形状、基础设施完备程度和土地平整程度、地质和水文状况以及规划用途、建筑高度和容积率等。根据土地的内外条件，我知道了这块土地在规划许可的范围内最适宜的用途、规模、档次。在做了这些工作之后，我要预测这座建筑物建成后连同土地一起出售，将会卖到的价钱；为了建造这座建筑物将要花的费用，包括投资利息（我投入的这些资金要么是自己的，要么是从银行贷款的，但都要计算利息，这也是基于机会成本的考虑）；此外，我不能忘了在交易中要缴纳有关税费（包括购买土地时作为买方要缴纳的税费和出售开发完成后的房地产时作为卖方要缴纳的税费）及要获得开发利润。确定了这些之后，我便知道了愿意为这块土地支付的最高价格是多少。毫无疑问，它等于预测的未来开发完成后的价值，减去各种开发成本、费用以及利息、税费和利润等之后的数额。

由上可以看出，假设开发法在形式上是评估新开发完成的房地产价格的成本法的倒算法。两者的主要区别是：成本法中的土地价格为已知，需要求取的是开发完成后的房地产价格；假设开发法中开发完成后的房地产价格已事先通过预测得到，需要求取的是土地价格。

假设开发法更深层的理论依据，类似于地租原理。只不过地租是每年的租金剩余，假设开发法通常测算的是一次性的价格剩余。

7.1.3 假设开发法适用的对象和条件

假设开发法适用于具有投资开发或再开发潜力的房地产的估价，如待开发的土地（包括生地、毛地、熟地）、在建工程（包括房地产开发项目）可装修改造或可改变用途的旧房（包括装修、改建、扩建，如果是重建就属于毛地的范畴）、待拆迁改造的再开发地产，以下统称为待开发房地产。

对于有城市规划设计要求但城市规划设计条件尚未明确的待开发房地产，难以采用假设开发法估价。因为在该房地产的法定开发利用前提未确定的情况下，其价值也就不能确定。如果在这种情况下仍然需要估价的话，估价人员可根据所推测的最可能的城市规划设计条件来估价，但必须将该最可能的城市规划设计条件列为估价的假设和限制条件，并在估价报告中做出特别的提示，说明它对估价结果的影响，或估价结果对它的依赖性。

在实际中运用假设开发法估价的结果的可靠性如何，关键取决于下列两个预测：①是否根据房地产估价的合法原则和最高最佳使用原则，正确地判断了房地产的最佳开发利用方式

（包括用途、规模、档次等）；②是否根据当地房地产市场行情或供求状况，正确地预测了开发完成后的房地产价值。由于这两个预测包含着较多的可变因素，假设开发法有时被认为较粗糙。这一点也可以从同是参加土地使用权拍卖、招标出让，均是采用假设开发法测算报价，但不同的竞买者所愿意出的最高购买价格可能的差异中反映出来（当然，各个竞买者在测算时所依据的自身条件可能有所不同，其测算结果为投资价值）。不过，当估价对象具有潜在的开发价值时，假设开发法几乎是唯一实用的估价方法。

另外，想要运用假设开发法估价取得良好效果，除了需要对假设开发法本身掌握得当，还需要有良好的社会经济环境，如：①要有明朗、开放及长远的房地产政策；②要有一套统一、严谨及健全的房地产法规；③要有完整、公开及透明度高的房地产资料库；④要有稳定、清晰及全面的有关房地产投资开发和交易的税费清单；⑤要有长远、公开及稳定的土地供给（出让）计划。如果这些条件不具备，在运用假设开发法估价时，会使本来就难以预测的房地产市场的客观方面掺入许多人为的主观影响因素，使房地产市场的走势变得更加不可捉摸，从而对开发完成后的房地产价值、开发成本和税费等的预测也会更加困难。

阅读材料

剩余法的特点

1）剩余法估价的可靠性取决于三个正确确定：正确确定土地最佳利用方式，正确确定开发完成后的不动产售价，正确确定土地开发费用和正常利润等。

2）剩余法估价的三个假设和限制条件：关键变量稳定、价格稳定、投入均匀。

7.1.4　假设开发法的操作步骤

运用假设开发法估价一般按下列六个步骤进行：①调查待开发房地产的基本情况；②选择最佳的开发利用方式；③估计开发经营期；④预测开发完成后的房地产价值（市场比较法和长期趋势法相结合求取）；⑤测算开发成本、管理费用、投资利息、销售费用、销售税费、开发利润及投资者购买待开发房地产应负担的税费；⑥进行具体计算，求出待开发房地产的价值。

下面以评估政府出让地块的价格为例，说明如何调查待开发房地产的基本情况和选择最佳的开发利用方式，其他步骤的内容将在后面的小节中论述。

在我国现行房地产交易条件下，政府开展国有土地使用权有偿出让的地块，主要是待开发土地。政府出让土地使用权的方式有拍卖、招标、挂牌和协议四种。无论是哪种出让方式，对于这类待开发土地，政府都需要估价，以确定出让底价；有意购买者也需要估价，以确定购买时的报价或者作为与政府讨价还价的依据。

这类待开发土地的使用年限、城市规划设计条件（如用途、建筑高度、容积率）等，通常政府事先已确定。购地者如果获得该类土地，只能在政府的限制条件之内开发利用。因此，政府的这些限制，也是评估这类待开发土地的价格时必须遵守的前提条件。

调查该类待开发土地的基本情况主要包括下列四个方面：

1）弄清土地的位置。包括三个层次：①土地所在城市的性质；②土地所在的区域的性质；③具体的坐落状况。弄清这些，主要是为选择最佳的土地用途服务。例如，位于上海市浦东新区的一块待开发土地需要估价，就需要弄清该块土地的位置，需要弄清浦东新区的定位、地位，包括它与上海市区的关系以及政府对该区的政策和建设规划等，此外还需要弄清这块土地在此区域内的具体状况，如周围环境、进出交通便利程度等。

2）弄清土地的面积大小、形状、平整程度、基础设施通达程度、地质和水文状况等。弄清这些，主要是为测算开发成本、费用等服务。

3）弄清城市规划设计条件，包括弄清规定的用途、建筑高度、容积率等。弄清这些，主要是为确定最佳的开发利用方式服务。

4）弄清将拥有的土地权利，包括弄清权利性质（目前均为使用权）、使用年限、可否续期，以及对转让、出租、抵押等的有关规定等。弄清这些，主要是为预测开发完成后的房地产价值、租金等服务。

选择最佳的开发利用方式，包括用途、规模、档次等的确定。这些内容的确定都要在城市规划许可的范围内选取，也就是说在这个许可范围内的最佳。在选择最佳的开发利用方式中，最重要的是要选择最佳的用途。最佳用途的选择，要考虑土地位置的可接受性及这种用途的现实社会需要程度和未来发展趋势，或者说，要分析当地市场的接受能力，分析市场在项目建成后最需要的房地产类型。例如，某块土地城市规划的用途可为宾馆，可为公寓，可为写字楼，但在实际估价时究竟应选择哪种用途？这首先要调查该块土地所在城市和区域的宾馆、公寓、写字楼的供求关系及其走向。如果对宾馆、写字楼的需求趋于饱和，客房入住率、写字楼出租率呈下降趋势，但希望能租到或买到公寓住房的人数逐渐增加，而近年能提供的公寓数量又较少，则可以选择该块土地的用途为公寓。

阅读材料

剩余法估价的程序与方法

（1）剩余法估价的基本程序

1）查清待估宗地的基本情况。

2）确定土地的最佳开发利用方式。

3）估计开发完成后的不动产总价。

4）估计建筑费、专业费、利息、税费、租售费用和开发商应得利润等。

5）测算土地价格。

（2）各道程序的内容与方法

1）查清待估宗地的基本情况，包括：土地位置、状况、利用要求、权利状况。

2）确定最佳的开发利用方式，包括确定用途、建筑容积率、土地覆盖率、建筑高度、建筑装修档次等，最重要的是选择最佳的土地用途。

3）确定开发完成后的不动产总价。开发完成后的不动产总价可通过两个途径取得：习惯出售的不动产采用市场法，习惯出租的不动产采用市场法和收益法。

4）估计建筑费、专业费等各项成本费用和开发商的利润。

①估算开发建筑成本费用，可采用市场法或建筑工程概预算法来估算。

②估算专业费用，一般采用建筑费用的一定比率估算。

③估算不可预见费，一般为总建筑费和专业费之和的2%～5%。

④确定开发建设周期，估算预付资本利息（这是一个难点）。预付资本包括地价款、开

发建筑费、专业费和不可预见费，这些费用投入时间不同，计算时要根据各自的投入额、在开发过程中所占用的时间长短和当时贷款利率进行计算。

⑤估算税金，一般以建成后不动产总价的一定比例计算。

⑥估算开发完成后的不动产租售费用，一般以不动产总价或租金的一定比例计算。

⑦估算开发商的合理利润，一般以不动产总价或预付总资本的一定比例计算，有时也采用年利润率计算。

5）计算和确定估价额。先将以上求取的数据直接代入原始公式，算出开发商当前取得待开发场地所能支付的最高费用：

地价 = 不动产总价 – 建筑开发费 – 专业费 – 不可预见费 – 利息 – 租售费用 – 税金 – 开发商合理利润

有两种计算方法：第一种要计入地价利息；第二种地价利息暂不计，但最后结果要贴现。再从计算出的剩余值中扣除取得土地使用权的相关法律、估价及登记发证费用等，得到所估土地的地价额。最后经估价师确定估价结果。

7.1.5　假设开发法的其他用途

假设开发法除了适用于估价，还大量用于房地产开发项目投资分析，它是房地产开发项目投资分析的常用方法之一。假设开发法用于估价与用于投资分析的不同之处是：在选取有关参数和测算有关数值时，假设开发法用于估价时是假设站在一个典型的投资者的立场，用于投资分析时是站在一个具体的投资者的立场。

房地产开发项目投资分析的目的，是为了给房地产开发商的投资决策提供依据。假设开发法具体可为房地产开发商提供下列三种数据。

1. 确定拟开发场地的最高价格

如果开发商有兴趣取得某个开发场地，他必须事先计算出能够接受的最高价格，他实际的购买价格应低于或等于此价格，否则不值得购买。

2. 确定开发项目的预期利润

在确定预期利润时，是假定开发场地已按照某个价格购买，即场地购置费被看成已知。预计可取得的总收入扣除场地购置费、开发成本及资金利息等后的余值，为开发项目所能产生的利润。此利润如果高于开发商期望的利润，则该开发项目被认为是可行的；否则，该项目应被推迟开发，甚至取消投资。

3. 确定开发中可能出现的最高费用

在确定最高费用时，场地购置费被视为已知。确定最高费用的目的是为了使开发利润保持在一个合理的范围内，同时使整个开发成本、费用在开发过程的各个阶段得到有效的控制，不至于在开发过程中出现费用失控的。

7.2　假设开发法的基本公式

参照相关资料，对假设开发法的基本公式做如下梳理。

7.2.1 假设开发法最基本的公式

1. 假设开发法最基本的公式

待开发房地产的价值 = 开发完成后的房地产价值 - 开发成本 - 管理费用 - 销售费用 - 投资利息 - 销售税费 - 开发利润 - 投资者购买待开发房地产应负担的税费

2. 土地剩余法的计算公式

根据剩余法的基本思路，其基本公式是：

$$V = A - (B + C + D + E)$$

式中 V——购置土地的价格；

A——开发完成后的不动产价值；

B——整个开发项目的开发成本；

C——投资利息；

D——开发商合理利润；

E——正常税费。

3. 剩余法的一个较具体的计算公式

地价 = 预期楼价 - 建筑费 - 专业费用 - 销售费用 - 利息 - 税费 - 利润

式中 利息 =(地价 + 建筑费用 + 专业费用) × 利息率；利润 =(地价 + 建筑费用 + 专业费用) × 利润率。

7.2.2 按估价对象细化的公式

上述假设开发法最基本的公式，按估价对象状况可具体细化如下。

1. 求生地价值的公式

(1) 适用于在生地上进行房屋建设的公式

生地价值 = 开发完成后的房地产价值 - 由生地建成房屋的开发成本 - 管理费用 - 销售费用 - 投资利息 - 销售税费 - 开发利润 - 买方购买生地应负担的税费

(2) 适用于将生地开发成熟地的公式

生地价值 = 开发完成后的熟地价值 - 由生地开发成熟地的开发成本 - 管理费用 - 销售费用 - 投资利息 - 销售税费 - 土地开发利润 - 买方购买生地应负担的税费

2. 求毛地价值的公式

(1) 适用于在毛地上进行房屋建设的公式

毛地价值 = 开发完成后的房地产价值 - 由毛地建成房屋的开发成本 - 管理费用 - 销售费用 - 投资利息 - 销售税费 - 开发利润 - 买方购买毛地应负担的税费

(2) 适用于将毛地开发成熟地的公式

毛地价值 = 开发完成后的熟地价值 - 由毛地开发成熟地的开发成本 -

管理费用 - 销售费用 - 投资利息 - 销售税费 - 土地开发利润 - 买方购买毛地应负担的税费

3. 求熟地价值的公式

熟地价值 = 开发完成后的房地产价值 - 由熟地建成房屋的开发成本 - 管理费用 - 销售费用 - 投资利息 - 销售税费 - 开发利润 - 买方购买熟地应负担的税费

4. 求在建工程价值的公式

在建工程价值 = 续建完成后的房地产价值 - 续建成本 - 管理费用 - 销售费用 - 投资利息 - 销售税费 - 续建投资利润 - 买方购买在建工程应负担的税费

5. 求旧房价值的公式

旧房价值 = 装修改造完成后的房地产价值 - 装修改造成本 - 管理费用 - 销售费用 - 投资利息 - 销售税费 - 装修改造投资利润 - 买方购买旧房应负担的税费

阅读材料

怎样用假设开发法评估在建工程抵押价格

根据《城市房地产抵押管理办法》第三条规定，在建工程抵押，是指抵押人为取得在建工程继续建造资金的贷款，以其合法方式取得的土地使用权连同在建工程的投入资产，以不转移占有的方式抵押给贷款银行作为偿还贷款履行担保的行为。从上述规定可看出，在建工程抵押得来的贷款只能用于该工程的建造。因此，对已完工甚至已竣工验收了的工程就不能进行在建工程抵押登记，而应该督促其尽快完善产权后再进行产权抵押登记。

以在建工程抵押的，委托估价方应当提供《国有土地使用证》《建设用地规划许可证》《建设工程规划许可证》等材料。也就是说，在建工程必须取得合法建造手续方能抵押，上述三证缺一不可。另外，可根据具体情况要求其提供下列材料：《固定资产投资许可证》《国有土地使用权出让合同》《施工执照》和有关图样等。

7.2.3　按开发完成后的经营方式细化的公式

1. 适用于开发完成后出售的公式

$$V = V_P - C$$

式中　V——待开发房地产的价值；

V_P——用市场法或长期趋势法测算的开发完成后的房地产价值；

C——应扣除项目。

2. 适用于开发完成后出租、营业的公式

$$V = V_R - C$$

式中　V_R——用收益法测算的开发完成后的房地产价值。

阅读材料

如何用假设开发法推算地块价格

虽然每个人对每块地价格的看法见仁见智，但对于专家来说，推算地块价格还是有章可循的。开发商的最终目的是为了得到可销售的房屋而非土地。因此，决定一宗土地价格高低的最根本因素是该地块上的房屋建成后的市场销售价格。也就是说，我们可以从房价倒推出地价，这种方法在估价上称为假设开发法或者剩余法，即

地价 = 开发完成以后的总房价 - 开发费用 - 利息 - 利润 - 销售税费 - 购买土地需要缴纳的税费

下面做一个简单土地评估示范。

19 号地块位于杭州市三里亭小区，其东南西三面被三里亭苑二区包围，地块西北角为三里亭公交总站，南面道路对面是杭州市天杭小学，东面数十米有联华超市，三里亭副产品批发市场相距不远。该地块面积较小，开发公司发挥的余地较小，但周边配套已相对成熟，开发公司项目操作相对容易。

房价测算：

根据测算，该地块总建筑面积 27369m^2，扣除要无偿提供的 4% 的物业管理经营用房和 3% 的物业管理办公用房，实际可销售面积为 27178m^2。目前三里亭小区住宅的销售价格在 4000 元/m^2 左右，考虑到文晖路跨铁路立交桥不久将建成，而铁路西侧的房价已在 5000 元/m^2 左右，因此，确定开发完成后的房价为 4500 元/m^2，总销售价格为 12230 万元。

开发成本测算：

开发成本可分为建安成本、前期费用、代收规费和小区内配套费。根据规划条件，假定地块内安排一幢小高层，其余为多层住宅，小高层建安成本为 1100 元/m^2，多层建安成本为 700 元/m^2，平均建安成本 750 元/m^2，总建安成本为 2052.72 万元。

前期费用（包括建设管理、勘察、设计、标底编制及审核、招标管理、工程监理、质量监理等费用）为 141.33 万元，代收规费（包括供电工程贴费、供水设施增容费、排水设施使用费、绿化配套建设费、新型墙体专项资金、白蚁防治费、管道燃气配套费、有线电视配套费、通信管线建设安装费、房屋面积测绘费、物业管理维修基金等费用）353.15 万元，小区内配套费按每平方米 50 元算，为 136.84 万元，利息（按开发建设期一年半计，年利率 5.85%）为 8.78% × 地价 + 88.68 万元，利润（按 15% 平均利润算）为 15% × 地价 + 378.97 万元，销售税费（营业税及附加为销售额的 5.55%、广告营销费 2%、不可预见费 1%）为 1045.67 万元，土地契税为地价的 3%。

最后算得总地价为 6460 万元，单位地价 3777 元/m^2，楼面地价 2360 元/m^2。

如果开发商的建安成本、融资成本和目标利润可适当降低，则地价可适当升高，或者通过设计一些不包含在容积率内的地下汽车库，使销售收入增加，也可适当提高地价。

阅读材料

城市规划咨询中的几种土地价值测算方法——以武汉市为例（节选）

（1）规划咨询中土地价值测算与房地产估价对比　从房地产估价中应用的几种估价方法的侧重点来看，主要是针对现存的、房地合一的房地产价值测算。这与规划咨询中的经济

测算有所区别，规划咨询中需要测算的是未来的土地价值。

不可否认，房地产测算中的方法也能推算出土地的价值，但在专业程度、估价程序的严密程度、经验等各方面对估价人员要求很高，而这是大部分咨询工作者不具备的，究其原因主要是因为规划咨询的工作内容不仅涉及对土地价值的测算，而且还涉及对土地利用性质、土地的开发强度指标等的分析。因此，工作周期、工作内容等各方面的影响因素导致了规划咨询中的土地价值测算没有房地产评估中的准确，但必须具有一定的指导意义。

在现实允许的情况下，建议在结合现行政策的前提下，采用成本法、假设开发法和市场法进行综合确定。对规划咨询来说，采用以上三种方法，一方面考虑到获取信息相对容易，另一方面与规划咨询本身的工作性质有关，因为在剩余价值法中特别强调了对用地性质的正确评估，而规划咨询在这方面有很丰富的信息量，加之市场法的佐证，使测算出的土地价值更能体现土地在现实的土地市场经济条件下最应实现的目标价值。

（2）规划咨询中具体采用的方法　在目前武汉市规划咨询中涉及土地成本经济测算的主要有经储备后的供地项目和可以直接进行交易的交易项目两类，对应的测算方法也有所不同。但主要测算方法还是主要依据《武汉市市区土地出让金租金标准》，然后用剩余法和市场法进行佐证。

1）供地项目。

①在拆迁成本已知的情况下，按照拆迁成本为挂牌底价的 50% 初步核算土地成本，然后与周边已挂牌地块或区位相当及用地规模相仿地块的楼面地价比较，进一步论证初步核算土地成本的合理性，通过修正确定土地成本。

②在拆迁成本未知的情况下，根据《武汉市市区土地出让金租金标准》土地出让金为公开成交价款的 20%，反推土地挂牌底价，然后与周边已挂牌地块或区位相当及用地规模相仿地块的楼面地价相比较，进一步论证初步核算土地成本的合理性，通过修正确定土地成本。

2）交易项目。根据《武汉市市区土地出让金租金标准》第三条第二款进行反推，若转让用地未改变用地性质，按照土地转让者报价的 5/3 倍初步核算土地成本，若转让用地改变用地性质，则按照土地转让者报价的 2 倍初步核算土地成本。然后与周边已挂牌地块或区位相当及用地规模相仿地块的楼面地价比较，进一步论证初步核算土地成本的合理性，通过修正确定土地成本。

在通过以上方法对土地价值进行经济测算后，还需用剩余法对以上确定的土地成本市场的接受程度进一步论证，从而最终提供给政府和开发商一个有指导意义的土地成本价格。

在做规划咨询时，大部分用地的拆迁成本是未知的。

（3）结束语　本文只是针对目前武汉市现行土地相关政策进行的思考，提出在规划咨询中采用的土地价值测算的方法。在测算出的楼面地价与已成交周边或区位相当的地块的楼面地价进行比较时，应该充分考虑土地具有保值增值的特点，进行适当修正。此外，在论证市场认可度时，主要运用的是剩余法，用该方法测算时应注意房地产的价值、开发成本、管理费用、投资利息、销售费用、销售税费、开发利润、投资者购买待开发房地产应负担的税费等因素的影响。具体来说应注意以下几点：

1）正确掌握土地市场行情及供求关系，并正确判断楼面地价。

2）由于建筑费、地价等实际发生的时期不尽相同，因而运用假设开发时应考虑到货币的时间价值因素，将发生在各个时期的费用统一化为相等的时间价值。

3）对管理费用、财务费用、营销费用等费用应根据市场的正常情况予以准确的评估。

4）对商业和住宅的销售面积、建安费的确定应该区别对待。

资料来源：王丽芬. 城市规划咨询中的几种土地价值测算方法——以武汉市为例［J］. 中华建设，2006（1）：58－59.

7.3 现金流量折现法和传统方法

参照相关资料，对现金流量折现法和传统方法做如下梳理。

7.3.1 现金流量折现法和传统方法的定义

房地产开发具有周期长的特点，其开发成本、管理费用、销售费用、销售税费、开发完成后的房地产价值等实际发生的时间不尽相同，特别是大型的房地产开发项目。因此，运用假设开发法估价必须考虑资金的时间价值。考虑资金的时间价值可有如下两种不同的方式：①采用折现的方式，以下将这种方式下的假设开发法称为现金流量折现法；②采用计算利息的方式，以下将这种方式下的假设开发法称为传统方法。

7.3.2 现金流量折现法与传统方法的区别

1. 现金流量折现法与传统方法的主要区别

1）对开发完成后的房地产价值、开发成本、管理费用、销售费用、销售税费等的测算，在传统方法中主要是根据估价时的房地产市场状况做出的，即它们基本上是静止在估价作业期时的数额；而在现金流量折现法中，是模拟开发过程，预测他们未来发生的数额，即要进行现金流量预测。

2）传统方法不考虑各项支出和收入发生的时间不同，即不是将它们折算到同一时间上的价值，而是直接相加减，但要计算利息，计息期通常到开发完成时止，即既不考虑预售，也不考虑延迟销售；而现金流量折现法要考虑各项支出和收入发生的时间不同，即首先要将它们折算到同一时间点上（最终是折算到估价时点上），然后再相加减。例如，评估一宗房地产开发用地 2004 年 10 月 15 日的价值，要将在未来发生的支出和收入都折算到 2004 年 10 月 15 日。如果预测该宗土地 2007 年 10 月 15 日开发完成后的房价（含地价）为 5000 万元，折现率为 10%，则需将这 5000 万元折现到 2004 年 10 月 15 日，即在 2004 年 10 月 15 日来看的房价实际为 $5000\text{万元}/(1+10\%)^3=3757\text{万元}$。

3）传统方法中投资利息和开发利润都单独显现出来，在现金流量折现法中这两项都不单独显现出来，而是隐含在折现过程中。所以，现金流量折现法要求折现率既包含安全收益部分（通常的利率），又包含风险收益部分（利润率）。这样处理是为了与投资项目评估中的现金流量分析的口径一致，便于比较。

2. 应用

由于存在众多的未知因素和偶然因素会使预测偏离实际，准确地预测是十分困难的。因此，估价宜采用现金流量折现法。在难以采用现金流量折现法时可采用传统方法。

阅读材料

假设开发法中现金流折现法与传统方法浅析

假设开发法是房地产估价中常用的方法，在具体估价时有现金流折现法和传统方法。有观点认为现金流折现法和传统方法有着明显的区别，且从理论上讲，前者优于后者。其实，它们之间的区别只是具体出发点不同而已，从理论上来讲并不存在优劣，只是在考虑资金的时间价值时，前者是现值原理，后者是终值原理。它们之间应该是等价的。搞清上述原理可以澄清一些错误认识，有利于在估价实践中正确确定有关项目。

（1）一个简单的例子及其分析

某城市定于2003 年 6 月 1 日拍卖一块多层住宅用地，土地总面积为 20000m^2，出让年限为 70 年，规划要求的建筑容积率为 1.20。如果某一竞买方经过调查研究预计建成后住宅的平均售价为 3500 元/m^2，土地开发和房屋建安费用为 1500 元/m^2，管理费用和销售费用分别为土地开发和房屋建安费用之和的 3% 和 6%，销售税金与附加为销售额的 5.5%，当地购买土地应缴纳税费为购买价格的 3%，正常开发期为 2 年，希望投入的总资金能获得 15% 的年税前收益率。那么，在竞买时他的最高报价应是多少？假设银行贷款利率为 5.49%。

解：设购买土地的最高报价为 x。计算时，开发过程中发生的资金均匀投入。

1）用现金流折现法进行估价。由于折现率就是预期收益率，所以其折现率为 15%。

①开发完成后价值的现值 $= 20000m^2 \times 1.2 \times 3500$ 元$/m^2/(1+15\%)^2 = 63516068$ 元 $=$ 6351.61 万元

②销售税金与附加现值 $= 6351.61$ 万元 $\times 5.5\% = 349.34$ 万元

③土地开发费、房屋建安费、管理费和销售费现值 $= 20000m^2 \times 1.2 \times 1500$ 元$/m^2 \times (1+3\%+6\%)/(1+15\%) = 3412.17$ 万元

④购买土地应缴纳税费现值 $= 0.03x$

⑤所以，用现金流折现法估价的土地价格 $x = 6351.61$ 万元 $- 349.34$ 万元 $- 3412.17$ 万元 $- 0.03x$

故　$x = 2514.66$ 万元

2）用传统方法进行估价。

①开发完成后价值 $= 20000m^2 \times 1.2 \times 3500$ 元$/m^2 = 84000000$ 元 $= 8400.00$ 万元

②销售税金与附加 $= 8400.00$ 万元 $\times 5.5\% = 462.00$ 万元

③土地开发费、房屋建安费、管理费和销售费 $= 20000m^2 \times 1.2 \times 1500$ 元$/m^2 \times (1+3\%+6\%) = 39240000$ 元 $= 3924.00$ 万元

④购买土地应缴纳税费 $= 0.03x$

⑤计算投资利息。地价和购买土地应缴纳税费的占用期为 2 年，土地开发费、房屋建安费、管理费和销售费的平均占用期为 1 年。

投资利息 $= 1.03x \times (1+5.49\%)^2 + 3924.00$ 万元 $\times (1+5.49\%) - 3924.00$ 万元 $- 1.03x = 215.43$ 万元 $+ 0.1162x$

⑥计算开发利润。与现金流折现法相比，传统方法的开发利润与投资利息之和应等价于现金流折现法中以折现体现的预期收益，那么，开发利润的年利润率应为 9.51%（近似值）。

$$开发利润 = 1.03x \times (1+9.51\%)^2 + 3924.00 \times (1+9.51\%) - 3924.00 - 1.03x$$
$$= 373.17 + 0.2052x$$

⑦计算土地价格 x。

$$x = 8400.00万元 - 462.00万元 - 3924.00万元 - (215.43万元 + 0.1162x) - (373.17万元 + 0.2052x) - 0.03x$$

故 $x = 2537.70$ 万元

3）分析。通过上述计算我们可以看出，两种方法所得出的结果基本上是一样的。引起差异的原因是开发年利润率采用的静态近似值，不等价于现金流折现法中以折现方式体现的投资收益造成的误差，如果两者等价，其结果应该是一致的。

现在我们将传统方法中代表资金收益的投资利息与开发利润合为一项，总收益率按等价于折现率的15%计算，那么：

$$投资利息与开发利润之和 = 1.03x \times (1+15\%)^2 + 3924.00万元 \times (1+15\%) - 3924.00万元 - 1.03$$

故 $x = 588.60$ 万元 $+ 0.3322x$

代入上述土地价格得 $x = 2514.61$ 万元。除去计算误差后，计算结果一致。

（2）几个需要澄清的问题　在用传统方法估价时其估价过程与经典教材上的要求并不完全一致；上述例子中也没有考虑预售、延迟销售和资金的非均匀投入。

1）开发利润计算方式。在实际估价工作中或经典的教材中，计算开发利润一般用直接成本利润率、投资利润率、成本利润率、销售利润率之一乘以相应的计算基数求出。这些计算方法虽然在理论上没有什么错误，但在实际操作中却可能引起一系列的错误。首先，在上述利润率中，开发建设期是隐含的因素，对于投资收益率相同的房地产项目，这些利润率会因开发期的不同而不同。而这一点，在实际估价中常常被忽视，如开发期为一年的项目的成本利润率为5%，而开发期为两年的项目由于资金占用期相应增加，其成本利润率就不能也是5%，而应至少是10%（按单利率）。这样两者的资金投入才能得到相同的收益率。其次，计算时容易漏项，如上例中土地的资金投入。第三，不易较准确地确定，在开发过程中，各种性质不同的资金投入的占用期限不同，最后需计算出一个综合成本利润率。第四，由于计算方式不同，所以无法将投资利息和开发利润这两种基本性质相同的项目合二为一，简化计算。如果采用年收益率的形式计算，易于项目间的比较，也易于理解，既与投资利息的计算方法相同，又可以有效避免上述错误。

2）传统方法中，投资收益的体现。在传统方法中，投资收益是通过开发利润和投资利息两项体现的。这主要是二者不同的计算方式所产生的结果：前者按总比率；后者按年收益率。其实，计算时将二者分开既无意义，也无必要。在对房地产客观价值的估价中，不管是开发利润，还是投资利息，都是开发过程中创造的剩余价值，体现为总资本收益，他们只不过是在不同部门之间的分配。投资利息只代表资金的一种客观成本，贷款多少或是否贷款并不影响总资本收益，且在市场条件一定的情况下，投资利息也不会对房地产的价格产生影响，只会引起开发利润的反向变化。另外，将二者分开，不仅存在同一形式的重复计算，也不利于准确计算收益率（如上例）。所以，用总资本收益来代替投资利息和开发利润，以收益率形式计算资本投资总收益，既简便，又容易理解。

3）传统方法中，能否考虑预售、延迟销售和资金的非均匀投入。预售和延迟销售一方面与项目销售的具体方案有关；另一方面，预售本身已经考虑了折扣，体现了时间价值，而延迟销售与定价高低有关，定价高则销售慢，定价低则销售快。所以延迟销售可以通过定价来调整。

当用总资本收益代替投资利息和开发利润，以收益率形式计算资本投资总收益时，在资金非均匀投入的情况下，总收益也就不难计算了。

通过以上分析可知，所谓传统方法劣于现金流折现法，只是对其理论依据的误解，其实二者是等价的。更准确地说，传统方法应称为终值法。由于假设开发法是颠倒的成本法，上述讨论也同样适用于成本法中的有关项目的确定。

7.3.3 现金流量折现法与传统方法的优缺点

从理论上讲，现金流量折现法的测算结果比较准确，但比较复杂；传统方法的测算结果比较粗略，但相对要简单些。就它们的精确与粗略程度而言，在现实中现金流量折现法的测算结果不一定更精确。这是因为现金流量折现法从某种意义上讲要求“先知先觉”，具体需要做到下列三点：①要准确估计开发期和租售期究竟多长；②要准确估计各项支出、收入在何时发生；③要准确估计各项支出、收入的发生数额。

7.4 假设开发法计算中各项的求取

参照相关资料，对假设开发法（剩余法）计算中各项的求取做如下梳理。

7.4.1 开发经营期

开发经营期的起点是（假设）取得估价对象（待开发房地产）的日期，即估价时点，终点是预计房地产经营结束的日期。开发经营期可分为开发期和经营期。

开发期可称为开发建设期、建设期，其起点与开发经营期的起点相同，终点是预计待开发房地产开发完成（竣工）的日期。对于在土地上进行房屋建设的情况来说，开发期又可分为前期和建造期。前期是从取得待开发土地到动工开发（开工）的这段时间。建造期是从动工开发到房屋竣工的这段时间。

经营期根据未来开发完成后的房地产的不同经营使用方式而可以具体化。未来开发完成后的房地产的经营使用方式，主要有销售（包括预售，下同）、出租、营业、自用。因此，经营期可以具体化为销售期（针对销售这种情况）和运营期（针对出租、营业、自用这些情况）。销售期是从开始销售已开发完成或未来开发完成的房地产到将其全部销售完毕的日期。销售未来开发完成的房地产即预售。在有预售的情况下，销售期与开发期有重合。运营期的起点通常是待开发房地产开发完成（竣工）的日期，终点是开发完成后的房地产经济寿命结束的日期。

开发经营期、开发期、经营期等之间的关系如图7－1所示。

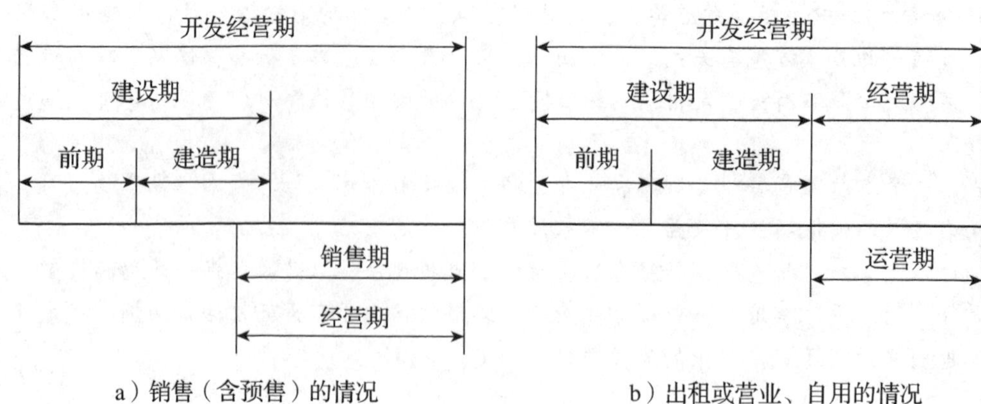

a）销售（含预售）的情况　　b）出租或营业、自用的情况

图 7－1　开发经营期、开发期、经营期等之间的关系图

确定开发经营期的目的，是为了把握开发成本、管理费用、销售费用、销售税费等发生的时间和数额，预测开发完成后的房地产售价或租金，以及各项收入和支出的折现或计算投资利息等。

确定开发经营期可采用类似于市场法的方法，即根据同一地区、相同类型、同等规模的类似开发项目已有的正常开发经营期来估计。

开发期一般能被较准确地估计，但在现实中因某些特殊因素的影响，可能使开发期延长。例如，房屋拆迁或土地征用中遇到"钉子户"，基础开挖过程中发现重要的文物，原计划筹措的资金不能按时到位，某些建筑材料、设备不能按时供货，发生劳资纠纷，遭遇恶劣气候，以及政治经济形势发生突变等，一系列因素都可能导致工程停工，使开发期延长。开发期延长，开发商一方面要承担更多的投资利息，另一方面要承担总费用上涨的风险。但这类非正常因素在估计开发期时一般不考虑，因为在经营期，特别是销售期，这类非正常因素通常是难以准确估计的。在估计时应考虑未来房地产市场的景气状况。

7.4.2　开发完成后的房地产价值

开发完成后的房地产价值，是指开发完成时的房地产状况的市场价值。该市场价值所对应的日期，通常也是开发完成时的日期，而不是在购买待开发房地产时或开发期间的某个日期（但在市场较好时考虑预售和市场不好时考虑延期租售的是例外）。

开发完成后的房地产价值一般通过预测来求取。对于销售的房地产，通常是采用市场法，并考虑类似房地产价格的未来变动趋势，或采用市场法与长期趋势法结合（长期趋势法的内容详见本书第9章）的方法进行预测，即根据类似房地产过去和现在的价格及其未来可能的变化趋势来推测。计算结果的单位通常是单价而非总价（同市场法中建立价格可比基础的要求）。例如，假设现在是2004年8月，有一宗房地产开发用地，用途为商品住宅，开发期为1.5年（或18个月），如果要推测该商品住宅在2006年2月建成时的价格，则可以通过搜集当地该类商品住宅过去若干年和现在的价格资料以及未来可能的变化趋势来推测确定。

对于出租和营业的房地产，如写字楼、商店、旅馆、餐馆，预测其开发完成后的价值，可以先预测其租赁或经营收益，再采用收益法将该收益转换为价值。

7.4.3 开发成本、管理费用、销售费用、销售税费

由于假设开发法可视为成本法的倒算法，所以在实际估价中测算开发成本、管理费用、销售费用、销售税费时，可根据当地的房地产价格构成情况分项测算，测算的方法也与成本法中的相同，所不同的是需要预测。

例如，开发成本、管理费用可采用类似于市场法的方法来求取，即通过当地同类房地产开发项目当前大致的开发成本和管理费用来推算，如果预计建筑材料价格、建筑人工费等在未来可能有较大变化，还要考虑未来建筑材料价格、建筑人工费等的变化对开发成本和管理费用的影响。销售费用是指销售开发完成后的房地产所需的广告宣传、销售代理等费用。销售税费是指销售开发完成后的房地产应缴纳的税金及附加，以及交易手续费等其他销售税费。销售费用和销售税费通常是按照开发完成后的房地产价值的一定比率来测算。

7.4.4 投资利息

投资利息测算只有在传统方法中才需要。在传统方法中，正确地测算投资利息需要把握下列六个方面。

1. 应计息的项目

应计息的项目包括：①需要求取的待开发房地产的价值；②投资者购买待开发房地产应负担的税费；③开发成本和管理费用。

销售费用和销售税费一般不计息。

2. 计息期

计息期是某项费用应计息的时间长度。计息期的起点是该项费用发生的时间点，终点通常是开发期结束的时间点，不考虑预售和延迟销售的情况。值得注意的是，需要求取的待开发房地产的价值是假设在估价时点一次付清，所以其计息的起点是估价时点。有些费用不是发生在一个时间点，而是在一段时间（如开发期或建造期）内连续发生，但计息时通常假设其在所发生的时间段内均匀发生。通常以年为周期计息，精确的测算也可以半年、季、月为周期计息。

3. 计息方式

计息方式有单利计息和复利计息两种。

4. 利率

利率有单利利率和复利利率两种。选用不同的利率，应选用相对应的计息方式；反过来，选用不同的计息方式，应选用相对应的利率，不能混淆。

5. 计息周期

计息周期是计算利息的单位时间。计息周期可以是年、半年、季、月、周或天等，但通常为年。

6. 名义利率和实际利率

在复利计息的情形下，当利率的时间单位与计息周期不一致时，就出现了名义利率和实际利率（又称有效利率）的概念。例如，利率的时间单位为一年，而计息周期为半年、季、

月、周或天等。

为了更好地弄清投资利息的测算，下面将有关问题做进一步的说明。

资金的时间价值是同量资金在两个不同时点的价值之差，两个时点的价值之差的绝对量反映为“利息”，相对量反映为“利率”。从贷款人的角度来说，利息是贷款人将资金借给他人使用所获得的报酬；从借款人的角度来说，利息是借款人使用他人的资金所支付的成本。利率是指单位时间内的利息与本金的比率，即

利率 = 利率单位时间内的利息/本金 ×100%

其中，单利是指每期均按原始本金计算利息，即只有本金计算利息，本金所产生的利息不计算利息。在单利计息的情况下，每期的利息是常数。如果用 P 表示本金，i 表示利率，n 表示计息的周期数，I 表示总利息，F 表示计息期末的本利和，则有：

$$I = P \times i \times n$$

$$F = P(1 + i \times n)$$

【例 7 -1】 如果将 1000 元存入银行 2 年，银行 2 年期存款的单利年利率为 6%，则到期时获得的总利息和本利和分别是多少？

解：$I = P \times i \times n = 1000$ 元 $\times 6\% \times 2 = 120$ 元

$F = P(1 + i \times n) = 1000$ 元 $\times (1 + 6\% \times 2) = 1120$ 元

复利是指以上一期的利息加上本金为基数计算当期利息的方法。在复利计息的情况下，不仅本金要计算利息，利息也要计算利息，即通常所说的“利滚利”。

复利的本利和计算公式为：

$$F = P(1 + i)^n$$

复利的总利息计算公式为：

$$I = P[(1 + i)^n - 1]$$

复利本利和计算公式的推导过程见表 7 -1。

表 7 -1　复利本利和计算公式的推导过程

年份	年初金额	年末利息额	年末本利和
第 1 年	P	$P \times i$	$P + P \times i = P(1 + i)$
第 2 年	$P(1 + i)$	$P(1 + i) \times i$	$P(1 + i) + P(1 + i) \times i = P(1 + i)^2$
第 3 年	$P(1 + i)^2$	$P(1 + i)^2 \times i$	$P(1 + i)^2 + P(1 + i)^2 \times i = P(1 + i)^3$
⋮	⋮	⋮	⋮
第 n 年	$P(1 + i)^{n-1}$	$P(1 + i)^{n-1} \times i$	$P(1 + i)^{n-1} + P(1 + i)^{n-1} \times i = P(1 + i)^n$

【例 7 -2】 如果将 1000 元存入银行 2 年，银行存款的复利年利率为 6%，则 2 年后获得的总利息和本利和分别是多少？

$F = P(1 + i)^n = 1000$ 元 $\times (1 + 6\%)^2 = 1123.6$ 元

$I = P[(1 + i)^n - 1] = 1000$ 元 $\times [(1 + 6\%)^2 - 1] = 123.6$ 元

不难看出，在本金相等、计息的周期数相同时，如果利率相同，则通常情况下（计算的周期数大于 1）单利计息的利息少，复利计息的利息多；如果要使单利计息与复利计息两

不吃亏，则两者的利率应不同，其中单利的利率应高一些，复利的利率应低一些。假设 i_1 为单利利率，i_2 为复利利率，并令期末时单利计息与复利计息的本利和相等，即通过

$$P(1+i_1\times n)=P(1+i_2)^n$$

可以得出单利计息与复利计息两不吃亏的利率关系：

$$i_1=[(1+i_2)^n-1]/n$$

或

$$i_2=(1+i_1\times n)^{1/n}-1$$

由于通常情况下单利存款（定期）在存款期间不能随意提取，流动性相对较差，因此为支付流动性补偿，实际上的单利利率还应比上述计算出的单利利率高一些。

【例 7－3】 某银行存款的计息方式单利计息，假设其一年期存款的年利率为 5%，为吸引 3 年期的储户，则其 3 年期存款的单利年利率应大于多少？

解：$i_1=[(1+i_2)^n-1]/n=[(1+5\%)^3-1]/3=1.25\%$

弄清了单利与复利的关系后，可知单利与复利并没有实质上的区别，只是表达方式不同而已。利息计算本质上都是复利（否则可在每一计息周期结束时将本利一起取出后再存入），采取单利方式只是为了实际计算上的方便。

7.4.5　开发利润

测算开发利润的方法与成本法中的相同，通常是以一定基数乘以同一市场上类似房地产开发项目的相应平均利润率。在测算时要注意计算基数与利润率的对应。

投资回报利润率的计算基数一般为地价、开发费和专业费之和，销售利润率的计算基数一般为房地产售价。

7.4.6　投资者购买待开发房地产应负担的税费

投资者购买待开发房地产应负担的税费，是假定一旦购买了待开发房地产，在交易时作为买方应负担的有关税费，如契税、交易手续费等。该项税费通常是根据当地的规定，按待开发房地产价值的一定比率测算。

7.4.7　折现率

折现率是在采用现金流量折现法时需要确定的一个重要参数，它的性质和求取方法与报酬资本化法中的报酬率相同，具体应等同于同一市场上类似房地产开发项目的平均报酬率，它体现了资金的利率和开发利润率两方面。

7.4.8　计算中的其他问题

在运用假设开发法时不应忽略某些无形收益。例如深圳市 1987 年 12 月首次公开拍卖的一块土地，其价值从当时预测的开发完成后的房地产价值减去开发成本等所得的数额来看也许不高，但由于是国内首块公开拍卖的土地，购买者一旦获得了这块土地，会附带取得一些意想不到的社会效果，如对改革开放措施的广泛宣传实际上间接地对该块土地的获得者起着广告宣传作用，因此该块土地的价格自然也就比较高（当时该块土地的成交价是 525 万元，

比政府确定的拍卖底价200万元高了很多)。

估算各项成本费用包括：估算开发建筑成本费用；估算专业费用；确定建设工期，估算预付资本利息；估算税金；估算开发完成后的房地产租售费用。

7.5 假设开发法在房地产评估中的应用案例

参照相关资料，对假设开发法（剩余法）的应用案例做如下梳理。

【例7-4】 需要评估一宗“七通一平”的土地在1995年9月的价格。获知该宗土地总面积$500m^2$，建筑容积率2，适宜建造某种类型的商品住宅；预计取得该土地后建造商品住宅的建设期2年，建筑费为每平方米800元，专业费用为建筑费的8%，第一年投入60%的建筑费及专业费用，第二年投入40%的建筑费及专业费用；贷款年利息率为10%；销售税费为未来房地产价格的6%；投资利润率（利息不计利润）为20%；该商品住宅在建成后半年一次全部售出，售出时的价格平均每平方米2500元。

试利用所给资料用动态方式估计该宗土地在1995年9月的总价、单价及楼面地价（折现率10%)。

解：选用公式：

地价=房地产价格-建筑费-专业费用-利息-销售税费-利润

总房地产价格$=500m^2\times2\times2500元/m^2\div(1+10\%)^{2.5}$

$=1969964$元

总建筑费$=500m^2\times2\times800元/m^2\times60\%\div(1+10\%)^{0.5}+500m^2\times2\times800元/m^2\times40\%\div(1+10\%)^{1.5}$

$=735033$元

总专业费用$=735033元\times8\%=58803$元

总利息。折现过程即计息过程，故不必再单独计算利息。

总销售税费$=1969964元\times6\%=118198$元

总利润=(总地价+总建筑费+总专业费)×20%

=总地价×20%+(735033+58803)元×20%

=总地价×0.2+158767元

总地价=(1969964-735033-58803-118198-158767)元÷(1+0.2)=749303元

单位地价$=749303元\div500m^2=1499元/m^2$

楼面地价$=749303元\div500m^2\div2=1499元/m^2\div2=750元/m^2$

【例7-5】 估价对象概况：本估价对象是一块“三通一平”的建设用地；土地总面积$10000m^2$，土地形状规则；规划许可用途为商业和居住，容积率≤5，建筑覆盖率≤50%；土地使用权出让时间为2004年10月，土地使用年限从土地使用权出让时起50年。

估价要求：需要评估该块土地于2004年10月出让时的正常购买价格。

解：估价过程：

1）选择估价方法。该块土地属于待开发房地产，适用假设开发法进行估价，具体是采用假设开发法中的现金流量折现法。

2）选择最佳的开发利用方式。通过市场调查研究，得知该块土地的最佳开发利用方式如下：①用途为商业与居住混合。②容积率达到最大的允许程度，即为 5，故总建筑面积为 $50000m^2$。③建筑覆盖率适宜为 30%。④建筑物层数确定为 18 层；其中，1 ~ 2 层的建筑面积相同，均为 $3000m^2$，适宜为商业用途；3 ~ 18 层的建筑面积相同，均为 $2750m^2$，适宜为居住用途；故商业用途的建筑面积为 $6000m^2$，居住用途的建筑面积为 $44000m^2$。

3）预计开发期。预计共需 3 年时间才能完全建成投入使用，即 2007 年 10 月建成。

4）预测开发完成后的房地产价值。根据对市场的调查分析，预计商业部分在建成后可全部售出，居住部分在建成后可售出 30%，半年后再可售出 50%，其余 20% 需一年后才能售出；商业部分在出售时的平均价格为每平方米建筑面积 4500 元，居住部分在出售时的平均价格为每平方米建筑面积 2500 元。

5）测算有关税费和折现率。建筑安装工程费预计为每平方米建筑面积 1200 元；勘察设计和前期工程费及管理费等预计为每平方米建筑面积 500 元；估计在未来 3 年的开发期内，开发建设费用（包括勘察设计和前期工程费、建筑安装工程费、管理费等）的投入情况如下：第一年需投入 20%，第二年需投入 50%，第三年投入剩余的 30%。销售费用和销售税费预计为售价的 9%，其中广告宣传和销售代理费为售价的 3%，两税一费和交易手续费等为售价的 6%。折现率选取 14%。据了解，如果得到该土地，还需要按取得价款的 3% 缴纳有关税费。

6）求取地价。计算的基准时间定为该块土地的出让时间，即 2004 年 10 月。

$$\text{建成后的总价值} = 4500\text{元/m}^2 \times 6000\text{m}^2/(1+14\%)^3 + 2500\text{元/m}^2 \times 44000\text{m}^2 \times [30\%/(1+14\%)^3 + 50\%/(1+14\%)^{3.5} + 20\%/(1+14\%)^4]$$
$$= 8829.33\text{万元}$$

$$\text{开发建设费用总额} = (1200+500)\text{元/m}^2 \times 50000\text{m}^2 \times [20\%/(1+14\%)^{0.5} + 50\%/(1+14\%)^{1.5} + 30\%/(1+14\%)^{2.5}]$$
$$= 6921.57\text{万元}$$

销售费用和销售税费总额 = 建成后的总价值 × 9% = 8829.33 万元 × 9% = 794.64 万元

购地税费总额 = 总地价 × 3% = 0.03 总地价

总地价 = 8829.33 万元 − 6921.57 万元 − 794.64 万元 − 总地价 × 0.03

则　总地价 = (8829.33 − 6921.57 − 794.64) 万元/(1 + 0.03)

= 1080.70 万元

估价结果：以上述计算结果为主，并参考估价人员的经验，将总地价确定为 1081 万元。

对于房地产开发用地的估价，通常要给出三种价格形式，即总地价、单位地价和楼面地价。故该块土地在 2004 年 10 月出让时的正常购买价格的测算结果为：总地价 1081 万元，单位地价 1081 元/m^2，楼面地价 216 元/m^2。

【例 7 -6】 估价对象概况：一块“七通一平”的空地，土地总面积为 $1000m^2$，形状规则，允许用途为商业居住混合，允许容积率为 7，允许覆盖率 ≤50%，土地使用权年限为 50 年，出售时间为 2000 年 7 月。

估价要求：评估该宗土地 2000 年 7 月的出售价。

估价过程：

1）选择估价方法。该宗土地为待建筑土地，适合于采用假设开发法估价。

2）选择最佳开发利用方式。通过调查研究得知估价对象的最佳开发利用方式：容积率

7，覆盖率为50%，建筑面积为$7000m^2$，建筑物总层数14层，各层建筑面积均为$500m^2$，地上1~2层为商店，总面积为$1000m^2$，地上3~14层为住宅，总面积为$6000m^2$。

3）估计开发建设期。预计共需3年时间完成全部建筑，即2003年7月完成。

4）预测开发完成后的楼价。建筑完成后商业楼即可全部售出。住宅楼的30%在建造完成后即可售出，50%半年后才能售出，20%一年后才能售出。预计商业楼出售的平均售价为4000元/m^2，住宅楼出售当时的平均售出价为2000元/m^2。

5）估算开发费用及开发利润。开发成本为500万元；管理费用为开发成本的6%；年利息率为10%；销售税费为房地产价格的3%；税费为房地产价格的4%，即建成出售时需要由卖方承担营业税、印花税、交易手续费等，其他类型的税费已在开发成本之中考虑；投资利润率为20%。

在未来三年的建设期内，开发费用的投入情况为：第一年需投入50%的开发成本及相应的管理费用；第二年需投入30%的开发成本及相应的管理费用；第三年需投入20%的开发成本及相应的管理费用。

6）计算地价。采用以下公式：

地价=房地产价格-开发成本-管理费用-投资利息-销售税费-投资者购买房地产应负担的税费-开发利润

解：分别用静态和动态两种方式进行地价试算。

1）采用静态方式进行地价试算。

①房地产价格=4000元/m^2×$1000m^2$+2000元/m^2×$6000m^2$=1600万元

②开发成本=500万元

③管理费用=开发成本×6%=500万元×6%=30万元

④投资利息=(地价+开发成本+管理费用)×利息率×计息期

=地价×10%×3+500万元×(1+6%)×50%×10%×2.5+500万元×(1+6%)×30%×10%×1.5+500万元×(1+6%)×20%×10%×0.5

=地价×0.3+95.4万元

上述利息的计算采用的是单利，计算期至2000年7月止。各年开发成本和管理费用的投入实际上是覆盖全年的，但计息时假设各年开发成本和管理费用的投入集中在各年的年中或年内每月均匀投入，这样上述利息计算中的计息期分别取2.5年、1.5年、0.5年。

⑤销售税费=房地产价格×3%=1600万元×3%=48万元

⑥税费=房地产价格×4%=1600万元×4%=64万元

⑦开发利润=(地价+开发成本+管理费用)×利润率

=地价×20%+(500+30)万元×20%

=地价×0.2+106万元

将上述①~⑦的各项费用代入地价公式中，得：

地价=1600万元-500万元-30万元-(地价×0.3+95.4万元)-48万元-64万元-(地价×0.2+106万元)

则

地价=(1600-500-30-95.4-48-64-106)万元/(1+0.3+0.2) =504.4万元

2）采用动态方式进行地价试算。计算的基准时间定为该块土地的出售时间，即2000年7月，资本化率选取为10%。

①房地产价格 = 商业房地产价格 + 住宅房地产价格

$= 4000$ 元/$m^2 \times 1000m^2 \div (1+10\%)^3 + 2000$ 元/$m^2 \times 6000m^2 \div (1+10\%)^3$

$[30\% \div (1+10\%)^0 + 50\% \div (1+10\%)^{0.5} + 20\% \div (1+10\%)^1]$

$= 1164.73$ 万元

②开发成本 $= 500$ 万元 $\times 50\% \div (1+10\%)^{0.5} + 500$ 万元 $\times 30\% \div (1+10\%)^{1.5} + 500$ 万元 $\times 20\% \div (1+10\%)^{2.5}$

$= 447.18$ 万元

各年开发成本的投入实际上是覆盖全年的，但为贴现计算方便，假设各年开发成本的投入集中在各年的年中，或年内每月均匀投入，这样上述开发成本计算中的贴现年数分别是 0.5 年、1.5 年、2.5 年。

③管理费用 = 开发成本 $\times 6\% = 26.83$ 万元

④投资利息 =（地价 + 开发成本 + 管理费用）× 利息率 × 计息期

由于地价、开发成本、管理费用在动态方式中已考虑了时间因素，实际上均已含利息，故不必再单独计算利息。

⑤销售费用 = 房地产价格 $\times 3\% = 1164.73$ 万元 $\times 3\% = 34.94$ 万元

⑥税费 = 房地产价格 $\times 4\% = 1164.73$ 万元 $\times 4\% = 46.59$ 万元

⑦投资利润 =（地价 + 开发成本 + 管理费用）× 利润率

= 地价 $\times 20\% + (447.18 + 26.83)$ 万元 $\times 20\%$ = 地价 $\times 0.2 + 94.80$ 万元

将上述①～⑦的各项费用代入地价公式中，得：

地价 $= (1164.73 - 447.18 - 26.83 - 34.94 - 46.59)$ 万元 −（地价 $\times 0.20 + 94.80$ 万元）

则

地价 $= (1164.73 - 447.18 - 26.83 - 34.94 - 46.59 - 94.80)$ 万元 $\div (1 + 0.2)$

$= 428.66$ 万元

估价结果：

采用静态方式计算出的地价为 504.40 万元，而采用动态方式计算出的地价为 428.66 万元，二者有较大的差异，一般认为动态方式计算结果更为精确，故估价结果以动态方式计算的结果为主，同时兼顾静态方式计算的结果，将地价定为 450 万元。

对于待建筑土地的估价，通常给出三种价格形式，即地价、单位地价和楼面地价。因此，估价对象土地 2000 年 7 月出售时的价格评估结果为：

地价 = 450 万元

单位地价 = 4500 元/m^2

楼面地价 = 642.9 元/m^2

【例 7－7】 有一片荒地需要估价。获知该片荒地的面积 $2km^2$，适宜开发至“五通一平”的熟地后分块有偿转让；可转让土地面积的比率为 60%；附近地区与之位置相当的小块“五通一平”熟地的单价为 800 元/m^2；开发期需要 3 年；将该片荒地开发成“五通一平”的熟地的开发成本、管理费用经测算为 2.5 亿元/km^2；贷款年利率为 10%；投资利润率为 15%；当地土地转让中卖方需要交纳的税费为转让价格的 6%，买方需要缴纳的税费为转让价格的 4%。试用剩余法测算该片荒地的总价和单价。

解：设该成片荒地的总价格为 V。

该成片荒地开发完成后的总价值 = 800 元/m^2 × 2000000m^2 × 60% = 9.6 亿元

开发成本和管理费用 = 2.5 亿元/km^2 × 2km^2 = 5 亿元

投资利息总额 = $(V + V\times4\%)\times[(1+10\%)^3-1] + 5\times[(1+10\%)^{1.5}-1]$

= 0.344 V + 0.768 亿元

转让税费总额 = 9.6 亿元 × 6% = 0.576 亿元

开发总利润 = (V + V×4% + 5 亿元) × 15% = 0.156 V + 0.75 亿元

购买该成片荒地的税费总额 = V×4% = 0.04 V

V = 9.6 亿元 − 5 亿元 − (0.344 V + 0.768 亿元) − 0.576 亿元 − (0.156 V + 0.75 亿元) − 0.04 V

则　V = 1.627 亿元

【例 7-8】 某旧厂房的建筑面积为 5000m^2。根据其所在地点和周围环境，适宜装修改造成商场出售，并可获得政府批准，但需补交土地使用权出让金等 400 元/m^2（按建筑面积计），同时取得 40 年的土地使用权。预计装修改造期为一年，装修改造费为每平方米建筑面积 1000 元；装修改造完成后即可全部出售，售价为每平方米建筑面积 4000 元；销售费用和销售税费为售价的 8%；购买该旧厂房买方需要缴纳的税费为其价格的 4%。试用动态法测算该旧厂房的正常购买总价和单价（折现率为 12%）。

解：设该旧厂房的正常购买总价为 V。

装修改造后的总价值 = 4000 元/m^2 × 5000m^2 ÷ (1 + 12%) = 1785.71 万元

装修改造总费用 = 1000 元/m^2 × 5000m^2 ÷ $(1+12\%)^{0.5}$ = 472.46 万元

销售费用和销售税费总额 = 1785.71 万元 × 8% = 142.86 万元

购买该旧厂房的税费总额 = V×4% = 0.04 V

需补交土地使用权出让金等的总额 = 400 元/m^2 × 5000m^2 = 200 万元

V = (1785.71 − 472.46 − 142.86) 万元 − 0.04 V − 200 万元

则　V = 933.07 万元

旧厂房总价 = 933.07 万元

旧厂房单价 = 1866.14 元/m^2

【例 7-9】 估价对象概况：估价对象为一块"七通一平"的待开发建筑用地，土地总面积为 2000m^2；政府规划用途为商业、居住混合，容积率为 7、绿化率大于 35%，土地使用权年限为 50 年，出售时间为 1998 年 10 月。试求该块土地 1998 年 10 月出售时的报价。

估价过程：1）估价方法的选择：剩余法。

2）最佳开发利用方式的选择。通过市场调查与预测，认定该块土地的最佳利用方式：用途为商业、居住混合；容积率为 7，绿化率 40%；建筑占地 50%；建筑面积为 14000m^2；建筑物 14 层，各层 1000m^2；地上 1、2 层为商店，总建筑面积 2000m^2；地上 3～14 层为住宅，总建筑面积为 12000m^2。

3）预计建设期。预计共需 2 年时间建成，即 2000 年 10 月建成。

4）销售及未来楼价预测。建成时，其中的商业楼即可全部售出。住宅楼的 70% 在建成时也可售出，其余的 30% 半年后才能售出。预测商业楼出售时的平均售价为 6000 元/m^2，住宅楼出售时的平均售价为 4000 元/m^2。

5）估算开发费以及应获利润。总建筑费用为 1820 万元（1300 元/m^2 × 14000m^2）；专业费用为建筑费的 6%；年利息率为 10%，利润率为 15%；税费估计为房地产价格的 4%，即建成出售时由开发商承担所得税、契税等，其他税费已考虑在建筑费之中；开发费用的投入为第一年为 60%，第二年为 40%，其他费用与此相同。

6）地价 = 房地产价格 − 建筑费 − 专业费用 − 利息 − 销售费用 − 税费 − 利润。

计算的基准时间为土地出售时间，即 1998 年 10 月，贴现率 10%。

解：

1）总楼价现值 = $2000\text{m}^2\times6000$ 元/$\text{m}^2/(1+10\%)^2+12000\text{m}^2\times70\%\times4000$ 元/$\text{m}^2/(1+10\%)^2+12000\text{m}^2\times30\%\times4000$ 元/$\text{m}^2/(1+10\%)^{2.5}$

= 4903.30 万元

2）总建筑费现值 = 1820 万元 × $60\%/(1+10\%)^{0.5}$ + 1820 万元 × $40\%/(1+10\%)^{1.5}$

= 1672.20 万元

3）专业费用现值 = 1672.20 万元 × 6% = 100.33 万元

4）因为按动态方法计算，故总利息无须单独考虑。

5）销售费用现值 = 总楼价现值 × 3% = 4903.30 万元 × 3% = 147.10 万元

6）税费现值 = 总楼价现值 × 4% = 4903.30 万元 × 4% = 196.13 万元

7）利润现值 = (地价 + 建筑费现值 + 专业费用现值) × 利润率

= (地价 + 1672.20 万元 + 100.33 万元) × 15%

= 地价 × 0.15 + 265.88 万元

8）计算总地价：将上述 1）至 7）代入公式。

地价 = 房地产价格 − 建筑费 − 专业费用 − 利息 − 销售费用 − 税费 − 利润

地价 = (4903.30 − 1672.20 − 100.33 − 147.10 − 196.13) 万元 − (地价 × 0.15 + 265.88 万元)

求得总地价 = 2192.75 万元

【例 7−10】 有一宗“七通一平”的待开发建筑用地，土地面积为 2000 m^2，建筑容积率为 2.5，拟开发建设写字楼，建设期为两年，建筑费用为 3000 元/m^2，专业费为建筑费的 10%，建筑费和专业费在建设期内均匀投入。该写字楼建成后即出售，预计售价为 9000 元/m^2，销售费用为房地产价格的 2.5%，销售税费为房地产价格的 6.5%，当地银行年贷款利率为 6%，开发商要求的投资利润率为 10%。试估算该宗地目前的单位地价和楼面地价。

解：1）确定评估方法。现已知房地产价格的预测值和各项开发成本及费用，可用剩余法评估，计算公式为：

地价 = 房地产价格 − 建筑费 − 专业费 − 销售费用 − 利息 − 销售税费 − 利润

2）计算房地产价格。

房地产价格 = $2000\text{m}^2\times2.5\times9000$ 元/m^2 = 45000000 元

3）计算建筑费和专业费。

建筑费 = 3000 元/$\text{m}^2\times2000\text{m}^2\times2.5$ = 15000000 元

专业费 = 建筑费 × 10% = 15000000 元 × 10% = 1500000 元

4）计算销售费用。

销售费用 = 45000000 元 × 2.5% = 1125000 元

5）计算利润。

利润 = (地价 + 建筑费 + 专业费) × 10%

= (地价 + 16500000) × 10%

= 地价 × 0.1 + 1650000 元

6）计算销售税费。

销售税费 = 45000000 元 × 6.5% = 2925000 元

7）计算利息。

利息 = 地价 × [(1 + 6%)^2 − 1] + (15000000 + 1500000)元 × [(1 + 6%)^1 − 1]

= 0.1236 × 地价 + 990000 元

8）求取地价。

地价 = (45000000 − 16500000 − 1125000)元 − 0.1 × 地价 − 1650000 元 − 2925000 元 − 0.1236 × 地价 − 990000 元

地价 = 21810000 元/1.2236 = 17824452 元

9）评估结果。

单位地价 = 17824452 元/2000m^2 = 8912 元/m^2

楼面地价 = 8912 ÷ 2.5 = 3565 元/m^2

静态：利息，地价 = 楼价 − 税费 − 成本 − 利息。

动态：需折现，地价 = 楼价 − 税费 − 成本，不再扣减利息。

本书主要介绍了静态的方法，扣减利息后不需折现。

【例 7－11】 某在建工程于 2003 年 3 月 1 日开工，总用地面积 3000m^2，规划总建筑面积 12400m^2，用途为写字楼。土地使用年限为 50 年，从开工之日起计；当时取得土地的花费为楼面地价 800 元/m^2。该项目的正常开发期为 2.5 年，建设费用（包括前期工程费、建筑安装工程费、管理费等）为每平方米建筑面积 2300 元。至 2004 年 9 月 1 日实际完成主体结构，已投入 50% 的建设费用。但估计至建成尚需 1.5 年，还需投入 60% 的建设费用。建成后半年可租出，可出租面积的月租金为 60 元/m^2，可出租面积为建筑面积的 70%，正常出租率为 85%，出租的运营费用为有效毛收入的 25%。当地购买在建工程买方需要缴纳的税费为购买价的 3%，同类房地产开发项目的销售费用和销售税费为售价的 8%。试根据上述资料用现金流量折现法测算该在建工程 2004 年 9 月 1 日的正常购买总价和按规划建筑面积折算的单价（报酬率为 9%，折现率为 13%）。

解：设该在建工程的正常购买总价为 V。

在建工程价值 = 开发完成后的价值 − 续建开发成本 − 销售费用 − 销售税费 − 买方购置在建工程应负担的税费

续建完成后的总价值 = $A/Y\ [1 - 1/(1+Y)^n] \times 1/(1+i)^t$

需要折现的年数，其他符号的含义同收益法。故续建完成后的总价值计算如下：

续建完成后的总价值 = 60 元/m^2/月 × 12 月 × 12400m^2 × 70% × 85% × (1 − 25%) ÷ 9% [1 − 1/(1 + 9%)$^{50-3.5}$] × 1/(1 + 13%)^2

= 3403.80 万元

续建总费用 = 2300 元/m^2 × 12400m^2 × 60%/(1 + 13%)$^{0.75}$ = 1561.32 万元（注：0.75 为 1.5 年的一半）

销售费用和销售税费总额 = 3403.80 万元 × 8% = 272.30 万元

购买该在建工程的税费总额 = V × 3% = 0.03V

则

V = 3403.80 万元 − 1561.32 万元 − 272.30 万元 − 0.03V

$V = 1524.45$ 万元

估价结果：

在建工程总价 = 1524.45 万元

在建工程单价 = 1524.45 万元 ÷ 12400m^2 = 1229.39 元/m^2

【例7-12】 某公司于1998年10月通过出让方式获得一块5000m^{2}土地的使用权，出让年限为50年，根据规划该地块用途为综合，容积率为3。该公司于1999年10月动工兴建一座钢混结构的综合大楼。由于建设资金紧张，该公司于2000年10月将土地使用权向银行抵押。如果以该宗地土地使用权评估的70%贷款，请问该公司最多可贷多少款？

项目其他有关资料如下：

1）该大楼1~3层为商场，建筑面积为3000m^2，4~15层为办公楼。

2）大楼开发周期预期二年，第一年投入60%，第二年投入40%。

3）大楼建成后该公司计划自留2000m^{2}用作办公用房，其余部分以出租方式经营，预计商场与办公楼的出租率为90%和80%。目前同类建筑物的建安综合造价为每建筑平方米3000元，同类物业的商场市场租金水平每月为300元/m^2，办公楼市场租金水平每月为150元/m^2。

4）经过调查，有关参数确定如下：房屋出租年经营费用中管理费为年租金的10%，维修费为租金的8%，保险费为建安造价的2‰，税金为年租金的12%；项目投资回报率取建安造价的30%；建筑物经济耐用年限为70年，残值率为2%。另外，当地土地还原率为8%，综合还原率为10%，银行贷款利息率为10%。

解：(1) 用收益还原法测算房地产总价

1）测算年租金总收入。

房地产总建筑面积 = 5000 × 3 = 15000m^2

商场建筑面积 = 3000m^2

办公楼建筑面积 = 15000m^2 − 3000m^2 = 12000m^2

商场年出租总收入 = 300 元/月/m^2 × 3000m^2 × 12 月 × 90% = 972 万元

办公楼年出租总收入 = 150 元/月/m^2 × 12000m^2 × 12 月 × 80% = 1728 万元

年出租总收入 = 972 万元 + 1728 万元 = 2700 万元

2）测算年总费用。

年管理费 = 年租金 × 10% = 2700 万元 × 10% = 270 万元

年维修费 = 年租金 × 8% = 2700 万元 × 8% = 216 万元

年保险费 = 建安造价 × 0.2% = 3000 元/m^2 × (5000 × 3) m^2 = 9 万元

年税金 = 年租金 × 12% = 2700 万元 × 12% = 324 万元

年折旧费 = 建安造价/(50 − 3) = 3000 元/m^2 × (5000 × 3) m^2/47 = 95.74 万元

年总费用为 = 270 万元 + 216 万元 + 9 万元 + 324 万元 + 95.74 万元 = 914.74 万元

3）测算年房地纯收益。

年房地纯收益 = 年出租总收入 − 年总费用 = 2700 万元 − 914.74 万元 = 1785.26 万元

4）测算房地产总价格

$P = A/Y\ [1 - 1/(1+Y)^n]$ = 1785.26 万元/10% × $[1 - 1/(1+10\%)^{47}]$ = 17650.18 万元

(2) 计算剩余法测算地价

1）计算总建筑成本：

项目总建筑成本 = (5000 ×3) m^2 ×3000 元/m^2 = 4500 万元

2）计算利息：假设地价为 L，则

利息 = $L[1+(1+10\%)^3-1]$ + 4500 万元 × 60% × $[1+(1+10\%)^{1.5}-1]$ + 4500 万元 × 40% × $[1+(1+10\%)^{0.5}-1]$

= 0.33L + 502.82 万元

3）计算利润：

利润 = 建安造价 ×30% = 4500 万元 ×30% = 1350 万元

4）计算地价：

L = 17650.18 万元 − 4500 万元 − 0.33L − 502.82 万元 − 1350 万元

L = 8494.26 万元

"计算考虑年期修正和地价"：

8494.26 万元 × $[1-1/(1+8\%)^{48}]/[1-1/(1+8\%)^{50}]$ = 8463.47 万元

（3）测算可抵押额

可抵押额 = 8463.47 万元 ×70% = 5924.43 万元

【例 7−13】 需要评估一宗"七通一平"熟地于2004年9月的价值。获知该宗土地的面积为5000m^2，土地剩余使用年限为65年，容积率为2，适宜建造某种类型的商品住宅；预计取得该宗土地后建造该类商品住宅的开发期为2年，建筑安装工程费为每平方米建筑面积800元，勘察设计等专业费用及管理费为建筑安装工程费的12%，第一年需要投入60%的建筑安装工程费、专业费用及管理费，第二年需要投入40%的建筑安装工程费、专业费用及管理费；销售商品住宅时的广告宣传等费用为其售价的2%，房地产交易中卖方需要缴纳的营业税等为交易价格的6%，买方需要缴纳的契税等为交易价格的3%；预计该商品住宅在建成时可全部售出，售出时的平均价格为每平方米建筑面积2 000元。试利用所给资料用现金流量折现法测算该宗土地2004年9月的总价、单位地价及楼面地价（折现率为12%）。

解：设该宗土地的总价为 V。

开发完成后的总价值 = 2000 元/m^2 ×5000m^2 ×2/$(1+12\%)^2$ = 1594.39 万元

建筑安装工程费等的总额 = 800 元/m^2 × (1 + 12%) × 5000m^2 × 2 × $[60\%/(1+12\%)^{0.5}$ $+40\%/(1+12\%)^{1.5}]$

= 810.36 万元

建筑安装工程费、专业费用及管理费在各年的投入实际上是覆盖全年的，但为计算方便，假设各年的投入是集中在各年的年中，这样就有了上述计算中的折现年数分别是0.5年和1.5年的情况。

销售费用和销售税费总额 = 1594.39 万元 × (2% + 6%) = 127.55 万元

购买该宗土地的税费总额 = V ×3% = 0.03V

V = (1594.39 − 810.36 − 127.55)万元 − 0.03V

V = 637.36 万元

故

土地总价 = 637.36 万元 土地单价 = 1274.72 元/m^2 楼面地价 = 637.36 元/m^2

阅读材料

应用假设开发法估价的常见问题与错误

1）开发完成后价值的测算方法是否正确，依据是否充分，收益率的确定理由是否充分。

2）折现率（是利息率和利润率的结合）的确定是否说明理由。

3）利息的计算是否有误，计算利息时要特别注意资金的投放方式和计息方式。

4）费用确定是否有遗漏，是否有依据，是否重复计算。

5）利润的计算是否正确，利润率的确定是否有充分的依据，利润率的计算基数与利润是否对应。

6）估价时点的确定（购地日期、建设期、经营期限的确定）是否正确。

7）方法、公式的选用是否正确，计算过程是否有误等。

8）参数使用是否正确或前后是否一致。

9）没有确定最佳的开发利用方式。最佳开发利用方式的确定需要依据规划限制条件，但不能把规划限制条件直接作为最佳的开发利用方式。

10）没有计算待开发土地或待完成房地产的利润。

11）把利息和税金作为计算利润的基础。

12）贴现期确定错误。

13）当利息率和贴现率一致时，还计算了利息。

14）未来房地产价格的确定完全依据市场法，没有结合长期趋势法。

15）遗漏了买方购买待开发土地或待完成房地产的税费。

阅读材料

剩余法思路在高层建筑地价分摊中的运用

（1）高层建筑地价分摊的意义　在现代城市中，由于土地越来越稀缺，地价越来越高，以及建筑技术的日益发展，多层、高层建筑物越来越多。办公楼、商店、住宅、厂房等都出现了多层或高层化。此外，人们的活动还向地下发展，出现了地下商场、地下停车场、地下仓库等。在城市中心商业区，建筑物不仅多层化和高层化，而且建筑物的用途出现了立体化。典型的一座大厦的立体用途是：地下1~2层为停车场、设备用房，地上1~2层为商店，4~5层为餐饮，往上可能是写字楼，再往上可能为公寓。

与此同时，随着房地产交易活动的日益发展和产权多元化，一座建筑物只有一个所有者的格局被打破了，出现了一座建筑物内有着众多的所有者或使用者的情况。这些所有者分别拥有该座建筑物的某一部分，如有的拥有地下一层，有的拥有地上一层。特别是多层、高层住宅或公寓，一户居民往往只拥有其中的一套住房。

但是，整座建筑物占用的土地只是一块，在实物形态上不可分割。当这座建筑物的开发商售出其中的某一部分后，该块土地的使用权的一个相应份额也就随之转移，最后是购得这座建筑物的众多所有者按份共有该块土地的使用权，但是大家各自的份额就成了需要解决的现实问题。

拥有一块土地，不仅享有该块土地的一定权利，而且要承担由此权利而产生的义务。例如，在建筑物寿命终了时或者建筑物被火灾毁灭后，大家决定将这该土地出售，售出后的地价收益如何分配；在建筑物使用过程中，政府要根据这块土地的位置或价值征收土地税费，该土地税费在建筑物的各个所有者之间如何分摊。要解决这些问题，就需要解决在建筑物建成后地价如何合理分摊的问题。

找出每个所有者应占有的土地份额，无论是土地的权利还是义务，就都可以通过它顺利地得到解决。

由上可见，通过高层建筑地价分摊可以解决如下问题：①各部分占有的土地份额；②各部分享有的土地面积；③各部分享有的地价数额等。

（2）高层建筑地价分摊的方法

1）按建筑面积进行分摊。按建筑面积进行分摊的方法，是根据各自拥有的建筑面积的数值来分摊，即如果甲拥有的建筑面积为若干平方米，那么他应享有的地价数额为他所拥有的建筑面积乘以土地总价值与总建筑面积的比率（即楼面地价），他应占有的土地份额为他所拥有的建筑面积除以总建筑面积。具体如下：

某部分享有的地价数额 = 土地总价值/总建筑面积 × 该部分的建筑面积

某部分占有的土地份额 = 该部分享有的地价数额/土地总价值 × 100%

= 该部分的建筑面积/总建筑面积 × 100%

【例 7 - 14】 某幢楼房的土地总面积 500m^2，总建筑面积 1000m^2，某人拥有其中 80m^2 的建筑面积。试按建筑面积分摊方法计算该人占有的土地份额及拥有的土地数量。

解：该人占有的土地份额 = 该部分的建筑面积/总建筑面积

$$= 80\text{m}^2 \div 1000\text{m}^2 \times 100\% = 8\%$$

该人拥有的土地数量 = $500\text{m}^2 \times 8\% = 40\text{m}^2$

或者 $500\text{m}^2 \div 1000\text{m}^2 = 0.5$，即 1m^2 的建筑面积附带 0.5m^2 的土地面积。

那么，建筑面积 80m^2 附带的土地面积为 40m^2。

这种地价分摊方法在中国香港地区曾经使用过，但后来随着情况的变化出现了一些问题：香港过去主要采用的是英国法律，根据英国法律，一项财产的共同占有人不得分割财产，只能分配在其中占有的份额，但法律却没有规定按何种方法来分配这种份额。20 世纪 60 年代以前，最流行的方法是每个单位分配相同的份额。例如，某个大厦有 100 个单位，则每个单位在土地中拥有的份额就是 1/100。那时这种专断的份额分配方法并不影响业主的实际权益，只是在法律层面上的对土地的权益。然而在 20 世纪 70 年代初期，当许多为期 75 年的地契在 1973 年就要到期时，政府决定再批出另一个 75 年的租期，并需要补地价，这时这种专断的份额分配方法的问题就突出了。从上例来看，如果再批租需要缴纳 10 万美元的地价，那么将这 10 万美元的地价分摊给各在土地中拥有 1/100 份额的 100 个业主，最自然的做法是每个业主负担地价的 1/100，即 1 000 美元。但是，如果这 100 个单位中有 10 个是处在楼底的商店，而在香港，商店的价值占了大厦价值的大部分，这就引起了关于地价份额的争论，即商店的业主应该负担比他们拥有的份额要大的地价份额。经常也会遇到这样一个问题，即同一大厦内各个业主为了再开发而希望集体卖出整个大厦，但如何处理这些名义上的土地份额，也会引起同样的争论。

按建筑面积分摊高层建筑物的地价，其优点是简便、可操作性强，但存在的问题也是显而易见的：它主要适用于各层用途相同且价格差异不大的建筑物，如用途单一的住宅楼、办公楼。

2）按房地价值进行分摊。为了克服按建筑面积分摊出现的不同部分的价值不同，但却分摊了等量的地价的问题，可以依据各部分的房地价值进行分摊。具体方法是：

某部分享有的地价数额 = 土地总价值/房地总价值 × 该部分的房地价值

某部分占有的土地份额 = 该部分享有的地价总数/土地总价值 × 100%

= 该部分的房地价值/房地总价值 × 100%

【例 7－15】 某幢大厦的房地总价值为 5000 万元，甲公司拥有其中的商业部分，此部分的房地价值为 1000 万元；乙公司拥有其中的写字楼部分，此部分的房地价值为 500 万元。试按房地价值分摊方法计算甲、乙公司占有的土地份额。

解：甲公司占有的土地份额 = 甲公司拥有的房地价值/房地总价值 × 100%

= 1000 万元 ÷ 5000 万元 × 100% = 20%

乙公司占有的土地份额 = 乙公司拥有的房地价值/房地总价值 × 100%

= 500 万元 ÷ 5000 万元 × 100% = 10%

但是，根据按房地价值进行分摊的方法，各层分摊的建筑物价值不相等。从理论上看，各层房地价值有差异的原因，撇开为各层特殊的装饰装修不谈，应是土地的垂直立体效果不同造成的，各层的建筑物价值应相同。下面举一个简化的例子，可使这个问题得到清楚的说明：假设整座大厦都是住宅，且每层的面积、户型、装饰装修等都相同，但由于楼层不同，使得每层房屋的售价不同，如最底层与其他层的价格有差异。显然，各层之间的价格差异不是建筑造价不同造成的，其原因只能归因于土地，是各层占据的土地立体空间位置的不同，从而其可及性、景观、安宁程度、空气等的不同造成的。

按房地价值进行分摊比按建筑面积进行分摊要复杂一些，但更符合实际情况，主要适用于各部分的房地价值（单价）有差异但差异不是特别大的建筑物。

3）按土地价值进行分摊。按房地价值进行分摊的方法，存在假设用途、面积、平面布置、装修装饰等相同，仅房地价值不同的各层所分摊的建筑物价值不相等的理论缺陷，因此，需要进一步寻找更为合理的分摊方法。

更为合理的分摊方法就是依据各部分的土地价值进行分摊，具体方法如下：

某部分占有的土地份额 =（该部分的房地价值 － 该部分的建筑物价值）/（房地总价值 － 建筑物总价值）× 100%

某部分享有的地价数额 = 该部分占有的土地份额 × 土地总价值

= 该部分的房地价值 － 该部分的建筑物价值

【例 7－16】 某幢大厦的房地总价值为 5000 万元，其中建筑物总价值为 2000 万元。某人拥有该大厦的某一部分，该部分的房地价值为 100 万元，该部分的建筑物价值为 40 万元。试按土地价值分摊方法计算该人占有的土地份额。

解：该人占有的土地份额 =（该部分的房地价值 － 该部分的建筑物价值）/（房地总价值 － 建筑物总价值）× 100%

（100 － 40）万元/（5000 － 2000）万元 × 100% = 2%

这种地价分摊方法说来也是较简单的，只要知道了建筑物占用的土地的总价值，知道了建筑物各部分的房地价值，就可以进行。而在现实中这两个价值一般都是已知的。

由于未来的房地价值是不断变动的，土地价值也是不断变动的，因此，按房地价值进行分摊的方法和按土地价值进行分摊的方法，从理论上讲要求地价分摊不断地进行，但这在实际中不可行，因为进行分摊所需的费用可能很高，另外土地占有份额一旦确定也不宜经常变动。而如果间隔一定的年数进行分摊，间隔期多长较为合适也是值得研究的。

上述讨论的分摊方法不仅适用于多层和高层建筑物的地价分摊，而且适用于同一层或平房的不同部位分别由不同人所有、房地价值不相等时的地价分摊。例如，在繁华地段，沿街部分的房屋比里面的房屋价值高，在这同一房屋分别由两人或两人以上占用的情况下，就需要进行地价分摊，确定各自的土地占有份额。

本章小结

本章主要介绍假设开发法的定义、特点、适用范围、基本原理，假设开发法的基本公式、估价的程序与方法，现金流量折现法和传统方法，假设开发法计算中各项的求取，假设开发法运用举例。

同时补充中外假设开发法估价发展综述的阅读材料，使学生对假设开发法价值理论、国内外假设开发法研究、运用状况有所了解。

练习题

一、名词解释

1. 假设开发法
2. 土地剩余技术方法

二、问答题

1. 你认为剩余法存在哪些优缺点？
2. 你认为在剩余法的应用中应该注意哪些问题？
3. 通过取得土地建成房屋销售的开发类型建成的房地产价格由哪些部分构成？
4. 在假设开发法中调查待开发土地的基本情况包括哪些方面？

三、计算题

1. 待估宗地为一块已完成“七通一平”的待建设空地，土地面积3200m^2，允许容积率为2.5。拟开发建设为公寓，土地使用年期为50年。该项目开发建设周期为3年，建成后即可对外出租，出租率估计为90%，每建筑平方米的年租金预计为300元，年出租费用为年租金的25%。建筑费预计为1000元/m^2，专业费为建筑费的10%，建筑费和专业费在建设期内均匀投入。假设当地银行贷款利率为7%，不动产综合还原利率为8%，开发商要求的总利润为所开发不动产总价的15%。试评估该宗土地的地价。

2. 某宗房地产的净收益为每年150万元，建筑物价值为800万元，建筑物资本化率为10%，土地资本化率为8%。请用土地剩余技术方法计算该宗房地产的房地总价值。

3. 某旧厂房的建筑面积为5000m^2，根据其所在地点和周围环境，适宜装修改造成商场出售，并可获得政府批准，但需补交土地使用权出让金等500元/m^2（按建筑面积计），同时取得40年的土地使用权证。预计装修改造期为1年，装修改造费为每平方米建筑面积

1500 元，装修改造费在装修改造期内均匀投入，装修改造完成后即可全部售出，售价为每平方米建筑面积 6000 元，销售税费为售价的 8%，购买该旧厂房买方需要缴纳的税费为其价格的 4%。试利用上述资料用现金流量折现法估算该旧厂房的正常购买总价（折现率取 12%）。

四、判断题

1. 剩余法以地租原理为理论依据，在计算上与地租量是一致的（　　）。

2. 剩余法估价与项目可行性分析的区别就在于，剩余法假设在开发期间各项成本的投入是均匀投入（　　）。

3. 只有在建筑物比较新，而且处于有效使用状态时，剩余法才是有效的方法（　　）。

4. 开发商的投资回报率一般按不动产总价或预付总资本的一定比例计算（　　）。

五、选择题（1 ~ 11 为单选题，12 ~ 14 为多选题）

1. 在选择土地最佳的开发利用方式中，最重要的是选择最佳的（　　）。
   A. 建筑容积率　　B. 土地覆盖率　　C. 土地用途　　D. 建筑类型

2. 专业费用一般按（　　）的一定比率计算。
   A. 不动产售价　　B. 开发建筑费　　C. 建筑费加利息　　D. 地价款加利息

3. 某房地产开发建设周期的三个阶段分别为 1 年、2 年和 1 年，计算预付资本利息时，地价款的计息期为（　　）年。
   A. 4　　B. 3　　C. 2.5　　D. 3.5

4. 采用剩余法评估地价时，根据待估宗地的最有效利用方式和当地房地产市场现状及未来变化趋势，一般采用（　　）和长期趋势法结合估算开发完成后的不动产价值。
   A. 市场法　　B. 收益法　　C. 成本法　　D. 标准法

5. 剩余法除可用于评估土地价格外，还可用于（　　）。
   A. 房地产开发项目可行性分析　　B. 房地产纯收益估测
   C. 评估建筑质量　　D. 物业管理评估

6. 采用剩余法评估地价时，一般可采用（　　）对开发完成后的不动产价格进行评估。
   A. 市场法　　B. 成本逼近法　　C. 假设开发法　　D. 收益法

7. 根据剩余法的原理，下列公式正确的有（　　）。
   A. 地价 = 不动产总价 − 建筑开发费 − 专业费 − 不可预见费 − 销售费用 − 税金 − 开发商利润
   B. 地价 = 房地产预期售价 − 建筑总成本 − 销售费用 − 税金 − 利息
   C. 地价 = 不动产总价 − 建筑开发费 − 专业费 − 不可预见费 − 利息 − 销售费用 − 税金 − 开发商利润
   D. 地租量 = 市场价格 − 正常成本 − 正常利润 − 正常利息 − 正常税金

8. 以下适用剩余法进行评估的有（　　）。
   A. 学校用地　　B. 写字楼用地　　C. 医院用地　　D. 商场用地

9. 某评估公司接受委托评估一幢 8 层商住楼的底层商铺分摊的土地价格。该商住楼建于 1999 年 6 月，使用良好。公司派出估价人员收集附近类似商铺买卖价格后决定采用剩余法评估，则估价人员应做的工作包括（　　）。

A. 确定土地最佳利用方式

B. 估算评估对象房地产总价

C. 计算建筑费、专业费、利息、利润及相关税费

D. 计算（剥离）土地价格

10. 除作为土地估价的基本方法之一外，剩余法一般还可以应用于（　　）。

A. 预测项目开发利润　　B. 测算项目建设成本控制标准

C. 测算项目资金合理的利息率　　D. 测算项目建设周期

11. 运用剩余法评估，需调查待估宗地的（　　）的基本情况。

A. 土地位置　　B. 土地面积形状　　C. 土地利用要求　　D. 地块权利状况

12. 剩余法还可称作（　　）。

A. 假设开发法　　B. 残余法　　C. 倒算法　　D. 余值法

13. 根据所开发房地产的类型，对于习惯出租的房地产，要综合采用（　　）来确定房地产总价。

A. 市场法　　B. 成本法　　C. 收益法　　D. 路线价法

14. 房地产开发的预付资本包括（　　）。

A. 地价款　　B. 建筑费　　C. 专业费　　D. 税费

六、案例分析题

采用剩余法对某房地产进行评估，根据分析测算，该房地产总价为8000万元，开发商预付总资本为4000万元（不含地价款），销售税费为400万元，假定开发商确定的投资回报率为20%。根据上述条件回答：

1. 开发商的利润额为（　　）万元。

A. 1600　　B. 地价 ×0.2 +720

C. 地价 ×0.2 +800　　D. 地价 ×0.2 +880

2. 在不考虑利息因素的情况下，开发商可支付的最高地价额为（　　）万元。

A. 1267　　B. 1360　　C. 2333　　D. 2800

第8章 路线价法

【教学目的】通过学习，要求学生掌握路线价法的基本原理，理解路线价的深度修正，熟悉路线价法的应用，掌握路线价法的操作步骤与内容。

【重点难点】重点在于路线价法的操作步骤与内容。难点在于路线价的深度修正。

【能力点描述】熟悉利用路线价法进行房地产估价的步骤、要点；能运用所学知识判定哪些房地产需要用路线价法估价；具备利用路线价法进行估价工作的基本知识和技能。

8.1 路线价法的基本原理

参照有关资料，对路线价法的基本原理做如下梳理。

8.1.1 路线价法的概念

路线价法是对邻接道路且可及性相当的土地设定标准深度，选取若干标准宗地求其平均价格，将此平均价格称为路线价，然后以路线价为基础，再结合考虑地块的面积、深度、形状、位置、宽度等具体情况，配合深度价格修正率表和其他价格修正率表，用数学方法算出邻接该道路的其他土地价格的一种估价方法。

与市场法、收益法等估价方法相比，这种方法能对大量土地迅速估价，是评估大量土地的一种常用方法。

8.1.2 路线价法的理论依据

路线价法实质上是一种土地的市场法，是市场法的派生方法，其技术思路为基于类似土地的市场交易价格来衡量其价值。其理论依据与市场法相同，是房地产价格形成的替代原理和区位论（可及性）的具体运用。

在路线价法中，标准宗地可视为市场法中的可比实例；路线价是若干标准宗地的平均价格，可视为市场法中的可比实例价格；邻接同一道路的其他土地的价格，是以路线价为基准，考虑其临街深度、土地形状（如矩形、三角形、平行四边形、梯形、不规则形状）、临街状况（如一面临街、前后两面临街、街角地，以及长方形土地是长的一边临街还是短的一边临街，梯形土地是宽的一边临街还是窄的一边临街，三角形土地是一条边临街还是一个顶点临街）、临街宽度等，进行适当的修正求得，这些修正实际上为“房地产状况调整”。

路线价法与一般的市场法的主要不同之处有如下三点：①不做交易情况修正和交易日期

调整；②先对多个可比实例价格进行综合，然后再进行房地产状况调整，而不是先对可比实例价格进行有关修正、调整，然后再进行综合；③利用相同的可比实例价格——路线价，同时评估出许多估价对象——邻接同一道路的其他土地的价格，而不是仅评估出一个估价对象的价格。在路线价法中不做交易情况修正和交易日期调整的原因是：①求得的路线价——若干标准宗地的平均价格，已是正常价格；②求得的路线价所对应的日期，与欲求取的其他土地价格的日期一致，都是估价时点的价格。

8.1.3 路线价法适用的对象和条件

路线价法主要适用于城市临街商业用地的估价，对道路系统完整、道路两旁的宗地排列整齐的区域和城市，效果更佳。具体运用时的注意事项：在路线价与区域平均基准地价发生交叉时，里地线以内以路线价为主，里地线以外以区域平均基准地价为主。

一般的土地估价方法主要适用于单宗土地的估价，而且需要花费较长的时间。路线价法则被认为是一种快速、相对公平合理、能节省人力财力、可以同时对大量土地进行估价的方法，特别适用于房地产税收、市地重划（城市土地整理）、城市房屋拆迁补偿或者其他需要在大范围内同时对大量土地进行估价的情况。

运用路线价法的前提条件是，有可供使用的科学合理的深度指数表和其他价格修正率表；有完善的城市规划和系统完整的街道；临街各宗土地排列比较整齐。

8.1.4 路线价法在我国的应用

目前，路线价法在我国的台湾和香港的运用已非常成熟和普遍，我国其他地区也借鉴了美国、日本等国应用路线价法的实践经验，将其具体地运用于房地产评估业务中。

路线价法应用于我国房地产评估业务的前提有如下几点。

1）评估部门要制定出切合我国房地产业实际和发展需要的科学合理的路线价区段、路线价、标准深度、深度指数表和其他价格修正率表。

对路线价区段的划分，要综合考虑土地等级、土地用途、街道的繁华及交通设施等环境质量状况，原则上以街道为单位进行划分。对于路线价的确定，以货币为计量单位，根据不同的土地等级、不同的土地用途，区分主要街道和次要街道而确定，采取固定和浮动相结合的表现形式。

对于标准深度的确定，不一定有多少路线价区就设立多少标准深度，而是根据土地的等级和用途确定各个区域的标准深度。例如，某市土地分为五级，甲级土地的标准深度为13m，其中商业地为9m，住宅用地为17m，2级土地标准深度为19m，其中商业用地为14m，住宅用地为23m。

2）评估人员要熟练掌握路线价法则和路线价法的有关概念。关于路线价的有关概念有：

①里地线与标准深度。里地线是与街道平行的直线，里地线与街道之间的距离是标准深度。

②临街地、里地与袋地。在街道与里地线之间的土地称为临街地，里地线以外的土地称为里地，在里地线内不直接临街的土地是袋地。

③街角地、正街与旁街。街角地是指两条街道相交的夹角之间的地块。街角地中，一宗

土地的正街是指路线价较高的街道，旁街是指其中路线价较低的街道。如果两条街道的路线价相等，则以使用宽度较大的街道为正街，宽度较小的为旁街。

3）要有科学的城市规划。确定路线价区段、标准深度和土地宽度要求道路排列整齐、土地形状规则，这意味着城市规划要具有科学性、合理性、长期性和远见性。

我国房地产市场发育较早和房地产估价业务发展较快的城市，已开始将路线加法应用于房地产估价实践，主要表现在以下三个方面。

（1）应用于土地税收的征管　我国过去征收土地使用税是依据城市性、土地等级，从而造成税负偏低等问题，目前，有些城市已开始将路线价运用于土地税收的征管中，逐步实现对土地使用税的征收从按面积征收转变为按价格征收，可有效提高土地使用税征收的效率。

（2）应用于调控土地市场　目前，我国各个省市普遍制定了适合本地房地产市场情况的土地指导价格，通过路线价的形式提出基准地价，借此调控当地的土地市场和抑制土地投机。

（3）应用于土地资源管理　随着市场经济体制的完善，各地政府深知土地资源管理的重要性，有些地方政府已提出要发挥路线价法在土地资源管理中的作用，实现从实物管理到价值管理的目标。

对于深度指数表及其他价格修正率表的确定，可根据不同的土地等级及土地用途，确定表格形式；对于双面临街地、街角地、直角三角形地等非一面临街地及临街宽度、临街深度、三角形土地的角度及面积等方面相应制定出修正率。

阅读材料

浅论路线价法在房地产估价实践中的应用

（1）路线价法在房地产估价应用的前提　成套住宅现房抵押、按揭、交易评估业务是房地产估价业务的主要组成部分。针对以上业务，传统的估价方法主要采用市场法，而现实中各宗房地产或多或少存在差异、交易案例的偶然性、估价师对各参考案例的信息掌握程度不同等问题，都会影响对交易案例的修正和调整，因而会出现误差，其大小直接影响到最终比准价格的真实程度。交易案例的搜集、可比实例的选择、区域因素及个别因素的修正和调整都相对繁杂，使工作效率较低。怎样提高房地产估价工作效率、简化操作步骤、提高评估精度，是每一个房地产估价师都会遇到的问题。采用土地估价方法中的路线价法能较好地解决以上问题。

路线价法主要适用于房地产市场发育完善、具有交易性且交易量数量较大的房地产，主要是成套住宅的现房抵押、按揭、交易评估。

（2）路线价法的原理　路线价法，就是假设某一个路段或者住宅小区内一个基准状态的房屋，将一段时间内该路段或者住宅小区的房地产交易案例收集充分后，经过个别因素修正，求取其单位面积价格算术平均值，作为这一假设基准案例的房屋单价，在估价过程中将估价对象与该假设基准案例进行适当的修正和调整，以此求出该估价对象的客观合理单位面积价格或价值的方法。

路线价法源自于市场法，是市场法的一种特殊情况，只是在参考案例的选取和因素修正方面选用了不同的手段。路线价法的理论依据依然是替代原则，之所以要选取同一个路段或者住宅小区的参考案例，是因为同一个路段或者住宅小区的不同房地产对象的区域因素、个别因素都非常相似，比选用其他路段或住宅小区参考案例来说结果更接近。房地产的价值构成主要是土地价值和建筑物价值，在同一个路段或者住宅小区内相同用途的楼面地价基本一致，相同建筑结构的建筑物的单位面积建筑成本也基本一致，因此具有相当的可比价性。根据微观经济学中的消费者购买行为理论，长期来看，在同一市场上相同的商品房具有相同的单位面积价格。然而消费者是理性的，如果消费者为某种商品的支付单位面积价格可以从另外一件无差异商品获得更大效用，那么他必然会选择另外一件商品；如果有两个以上相同的商品同时存在时，消费者会选择单位面积价格较低的那件。上述理论成立的假设之一就是市场上商品的无差异性，现实之中无论是建筑规划、建筑风格、施工水平、工艺水平等要素在同一个住宅小区内是基本一致的，在同一路段也有较强的相似性，选择相同地段或者住宅小区的房地产进行比较才会十分接近上述理论。另外，从技术角度上来看，由于相同地段或者住宅小区内房地产所负担的地价是相同的，因此不存在由于地价的区域分布差异造成可比实例价格内在偏差的问题。

房地产估价方法中，市场法成立的条件之一是同一供求圈内存在着较多的类似可比实例。相同或相似区域因素的区片内的类似房地产的单位面积价格的平均值具有稳定性；其他因素越是相近，该区域中相同用途的房地产单位面积价格差异越小，替代原则越显著成立，估价结果越接近真实的客观单位面积价格。

在应用市场法估价时，估价对象求取比准价值后，残余的误差表现为偶然误差。对此，在维持市场法的基础上，以减少偶然误差和简化操作为目的采用路线价法，使估价结果更客观接近真实值。

(3) 路线价法的主要操作步骤

1) 收集一段时间内同一路段或者住宅小区的足够的交易实例，进行个别因素修正，并求取算术平均单价（注意定期更新），作为基准案例单价。

2) 将估价对象与基准案例进行比较、修正，修正的因素包括以下几点：

①交易情况修正。

②交易日期调整。

③个别因素调整（如建设年代、楼层、配套设施、朝向、房屋结构、装修等）。

3) 求取最终比准单位面积价格。最终比准单位面积价格用公式表示为：

V = 路段或小区基准单价 × 估价对象交易情况修正 × 估价对象交易日期调整 × 估价对象房地产状况调整

(4) 路线价法的优点

1) 操作步骤较传统市场法简化。在应用传统市场法的时候，对所选取的交易案例建立价格可比基础以后，还要对其进行交易情况修正、交易日期调整、房地产状况调整。而房地产状况调整中最主观的也是调整内容最多的要素为区域因素调整和实物状况调整，同时两者也是最容易产生误差的环节。而路线价法中的路段或住宅小区平均单位面积价格恰好已经全部或部分考虑了以上因素，由此简化了修正环节，提高了准确程度。

2) 更能够通过程序化来提高效率。路线价法相对于传统市场法来说可以简化操作。然而越来越完善的房地产交易市场相同路段、同一住宅小区交易的频率增多，必然导致估价业务的频繁。为此，路线价法可以顺应市场趋势，通过程序化来提高效率。简单来说，该方法有如下两点便利之处：

①估价案例更多。

②操作简便，可避免估价师对同一路段或住宅小区进行案例选取的重复工作，更利于计算机程序化的实现。

3）路线价法精度高于传统市场比较法。市场法在消除误差时依靠的是对参考案例的各个因素修正。如果所选取的参考案例不属于同一个路段或者住宅小区，即使是分布在相邻很近的区域、功能接近，但是由于诸如建筑年代、建筑风格、地价等客观因素，以及估价师对信息掌握程度或个人经验偏好等主观因素，或多或少会使估价结果造成偏差。而在同一个路段或者住宅小区内这些修正因素（如区域因素、个别因素等）是彼此最接近的，甚是有时候是完全一样的。剩下的只是对时间交易状况等的修正。

（5）路线价法应用时应注意的问题

1）同一个路段或者住宅小区交易案例数量的确定。在应用路线价法求取住宅小区房地产单位面积价格均值的时候，同一个路段或者住宅小区案例数量的多少直接影响到该平均值的合理性。因此，估价人员在平时就要注意收集住宅小区交易案例，并将其归档。

2）交易案例的定期更新。同一个路段或者住宅小区的房地产单位面积价格会随着时间而波动，从而影响该路段或者住宅小区房地产单位面积价格的平均值。在房地产价格变化明显或者剧烈的期间对该平均价格的处理更应该慎重，估价师应注意交易案例的搜集和更新。

3）使用条件的限制。与市场法的使用条件限制类似，该种方法适用于房地产市场发育完善，具有交易性且交易量数量较大，并且在分布上同质性很高的房地产。而符合上述条件的只有同一路段和住宅小区的房地产。因此，对于交易量少的其他房地产（如工业房地产），则应当优先考虑成本法、市场法、收益法等方法。

（6）路线价法在房地产估价实践中的应用　例如郑州市中方园住宅小区的现房交易评估业务，可采用路线价法进行。中方园小区是由郑州中方园建设发展股份有限公司开发，位于北环路 116 号，占地 466200m^2，建筑面积达 660000m^2，有 29 路、209 路、215 路等多条公交车从附近经过，交通较为便利，附近有文化路三小、四十七中分校、财经学院等教育机构，有花卉市场、植物园、1200 亩花卉基地等公共配套设施。随着郑州市市区北移东扩，该区域外来人口较多，住宅需求量较大，该小区所在区域发展较为迅速，二手房成交量较大。通过多种渠道搜集该小区 2004 年 6 月至 2005 年 6 月成交的 40 多套住宅的交易案例，加以整理和分析，进行交易日期、交易情况、个别因素修正和调整，得到该小区基准案例的房屋单价。在开展该小区住宅估价业务时，将估价对象与基准案例进行比较、修正，就可以较为快速、准确地得到该估价对象的最终比准单位面积价格。

8.2 路线价法的操作步骤

参照有关资料，对路线价操作步骤做如下梳理。

运用路线价法估价一般按照下列六个步骤进行：①划分路线价区段；②设定标准深度；③选取标准宗地；④调查评估路线价；⑤制作价格修正率表；⑥计算临街各宗土地的价格。

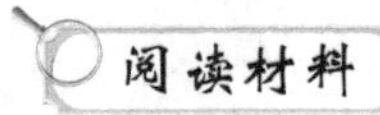

阅读材料

路线价评估确定的具体步骤与一般程序

(1) 路线价评估确定的具体步骤

地价实例调查→宗地地价计算→宗地数据检验→确定地价区段→计算区段地价→划分地价等级。

(2) 利用路线价估价法评估宗地地价的一般程序

1) 确定待估宗地所处的路线价区段与路线价。

2) 确定待估宗地的临街深度和其他因素条件。

3) 确定待估宗地的深度修正系数和其他条件修正系数。

4) 估算宗地地价。

8.2.1 划分路线价区段

路线价区段是沿着街道两侧带状分布的。一个路线价区段是指具有同一个路线价的地段。因此，在划分路线价区段时，应将可及性相当、地块相连的土地划为同一个路线价区段。两个路线价区段的分界线，原则上是地价有显著差异的地点，一般是从十字路或丁字路中心处划分，两个路口之间的地段为一个路线价区段。但较长的繁华街道，有时需要将两个路口之间的地段划分为两个以上的路线价区段，分别附设不同的路线价。而某些不很繁华的街道，同一个路线价区段可延长至数个路口。另外，在同一条街道上，如果两侧的繁华程度、地价水平有显著差异的，应以街道中心为分界线，将该街道的两侧各自视为一个路线价区段，分别附设不同的路线价。

8.2.2 设定标准深度

从理论上讲，标准深度是街道对地价影响的转折点：由此接近街道的方向，地价受街道的影响而逐渐升高；由此远离街道的方向，地价可视为基本不变。但在实际估价中，设定的标准深度通常是路线价区段内临街各宗土地的临街深度的众数。例如，某个路线价区段内临街土地的临街深度大多为18m，则标准深度应设定为18m；如果临街深度普遍为25m，则标准深度应设定为25m。

以临街各宗土地的临街深度的众数作为标准深度，可以简化以后各宗土地价格的计算。如果不以临街各宗土地的临街深度的众数为标准深度，由此制作的深度价格修正率表，将使以后多数土地价格的计算都要用深度价格修正率进行修正。这不仅会增加计算的工作量，而且会使所求得的路线价失去代表性。

8.2.3 选取标准宗地

标准宗地是路线价区段内具有代表性的宗地，标准宗地是指从城市一定区域中沿主要街道的宗地中选定的深度、宽度和形状标准的宗地。选取标准宗地的具体要求是：①一面临街；②土地形状为矩形；③临街深度为标准深度；④临街宽度为标准宽度（可为同一路线价区段内临街各宗土地的临街宽度的众数）；⑤临街宽度与临街深度比例适当；⑥用途为所在路线价区段具有代表性的用途；⑦容积率为所在路线价区段具有代表性的容积率（可为同一路线价区段内临街各宗土地的容积率的众数）；⑧其他方面，如土地使用年限、土地生熟程度等也应具有代表性。

标准宗地的面积大小随各国具体情况而异。美国把位于街区中间宽 1ft、深 100ft（1ft = 0.3048m）的细长形状土地作为标准宗地。日本的标准宗地为宽 3.63m、深 16.36m 的长方形土地。

8.2.4　调查评估路线价

路线价是附设在街道上的若干标准宗地的平均价格。通常在同一路线价区段内选择一定数量以上的标准宗地，运用收益法（通常是其中的土地剩余技术）、市场法等，分别求其单位价格或楼面地价，然后求这些标准宗地的单位价格或楼面地价的简单算术平均数或加权算术平均数、中位数、众数，即得该路线价区段的路线价。

路线价通常为土地单价，也可为楼面地价；它可用货币表示，也可用相对数表示。例如，用点数来表示：将一个城市中路线价最高的路线价区段以 1000 点表示，其他路线价区段的点数依此确定。以货币表示的路线价比较容易理解，直观性强，便于土地交易时参考。以点数表示的路线价便于测算，可避免由于币值波动而引起的麻烦。下面以土地单价、货币来表示路线价的情况，进一步介绍路线价法。

8.2.5　制作价格修正率表

价格修正率表有深度价格修正率表和其他价格修正率表。

1. 深度价格修正率表

深度价格修正率表又称深度百分率表、深度指数表，是基于深度价格递减率制作出来的。深度价格递减率基于临街土地中各部分的价值随远离街道而有递减现象的规律得出的，或者说，距离街道深度越深，可及性越差，价值也就越低。例如，将临街土地划分为许多与街道平行的细条，由于越接近街道的细条的利用价值越大，越远离街道的细条的利用价值越小，所以接近街道的细条的价值高于远离街道的细条的价值。

最简单且最容易理解的深度价格递减率是“四三二一法则”。该法则是将临街深度 100ft（1ft = 0.3048m）的土地，划分为与街道平行的四等份。各等份由于离街道的远近不同，价值有所不同。从街道方向算起，第一个 25ft 等份的价值占整块土地价值的 40%，第二个 25ft 等份的价值占整块土地价值的 30%，第三个 25ft 等份的价值占整块土地价值的 20%，第四个 25ft 等份的价值占整块土地价值的 10%。

如果超过 100ft，则以“九八七六法则”来补充，即超过 100ft 的第一个 25ft 等份的价值为临街深度 100ft 的土地价值的 9%，第二个 25ft 等份的价值为临街深度 100ft 的土地价值的 8%，第三个 25ft 等份的价值为临街深度 100ft 的土地价值的 7%，第四个 25ft 等份的价值为临街深度 100ft 的土地价值的 6%。

【例 8-1】 某临街深度 30.48m（100ft）、临街宽度 20m 的矩形土地，总价为 121.92 万元。试根据“四三二一法则”，计算其相邻临街深度 15.24m（50ft）、临街宽度 20m 的矩形土地的总价。

解：该相邻临街土地的总价计算如下：

121.92 万元 ×（40% + 30%）= 85.34 万元

【例8-2】 例8-1中如果相邻临街土地的临街深度为45.72m（150ft），其他条件不变，则该相邻临街土地的总价为多少万元?

解：该相邻临街土地的总价计算如下：

121.92万元×(40% +30% +20% +10% +9% +8%)

=121.92万元×(100% +9% +8%)

=142.65万元

深度价格修正率表的制作形式有：单独深度价格修正率（深度价格递减率）、累计深度价格修正率和平均深度价格修正率三种。

以“四三二一法则”为例，单独深度价格修正率为：

40% >30% >20% >10% >9% >8% >7% >6%

累计深度价格修正率为：

40% <70% <90% <100% <109% <117% <124% <130%

平均深度价格修正率为：

40% >35% >30% >25% >21.8% >19.5% >17.7% >16.25%

为简明起见，将上述内容用表来说明，见表8-1。

表8-1　欧美深度价格修正率的形式

临街深度（ft）	25%	50%	75%	100%	125%	150%	175%	200%
“四三二一法则”	40%	30%	20%	10%	9%	8%	7%	6%
单独深度价格修正率	40%	30%	20%	10%	9%	8%	7%	6%
累计深度价格修正率	40%	70%	90%	100%	109%	117%	124%	130%
平均深度价格修正率	160% (40%)	140% (35%)	120% (30%)	100% (25%)	87.2% (21.8%)	78.0% (19.5%)	70.8% (17.7%)	65.0% (16.25%)

注：1ft =0.3048m。

表8-1中的平均深度价格修正率，是将上述临街深度100ft的平均深度价格修正率25%乘以4转换为100%，同时为保持与其他数字的相对关系不变，其他数字也相应乘以4得出的。这也是利用平均深度价格修正率修正单价的需要。平均深度价格修正率与累计深度价格修正率的关系还可用如下公式表示：

平均深度价格修正率 = 累计深度价格修正率 × 标准深度/所给深度

制作深度价格修正率表的要领是：①设定标准深度；②将标准深度分为若干等份；③制定单独深度价格修正率，或将单独深度价格修正率转换为累计深度价格修正率或平均深度价格修正率。

计算三角形等形状的土地的价格，还需要制作相应的价格修正率表。

阅读材料

几个路线价法则介绍

(1)“四三二一法则”，又称为“慎格尔”法则　“四三二一法则”(4-3-2-1 Rule)是将标准深度100ft的普通临街地分为与街道平行的四等份，即由临街面算起，第一个25ft

的价值占路线价的 40%，第二个 25ft 的价值占路线价的 30%，第三个 25ft 的价值占 20%，第四个 25ft 的价值为 10%。如果超过 100ft，则需“九八七六法则”来补充。即超过 100ft 的第一个 25ft 价值为路线价的 9%，第二个 25ft 的价值为路线价的 8%，第三个 25ft 的价值为路线价的 7%，第四个 25ft 为 6%。“四三二一法则”最先使用的深度指数表，它具有简单易行的优点，以及粗略、不准确的缺点。与它类似的法则是：“前面三分之一里面三分之二法则”。

（2）苏慕斯法则（Somers Rule）　苏慕斯法则是美国兴起的改善估价方法，由苏慕斯（Willam A Somers）根据其多年实践经验，并经对众多的买卖实例价格调查比较后创立的。苏慕斯认为，100ft 深的土地价值，前半临街 50ft 部分占全宗地总价的 72.5%，后半 50ft 部分占 27.5%，若再深 50ft，则该宗地的价值仅为 15%，其深度价格修正率即在这种价值分配原则下拟定。由于苏慕斯法则在美国俄亥俄州克利夫兰市应用最著名，因此一般将其称为克利夫兰法则（Clevpland Rule）。

（3）霍夫曼法则（Hoffman Rule）　霍夫曼法则是霍夫曼（Hoffman）创造的，它是最先被承认的用于各种深度的宗地估价的法则。霍夫曼法则认为，深度 100ft 的宗地，最初的 25ft 的价值占全宗土地价值的 37.5%，最初的 50ft 等于 67%，最初的 75ft 等于 87.7%，最初的 101ft 等于 100%。

在霍夫曼之后，有尼尔修正霍夫曼法则，由此创造所谓霍夫曼——尼尔法则（Hoffman Neil Rule）。

（4）哈柏法则（Harper Rule）　哈柏法则创设于英国，它是一种算术法则，主要观点是：深度为 100ft 的临街土地，前各部分的价值占整块土地价值的 $10\sqrt{\text{深度}}\%$，即

$$\text{深度价格修正率} = 10 \times \sqrt{\text{深度}} \times 100\%$$

但标准深度不一定为 100ft，所以经修订的哈柏法则为：

$$\text{深度价格修正率} = \frac{\sqrt{\text{所给深度}}}{\sqrt{\text{标准深度}}} \times 100\%$$

2. 其他价格修正率表

一面临街的长（正）方形宗地，临街深度虽然各不相同，但仅根据表 8－1 即可计算地价。其他宗地，如街角地、两面临街地、三面临街地、四面临街地、三角形地、不规则形状地、袋地等，其地价的计算则有必要制定修正率。

其他价格修正率表主要考虑因素有：宽度、宽深比、容积率、年期、朝向、地价分配率等。

阅读材料

湖北省某商业用地宗地个别因素修正体系

（1）朝向、容积率修正系数表　第 4 章介绍，略。

（2）使用年期修正　第 5 章介绍，略。例如：土地还原率 $r = 7.03\%$

（3）交易期日修正系数　交易期日修正系数见表 8－2。

表 8-2 交易期日修正系数

交易时间	1998 年	1999 年	2000 年	2001 年	2002 年	2003 年
修正系数	0.956	0.967	0.978	0.989	1.000	1.000

（4）宗地面积状况修正系数　宗地面积状况修正系数见表 8-3。

表 8-3 宗地面积状况修正系数

指标标准	优	较优	一般	较劣	劣
指标标准说明	面积适中，对土地利用极为有利	面积对土地利用有利	面积对土地利用较为有利	面积较小，对土地利用有一定影响	面积过小，对土地利用有严重影响
修正系数	1.05	1.03	1.00	0.97	0.95

（5）宗地形状修正系数　宗地形状修正系数见表 8-4。

表 8-4 宗地形状修正系数

指标标准	优	较优	一般	较劣	劣
指标标准说明	形状规则，对土地利用合理	形状规则，对土地利用较为合理	形状较规则，对土地利用无不良影响	形状不规则，对土地利用不合理	形状不规则，对土地利用有严重影响
修正系数	1.04	1.02	1.00	0.98	0.96

（6）临街深度修正系数　临街深度修正系数见表 8-5。

表 8-5 临街深度修正系数

深度/m	≤10	13	15	16	18	20
修正系数	1.03	1.01	1.00	0.99	0.98	0.97
深度/m	23	26	29	35	38	>38
修正系数	0.965	0.960	0.955	0.950	0.945	0.940

（7）临街宽度修正系数　临街宽度修正系数见表 8-6。

表 8-6 临街宽度修正系数

宽度/m	0~1.5	1.5~3.0	3.0~4.5	4.5~6.0
修正系数	0.80	0.90	0.96	1
宽度/m	6.0~7.5	7.5~10	10~14	>14
修正系数	1.04	1.08	1.11	1.13

（8）宽深比修正系数　宽深比修正系数见表 8-7。

表 8-7 宽深比修正系数

宽深比	<0.5	0.6	0.7	0.8	0.9	1.2	1.5	2.0	2.5	3.0
修正系数	0.84	0.89	0.93	0.97	1.0	1.03	1.07	1.12	1.18	1.23

(9) 街角地修正系数　街角地修正系数见表 8－8。

表 8－8　街角地修正系数

临路口情况	多面临街	两面临街	一面临街
修正系数	1.07～1.10	1.03～1.06	1

(10) 宗地开发程度修正系数（一级土地）　宗地开发程度修正系数（一级土地）见表 8－9。

表 8－9　宗地开发程度修正系数（一级土地）

开发程度	生地	平整	一通一平	两通一平	三通一平	四通一平	五通一平	六通一平	七通一平
修正系数	0.57	0.67	0.81	0.86	0.92	0.99	1.00	1.01	1.02

路线价修正主要以正街深度修正为主，同时不同国家和地区根据宗地临街状况、宗地地形、宗地大小、宗地宽度等拟定了各种修正率，与深度价格修正率表一起对路线价进行修正，以求宗地地价合理。不同国家和地区除深度修正率有差异外，其他因素修正的数学计算方法也不尽相同。其中我国台湾省路线价法的评定如下：

(1) 临街地

1) 临街地深度未到里地线的，按表 8－10 指数修正。

表 8－10　台湾省临街深度指数表

深度	未满 4m	满 4m 未满 8m	满 8m 未满 12m	满 12m 未满 16m	满 16m 未满 18m
临街深度指数	130	125	120	110	100

2) 宗地深度超过里地线的，其每平方米单价以里地线单价与临街地单价按里地、临街地所占面积比例平均计算，里地每平方米单价按路线价的四成计算。

3) 梯形宗地分为两种：平行边与临街线一致的梯形宗地与平行线与临街线垂直的梯形宗地。

平行边与临街线一致的梯形宗地以其高度为临街深度，按临街深度指数求得其每平方米单价后，再按其上下两边长短比例及利用价值进行修正，修正数额不超过原计算单价的两成。

平行边与临街线垂直的梯形以两边中点的连线作为临街深度，按临街深度指数计算其每平方米单价，不再进行修正。

4) 平行四边形的宗地：以其高度为临街深度；按临街深度指数计算其单价。

5) 三角形地分两种情况：正三角形的宗地和逆三角形的宗地。

正三角形（三角形的任意一边临街）的宗地以高度 1/2 为临街深度，按临街深度指数计算其单价。

逆三角形（三角形的任意一点临街）的宗地，以三角形的一个顶点与底边中点垂直距离的 1/2 为起深度；底边中点深度为讫深度，比照袋地计算其单价。

6) 双面临街地。街廓纵深在 36m 以下的，应以其中间线为前后两部分，分别按其深度计算其临街单位地价。

（2）街角地　台湾省街角地的修正与欧美地区基本相同，在具体加计数量时有其特色：

路角地地价除根据正街的临街深度，按临街深度指数计算单价外，还应斟酌加计旁街地价。加计的方法以纵横临街的交叉点起，每4.5m为一级，依序按表8－11所列成数予以加成。

表8－11　台湾省路角地正街与旁街路线价　（单位：新台币/m²）

地区＼范围	正街与旁街路线价		
省辖市	均未达2万	均为2万以上	均为4万以上
县辖市	均未达1.5万	均为1.5万以上	均为3万以上
乡镇	均未达1万	均为1万以上	均为3万以上
加计旁街路线价	不超过一成	二成、一成	三成、二成、一成

（3）袋地　袋地是指里地线以内不直接临街的土地，袋地地价计算依下列要求：

1）袋地的每平方米单价依其深度，按图8－1深度指数计算。

					18m
				16m	60
			12m	66	63
		8m	72	69	66
	4m	75	74	71	68
0	78	77	75	73	70
起深度 指数 讫深度	0	4m	8m	12m	16m

图8－1　台湾省袋地深度指数图

2）袋地的形状为平行四边形、梯形、三角形，其起讫深度比照临街地方法计算。

3）袋地位置跨越里地线的宗地，每平方米单价应以袋地单价与里地单价按所占面积比例平均计算。

（4）其他宗地

1）里地每平方米单价按路线价四成计算（里地地价与路线价的四成相差悬殊的，里地应单独划分区段）。

2）其他特殊地形的宗地，参照前面的规定视其地价斟酌估计。

3）骑楼地已分割的，应同后面一宗地土地合并计算其临街深度，且后面一宗土地应视为临街地，以现有道路临街线计算其临街深度。

8.2.6　计算临街各宗土地的价格

1. 路线价法的计算公式

1）当以标准宗地的总价作为路线价时，应采用累计深度价格修正率（Σ单独深度价格修正率）。其中，如果估价对象土地的临街宽度（以下简称临街宽度）与标准宗地的临街宽度（以下简称标准宽度）相同，并将估价对象土地的临街深度简称临街深度，则计算公式为：

$$V_{总价}=标准宗地总价\times\sum单独深度价格修正率$$

$$V_{单价}=(标准宗地总价\times\sum单独深度价格修正率)/估价对象土地面积$$
$$=(标准宗地总价\times\sum单独深度价格修正率)/(临街宽度\times临街深度)$$

如果临街宽度与标准宽度不相同，则计算公式为：

$$V_{总价}=(标准宗地总价\times\sum单独深度价格修正率)/(标准宽度\times临街宽度)\times估价对象土地面积$$
$$=标准宗地总价\times\sum单独深度价格修正率\times临街宽度/标准宽度$$

$$V_{单价}=V_{总价}/估价对象土地面积$$
$$=(标准宗地总价\times\sum单独深度价格修正率)/(标准宽度\times临街深度)$$

2）当以单位宽度的标准宗地（如临街宽度1ft、临街深度100ft）的总价作为路线价时，应采用累计深度价格修正率，计算公式为：

$$V_{总价}=路线价\times累计深度价格修正率\times临街宽度$$

$$V_{单价}=V_{总价}/估价对象土地面积$$
$$=路线价\times累计深度价格修正率/临街深度$$

3）当以标准宗地的单价作为路线价时，应采用平均深度价格修正率，计算公式为：

$$V_{单价}=路线价\times平均深度价格修正率$$

$$V_{总价}=路线价\times平均深度价格修正率\times临街宽度\times临街深度$$

如果土地的形状和临街状况有特殊者（如土地形状不是矩形，临街状况不是一面临街等），则除了按照上述计算公式计算价格外，还要做加价或减价修正。以标准宗地的单价作为路线价的情况为例，计算公式如下：

$$V_{单价}=路线价\times平均深度价格修正率\times其他价格修正率$$

$$V_{总价}=路线价\times平均深度价格修正率\times其他价格修正率\times土地面积$$

或

$$V_{单价}=路线价\times平均深度价格修正率\pm单价修正额$$

$$V_{总价}=路线价\times平均深度价格修正率\times土地面积\pm总价修正额$$

阅读材料

美国、日本路线价法计算公式的区别

各国由于标准宗地不同，路线价表示方法不同，以及深度百分率及其他修正率表制作依据不尽相同，因此路线价修正方法有一定的差异。

在美国，计算公式为：

$$V=u\times d_v\times f$$

在日本，计算公式为：

$$V=u\times d_v\times(f\times d)$$

式中 V——宗地总价；

u——路线价；

d_v——深度百分率；

f——宗地的临街宽度；

d——宗地的临街深度。

2. 路线价法计算举例

下面以标准宗地的单价作为路线价、采用平均深度价格修正率为例，说明临街各宗土地价格的计算。

(1) 一面临街矩形土地价格的计算　计算一面临街矩形土地的价格，应先查出其所在区段的路线价，再根据其临街深度查出相应的深度价格修正率。其中，单价是路线价与深度价格修正率之积，总价是再乘以土地面积。计算公式如下：

$$V_{单价} = u \times d_v$$

$$V_{总价} = u \times d_v \times (f \times d)$$

式中　V——土地价格；

u——路线价（用土地单价表示）；

d_v——深度价格修正率（采用平均深度价格修正率）；

f——临街宽度；

d——临街深度。

【例 8－3】 图 8－2 中是一临街深度 15.24m（即 50ft）、临街宽度 20m 的矩形土地，其所在区段的路线价（土地单价）为 2000 元/m^2。根据表 8－1 中的深度价格修正率，计算该宗土地的单价和总价。

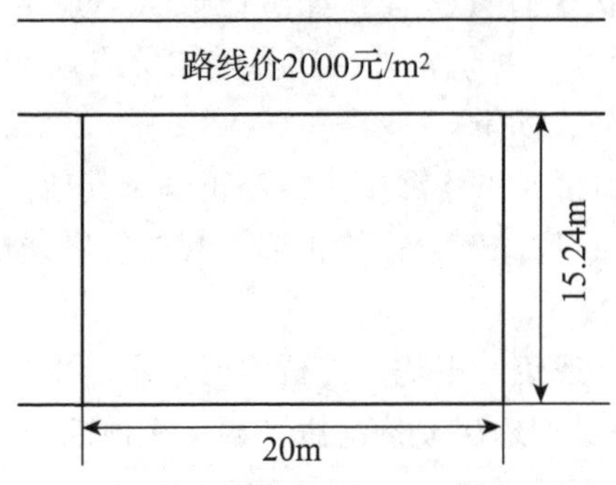

图 8－2　一面临街的矩形土地

解：由于路线价是用土地单价表示的，故计算时采用表 8－1 中的深度价格修正率，具体应为平均深度价格修正率，则：

该宗土地的单价 = 路线价 × 平均深度价格修正率

= 2000 元/m^2 × 140%

= 2800 元/m^2

该宗土地的总价 = 土地单价 × 土地面积

= 2800 元/m^2 × 20m × 15.24m

= 85.34 万元

(2) 前后两面临街矩形土地价格的计算　计算前后两面临街矩形土地的价格，通常是采用“重叠价值估价法”，即先确定高价街（也称前街）与低价街（也称后街）的影响范围的分界线，再以此分界线将土地分为前后两部分，然后按各自所临街道的路线价和临街深度计算价格，再将此两部分的价格加总。计算公式如下：

$$V_{总价} = u_0 \times d_{v_0} \times f \times d_0 + u_1 \times d_{v_1} \times f \times (d - d_0)$$

$$V_{单价} = [u_0 \times d_{v_0} \times d_0 + u_1 \times d_{v_1} \times (d - d_0)]/d$$

式中　u_0——前街路线价；

d_{v0}——前街深度价格修正率；

d_0——前街影响深度；

u_1——后街路线价；

d_{v1}——后街深度价格修正率；

d——总深度。

分界线的求取方法如下：

前街影响深度 = 前街路线价/(前街路线价 + 后街路线价) × 总深度

后街影响深度 = 总深度 − 前街影响深度

计算前后两面临街矩形土地价格的两种估价方法如下：

1）平均估价法：将位于两街之间地段平分为前后两部分，分别计算，合计全部地价。

2）重叠价值估价法：先确定高价街（也称前街）与低价街（也称后街）的影响范围的分界线，再以此分界线将土地分为前后两部分，然后按各自所临街道的路线价和临街深度计算价格，再将此两部分的价格加总。

【例 8－4】 图 8－3 是一块前后两面临街、总深度为 30% 的矩形土地，其前街路线价（土地单价）为 2000 元/m^2，后街路线价（土地单价）为 1000 元/m^2。试按重叠价值估价法计算其前街影响深度。

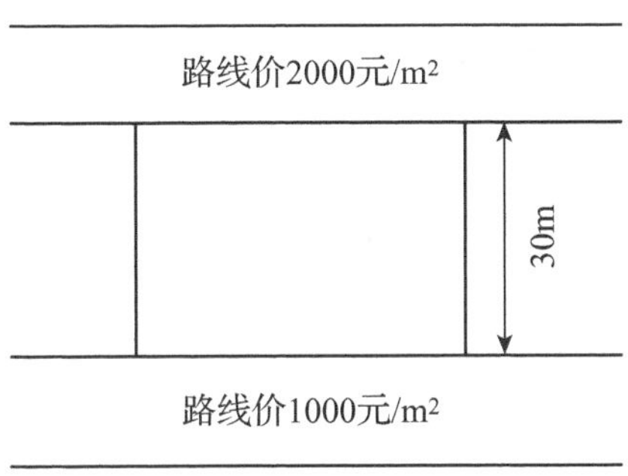

图 8－3　前后两面临街矩形土地

解：该前后两面临街矩形土地的前街影响深度计算如下：

前街影响深度 = 前街路线价/(前街路线价 + 后街路线价) × 总深度

= 2000 元/m^2/(1000 元/m^2 + 2000 元/m^2) × 30m

= 20m

（3）矩形街角地价格的计算　街角地是指位于十字路口或丁字路口的土地。计算街角地的价格，通常采用“正旁两街分别轻重估价法”，即先求取高价街（也称正街）的价格，再计算低价街（也称旁街）的影响加价，然后加总。计算公式如下：

$$V_{单价} = u_0 \times d_{v0} + u_1 \times d_{v1} \times t$$

$$V_{总价} = (u_0 \times d_{v0} + u_1 \times d_{v1} \times t) \times (f \times d)$$

式中 u_0——正街路线价；

d_{v0}——正街深度价格修正率；

u_1——旁街路线价；

d_{v1}——旁街深度价格修正率；

t——旁街影响加价率。

街角地如果有天桥或地下道出入口等，影响其利用价值的，应在上述方法计算其价格后再酌情减价修正。

【例 8－5】 图 8－4 中是一块矩形街角地，其正街路线价（土地单价）为 2000 元/m^2，旁街路线价（土地单价）为 1000 元/m^2，临正街深度为 22.86m（即 75ft），临旁街深度为 15.24m（即 50ft）。假设旁街影响加价率为 20%，请根据表 8－1 中的深度价格修正率计算该宗土地的单价和总价。

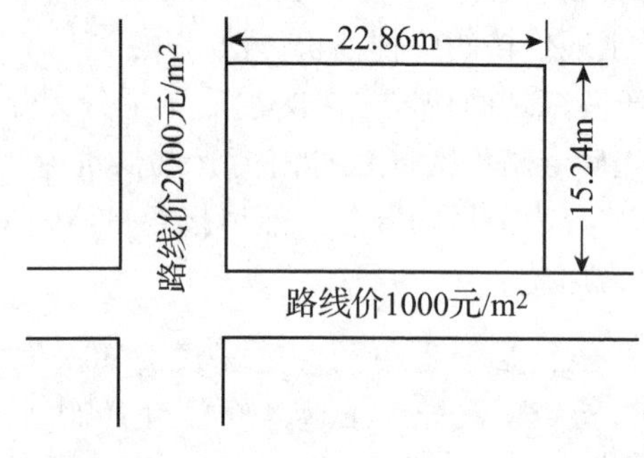

图 8－4　矩形街角地

解：该宗土地的单价和总价分别计算如下：

$$\begin{aligned}该宗土地的单价 &= u_0 \times d_{v0} + u_1 \times d_{v1} \times t \\ &= 2000\ 元/m^2 \times 120\% + 1000\ 元/m^2 \times 140\% \times 20\% \\ &= 2680\ 元/m^2\end{aligned}$$

$$\begin{aligned}该宗土地的总价 &= 土地单价 \times 土地面积 \\ &= 2\,680\ 元/m^2 \times 15.24m \times 22.86m \\ &= 93.37\ 万元\end{aligned}$$

（4）三角形土地价格的计算

1）计算一边临街直角三角形土地的价格，通常是先将该三角形土地做辅助线，使其成为一面临街的矩形土地，依照一面临街矩形土地单价的计算方法计算，然后乘以三角形土地价格修正率（一边临街直角三角形土地价格占一面临街矩形土地价格的百分率）。如果需要计算总价，则再乘以该三角形土地的面积。计算公式如下：

$$V_{单价} = u \times d_v \times h$$

$$V_{总价} = u \times d_v \times h \times (f \times d \div 2)$$

式中 h——三角形土地价格修正率。

2）其他三角形土地价格的计算，通常是先将该三角形土地作辅助线，使其成为一边临街的直角三角形土地，然后依照前述方法计算一边临街直角三角形土地的价格，再将二者相减，即可得到该三角形土地的价格。

【例 8-6】 如图 8-5 所示，有三角形的一宗土地，如果临街深度 80ft 的一面临街矩形土地的平均深度价格修正率为 116%，临街深度 80ft 的三角形土地价格修正率为 63%，试求该宗三角形土地的价格。

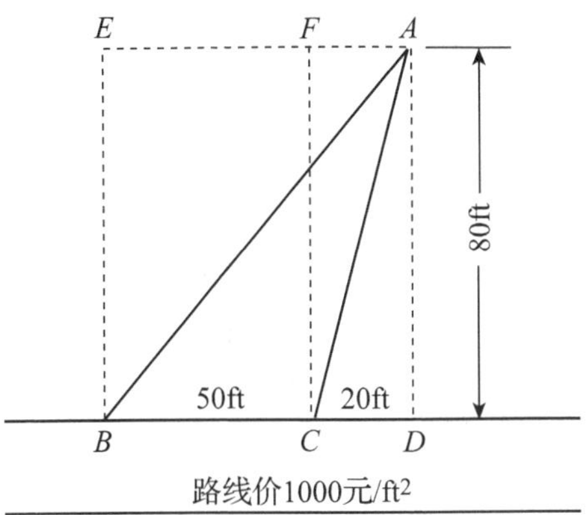

图 8-5　一边临街三角形土地

解：在图 8-5 上做辅助线 AD，AE，BE 及 CF，则有：

三角形 ABD 土地的总价 = 1000 元/ft^2 × 116% × 63% × 70ft × 80ft ÷ 2
= 2046240 元

三角形 ACD 土地的总价 = 1000 元/ft^2 × 116% × 63% × 20ft × 80ft ÷ 2
= 584640 元

三角形 ABC 土地的总价 = 三角形 ABD 土地的总价 - 三角形 ACD 土地的总价
= 2046240 元 - 584640 元
= 1461600 元

（5）其他形状土地价格的计算　计算其他形状土地的价格，通常是先将其划分为矩形、三角形土地，然后分别计算这些矩形、三角形土地的价格，再相加减。所以，一般只要掌握了一面临街矩形土地、前后两面临街矩形土地、街角地及三角形土地这几种基本形状土地的价格计算，其他形状土地的价格计算问题便可迎刃而解。

如图 8-6 所示，梯形 $ABCD$ 土地的价格 = 长方形 $ABEF$ 土地的价格 - 三角形 BEC 土地的价格 - 三角形 ADF 土地的价格。

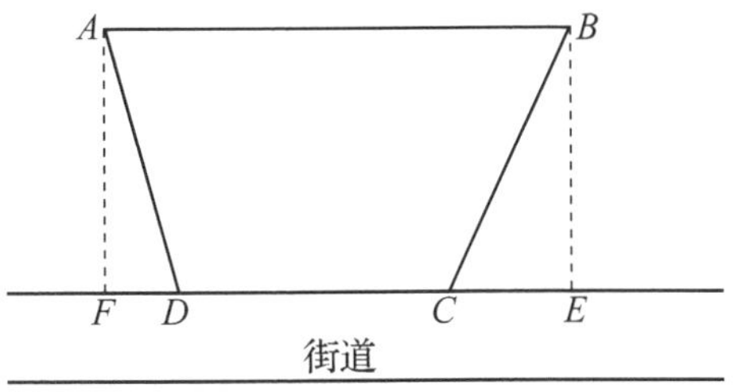

图 8-6　一面临街梯形土地

阅读材料

中国一侧临街的土地价格深度系数表

中国一侧临街的土地价格深度系数见表 8－12。

表 8－12　中国一侧临街的土地价格深度系数表

<table>
<tr><th>地区区分
深度距离/m</th><th>大厦街区</th><th>高度繁华商业地区</th><th>繁华街区</th><th>普通商业兼住宅地区</th><th>普通住宅地区</th><th>中小工厂地区</th><th>大工厂地区</th></tr>
<tr><td>4 未满</td><td>0.90</td><td>0.90</td><td>0.90</td><td>0.90</td><td>0.90</td><td>0.85</td><td rowspan="8">—</td></tr>
<tr><td>4 以上 6 未满</td><td>0.92</td><td>0.92</td><td>0.92</td><td>0.92</td><td>0.92</td><td>0.90</td></tr>
<tr><td>6 以上 8 未满</td><td>0.93</td><td>0.94</td><td>0.95</td><td>0.95</td><td>0.95</td><td>0.93</td></tr>
<tr><td>8 以上 10 未满</td><td>0.94</td><td>0.96</td><td>0.97</td><td>0.97</td><td>0.97</td><td>0.95</td></tr>
<tr><td>10 以上 12 未满</td><td>0.95</td><td>0.98</td><td>0.99</td><td>0.99</td><td rowspan="5">1.00</td><td>0.96</td></tr>
<tr><td>12 以上 14 未满</td><td>0.96</td><td>0.99</td><td rowspan="5">1.00</td><td rowspan="6">1.00</td><td>0.97</td></tr>
<tr><td>14 以上 16 未满</td><td>0.97</td><td rowspan="6">1.00</td><td>0.98</td></tr>
<tr><td>16 以上 20 未满</td><td>0.98</td><td>0.99</td></tr>
<tr><td>20 以上 24 未满</td><td>0.99</td><td rowspan="13">1.00</td><td rowspan="21">1.00</td></tr>
<tr><td>24 以上 28 未满</td><td rowspan="20">1.00</td><td>0.99</td></tr>
<tr><td>28 以上 32 未满</td><td>0.99</td><td>0.98</td></tr>
<tr><td>32 以上 36 未满</td><td>0.98</td><td>0.99</td><td>0.96</td></tr>
<tr><td>36 以上 40 未满</td><td>0.99</td><td>0.97</td><td>0.98</td><td>0.94</td></tr>
<tr><td>40 以上 44 未满</td><td>0.98</td><td>0.96</td><td>0.97</td><td>0.92</td></tr>
<tr><td>44 以上 48 未满</td><td>0.97</td><td>0.95</td><td>0.96</td><td>0.91</td></tr>
<tr><td>48 以上 52 未满</td><td>0.96</td><td rowspan="2">0.94</td><td>0.95</td><td>0.90</td></tr>
<tr><td>52 以上 56 未满</td><td>0.95</td><td rowspan="2">0.94</td><td>0.88</td></tr>
<tr><td>56 以上 60 未满</td><td>0.94</td><td>0.93</td><td>0.87</td></tr>
<tr><td>60 以上 64 未满</td><td rowspan="3">0.93</td><td rowspan="2">0.92</td><td>0.93</td><td>0.86</td></tr>
<tr><td>64 以上 68 未满</td><td>0.92</td><td>0.85</td></tr>
<tr><td>68 以上 72 未满</td><td rowspan="3">0.91</td><td rowspan="3">0.91</td><td>0.84</td></tr>
<tr><td>72 以上 76 未满</td><td rowspan="3">0.92</td><td rowspan="2">0.83</td><td rowspan="2">0.96</td></tr>
<tr><td>76 以上 80 未满</td></tr>
<tr><td>80 以上 84 未满</td><td rowspan="6">0.90</td><td rowspan="6">0.90</td><td rowspan="2">0.82</td><td rowspan="2">0.93</td></tr>
<tr><td>84 以上 88 未满</td><td rowspan="4">0.91</td></tr>
<tr><td>88 以上 92 未满</td><td rowspan="3">0.81</td><td rowspan="4">0.90</td></tr>
<tr><td>92 以上 96 未满</td></tr>
<tr><td>96 以上 100 未满</td></tr>
<tr><td>100 以上</td><td>0.90</td><td>0.80</td></tr>
</table>

阅读材料

中国侧方路线（角地）影响增加率、二方路线影响增加率

中国侧方路线（角地）影响增加率见表 8－13。

表 8－13　中国侧方路线（角地）影响增加率

地区划分	增加率	
	角地	准角地
大厦街区	0.15	0.07
高度繁华商业地区、繁华街区	0.10	0.05
普通商业兼住宅地区	0.08	0.04
普通住宅地区、中小工厂地区	0.05	0.02
大工厂地区	0.02	0.01

注：准角地是指如图 8－7 所示的单一转角地的内侧部分。见图 8－7。

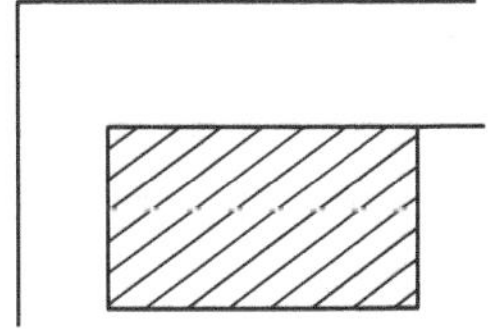

图 8－7　单一转角地的内侧部分

中国二方路线影响增加率见表 8－14。

表 8－14　中国二方路线影响增加率

地区划分	增加率
大厦街区	0.10
高度繁华商业地区、繁华街区	0.07
普通商业兼住宅地区	0.05
普通住宅地区、中小工厂地区	0.03
大工厂地区	0.02

阅读材料

中国不规则土地修正系数的计算方法

1）根据土地所在地区和土地面积，按表 8－15 中“土地面积划分”所载的 A、B、C 找出与之相当的土地面积划分。

表 8－15　土地面积划分

土地面积划分/m^2 地区划分	A	B	C
大厦街区	4000 未满	4000 以上 6000 未满	6000 以上
高度繁华商业地区	1000 未满	1000 以上 1500 未满	1500 以上

（续）

地区划分 \ 土地面积划分/m²	A	B	C
繁华街区	450 未满	450 以上 700 未满	700 以上
普通商业兼住宅地区	650 未满	650 以上 1000 未满	1000 以上
普通住宅地区	500 未满	500 以上 750 未满	750 以上
大工厂地区、中小工厂地区	3500 未满	3500 以上 5000 未满	5000 以上

2）围起评价对象土地的整个地域，以正面路线面对的形状为一正方形或矩形土地，计算荫地比率（荫地即树荫部分土地，非实际土地）：

荫地比率 =（设定整形土地面积 − 估价对象土地面积）/设定整形土地面积

3）根据上述“土地面积划分”和荫地比率，由表 8 − 16 可求得相应的不规则形状土地的修正系数。

表 8 − 16 相应的不规则形状土地的修正系数

荫地比率 \ 面积划分 \ 地区划分	大厦街区、高度繁华商业地区、繁华街区、普通商业兼住宅地区、中小工厂地区、大工厂地区			普通住宅地区		
	A	B	C	A	B	C
10%未满	1.00	1.00	1.00	1.00	1.00	1.00
15%未满	1.00	1.00	1.00	0.99	0.99	0.99
20%未满	0.99	0.99	1.00	0.98	0.99	0.99
25%未满	0.99	0.99	0.99	0.97	0.98	0.98
30%未满	0.98	0.99	0.99	0.96	0.97	0.98
35%未满	0.98	0.98	0.99	0.95	0.96	0.97
40%未满	0.97	0.98	0.98	0.94	0.95	0.96
45%未满	0.96	0.97	0.98	0.92	0.93	0.95
50%未满	0.95	0.96	0.98	0.90	0.91	0.93
55%未满	0.92	0.94	0.96	0.86	0.88	0.91
60%未满	0.88	0.91	0.94	0.81	0.84	0.88
65%未满	0.84	0.88	0.92	0.76	0.80	0.84
70%未满	0.80	0.85	0.90	0.70	0.75	0.80

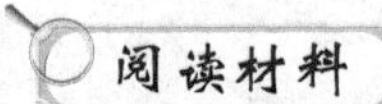

开口狭小修正系数表

开口狭小修正系数表见表 8 − 17。

表 8－17　开口狭小修正系数表

<table>
<tr><th>地区划分 / 开口距离/m</th><th>大厦街区</th><th>高度繁华商业地区</th><th>繁华街区</th><th>普通商业兼住宅地区</th><th>普通住宅地区</th><th>中小工厂地区、大工厂地区</th></tr>
<tr><td>4 未满</td><td>0.88</td><td>0.85</td><td>0.90</td><td>0.90</td><td>0.90</td><td>0.80</td></tr>
<tr><td>4 以上 6 未满</td><td>0.85</td><td>0.94</td><td rowspan="6">1.00</td><td>0.97</td><td>0.94</td><td>0.85</td></tr>
<tr><td>6 以上 8 未满</td><td>0.90</td><td>0.97</td><td rowspan="5">1.00</td><td>0.97</td><td>0.90</td></tr>
<tr><td>6 以上 10 未满</td><td>0.95</td><td rowspan="4">1.00</td><td rowspan="4">1.00</td><td>0.95</td></tr>
<tr><td>10 以上 16 未满</td><td>0.97</td><td rowspan="3">1.0</td></tr>
<tr><td>16 以上 24 未满</td><td>0.99</td></tr>
<tr><td>04 以上</td><td>1.00</td></tr>
</table>

注：开口狭小情况下的不规则形状土地修正系数的下限为 70%。

阅读材料

深度长大修正系数表

深度长大修正系数表见表 8－18。

表 8－18　深度长大修正系数表

<table>
<tr><th>地区划分 / 深度距离与开口距离的比值</th><th>大厦街地区</th><th>高度繁华商业地区、繁华街地区、普通商业兼住宅地区</th><th>普通住宅地区</th><th>中小工厂地区</th><th>大工厂地区</th></tr>
<tr><td>2 以上 3 未满</td><td rowspan="7">1.00</td><td>1.00</td><td>0.98</td><td>1.00</td><td rowspan="7">1.00</td></tr>
<tr><td>3 以上 4 未满</td><td>0.99</td><td>0.96</td><td>0.99</td></tr>
<tr><td>4 以上 5 未满</td><td>0.98</td><td>0.94</td><td>0.98</td></tr>
<tr><td>5 以上 6 未满</td><td>0.96</td><td>0.92</td><td>0.96</td></tr>
<tr><td>6 以上 7 未满</td><td>0.94</td><td rowspan="3">0.90</td><td>0.94</td></tr>
<tr><td>7 以上 8 未满</td><td>0.92</td><td>0.92</td></tr>
<tr><td>8 以上</td><td>0.90</td><td>0.90</td></tr>
</table>

开口狭小、深度长大界限表见表 8－19。

表 8－19　开口狭小、深度长大界限表

地区划分	开口狭小土地	深度长大土地
	开口距离/m	深度距离 ÷ 开口距离
大厦街区	24 未满	—
高度繁华商业地区	8 未满	3 以上
繁华街区	4 未满	3 以上

（续）

地区划分	开口狭小土地	深度长大土地
	开口距离/m	深度距离 ÷ 开口距离
普通商业兼住宅地区	6 未满	3 以上
普通住宅地区	8 未满	2 以上
中小工厂地区	10 未满	3 以上
大工厂地区	10 未满	—

阅读材料

大斜坡修正系数表

大斜坡修正系数表见表 8－20。

表 8－20　大斜坡修正系数表

大斜坡地面积与总土地面积的比值	南坡面	东坡面	西坡面	北坡面
0.10 以上　0.20 未满	0.96	0.95	0.94	0.93
0.20 以上　0.30 未满	0.94	0.91	0.90	0.88
0.30 以上　0.40 未满	0.91	0.88	0.86	0.83
0.40 以上　0.50 未满	0.89	0.84	0.82	0.78
0.50 以上　0.60 未满	0.86	0.81	0.78	0.73
0.60 以上　0.70 未满	0.84	0.77	0.74	0.68
0.70 以上　0.80 未满	0.81	0.74	0.70	0.63
0.80 以上　0.90 未满	0.79	0.70	0.66	0.58
0.90 以上	0.75	0.65	0.60	0.53

注：大斜坡土地一般是指倾斜度在 30°以上的土地，也称为崖地。

8.3 路线价与深度指数表的应用举例

参照有关资料，对路线价与深度指数表运用案例做如下梳理。

8.3.1 英美路线价法的应用

1. 深度指数表的制作原理

深度指数修正表是反映随宗地临街深度的变化，地价变化相对程度的表格。

现在假设有一宗临街宽度 mm、深度 nm 的长方形土地（图 8－8a），每平方米平均单价为 A 元，则该项宗地的总价格为 mnA 元。

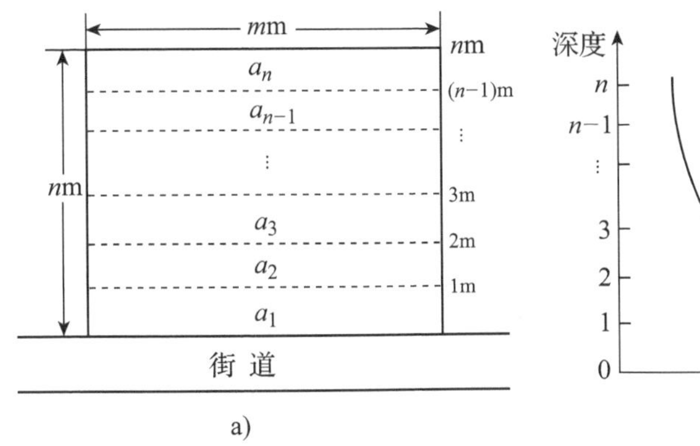

图 8－8　土地价值与地块临街距离的关系

对图 8－8a 中的宗地，沿道路的平行方向，将深度以某单位区分成 n 个细片土地，从临街方向起依次每片土地的单位面积价格为 a_1，a_2，…，a_{n-1}，a_n，地块越接近道路，利用价值越高。虽然它们的深度之差同为 1m，但其地价的差值不同，即 a_1 与 a_2 之差最大，a_2 与 a_3 之差次之，依次缩小，土地价值与地块临街距离关系曲线如图 8－8b 所示，由此土地总价值为：

$$mnA = ma_1 + ma_2 + \cdots + ma_{n-1} + ma_n$$

从而

$$A = (a_1 + a_2 + \cdots + a_{n-1} + a_n)/n$$

A 为土地单位面积价格各地块单位面积价格的算术平均值。如果将各小地块单位面积价格以百分率表示，即为单位深度价格修正率。

深度价格修正率分三种：

第一种：单独深度价格修正率。

例如：将一块宗地按距离道路每 25ft 划分，第一段 A_1，单独深度价格修正率为 40%。第二段 A_2，单独深度价格修正率为 30%。第三段 A_3，单独深度价格修正率为 20%。第四段 A_4，单独深度价格修正率为 10%。第五段 A_5，单独深度价格修正率为 9%。第六段 A_6，单独深度价格修正率为 8%。可见，单独深度价格修正率是呈递减的。

第二种：累计深度价格修正率。

第一段 A_1 单独深度价格修正率是 40%，累计深度价格修正率也是 40%；如果加上第二段，A_2 的单独深度价格修正率是 30%，累计深度价格修正率是 70%。

第三种：平均深度价格修正率。

一般来说，将标准深度的平均深度价格修正率设为 100%，则平均浓度价格修正率与累计深度价格修正率之间的关系为：

平均深度价格修正率 = 累计深度价格修正率 × 标准深度 ÷ 宗地深度

深度价格修正率表制作示例见表 8－21。

表 8－21　深度价格修正率表制作示例

深度/ft	25	50	75	100	125	150	175	200
单独深度价格修正率	40%	30%	20%	10%	9%	8%	7%	6%

（续）

累计深度价格修正率	40%	70%	90%	100%	109%	117%	124%	130%
平均深度价格修正率	160%	140%	120%	100%	87.5 %	78%	70.8%	65.2%

2. 编制其他修正系数表

（1）慎格尔旁街（侧方）深度价格修正率表（见表8－22）

表8－22　慎格尔旁街（侧方）深度价格修正率表

深度/ft	深度价格修正率	深度/ft	深度价格修正率	深度/ft	深度价格修正率	深度/ft	深度价格修正率
1	3.3%	26	47.0%	51	63.3%	76	69.2%
2	6.4%	27	48.0%	52	63.6%	77	69.4%
3	9.5%	28	49.0%	53	63.9%	78	69.6%
4	12.5%	29	50.0%	54	64.2%	79	69.8%
5	15.0%	30	51.0%	55	64.5%	80	70.0%
6	17.3%	31	51.9%	56	64.8%	81	70.1%
7	19.5%	32	52.8%	57	65.1%	82	70.2%
8	21.5%	33	53.6%	58	65.4%	83	70.3%
9	23.3%	34	54.3%	59	65.7%	84	70.4%
10	25.0%	35	55.0%	60	66.0%	85	70.5%
11	26.7%	36	55.6%	61	66.2%	86	70.6%
12	28.4%	37	56.2%	62	66.4%	87	70.7%
13	30.0%	38	56.8%	63	66.6%	88	70.8%
14	31.6%	39	57.4%	64	66.8%	89	70.9%
15	33.0%	40	58.0%	65	67.0%	90	71.0%
16	34.4%	41	58.6%	66	67.2%	91	71.1%
17	35.8%	42	59.2%	67	67.4%	92	71.2%
18	37.2%	43	59.7%	68	67.6%	93	71.3%
19	38.6%	44	60.2%	69	67.8%	94	71.4%
20	40.0%	45	60.7%	70	68.0%	95	71.5%
21	41.3%	46	61.2%	71	68.2%	96	71.6%
22	42.6%	47	61.7%	72	68.4%	97	71.7%
23	43.8%	48	62.2%	73	68.6%	98	71.8%
24	44.9%	49	62.6%	74	68.8%	99	71.9%
25	46.0%	50	63.0%	75	69.0%	100	72.0%

（2）克里夫兰市街角地价格修正率表（100ft×100ft）（见表8－23）

表 8－23　克里夫兰市街角地价格修正率表（100ft×100ft）

正街与旁街单位地价之比	中间地段地价	慎格尔街角地价	巴的摩尔街角地价	苏马斯街角地价	平均街角地价
7:1	100%	110.3%	115.0%	110.52%	111.94%
6:1	100%	112.0%	116.7%	110.88%	113.19%
5:1	100%	114.4%	120.0%	111.89%	115.43%
4:1	100%	118.0%	125.0%	113.17%	118.75%
3:1	100%	124.0%	133.3%	115.45%	124.25%
2:1	100%	136.0%	150.0%	121.32%	135.70%
1:1	100%	172.0%	200.0%	150.00%	174.00%

（3）慎格尔三角形土地价格修正率表（见表 8－24）

表 8－24　慎格尔三角形土地价格修正率表

深度/ft	占矩形土地价格的百分率	深度/ft	占矩形土地价格的百分率
10	50.0%	130	68.0%
20	55.5%	140	69.0%
30	58.0%	150	70.0%
40	59.0%	200	73.5%
50	60.0%	250	77.5%
60	61.0%	300	79.0%
70	62.0%	350	80.0%
80	63.0%	400	81.0%
90	64.0%	450	82.0%
100	65.0%	500	83.0%
110	66.0%	550	84.0%
120	67.0%	660	85.0%

【例 8－7】 直角三角形土地情况如图 8－9 所示，试计算直角三角形 *ABC* 的地价。

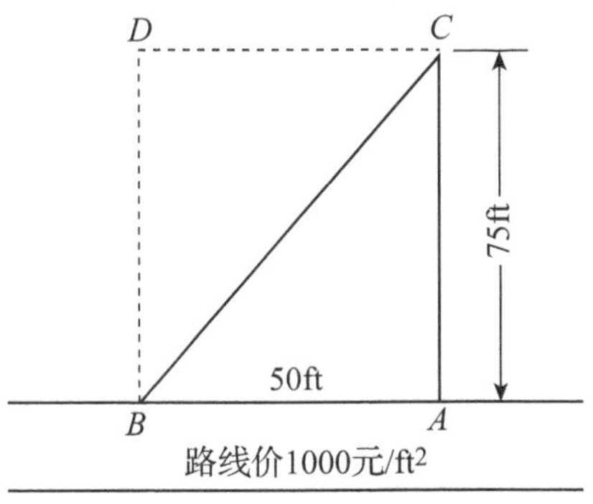

图 8－9　直角三角形土地

解：根据"四三二一法则"，矩形 $ABCD$ 的总价为：

$$1000\text{元}/\text{ft}^2 \times 90\% \times 50\text{ft} = 4.5\text{万元}$$

根据慎格尔三角形土地价格百分率表，可得三角形土地价格修正率为62.5%，所以直角三角形 ABC 的总价为：

$$4.5\text{万元} \times 62.5\% = 2.8125\text{万元}$$

直角三角形 BCD 的总价为：

$$4.5\text{万元} \times (1 - 62.5\%) = 1.6875\text{万元}$$

【例8-8】 现有临街宗地A、B、C、D、E，如图8-10所示，它们的深度分别为25ft，50ft，75ft，100ft和125ft，宽度分别为10ft，10ft，20ft，20ft，30ft。路线价为2000元/ft，设标准深度为100ft，试运用"四三二一法则"计算各宗土地的价值。

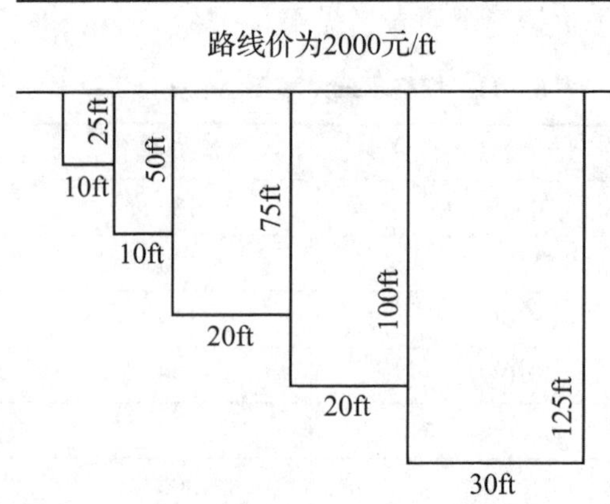

图8-10 临街宗地A、B、C、D、E

解：$V_A = 2000\text{元}/\text{ft} \times 40\% \times 10\text{ft} = 8000\text{元}$

$V_B = 2000\text{元}/\text{ft} \times 70\% \times 10\text{ft} = 14000\text{元}$

$V_C = 2000\text{元}/\text{ft} \times 90\% \times 20\text{ft} = 36000\text{元}$

$V_D = 2000\text{元}/\text{ft} \times 100\% \times 20\text{ft} = 40000\text{元}$

$V_E = 2000\text{元}/\text{ft} \times 109\% \times 30\text{ft} = 65400\text{元}$

8.3.2 日本路线价法的应用

日本在1923年关东大地震后，为了重建受灾的城市、进行规划和正确计算补偿金额，借鉴美国的苏慕斯法则，并进行了修正，形成了独特的法则。

概括地说，与美国的深度价格修正率表不同之处是，美国的深度价格修正率表是从路线价界点出发顺序增加比率，呈递增现象；日本因采用累计深度价格修正率，深度价格修正率表呈递减现象，美国的深度价格修正率在深度大于和小于标准深度时均有分级；日本在小于标准深度时不分级，且日本的深度价格修正率表分为高度繁华商业地区、普通商业地区、普通住宅地区等多种。再有，路线价的表示方式不同，日本的路线价以每平方米的点数表示，而欧美国家一般以1ft宽、100ft深的宗地面积为计算单位，并以货币表示；前面介绍的路线价的计算不同。

与路线价的表示方式相关，日本路线价的计算公式：

待估土地价格 = 路线价 × 深度价格修正率 × 土地深度 × 土地宽度

欧美国家路线价的计算公式：

待估土地价格 = 路线价 × 深度价格修正率 × 土地宽度

1. 一侧临路的土地估价

日本一侧临路的土地价格深度价格修正率见表 8－25。

表 8－25　日本一侧临路的土地价格深度价格修正率表

<table>
<tr><th>地区区分
深度/m</th><th>繁华街道地区、高度繁华商业地区</th><th>普通商业兼住宅地区</th><th>普通住宅地区、家庭工业地区</th><th>中小工业地区</th><th>大工业地区</th></tr>
<tr><td>16.36 以下</td><td>100%</td><td rowspan="2">100%</td><td rowspan="5">100%</td><td rowspan="17">100%</td><td rowspan="27">100%</td></tr>
<tr><td>16.36 以上</td><td>99%</td></tr>
<tr><td>18.18 以上</td><td>98%</td><td rowspan="2">99%</td></tr>
<tr><td>20.00 以上</td><td>97%</td></tr>
<tr><td>21.81 以上</td><td>96%</td><td>98%</td></tr>
<tr><td>23.63 以上</td><td>95%</td><td>97%</td><td rowspan="2">99%</td></tr>
<tr><td>25.45 以上</td><td>93%</td><td>96%</td></tr>
<tr><td>27.27 以上</td><td>92%</td><td>95%</td><td>98%</td></tr>
<tr><td>29.09 以上</td><td>90%</td><td>93%</td><td rowspan="2">97%</td></tr>
<tr><td>30.90 以上</td><td>89%</td><td>92%</td></tr>
<tr><td>32.72 以上</td><td>87%</td><td>91%</td><td>96%</td></tr>
<tr><td>34.54 以上</td><td>86%</td><td>90%</td><td>95%</td></tr>
<tr><td>36.36 以上</td><td>84%</td><td>89%</td><td>94%</td></tr>
<tr><td>38.18 以上</td><td>83%</td><td>88%</td><td rowspan="2">93%</td></tr>
<tr><td>40.00 以上</td><td>81%</td><td>87%</td></tr>
<tr><td>41.81 以上</td><td>80%</td><td>86%</td><td>92%</td></tr>
<tr><td>43.63 以上</td><td>79%</td><td>85%</td><td>91%</td></tr>
<tr><td>45.45 以上</td><td>78%</td><td>84%</td><td>91%</td><td rowspan="5">98%</td></tr>
<tr><td>47.27 以上</td><td>77%</td><td>83%</td><td rowspan="2">90%</td></tr>
<tr><td>49.09 以上</td><td>76%</td><td>82%</td></tr>
<tr><td>50.90 以上</td><td>75%</td><td>81%</td><td rowspan="2">89%</td></tr>
<tr><td>52.72 以上</td><td>74%</td><td>80%</td></tr>
<tr><td>54.54 以上</td><td>73%</td><td>79%</td><td rowspan="3">88%</td><td rowspan="5">96%</td></tr>
<tr><td>56.36 以上</td><td>72%</td><td>78%</td></tr>
<tr><td>58.18 以上</td><td>71%</td><td>77%</td></tr>
<tr><td>60.00 以上</td><td>70%</td><td>76%</td><td rowspan="2">87%</td></tr>
<tr><td>61.81 以上</td><td>69%</td><td>75%</td></tr>
</table>

（续）

<table>
<tr><th>地区区分
深度/m</th><th>繁华街道地区、高度繁华商业地区</th><th>普通商业兼住宅地区</th><th>普通住宅地区、家庭工业地区</th><th>中小工业地区</th><th>大工业地区</th></tr>
<tr><td>63.63 以上</td><td>68%</td><td>74%</td><td rowspan="4">86%</td><td rowspan="5">94%</td><td rowspan="10">100%</td></tr>
<tr><td>65.45 以上</td><td>67%</td><td>73%</td></tr>
<tr><td>67.27 以上</td><td rowspan="2">66%</td><td>72%</td></tr>
<tr><td>69.09 以上</td><td>71%</td></tr>
<tr><td>70.90 以上</td><td>65%</td><td>70%</td><td>85%</td></tr>
<tr><td>72.72 以上</td><td>64%</td><td>69%</td><td>84%</td><td>92%</td></tr>
<tr><td>81.81 以上</td><td>62%</td><td>68%</td><td>83%</td><td>90%</td></tr>
<tr><td>90.90 以上</td><td>61%</td><td>67%</td><td>82%</td><td>88%</td></tr>
<tr><td>100.00 以上</td><td rowspan="2">60%</td><td>66%</td><td>81%</td><td>86%</td></tr>
<tr><td>109.09 以上</td><td>65%</td><td>80%</td><td>85%</td></tr>
</table>

【例 8-9】估算如图 8-11 所示正面路线上有两个以上的路线价时的地价（普通商业兼住宅地区）。

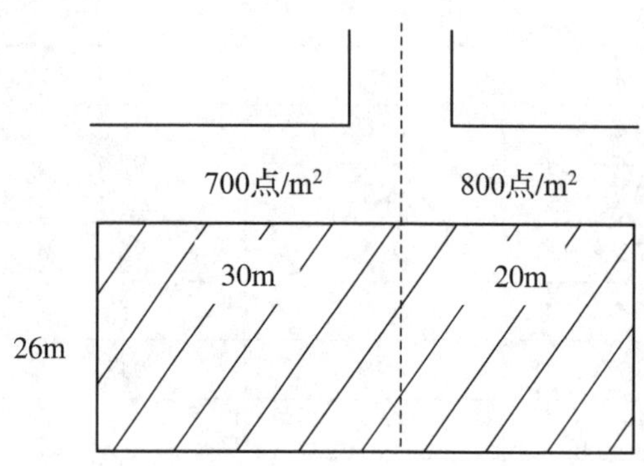

图 8-11　正面路线上有两个以上的路线价时的地价

解：深度价格修正率查表 8-25 为 96%。计算时，按分别的路线价算出平均的路线价，乘以深度价格修正率，再乘以土地面积，得：

$$\text{土地价格} = (700\text{ 点}/\text{m}^2 \times 30\text{m} + 800\text{ 点}/\text{m}^2 \times 20\text{m})/(30+20)\text{m} \times 96\% \times 26\text{m} \times (30+20)\text{m} = 723840\text{ 点}$$

2. 街角地的估价

日本旁街的影响百分率见表 8-26。

表 8-26　日本旁街的影响百分率

地区	繁华地区、高度繁华商业地区	普通商业地区兼住宅地区	普通住宅地区、家庭工业地区	大中小工业地区
增加率	15%	10%	7%	5%

注：如果街角地不是矩形，而是一侧较为弯曲的话，可作为准街角地处理，即其旁街的影响百分率按街角地的一半计算。

3. 双面临街地的估价

日本双面临街地增加率见表 8－27。

表 8－27 日本双面临街地增加率

地区	繁华地区、高度商业地区	普通商业地区兼住宅地区	普通住宅地区、家庭工业地区	大中小工业地区
增加率	7%	5%	3%	3%

4. 直角三角形土地的估价

直角三角形土地的估价原理与欧美国家基本相同，即先计算矩形土地的点数，然后进行修正。但是日本对三角形土地的估价比欧美国家的更为合理、科学。在日本的路线价法中，对于直角三角形土地的修正，需要从角度和面积两方面进行，原则上取比较大的修正率进行修正。例如，一幅三角形土地的角度修正率为 90%，面积修正率为 93%，则用面积修正率 93% 对有关点数进行修正。三角形土地的修正率见表 8－28、表 8－29。

表 8－28 日本角度修正率表

最小角	10°以下（含 10°）	10°以上	15°以上（含 15°）	20°以上	30°以上	45°以上，70°以下
底角	80%	85%	89%	92%	95%	97%
顶角	75%	81%	86%	90%	93%	95%

表 8－29 日本面积修正率表

面积/m² 最小角	99.17 以下	99.17～132.23	132.23～165.28	165.28～330.57	330.57～991.73	991.73～3305.78	3305.78 以上
30°以下	70%	75%	80%	85%	90%	95%	98%
30°以上	80%	85%	85%	90%	95%	98%	98%

【例 8－10】 一幅普通住宅用地如图 8－12 所示，试计算该幅土地的路线价。

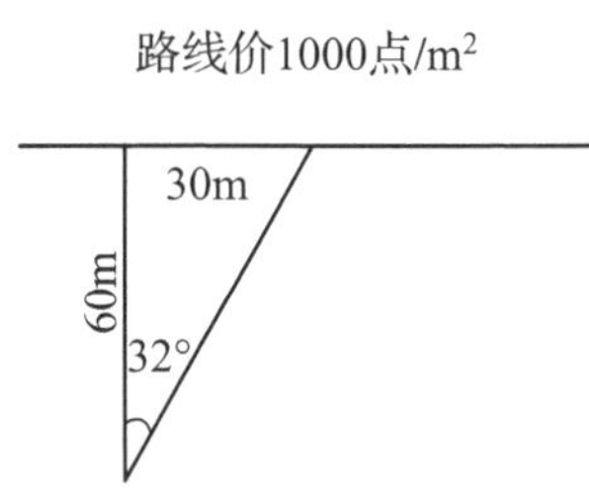

图 8－12 一幅普通住宅用地

解：1）确定修正率。由于最小角 32°为顶角，查角度修正率表得角度修正率为 93%；三角形地面积为 $1/2 \times 60m \times 30m = 900m^2$，查面积修正率表得面积修正率为 95%。

2）计算单方点数。

单方点数 = 1000 点/m^2 ×87% ×95% = 826.5 点/m^2

3）计算总点数。

总点数 = 826.5 点/m^2 ×900m^2 = 743850 点

【例 8－11】一幅普通商业用地如图 8－13 所示，求该幅土地的路线价。

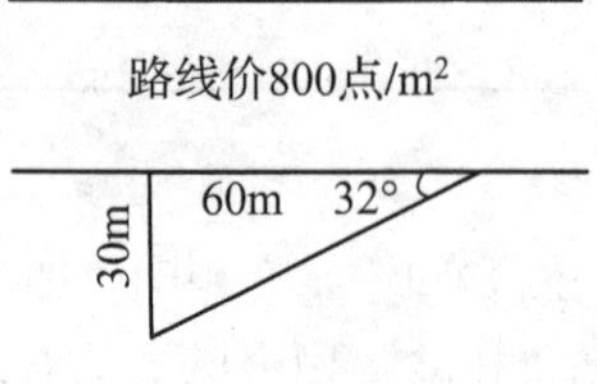

图 8－13　一幅普通商业用地

解：1）确定修正率。由于最小角 32°为底角，查角度修正率表得角度修正率为 95%；三角形地面积为 1/2 × 60m × 30m = 900m^2，查面积修正率表得面积修正率为 95%。

2）计算单方点数：单方点数 = 800 点/m^2 ×93% ×95% = 706.8 点/m^2

3）计算总点数：总点数 = 706.8 点/m^2 ×900m^2 = 636120 点

8.3.3　我国台湾省路线价法的应用

我国台湾省路线价的计算原则规定如下。

1. 临街地

1）临街深度未达里地线者，按深度价格修正表和基本公式计算。

2）平行四边形的宗地：以其高度为临街深度。

3）梯形宗地分两种情况：平行的、垂直的。

4）正三角形的宗地：以其高度的 1/2 为临街深度。

5）逆三角形的宗地：比照袋地计算。

6）街廓纵深在 36m 以下者：以中间线分前后两部分计算。

7）宗地深度超过里地线者：以里地单价与临街单价按面积比例平均计算。

2. 街角地（路角地）

街角地的计算方法基本与欧美相同，在具体加计数量的多少时有其特色，按加成减成情况可分为省辖市地区、县辖市地区、乡镇地区三种情况。

3. 袋地

袋地按起讫深度价格修正率表，比照临街地方法计算。

4. 其他土地

其他土地是指临街地、街角地、袋地的土地，主要是里地按路线价的四成计算。

【例 8－12】求图 8－14 中五块宗地的价格。

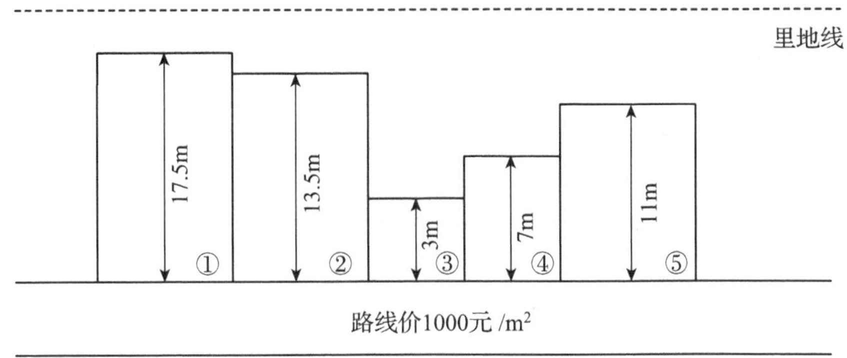

图 8－14　五块宗地的临街深度

解：图 8－14 中五块宗地均为临街地，临街深度分别为 17.5m、13.5m、3m、7m、11m，查表 8－10 得其深度指数分别为 100、110、130、125、120。该五块宗地单价计算如下：

地块①：1000 元/m^2 ×1 =1000 元/m^2

地块②：1000 元/m^2 ×1.10 =1100 元/m^2

地块③：1000 元/m^2 ×1.30 =1300 元/m^2

地块④：1000 元/m^2 ×1.25 =1250 元/m^2

地块⑤：1000 元/m^2 ×1.20 =1200 元/m^2

【例 8－13】 求图 8－15 中七块宗地的价格。

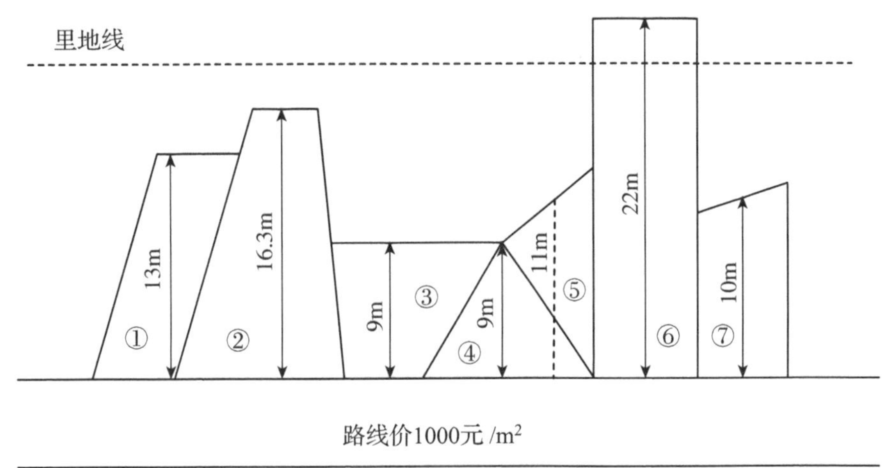

图 8－15　七块宗地的临街深度

解：宗地①为平行四边形，高 13m，查表 8－10 得其深度指数为 110。该宗地单价计算如下：

$$1000\ 元/m^2 \times 1.10 = 1100\ 元/m^2$$

宗地②为梯形，高 16.3m，查表 8－10 得其深度指数为 100。因该宗地临街边较长，利用价值较高，故其单价根据临街地标准计算后以一成加价补正。该宗地单价计算如下：

$$1000\ 元/m^2 \times 1.00 \times (1 + 0.1) = 1100\ 元/m^2$$

宗地③为梯形，高 9m，查表 8－10 得其深度指数为 120。因该宗地临街边较短利用价值较低，故其单价根据临街地标准计算后以一成减价补正。该宗地单价计算如下：

$$1000\ 元/m^2 \times 1.20 \times (1-0.1) = 1080\ 元/m^2$$

宗地④为正三角形，高 9m，取其高度的一半即 4.5m 为其临街深度，查表 8－10 得其深度指数为 125。该宗地单价计算如下：

$$1000\ 元/m^2 \times 1.25 = 1250\ 元/m^2$$

宗地⑤为逆三角形，以其顶点与底边中点垂直距离的 1/2 及底边中点的深度为其起讫深度，即 5.5～11m，比照袋地办法计算深度指数，查图 8－1 得其深度指数为 74。该宗地单价计算如下：

$$1000\ 元/m^2 \times 0.74 = 740\ 元/m^2$$

宗地⑥总深度为 22m，临街深度 18m，里地深度 4m，里地部分的单价按路线的四成计算。该宗地单价计算如下：

$$1000\ 元/m^2 \times 1 \times 18/22 + 1000\ 元/m^2 \times 0.4 \times 4/22 = 891\ 元/m^2$$

宗地⑦为梯形，其平行边与临街线垂直，取其两边中点的连线为其临街深度，即 10m。查临街地深度指数表得其深度指数为 120。该宗地单价计算如下：

$$1000\ 元/m^2 \times 1.20 = 1200\ 元/m^2$$

【例 8－14】 两宗街角地如图 8－16 所示，求这两块宗地的价格。

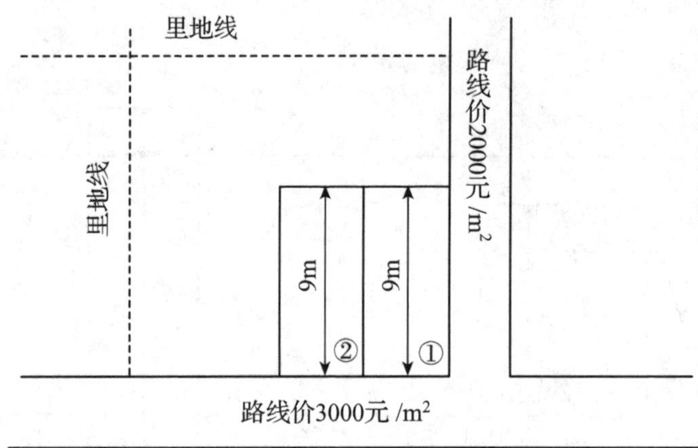

图 8－16　两块宗地的临街深度

解：上图中，宗地①、②为街角地，临街深度为 9m（高价街 3000 元/m^2 为正街），查临街地深度指数表得其深度指数为 120，分别加计旁街路线价的二成和一成。

宗地①：$3000\ 元/m^2 \times 1.20 + 2000\ 元/m^2 \times 0.2 = 4000\ 元/m^2$

宗地②：$3000\ 元/m^2 \times 1.20 + 2000\ 元/m^2 \times 0.1 = 3800\ 元/m^2$

阅读材料

中国大陆某市商业用房临街深度修正系数表（2006 年）（见表 8－30）。

表 8－30　中国大陆某市商业用房临街深度修正系数表（2006 年）

临街深度/m	深度价格修正率	临街深度/m	深度价格修正率
≤10	100%	≤32.5	44.6%
≤12.5	87.2%	≤35	41.3%
≤15	78%	≤37.5	38.4%
≤17.5	70.8%	≤40	36.03%
≤20	65%	≤42.5	33.88%
≤22.5	60%	≤45	31.98%
≤25	55.6%	≤47.5	30.28%
≤27.5	51.64%	≤50	28.75%
≤30	48%		

阅读材料

中国大陆某营业用房路线基准价格修正方式

（1）时间因素修正系数　该系数可根据房产管理部门提供的价格信息确定。

（2）实体因素修正系数

1）结构因素修正系数。标准房屋修正为估价对象结构因素修正系数＝100－（标准房屋建安工程重置价格单价—评估对象房屋建安工程重置价格单价）$\times 10^{-2}$

2）成新因素修正系数。成新因素修正系数表见表 8－31。

表 8－31　成新因素修正系数表

标准房屋＼待估房屋	三成新以下	四、五成新	六、七成新	八成新及以上
六成新	80～90	96～97	100～102	103～104

3）底层营业用房进深修正系数。底层营业用房进深≤10m 的，调节系数如下：

①进深等于 10m，调节系数为 1.0。

②进深大于等于 8m，小于 10m，调节系数为 1.03。

③进深大于等于 6m，小于 8m，调节系数为 1.07。

④进深大于等于 4m，小于 6m，调节系数为 1.11。

⑤进深小于 4m，调节系数为 1.14。

底层营业用房进深超过 10m 的，每增加 2m，调节系数递减 0.04，临街底层营业用房独立结构以外的连续后延部位，第二进按第一进路线基准价格的 70% 计算；第三进按第一进路线价的 60% 计算。

4）二层以上营业用房层次因素修正系数说明。二层以上营业用房估价楼层调节系数分别为：路线基准价以底层为 100%，二层取 70%，三层取 60%，四层及四层以上取 50%，地下室取 50%。

带自动扶梯的二层以上营业用房楼层调节系数分别为：路线基准价以底层为 100%，二层取 85%，三层取 80%，四层及四层以上取 70%，地下室取 85%。

本章小结

本章主要介绍路线价法的基本原理，学生通过学习理解路线价的深度修正，熟悉路线价法的应用，掌握路线价法的操作步骤与内容。教学重点是路线价法的操作步骤与内容。本章教学难点是路线价的深度修正。

同时补充阅读材料——中外路线价法的发展综述，使学生对路线价法理论、国内外路线价法研究和实践状况有所了解。

练习题

一、名词解释

1. 路线价
2. 路线价法
3. 标准宗地
4. 标准深度
5. 里地线
6. 深度指数修正表
7. 路线价区段

二、判断题

1. 路线价估价法仅适用于城市特定土地的估价。 ( )
2. 一个路线价区段是指具有同一路线价的地段。 ( )
3. 路线价估价法能快速评估多宗土地的价格。 ( )
4. 几个街道可以设立同一个路线价。 ( )
5. 同一街道，某一侧的繁华状况与对侧有显著差异时，可以形成两个路线价区段。 ( )
6. 路线价是标准宗地的宗地总价。 ( )
7. 进行地价实例调查时，一般应以最近 3 年内土地交易、租赁以及房屋交易、租赁样本为主要调查对象。 ( )
8. 确定标准深度，一般只需取路线价区段内临街各宗土地的深度的众数即可。 ( )
9. 一般来看，随着楼层数的增加，地价分配呈递增趋势，当趋于某一临界值后，地价分配呈递减趋势。 ( )
10. 路线价是指临街多数宗地的平均价。 ( )
11. 宗地 a 所临道路路线价为 1000 元/m^2，该宗地临街深度为 15m，查临街深度指数表得其深度指数为 100，则宗地 a 地价为 1000 元/m^2。 ( )
12. 深度百分率表的制作原理有累计深度百分率、平均深度百分率和个别深度百分率。 ( )
13. 宗地所处街道的位置不同，对其地价亦有影响，一般从商业用途看，位于普通沿街的宗地地价要比街角的宗地地价高得多。 ( )

14. 城市中相同地段在同一时期内的土地资本化率应该是一样的。　　（　　）
15. 在路线价估价法中，以累计深度百分率而制作的深度指数随与街道的距离增加而增加。　　（　　）
16. 计算出的区段地价，对于商业路线价区段来说是路线价，对于住宅片区段或工业片区段来说是区片价。　　（　　）

三、单项选择题

1. 路线价估价法主要适用于（　　）的评估。
   A. 市场交易地价　B. 拍卖地价　C. 土地课税　D. 基准地价
2. 同一路线价区段内各标准宗地的价格（　　）。
   A. 相同　B. 不同　C. 不确定　D. 无法比较
3. 对于商业用地来讲，（　　）是决定其使用价值的因素。
   A. 用途　B. 区位　C. 地价　D. 可及性
4. 根据路线价的基本原理，特定街道上各宗土地的价格随（　　）。
   A. 土地开发成本的高低而升降　B. 用途的改变而升降
   C. 临街深度的增加而递减　D. 工程管理水平的优劣而升降
5. 深度指数表是指（　　）。
   A. 按距离街道的变化情况编制的地价变化表
   B. 按地价变化而编制的距离变化表
   C. 按建筑高度变化情况而编制的地价变化表
   D. 按距离地下深度的变化情况而编制的地价表
6. 深度指数修正表揭示的是宗地的（　　）随着其临街深度递减的规律。
   A. 价格　B. 价值　C. 效用　D. 需求
7. 按照慎格尔法则，对于 100ft（相当于 30m）深的宗地，深度四等分后，每一等份占路线价的比例分别为（　　）。
   A. 50∶25∶15∶10　B. 37. 5∶29. 5∶20. 7∶12. 3
   C. 40∶30∶20∶10　D. 1∶1∶1∶1
8. 路线价估价法以（　　）为理论基础。
   A. 替代原则　B. 区位理论　C. 最有效使用原则　D. 供需原则
9. 路线价估价法的第一步是（　　）。
   A. 设立标准深度　B. 编制深度指数表　C. 划分路线价区段　D. 确定路线价
10. 最有利于土地利用的宗地形状是（　　）。
    A. 矩形　B. 三角形　C. 六边形　D. 多边形
11. 某平行四边形临街地，街道的路线价为 1000 元/m^2，平行四边形两边长均为 16m，高为 14m，其临街深度指数 16m 时为 100，14m 时为 115，则该宗地地价为（　　）元/m^2。
    A. 1000　B. 1150　C. 100000　D. 115000
12. 里地线与道路之间的区域称为（　　）。
    A. 里地　B. 表地　C. 市街地　D. 临街地
13. 城市中，随着土地与道路距离的增加，道路对土地利用价值影响为零时的深度称为市街地的（　　）。

A. 里地深度　B. 相对深度　C. 绝对深度　D. 标准深度

14. 对于城市商业用地来说，其使用价值随与街道距离的增加而（　　）。

A. 增加　B. 降低　C. 不变　D. 不确定

15. 某宗地所临道路路线价为 1000 元/m^2，其形状为平行边垂直于临街县的梯形，平行边长分别为 8m 和 12m，斜边为 8m，斜边中点距临街边为 10m，临街深度 8m、10m、12m 时，其深度指数分别为 120、115、110，则该宗临街地的地价为（　　）元/m^2。

A. 1000　B. 1100　C. 1150　D. 1200

16. 标准深度的设定，通常是取路线价区段内临街各宗土地深度的（　　）。

A. 平均数　B. 中位数　C. 众数　D. 加权算术平均值

17. 路线价是（　　）。

A. 单位地价　B. 宗地地价　C. 道路地价　D. 区域地价

18. 随着建筑物层数的增加，各建筑层上分摊的（　　）不同。

A. 土地单价　B. 楼面地价　C. 建筑成本　D. 投资利润

19. 繁华街道的里地线标准深度一般为（　　）m。

A. 18　B. 15　C. 20　D. 视情况而定

20. 某临街深度 100ft（即 30.48m）的矩形宗地，总价为 100 万元，根据“四三二一法则”，该宗地临街前半部分的价格应为（　　）万元。

A. 30　B. 40　C. 50　D. 70

21. 应用路线价法的前提条件是（　　）。

A. 土地形状较规则　B. 街道较规整

C. 地势较平坦　D. 临街各宗土地的排列较整齐

22. 一直临街矩形地块甲的总价为 36 万元，临街宽度为 20ft，临街深度为 75ft。现有一相邻矩形地块乙，临街深度为 30ft，临街深度为 125ft。运用“四三二一法则”，地块乙的总地价为（　　）万元。

A. 65.4　B. 81.8　C. 87.2　D. 109.0

四、多项选择题

1. 路线价估价法的基本原理是（　　）。

A. 最有效利用原理 B. 替代原理　C. 区位论　D. 变动原理

2. 以下关于路线价估价法的说法正确的是（　　）。

A. 主要用于商业繁华区域土地价格的评估

B. 尤其适用于多宗土地的估价

C. 不一定要有规范的土地市场

D. 需要较多的交易实例

3. 路线价估价法适用于评估（　　）的价格。

A. 城市单宗土地　B. 农村单宗土地

C. 城市中商业街区的单宗土地　D. 城市多宗需缴纳课税的土地

4. 在路线价中，样点宗地单位地价的计算方法有（　　）。

A. 收益还原法　B. 标准宗地估价法　C. 市场比较法　D. 剩余法

5. 计算区段地价的方法主要有（　）。

A. 取众数　B. 取中位数　C. 算术平均数　D. 几何平均数

6. 用路线价法评估具体宗地的价格时，还应进行宗地条件修正，主要包括（　）。

A. 土地用途　B. 宽深度　C. 土地形状　D. 开发程度

7. 梯形宗地进行加价或减价修正时，应考虑（　）。

A. 上下平行两边长短的比例　B. 上下平行两边长短边的位置

C. 所处区域　D. 利用价值

8. 路线价估价法主要是用于（　）等目的的评估。

A. 抵押　B. 课税　C. 征地拆迁　D. 买卖

9. 以下方法适用于路线价估价法的有（　）。

A. 土地课税　B. 土地重划　C. 评估单宗土地　D. 征地拆迁

10. 在运用路线价估价法时，（　）需做加价修正。

A. 路角地　B. 袋地　C. 梯形土地　D. 两面临街地

11. 划分路线价区段有（　）原则。

A. 以街道为单位　B. 以宗地为单位

C. 宗地可及性大致相等　D. 宗地接近性大致相等

12. 路线价评估的地价调查类型可以有（　）。

A. 土地出让、转让　B. 房屋买卖、租赁

C. 合作建房　D. 企业兼并

13. 路线价方法应用的两个关键是（　）。

A. 宗地地价因素修正系数的确定　B. 标准宗地选取

C. 区段边界的确定　D. 路线价的确定

14. 影响商业用地地价的区域因素有（　）。

A. 道路等级　B. 与区域中心点的距离

C. 人流量　D. 与公交车站距离

15. 路线价估价中，要确定样点宗地地价，计算样点宗地地价可以利用（　）等资料计算。

A. 房地产租赁　B. 建筑物重置成本

C. 土地出让　D. 以地换房

第9章 长期趋势法

【教学目的】通过学习要求学生掌握长期趋势法的基本原理，熟悉长期趋势法的应用，掌握长期趋势法的操作步骤与内容。

【重点难点】重点在于长期趋势法的应用条件与操作步骤。难点在于移动平均法、季节指数法及其应用。

【能力点描述】熟悉利用长期趋势法进行房地产估价的步骤、要点；具备利用长期趋势法进行估价工作的基本经验和技能。

9.1 长期趋势法的基本原理

参照有关资料，对长期趋势法的基本原理做如下梳理。

9.1.1 长期趋势法的概念

1. 称谓

长期趋势法又称时间序列分析法、历史延伸法或外推法。长期趋势是时间序列构成的一种主要成分，它是指现象在较长时期内持续发展的一种趋向。它分为有线性和非线性两种趋势，分析趋势的方法主要有移动平均法和最小二乘法。

2. 定义

长期趋势法是运用预测科学的有关理论和方法，特别是时间序列分析和回归分析，对房地产的未来价格做出推测、判断的方法。

3. 实质

长期趋势法严格来说是一种预测方法。

4. 长期趋势法的特点

长期趋势法具有一定预测性，根据时间序列排列的房地产价格不存在单一的规律性，撇开了价格变动的因果关系。

5. 长期趋势法的缺点

长期趋势法只考虑房地产价格的过去与未来的关系；主要适合某类房地产价格总体水平的预计。

9.1.2　长期趋势法的理论依据

长期趋势法的理论依据是统计分析；房地产价格通常有上下波动，在短期内难以看出其变动规律和发展趋势，但从长期来看，会显现出一定的变动规律和发展趋势。因此，当需要评估（通常是预测）某宗（或某类）房地产的价格时，可以搜集该宗（或该类）房地产过去较长时期的价格资料，并按照时间的先后顺序将其编排成时间序列，从而找出该宗（或该类）房地产的价格随时间变化而变动的过程、方向、程度和趋势，然后进行外延或类推，这样就可以做出对该宗（或该类）房地产的价格在估价时点（通常为未来）比较肯定的推测和科学的判断，即评估出了该宗（或该类）房地产的价格。

9.1.3　长期趋势法适用的对象和条件

1. 适用对象：无明显季节波动的房地产

长期趋势法是根据房地产价格在长期内形成的规律做出判断，借助历史统计资料和现实调查资料来推测未来，通过对这些资料的统计、分析得出一定的变动规律，并假定其过去形成的趋势在未来继续存在。所以，长期趋势法适用的对象是价格无明显季节波动的房地产，适用的条件是拥有估价对象或类似房地产的较长时期的历史价格资料，而且所拥有的历史价格资料要真实。

2. 运用前提：掌握较长期的房地产价格历史资料

拥有越长时期、越真实的历史价格资料，做出的推测、判断就越准确、可信，因为长期趋势可以消除房地产价格的短期上下波动和意外变动等不规则变动。

9.1.4　长期趋势法的操作步骤

运用长期趋势法估价一般按照下列四个步骤进行：①搜集估价对象或类似房地产的历史价格资料，并进行检查、鉴别，以保证其真实、可靠；②整理上述搜集到的历史价格资料，将其化为同一标准（如为单价或楼面地价，方法与市场法中建立价格可比基础的方法相同），并按照时间的先后顺序将它们编排成时间序列，画出时间序列图；③观察、分析这个时间序列，根据其特征选择适当、具体的长期趋势法，找出估价对象的价格随时间变化而出现的变动规律，得出一定的模式（或数学模型）；④以此模式去推测、判断估价对象在估价时点的价格。

具体的长期趋势法主要有数学曲线拟合法、平均增减量法、平均发展速度法、移动平均法和指数修匀法。以下分节进行介绍。

9.1.5　长期趋势法的功用

长期趋势法主要用于对房地产未来价格的推测、判断，如用于假设开发法中预测未来开发完成后的房地产价值。此外，此种方法还有一些其他功用，例如：①用于收益法中对未来净收益、剩余法的未来售价等的预测；②用于市场法中对可比实例价格进行交易日期调整；③用来比较、分析两宗（或两类）以上房地产价格的发展趋势或潜力；④用来填补某些房地产价格历史资料的缺乏等。

9.2 数学曲线拟合法

参照有关资料，对数学曲线拟合法做如下梳理。

数学曲线拟合法主要有直线趋势法、指数曲线趋势法和二次抛物线趋势法。这里仅对其中最简单、最常用的直线趋势法进行介绍。

运用直线趋势法估价，估价对象或类似房地产的历史价格的时间序列散点图，应表现出明显的直线趋势。在这种条件下，如果以 Y 表示各期的房地产价格，X 表示时间，则 X 为自变量，Y 为因变量，Y 依 X 而变。所以，房地产价格与时间的关系可用下列方程式来描述：

$$Y = a + bX$$

上式中，a、b 为未知参数，如果确定了它们的值，直线的位置也就确定了 a、b 的值。根据最小二乘法：

$$a = \left(\sum Y - b \times \sum X\right)/n$$

$$b = \left(n \times \sum XY - \sum X \times \sum Y\right)\Big/\left[n \times \sum X^2 - \left(\sum X\right)^2\right]$$

设 $X=0$，则

$$a = \sum Y/n$$

$$b = \sum XY/\sum X^2$$

上式中，n 为时间序列的项数；$\sum X$、$\sum X^2$、$\sum Y$、$\sum XY$ 的数值可以分别从时间序列的实际值中求得。在手工计算的情况下，为减少计算的工作量，可使 $\sum X = 0$。其方法是：当时间序列的项数为奇数时，设中间项的 $X=0$，中间项之前的项依次设为 -1，-2，-3，…，中间项之后的项依次设为 1，2，3，…；当时间序列的项数为偶数时，以中间两项相对称，前者依次设为 -1，-3，-5，…，后者依次设为 1，3，5，…。

【例 9-1】 某土地 2002 年 1 月—12 月的价格见表 9-1，请用直线趋势法计算 2003 年 1 月该土地的单价。

表 9-1 某土地 2002 年 1 月—12 月的价格

月份	价格 Y/(元/m²)	X	X^2	XY
1	360	-11	121	-3960
2	260	-9	81	-2340
3	320	-7	49	-2240
4	400	-5	25	-2000
5	500	-3	9	-1500
6	450	-1	1	-450
7	420	+1	1	420
8	480	+3	9	1440
9	450	+5	25	2250
10	550	+7	49	3850

（续）

月份	价格 Y/(元/m²)	X	X^2	XY
11	560	+9	81	5040
12	580	+11	121	6380
合计	5330	0	572	6890

解：$b = \sum XY / \sum X^2 = 6890 \div 572 = 12.05 \quad a = \sum Y / n = 5330 \div 12 = 444.17$

直线模型：$Y = 444.17 + 12.05X$

2003 年 1 月 $X = 13$，故该土地的单方价格为：

$Y = (444.17 + 12.05 \times 13)$ 元/m² $= 600.82$ 元/m²

9.3 平均增减量法

参照有关资料，对平均增减量法做如下梳理。

如果房地产价格时间序列的逐期增减量大致相同，也可以用最简便的平均增减量法进行预测。其计算公式如下：

$$V_i = P_0 + d \times i$$

$$d = [(P_1 - P_0) + (P_2 - P_1) + (P_i - P_i - 1) + \cdots + (P_n - P_{n-1})]/n$$
$$= (P_n - P_0)/n$$

式中　V_i——第 i 期（可为年、半年、季、月等，下同）房地产价格的趋势值；

i——时期序数，$i = 1, 2, \cdots, n$；

P_0——基期房地产价格的实际值；

d——逐期增减量的平均数；

P_i——第 i 期房地产价格的实际值。

【例 9-2】需要预测某宗房地产 2005 年的价格，已知该类房地产 2000—2004 年的价格及其逐年上涨额见表 9-2 第 2 列和第 3 列。

表 9-2　某类房地产 2000—2004 年的价格　（单位：元/m²）

年份	房地产价格的实际值	逐年上涨额	房地产价格的趋势值
2000	681		
2001	713	32	714.5
2002	746	33	748.0
2003	781	35	781.0
2004	815	34	815.0

从表 9-2 中可知该类房地产 2000—2004 年价格的逐年上涨额大致相同。据此可以计算逐年上涨额的平均数，并用该逐年上涨额的平均数推算出各年价格的趋势值。

本例房地产价格逐年上涨额的平均数为：

$$d = (32 + 33 + 35 + 34)\ 元/m^2/4 = 33.5\ 元/m^2$$

据此预测该宗房地产 2005 年的价格为：

$$V_5 = 681\ 元/m^2 + 33.5\ 元/m^2 \times 5 = 848.5\ 元/m^2$$

如果利用上述资料预测该宗房地产 2006 年的价格，则为：

$$y_6 = 681\ 元/m^2 + 33.5\ 元/m^2 \times 6 = 882.0\ 元/m^2$$

例 9－3 运用逐年上涨额的平均数计算趋势值，基本都接近于实际值。但需要注意的是，如果逐期上涨额时起时伏，很不均匀，也就是说时间序列的变动幅度较大，那么计算出的趋势值与实际值的偏离也随之增大，这意味着运用这种方法预测的房地产价格的正确性随之降低。

运用平均增减量法进行估价的条件是，房地产价格的变动过程是持续上升或下降的，且各期上升或下降的数额大致接近，否则就不适宜采用这种方法。

由于越接近估价时点的增减量对预测越重要，因此，对过去各期的增减量如果能用不同的权数予以加权后再计算其平均增减量，则更能使预测值接近或符合实际。至于在估价时究竟应采用哪种权数予以加权，一般需要根据房地产价格的变动过程和趋势，以及估价人员的经验来判断确定。对于例 9－2 中的逐年上涨额，可选用表 9－3 中各种不同的权数予以加权。表 9－3 中的权数是根据一般惯例进行假设的。

表 9－3　过去各期增减量的权数

年份	第一种权数	第二种权数	第三种权数
2001	0.1	0.1	0.1
2002	0.2	0.2	0.1
2003	0.3	0.2	0.2
2004	0.4	0.5	0.6

【例 9－3】 如果采用表 9－3 中的第二种权数进行加权，例 9－3 的计算结果如下：

则 4 年的逐年上涨额的加权平均数为：

$$d = (32 \times 0.1 + 33 \times 0.2 + 35 \times 0.2 + 34 \times 0.5)\ 元/m^2 = 33.8\ 元/m^2$$

用这个逐年上涨额的加权平均数预测房地产 2005 年的价格为：

$$V_5 = 681\ 元/m^2 + 33.8\ 元/m^2 \times 5 = 860.0\ 元/m^2$$

9.4 平均发展速度法

参照有关资料，对平均发展速度法做如下梳理。

如果房地产价格时间序列的逐期发展速度大致相同，就可以计算其逐期发展速度的平均数（即平均发展速度），据此推算各期的趋势值。计算公式如下：

$$V_i = P_0 \times t^i$$

$$t = (P_1/P_0 \times P_2/P_1 \times P_3/P_2 \times \cdots \times P_i/P_{i-1} \times \cdots \times P_n/P_{n-1})^{1/n}$$

$$= (P_n/P_0)^{1/n}$$

式中　t——平均发展速度。

【例 9-4】 需要预测某宗房地产 2005 年的价格，已知该类房地产 2000—2004 年的价格及其逐年上涨速度见表 9-4 中第 2 列和第 3 列。

表 9-4　某类房地产 2000—2004 年的价格　　（单位：元/m²）

年份	房地产价格的实际值（元/m²）	逐年上涨速度	房地产价格的趋势值（元/m²）
2000	560		
2001	675	120.5%	678
2002	820	121.5%	820
2003	985	120.1%	992
2004	1200	121.8%	1200

从表 9-5 中可知该类房地产 2000—2004 年价格的逐年上涨速度大致相同，据此可以计算 4 年的平均上涨速度，并用平均上涨速度推算出各年的趋势值。

本例房地产价格的平均发展速度为：

$$t = (1200/560)^{1/4} = 1.21$$

即平均每年上涨 21%。据此预测该宗房地产 2005 年的价格为：

$$V_5 = 560 \text{ 元/m}^2 \times 1.21^5$$

$$= 1452 \text{ 元/m}^2$$

如果利用上述资料预测该宗房地产 2006 年的价格，则为：

$$V_6 = 560 \times 1.21^6$$

阅读材料

时间序列的水平分析、时间序列的速度分析、最小二乘法

时间序列形式上由现象所属的时间和现象在不同时间上的观察值（即发展水平）两部分组成。现象的观察值有绝对数、相对数和平均数等形式，因此时间序列可分为绝对数时间序列、相对数时间序列和平均数时间序列等。

（1）时间序列的水平分析　时间序列的水平分析主要包括发展水平、平均发展水平、增长量和平均增长量。

1）发展水平和平均发展水平。发展水平是指时间序列中的各个观察值。

在时间序列中，用 t_i 表示现象所属的时间，$Y_i = Y(t_i)$ 表示现象在不同时间上的发展水平，一个时间序列可表示为 Y_1，Y_2，…，Y_n。其中，Y_1 为最初水平。Y_n 为最末水平。

平均发展水平是时间序列在不同时间上发展水平的平均值，它从动态上反映现象在一段时间内发展变化的一般水平，也称为动态平均数，或序时平均数。由于有各种不同种类的时

间序列，序时平均数有不同的计算方法。

①时期序列的序时平均数计算公式为：

$$\overline{Y} = \frac{Y_1 + Y_2 + \cdots + Y_n}{n} = \frac{\sum_{i=1}^{n} Y_i}{n}$$

式中　$\overline{Y}$——序时平均数；

Y_i，$i=1$，2，…，n——各期发展水平；

n——时期项数。

②时点序列的序时平均数。由于时点序列中的各观察值一般是有一定间隔的，因此时点序列序时平均数的基本计算公式为：

$$\overline{Y} = \frac{\left(\frac{Y_1 + Y_2}{2}\right)T_1 + \left(\frac{Y_2 + Y_3}{2}\right)T_2 + \cdots + \left(\frac{Y_{n-1} + Y_n}{2}\right)T_{n-1}}{T_1 + T_2 + \cdots + T_{n-1}}$$

式中　Y_i（$i=1$，2，…，n）——各时点发展水平；

T_i，$i=1$，2，…，$n-1$——各时点间隔长度。上式有以下常用的两种形式：

A. 当间隔长度相等，即 $T_1 = T_2 = \cdots = T_{n-1}$ 时，则上式可变为

$$\overline{Y} = \frac{\frac{Y_1}{2} + Y_2 + \cdots + Y_{n-1} + \frac{Y_n}{2}}{n-1}$$

B. 当为逐日时点序列，即间隔为“一天”的时点序列时，上式可变为

$$\overline{Y} = \frac{\sum_{i=1}^{n} Y_i}{n}$$

③相对数或平均数时间序列的序时平均数。由于相对数和平均数通常是由两个绝对数对比形成，即 $Y_i = \frac{a_i}{b_i}$，因此在计算它们的序时平均数时，应先分别计算它们的分子序列 a_i 和分母序列 b_i 的序时平均数，然后再进行对比，即得相对数或平均数序列的序时平均数。它们的基本计算公式为：

$$\overline{Y} = \frac{\overline{a}}{\overline{b}}$$

$\overline{a}$ 和 $\overline{b}$ 可根据时期或时点序列的序时平均数的计算方法求得。

如果缺少分子或分母序列的数据，则可根据下列形式计算：

$$\overline{Y} = \frac{\overline{bY}}{\overline{b}} \text{或} \overline{Y} = \frac{\overline{a}}{\overline{a/Y}}$$

2）增长量和平均增长量。

增长量是时间序列中的报告期水平与基期水平之差，用于描述现象增长的绝对数量。若二者之差为正数，表示增长；若二者之差为负数，表示下降。

由于采用的基期不同，增长量有逐期增长量和累积增长量之分。逐期增长量是报告期水平与前一期水平之差，表明本期比前一期增长的绝对数量；累积增长量是报告期水平与某一固定基期水平之差，说明现象在一段时间内增长的绝对数量。

设时间序列为 $Y_i, i = 0,1,2,\cdots,n$，则逐期增长量为 $Y_i - Y_{i-1}, i = 1,2,\cdots,n$。累积增长量为 $Y_i - Y_0, i = 1,2,\cdots,n$。

不难看出，在整个观察期内累积增长量等于各逐期增长量之和；两个相邻时期的累积增长量之差等于相应的逐期增长量，即

$$Y_n - Y_0 = \sum_{i=1}^{n} (Y_i - Y_{i-1})$$

$$(Y_i - Y_0) - (Y_{i-1} - Y_0) = Y_i - Y_{i-1}, i = 1,2,\cdots,n。$$

平均增长量是观察期内各逐期增长量的平均数，用于描述现象在观察期内的平均增长的数量。它可以根据逐期增长量计算，也可以根据累积增长量计算。平均增长量的计算公式为：

$$平均增长量 = \frac{逐期增长量之和}{逐期增长量个数} = \frac{累积增长量}{观察值个数 - 1}$$

(2) 时间序列的速度分析　时间序列的速度分析的主要内容包括发展速度、增长速度、平均发展速度和平均增长速度。

1) 发展速度和增长速度。

发展速度是报告期发展水平与基期发展水平之比，用于描述现象在一段时间内相对变化程度，通常用百分数表示。

由于采用的基期不同，发展速度分为环比发展速度和定基发展速度。环比发展速度是报告期水平与前一期水平之比，说明现象逐期发展变化的程度。定基发展速度是报告期水平与某一固定基期水平之比，说明现象在整个观察期内总的发展变化程度。

设时间序列为 Y_i，$i = 0，1，2，\cdots，n$，则环比发展速度：$\frac{Y_i}{Y_{i-1}}$，$i = 1，2，\cdots，n$。定基发展速度：$\frac{Y_i}{Y_0}$，$i = 1，2，\cdots，n$。

环比发展速度与定基发展速度的关系是，观察期内定基发展速度等于各环比发展速度的连乘积；两个相邻的定基发展速度之比，等于相应的环比发展速度，即：

$$\frac{Y_n}{Y_0} = \frac{Y_1}{Y_0} \times \frac{Y_2}{Y_1} \times \cdots \times \frac{Y_n}{Y_{n-1}}$$

$$\frac{\frac{Y_i}{Y_0}}{\frac{Y_{i-1}}{Y_0}} = \frac{Y_i}{Y_{i-1}} \quad (i = 1,2,\cdots,n)$$

利用上述关系，可以根据一种发展速度，推算出另一种发展速度。

增长速度是反映现象在一段时期内增长程度的相对数，其计算公式为：

$$增长速度 = \frac{增长量}{基期水平} = 发展速度 - 1$$

增长速度也有环比与定基之分，环比增长速度用于描述现象逐期增长的程度，它等于环比发展速度减1。定基增长速度用于描述现象在观察期内总的增长程度，它等于定基发展速度减1。

应该注意，环比增长速度与定基增长速度之间没有直接的换算关系。在由环比增长速度

推算定基增长速度时，必须先将各环比增长速度加 1 后连乘，再将所得结果减 1。

2）平均发展速度与平均增长速度。平均发展速度是各个时期环比发展速度的平均数，用于描述现象在整个时期内平均发展变化的程度。平均增长速度是用于描述现象在整个时期内的平均增长变化程度，二者的关系是：

$$平均增长速度 = 平均发展速度 - 1$$

计算平均发展速度的主要方法有几何平均法和方程法。

①几何平均法（亦称水平法）。几何平均法是各个时期环比发展速度的几何平均数，它侧重所研究现象最末期的发展水平。

设时间序列为 Y_i，$i=0$，1，2，…，n，则平均发展速度的计算公式为：

$$\bar{x} = \sqrt[n]{\frac{Y_1}{Y_0} \times \frac{Y_2}{Y_1} \times \cdots \times \frac{Y_n}{Y_{n-1}}} = \sqrt[n]{\frac{Y_n}{Y_0}}$$

式中 $\bar{x}$——平均发展速度。

即已知最初水平和平均发展速度，可以预测最末水平；或已知最初水平、最末水平和平均发展速度，可以预测要达到最末水平时所需要的时间。

②方程法（累积法）。用方程法计算的平均发展速度 $\bar{x}$ 是如下高次方程的正根：

$$\bar{x}^n + \bar{x}^{n-1} + \cdots + \bar{x}^3 + \bar{x}^2 + \bar{x} = a$$

式中，$a=(Y_1+Y_2+\cdots+Y_n)/Y_0$，而 Y_i，$i=0$，1，2，…，n 是时间序列第 i 期的水平。方程法平均发展速度侧重于所研究现象各期发展水平的总和。

可以证明上述方程有且只有一个正根。解高次方程是比较麻烦的，在实际工作中可以利用事先编制好的计算表求得平均发展速度，还可以直接求方程的近似解。

（3）最小二乘法　分析长期趋势时，最小二乘法也是比较常用的方法。利用最小二乘法既可以配合直线趋势，也可以配合曲线趋势，需要根据被研究对象的发展变化的情况及特点来确定。

1）直线趋势。直线趋势方程为：

$$\hat{Y}_t = a + bt$$

式中 $\hat{Y}_t$——时间序列 Y_t 的趋势值；

t——时间标号；

a——趋势线在 Y 轴上的截距；

b——趋势线的斜率，即时间 t 每变动一个单位时，趋势值 $\hat{Y}_t$ 平均变动的数量。

当现象的长期趋势为每期的增长量大体相同时，可拟合直线趋势。

根据最小二乘法的要求，使 $\sum(Y_t - \hat{Y}_t)^2$ 为最小值，得到关于 a 与 b 的方程组为：

$$\begin{cases} na + b\sum t = \sum Y \\ a\sum t + b\sum t^2 = \sum tY \end{cases}$$

于是 a 与 b 的解为

$$b = \frac{n\sum(tY) - \sum t \times \sum Y}{n\sum t^2 - (\sum t)^2}$$

$$a = \frac{\sum Y}{n} - b\frac{\sum t}{n}$$

为计算方便，可取时间序列的中间时期为原点，使 $\sum t = 0$，则 a 与 b 的解为可化简为：

$$b = \frac{\sum (tY)}{\sum t^2}$$

$$a = \frac{\sum Y}{n}$$

使 $\sum t = 0$ 的方法是：当时间序列为奇数项时，取时间序列的中间时期为原点，则时间标号分别为 …，－2，－1，0，1，2，…；当时间序列为偶数项时，取时间序列的中间时期为原点，则时间标号分别为 …，－5，－3，－1，1，3，5，…。

两种方法计算结果完全相同。

2）曲线趋势。在实际中，许多自然现象和社会经济现象呈曲线发展趋势，因此有必要研究长期趋势中的曲线变动。曲线的形式有多种多样，如二次曲线、指数曲线、修正指数曲线、Gompertz 曲线和 Logistic 曲线等。这里介绍的曲线主要是二次曲线和指数曲线。

①二次曲线。

当现象的发展趋势为抛物线形态时，可拟合二次曲线。二次曲线的趋势方程为：

$$\hat{Y}_t = a + bt + ct^2$$

按最小二乘法，得到下列标准方程组：

$$\begin{cases} na + b\sum t + c\sum t^2 = \sum Y \\ a\sum t + b\sum t^2 + c\sum t^3 = \sum tY \\ a\sum t^2 + b\sum t^3 + c\sum t^4 = \sum t^2 Y \end{cases}$$

当取时间序列的中间时期为原点时，有 $\sum t = 0$，上述方程组可简化为：

$$\begin{cases} na + c\sum t^2 = \sum Y \\ b\sum t^2 = \sum tY \\ a\sum t^2 + c\sum t^4 = \sum t^2 Y \end{cases}$$

解这个方程组，可得到 a、b 和 c 的值。

【例 9－5】 根据表 9－5 某企业某种产品的销售量资料，拟合二次曲线方程，并预测 2001 年的销售量。

表 9－5　某企业某产品 1992—2000 年销售量

年份	1992	1993	1994	1995	1996	1997	1998	1999	2000
销售量（万件）	5	7	10	13	15	16	14	12	11

解：有关计算过程见表 9－6。

表 9－6 销售量二次曲线计算表

年份	时间标号 t	销售量 Y_t（万件）	t^2	tY_t	t^2Y_t	t^4	预测值 $\hat{Y}_t$
1992	-4	5	16	-20	80	256	4.01
1993	-3	7	9	-21	63	81	7.92
1994	-2	10	4	-20	40	16	10.95
1995	-1	13	1	-13	13	1	13.10
1996	0	15	0	0	0	0	14.37
1997	1	16	1	16	16	1	14.76
1998	2	14	4	28	56	16	14.27
1999	3	12	9	36	108	81	12.90
2000	4	11	16	44	176	256	10.65
合计	0	103	60	50	552	708	102.93

方程组为：

$$\begin{cases}9a+60c=103\\60b=50\\60a+708c=552\end{cases}$$

解得 $a=14.37$，$b=0.83$，$c=-0.44$。从而二次曲线方程为：

$$\hat{Y}_t=14.37+0.83t-0.44t^2$$

将各年 t 值依次代入二次曲线方程，即得 1992—2000 年销售量的趋势值（见表 9－6 的最后一列）。将 $t=5$ 代入方程，得 2001 年销售量的预测值为：

$$\hat{Y}_{2001}=14.37+0.83\times5-0.44\times5^2=7.52\text{ 万件。}$$

②指数曲线。指数曲线趋势方程为：

$$\hat{Y}_t=ab^t$$

式中 a——序列的初期水平；

b——趋势值的平均发展速度。

当现象的长期趋势为每期的增长速度大体相同时，可拟合指数曲线。

由可线性化方法，得：

$$\lg\hat{Y}_t=\lg a+t\lg b$$

先求出 $\lg a$ 和 $\lg b$，再取反对数，即得到参数 a 与 b。

【例 9－6】根据表 9－7 中 1978—1999 年天津市的发电量数据，确定 1978—1999 年天津市发电量的指数曲线方程，计算各年发电量的趋势值，并预测 2002 年的发电量。

表 9－7 1978—1999 年天津市的发电量数据

年份	发电量/亿 kW · h	年份	发电量/亿 kW · h
1978	51.68	1981	72.96
1979	52.56	1982	75.01
1980	63.20	1983	77.34

（续）

年份	发电量/亿 kW · h	年份	发电量/亿 kW · h
1984	79.57	1992	98.62
1985	80.65	1993	126.65
1986	78.38	1994	122.47
1987	81.09	1995	133.65
1988	91.07	1996	146.04
1989	96.60	1997	166.53
1990	94.85	1998	172.51
1991	90.27	1999	182.56

注：资料来源：《天津统计年鉴 2000》。

解：有关计算过程见表 9－8。

表 9－8　1978—1999 年天津市发电量指数曲线趋势计算表

年份	时间标号 t	发电量 Y_t/亿 kW · h	$\lg Y_t$	$t\times\lg Y_t$	t^2	预测值 $\hat{Y}_t$/亿 kW · h
1978	1	51.68	1.713323	1.713323	1	54.1654
1979	2	52.56	1.720655	3.44131	4	57.1618
1980	3	63.2	1.800717	5.402151	9	60.324
1981	4	72.96	1.863085	7.452340	16	63.6612
1982	5	75.01	1.875119	9.375595	25	67.1829
1983	6	77.34	1.888404	11.33042	36	70.8995
1984	7	79.57	1.900749	13.30524	49	74.8216
1985	8	80.65	1.906604	15.252832	64	78.9608
1986	9	78.38	1.894205	17.04785	81	83.3289
1987	10	81.09	1.908967	19.08967	100	87.9386
1988	11	91.07	1.959375	21.55313	121	92.803
1989	12	96.6	1.984977	23.81972	144	97.9373
1990	13	94.85	1.977037	25.70149	169	103.3551
1991	14	90.27	1.955543	27.3776	196	109.0728
1992	15	98.62	1.993965	29.90948	225	115.1067
1993	16	126.65	2.102605	33.64168	256	121.474
1994	17	122.47	2.088030	35.49651	289	128.1943
1995	18	133.65	2.12596	38.26744	324	135.286
1996	19	146.04	2.164472	41.12497	361	142.7701
1997	20	166.53	2.221492	44.42984	400	150.6681
1998	21	172.51	2.236814	46.97309	441	159.0031
1999	22	182.56	2.261406	49.75093	484	167.7991
合计	253	2234.26	43.54352	521.4566	3795	2221.915

$$\lg b = \frac{n\sum(t\lg Y) - (\sum t)(\sum \lg Y_t)}{n\sum t^2 - (\sum t)^2} = \frac{22 \times 521.4566 - 253 \times 43.54351}{22 \times 3795 - 253^2} = 0.0233837$$

$$\lg a = \frac{\sum \lg Y_t}{n} - \lg b = \left(\frac{\sum t}{n}\right) = \frac{43.54351}{22} - 0.0233837 \times \frac{253}{22} = 1.7103379$$

所以

$$b = 10^{0.0233837} = 1.05532, a = 10^{1.7103379} = 51.32606$$

发电量的指数曲线方程为 $\hat{Y}_t = 51.32606 \times 1.05532^t$，将 $t = 1, 2, \cdots, 22$ 代入上述方程，即得1978—1999年发电量的趋势值（见表9-9的最后一列）。将 $t = 25$ 代入方程，得2002年发电量的预测值为：

$$\hat{Y}_{25} = (51.32606 \times 1.05532^{25})\text{ 亿 kW} \cdot \text{h} = 197.216\text{ 亿 kW} \cdot \text{h}$$

③修正指数曲线。修正指数曲线的一般形式为：

$$\hat{Y}_t = K + ab^t$$

式中　K、a 和 b——未知常数，$K>0$，$a \neq 0$，$0<b\neq 1$。

修正指数曲线用于描述这样一类现象：初期增长迅速，随后增长率逐渐降低，最终以 K 为增长极限。在现实生活中，许多事物的发展过程都符合修正指数曲线形式。

当极限值 K 可以预先确定时，可采用最小二乘法来确定修正指数曲线中的未知常数；若无法确定时，可采用三和法或选点法来确定修正指数曲线中的未知常数。

三和法是确定修正指数曲线中未知常数的常用方法。其基本思想是：将时间序列的观察值等分为三个部分，然后根据各部分趋势值的总和等于原序列观察值的总和，来确定三个常数。

设每部分有 m 个时期，各部分观察值的总和分别为 S_1、S_2 和 S_3，即

$$S_1 = \sum_{t=1}^{m} Y_t,\ S_2 = \sum_{t=m+1}^{2m} Y_t,\ S_3 = \sum_{t=2m+1}^{3m} Y_t$$

于是有

$$S_1 = mK + ab + ab^2 + \cdots ab^m = mK + ab(1 + b + b^2 + \cdots + b^{m-1})$$
$$S_2 = mK + ab^{m+1} + ab^{m+2} + \cdots ab^{2m} = mK + ab^{m+1}(1 + b + b^2 + \cdots + b^{m-1})$$
$$S_3 = mK + ab^{2m+1} + ab^{2m+2} + \cdots ab^{3m} = mK + ab^{2m+1}(1 + b + b^2 + \cdots + b^{m-1})$$

解得

$$b = \left(\frac{S_3 - S_2}{S_2 - S_1}\right)^{\frac{1}{m}}$$

$$a = (S_2 - S_1)\frac{b-1}{b(b^m - 1)^2}$$

$$K = \frac{1}{m}\left(S_1 - \frac{ab(b^m - 1)}{b - 1}\right)$$

【例9-7】根据1979—1999年天津市的人口资料，确定人口数的修正指数曲线方程。计算各年人口数的趋势值，并预测2002年的人口数。

解：有关计算过程见表9-9。

表 9-9　1979—1999 年天津市人口数的修正指数曲线的计算表

年 份	时间标号 t	人口数 Y_t（万人）	趋势值 $\hat{Y}_t$
1979	1	739.42	728.1443
1980	2	748.91	744.7781
1981	3	760.32	760.2760
1982	4	774.92	774.7156
1983	5	785.28	788.1692
1984	6	795.52	800.7040
1985	7	804.8	812.3828
S_1	—	5409.17	5409.17
1986	8	814.97	823.2642
1987	9	828.73	833.4024
1988	10	839.21	842.8484
1989	11	852.35	851.6493
1990	12	866.25	859.8492
1991	13	872.63	867.4891
1992	14	878.97	874.6074
S_2	—	5953.11	5953.11
1993	15	885.89	881.2395
1994	16	890.55	887.4188
1995	17	894.67	893.1760
1996	18	898.45	898.5402
1997	19	899.8	903.5380
1998	20	905.09	908.1945
1999	21	910.17	912.5331
S_3	—	6284.62	6284.64

$$b=\left(\frac{S_3-S_2}{S_2-S_1}\right)^{\frac{1}{m}}=\left(\frac{6284.64-5953.11}{5953.11-5409.17}\right)^{\frac{1}{7}}=\left(\frac{331.53}{543.94}\right)^{\frac{1}{7}}=0.931712$$

$$a=(S_2-S_1)\frac{b-1}{b(b^m-1)^2}=543.94\times\frac{0.931712-1}{0.931712\times(0.931712^7-1)^2}=-261.436233$$

$$K=\frac{1}{m}\left(S_1-\frac{ab(b^m-1)}{b-1}\right)$$

$$=\frac{1}{7}\times\left\{5409.17-\frac{-261.436233\times0.931712\times(0.931712^7-1)}{0.931712-1}\right\}=971.727537$$

人口数的修正指数曲线方程为：

$$\hat{Y}_t=971.727537-261.436233\times(0.931712)^t$$

将 $t=1$，2，…，21 代入上述方程，即得 1979—1999 年人口数的趋势值（见表 9-9 的最后一列）。将 $t=24$ 代入方程，得 2002 年人口数的预测值为：

$$\hat{Y}_{24}=[971.727537-261.436233\times(0.931712)^{24}]\text{ 万人}=923.85\text{ 万人}$$

④Gompertz 曲线。Gompertz 曲线的一般形式为：

$$\hat{Y}_t = Ka^{b^t}$$

式中　K，a 和 b 为未知常数，$K>0$，$a\neq0$，$0<b\neq1$。

Gompertz 曲线用于描述这样一类现象：初期增长缓慢，以后逐渐加快，当达到一定程度后，增长率又逐渐下降，最终接近一条水平线。Gompertz 曲线通常用于描述事物的发展由萌芽、成长到饱和的周期过程。在现实生活中有许多现象符合 Gompertz 曲线，如工业生产的增长、产品的寿命周期和一定时期的人口增长等。

为确定曲线中的未知常数，可将其变换为：

$$\lg\hat{Y}_t = \lg K + (\lg a)\, b^t$$

利用修正指数曲线的常数确定方法，求出 $\lg K$、$\lg a$ 和 b，再取反对数，可求出 K 和 a。

【例 9-8】 根据 1979—1999 年天津市的人口资料，确定人口数的 Gompertz 曲线方程。计算各年人口数的趋势值，并预测 2002 年的人口数。

解：有关计算过程见表 9-10。

表 9-10　1979—1999 年天津市人口数的 Gompertz 曲线的计算表

年份	时间标号 t	人口数 Y_t（万人）	$\lg Y_t$	趋势值 $\hat{Y}_t$
1979	1	739.42	2.868891	729.4508
1980	2	748.91	2.874430	745.4298
1981	3	760.32	2.880996	760.4795
1982	4	774.92	2.889257	774.6311
1983	5	785.28	2.895025	787.9182
1984	6	795.52	2.900651	800.3767
1985	7	804.80	2.905688	812.0433
—	—	5409.17	20.21494	5410.329
1986	8	814.97	2.911142	822.9557
1987	9	828.73	2.918413	833.1515
1988	10	839.21	2.923871	842.6685
1989	11	852.35	2.930618	851.5435
1990	12	866.25	2.937643	859.8130
1991	13	872.63	2.940830	867.5121
1992	14	878.97	2.943974	874.6752
—	—	5953.11	20.50649	5952.319
1993	15	885.89	2.947380	881.3350
1994	16	890.55	2.949658	887.5232
1995	17	894.67	2.951663	893.2699
1996	18	898.45	2.953494	898.6038
1997	19	899.80	2.954146	903.5521
1998	20	905.09	2.956692	908.1408
1999	21	910.17	2.959123	912.3942
—	—	6284.62	20.67216	6284.819

$$b=\left(\frac{S_3-S_2}{S_2-S_1}\right)^{\frac{1}{m}}=\left(\frac{20.67216-20.50649}{20.50649-20.21494}\right)^{\frac{1}{7}}=\left(\frac{0.16567}{0.29155}\right)^{\frac{1}{7}}=0.922429$$

$$\lg a=(S_2-S_1)\frac{b-1}{b(b^m-1)^2}=0.29155\times\frac{0.922429-1}{0.922429\times(0.922429^7-1)^2}=-0.131520$$

$$\lg K=\frac{1}{m}\left(S_1-\frac{b(b^m-1)}{b-1}\lg a\right)$$

$$=\frac{1}{7}\times\left\{20.21494-\frac{0.922429\times(0.922429^7-1)}{0.922429-1}\times(-0.131520)\right\}=2.984314$$

所以 $a=0.738720$，$K=964.526135$。

人口数的 Gompertz 曲线方程为：

$$\hat{Y}_t=964.526135\times(0.738720)^{0.922429t}$$

将 $t=1$，2，…，21 代入上述方程，即得 1979—1999 年人口数的趋势值（见表 9.11 的最后一列）。将 $t=24$ 代入方程，得 2002 年人口数的预测值为：

$$\hat{Y}_{24}=[964.526135\times(0.738720)^{0.922429^{24}}]\text{万人}=923.37\text{ 万人}$$

⑤Logistic 曲线　Logistic 曲线的一般形式为

$$\hat{Y}_t=\frac{1}{K+ab^t}$$

式中　K、a 和 b——未知常数，$K>0$，$a\neq 0$，$0<b\neq 1$。

Logistic 曲线所描述的现象的特征与 Gompertz 曲线类似。曲线中未知常数的确定方法与修正指数曲线类似，只是以观察值 $\hat{Y}_t$ 的倒数为基础来计算。

9.5 移动平均法

参照有关资料，对移动平均法对如下梳理。

移动平均法是对原有价格按照时间序列进行修匀，即采用逐项递移的方法分别计算一系列移动的时序价格平均数，形成一个新的派生平均价格的时间序列，借以消除价格短期波动的影响，显现出价格变动的基本发展趋势。在运用移动平均法时，一般应按照房地产价格变化的周期长度进行。

移动平均法是时间序列分析中的一种，本质上属于一种高级外推法。它通过对历史数据求平均，消除其中的极端值，将预测建立在经过平滑处理后的中间值上。这样一来，在影响价格的众多因素中，偶然性因素就被剔除，系统性因素得到保留。通过求取移动平均数，人们能更好地把握原始变量的变动方向，进一步提高预测的准确度。

在实际运用中，移动平均法有简单移动平均法和加权移动平均法之分。

1. 简单移动平均法

$$\text{MA}_1=(P_1+P_2\cdots+P_n)\div n$$

$$\text{MA}_2=(P_2+P_3\cdots+P_{n+1})\div n$$

式中　P_1，P_2，…，P_n——权重；

MA_1，MA_2——移动的时序价格平均数；

1，2，…，n——时序数。

2. 加权移动平均法

$$MA_W = (P_1 \times 1 + P_2 \times 2 + \cdots + P_n \times n) \div (1 + 2 + \cdots + n)$$

式中 MA_W——加权的价格移动平均数。

9.5.1 简单移动平均法

【例 9-9】 某类房地产 2004 年各月的价格如表 9-11 中第 2 列所示。由于各月的价格受某些不确定因素的影响，时高时低，变动较大，如果不予分析，不易显现其发展趋势。如果把每几个月的价格加起来计算其移动平均数，建立一个移动平均数时间序列，就可以从平滑的发展趋势中明显地看出其发展变动的方向和程度，进而可以预测未来的价格。

解：在计算移动平均数时，每次应采用几个月来计算，需要根据时间序列的序数和变动周期来确定。如果序数多，变动周期长，则可以采用每 6 个月甚至每 12 个月来计算；反之，可以采用每 2 个月或每 5 个月来计算。对本例房地产 2004 年的价格，采用每 5 个月的实际值计算其移动平均数。计算方法是：把 1—5 月的价格加起来除以 5 得 684 元/m²，把 2—6 月的价格加起来除以 5 得 694 元/m²，把 3—7 月的价格加起来除以 5 得 704 元/m²，依此类推，见表 9-11 中第 3 列。再根据每 5 个月的移动平均数计算其逐月的上涨额，见表 9-11 中第 4 列。

表 9-11 某类房地产 2004 年各月的价格 （单位：元/m²）

月份	房地产价格实际值	每 5 个月的移动平均数	移动平均数的逐月上涨额
1	670		
2	680		
3	690	684	
4	680	694	10
5	700	704	10
6	720	714	10
7	730	726	12
8	740	738	12
9	740	750	12
10	760	762	12
11	780		
12	790		

假如需要预测该类房地产 2005 年 1 月的价格，则计算方法如下：由于最后一个移动平均数 762 与 2005 年 1 月相差 3 个月，所以预测该类房地产 2005 年 1 月的价格为：

$$762\ 元/m^2 + 12\ 元/m^2 \times 3 = 798\ 元/m^2$$

【例 9-10】 已知 2006 年某市住宅房地产 1—12 月的价格（见表 9-12），求 2007 年 1 月的预测值。

简单移动平均法只适合近期预测，而且是预测目标发展趋势变化不大的。

表 9-12　某市住宅房地产 2006 年各月的价格　　　（单位：元/m^2）

月份	实际平均价格	3 个月移动平均值	5 个月移动平均值
1	1692		
2	1432		
3	1736		
4	1780	1620	
5	2108	1648	
6	1716	1876	1748
7	1704	1868	1756
8	2008	1844	1808
9	1920	1808	1864
10	1536	1876	1892
11	1708	1824	1776
12	1784	1720	1776
2007 年 1 月		1676	1808

解：本例 $n=5$ 拟合较好，故 2007 年 1 月的预测价格为 1808 元/m^2。

9.5.2　加权移动平均法

加权移动平均法是将估价时点前每若干时期的房地产价格的实际值经过加权之后，再采用类似简单移动平均法的方法进行趋势估计。需要对实际值进行加权的理由，与在前面平均增减量法和平均发展速度法中所讲的相同。

为了重视近期数据的影响，可以对历史数据分别给予不同权数，进行加权平均，以末期的加权平均数去预测下期。公式为：

$$MAW=(P_1\times1+P_2\times2+\cdots+P_n\times n)\div(1+2+\cdots+n)$$

【例 9-11】 某地区某类房地产 1989—1998 年的平均价格见表 9-13，试用加权移动平均法预测 1999 年该类房地产的平均价格。

表 9-13　1989—1998 年房地产平均价格

年份	实际平均价格（元/m^2）	三年加权移动平均预测值（元/m^2）	相对误差
1989	1588		
1990	1550		
1991	1555		
1992	1665	1560	6.31%
1993	1788	1610	9.93%
1994	1973	1708	13.43%
1995	2180	1860	14.68%
1996	2235	2045	8.5%
1997	2320	2173	6.36%
1998	2450	2268	7.45%

解：1999 年价格 = $[3\times2450+2\times2320+2235/(1+2+3)]$元/m² = 2370 元/m²

这个预测值偏低，不太理想，应该修正。其方法是首先计算总的平均相对误差。平均相对误差 = (6.31% + 9.93% + 13.43% + 14.68% + 8.5% + 6.36% + 7.45%)/7 = 9.53%

修正后 1999 年价格 = 2370 元/m²/(1 − 9.53%) = 2620 元/m²

9.6 指数修匀法

参照有关资料，对指数修匀法做如下梳理。

9.6.1 指数修匀法的基本原理

指数修匀法是以本期的实际值和本期的预测值为根据，经过修匀之后得出下一时期预测值的一种预测方法。

设：P_i为第 i 期的实际值；V_i为第 i 期的预测值；V_{i+1}为第 $i+1$ 期的预测值；a 为修匀常数，$0\leqslant a\leqslant1$。则：

$$V_{i+1}=V_i+a(P_i-V_i)=aP_i+(1-a)V_i$$

在实际计算时，用 $V_{i+1}=aP_i+(1-a)V_i$这个公式进行预测，要比用 $V_{i+1}=V_i+a(P_i-V_i)$这个公式方便一些。用指数修匀法进行预测的关键在于确定 a 的数值，一般认为 a 的数值可以通过试算来确定。例如，对同一个预测对象用 0.3、0.5、0.7、0.9 进行试算，用哪个常数 a 修正的预测值与实际值的绝对误差最小，就以这个常数来修正最合适。a 根据实际情况和经验确定，a 越大，本期的预测值越接近上一期的实际值；a 越小，本期的预测值越接近上一期的预测值。

9.6.2 平滑系数的确定

在房地产价格的长期趋势变动为接近稳定的常数时，a 取中间值，即 0.4 ~ 0.6。

在房地产价格呈现出明显的季节性变动时，a 取较大的值，即 0.6 ~ 0.9。

在房地产价格的长期趋势变动比较缓慢时，a 取较小的值，即 0.1 ~ 0.4。

【例 9 − 12】 已知某类商铺 1997—2005 年年租金，通过表 9 − 14 来说明指数平滑法的具体操作。平滑系数 a 取一小一大，即 $a=0.1$，$a=0.9$，以便比较评估结果。

表 9 − 14 某类商铺年租金资料及指数平滑法相关计算表

年份	商铺年租金 p_t（元/m²）	指数平滑法预测结果 P_{t+1}（元/m²）	
		$a=0.1$	$a=0.9$
1997	245	(306)	(306)
1998	306	245 × 0.1 + 306 × 0.9 = 300	245 × 0.9 + 306 × 0.1 = 251
1999	370	306 × 0.1 + 300 × 0.9 = 301	306 × 0.9 + 251 × 0.1 = 301
2000	422	370 × 0.1 + 301 × 0.9 = 308	370 × 0.9 + 301 × 0.1 = 363
2001	475	422 × 0.1 + 308 × 0.9 = 319	422 × 0.9 + 363 × 0.1 = 416
2002	560	475 × 0.1 + 319 × 0.9 = 335	475 × 0.9 + 416 × 0.1 = 469

（续）

年份	商铺年租金 p_t（元/m^2）	指数平滑法预测结果 P_{t+1}（元/m^2）	
		$a=0.1$	$a=0.9$
2003	618	560×0.1+335×0.9=357	560×0.9+469×0.1=550
2004	710	618×0.1+357×0.9=383	618×0.9+550×0.1=611
2005	826	710×0.1+383×0.9=416	710×0.9+611×0.1=700
2006	—	826×0.1+416×0.9=457	826×0.9+700×0.1=813

注：（　）内初始趋势值以下一期的实际值代替。

在表 9－6 中，当 $a=0.1$ 时，比较忽视实际值的作用，因而评估值与实际值相差较大，显然不太合理。当 $a=0.9$ 时，说明重视实际值的作用，这样评估结果与实际值比较接近。由于 a 值毕竟不是 1，所以通过平滑系数 a 值的作用可以消除一些随机因素影响。

【例 9－13】 已知 2002 年各月份商品房价格的指数平滑值（见表 9－15），用指数平滑法预测 2003 年 1 月的商品房价格。

表 9－15　2002 年各月份商品房价格　　（单位：元/m^2）

月份	实际数	$a=0.1$	$a=0.5$	$a=0.9$
1	2958	2958.0	2958.0	2958.0
2	2938	2958.0	2958.0	2958.0
3	2861	2956.0	2948.0	2940.0
4	2797	2946.5	2904.5	2868.9
5	2731	2931.6	2850.8	2804.2
6	2712	2911.6	2790.9	2738.3
7	2770	2891.6	2751.5	2714.6
8	2799	2879.4	2760.8	2764.5
9	2789	2871.4	2779.9	2795.6
10	2749	2863.2	2784.5	2789.7
11	2832	2851.8	2766.8	2753.1
12	2942	2849.8	2799.4	2824.1
平均值	2823.2			

解：$\hat{P}_{i+1}=aP_i+(1-a)\hat{P}_i$

2003 年 1 月价格的指数平滑值 $=0.9\times2942$ 元/m^2 $+(1-0.9)\times2824.1$ 元/m^2 $=2930.2$ 元/m^2

阅读材料

季节指数法及其应用

季节指数法通过中心化移动平均的调整，消除季节性变动和不规则变动影响，得到较为平稳的平均值；季节指数反映季节变动值。

（1）季节指数法的基本原理　季节变动是时间序列构成的一种主要成分，它是指现象在一年内随着季节的交替而引起的比较有规律的变动。分析季节变动的主要方法是计算季节比率（季节指数）。季节比率是反映时间序列季节变动的一种相对数。

计算季节比率的方法有同期平均法和趋势剔除法。

1）同期平均法。同期平均法是用时间序列各年同一时期的平均数与各年的总平均数的对比来求季节比率的方法。季节比率的计算公式为：

$$\text{季节比率} = \frac{\text{同一时期平均数}}{\text{总平均数}}$$

这一方法主要适用于没有明显的趋势变动的时间序列。

【例 9-14】 某公司1996—1999年各季度的销售额资料见表9-16，用同期平均法计算各季度销售额的季节比率。

表 9-16　1996—1999 年各季度的销售额　（单位：万元）

年份＼季度	一季度	二季度	三季度	四季度
1996	4.8	4.1	6.0	6.5
1997	5.8	5.2	6.8	7.4
1998	6.0	5.6	7.5	7.8
1999	6.3	5.9	8.0	8.4

解：有关的计算过程见表9-17。

表 9-17　1996—1999 年销售额季节比率的计算表　（单位：万元）

年份＼季度	一季度	二季度	三季度	四季度	全年合计
1996	4.8	4.1	6.0	6.5	21.4
1997	5.8	5.2	6.8	7.4	25.2
1998	6.0	5.6	7.5	7.8	26.9
1999	6.3	5.9	8.0	8.4	28.6
同季平均	5.725	5.2	7.075	7.525	6.38125
季节比率	89.72%	81.49%	110.87%	117.92%	100.00%

计算结果表明，该公司的销售额具有明显的季节性。二季度的季节比率最低，是销售的低谷，比全年平均低18.51%；四季度的季节比率最高，是销售的高峰，比全年平均高17.92%。

同期平均法计算简便，容易掌握。但由于其没有考虑长期趋势的影响，故其对季节比率的计算不够准确。

2）趋势剔除法。趋势剔除法的特点是先将时间序列中的长期趋势加以剔除，然后再计算季节比率。确定时间序列的长期趋势一般采用移动平均法，也称为移动平均趋势剔除法。

移动平均趋势剔除法计算季节比率的步骤为：

第一步：根据各年的月份（或季度）数据，计算 12 个月（或 4 个季度）的移动平均趋势值 T。

第二步：将各月份（或季度）的实际值除以相应的趋势值，得到各月份（或季度）的季节分量。

第三步：将各年同月份（或季度）的季节分量加以平均，即得各月份（或季度）的季节比率。

【例 9－15】 根据例 9－14 中表 9－16 的资料，用移动平均趋势剔除法计算销售额的季节比率。

解：有关的计算过程见表 9－18。

表 9－18　销售额季节比率的计算表　　（单位：万元）

年度	季度	销售额	四季移动平均	趋势值 T	季节分量
1996	1	4.8	5.350	—	—
	2	4.1	5.600	—	—
	3	6.0	5.875	5.475	109.6
	4	6.5	6.075	5.738	113.3
1997	1	5.8	6.300	5.975	97.1
	2	5.2	6.350	6.188	84.0
	3	6.8	6.450	6.325	107.5
	4	7.4	6.625	6.400	115.6
1998	1	6.0	6.725	6.538	91.8
	2	5.6	6.800	6.675	83.9
	3	7.5	6.875	6.763	110.9
	4	7.8	7.000	6.838	114.1
1999	1	6.3	7.150	6.938	90.8
	2	5.9		7.075	83.4
	3	8.0		—	—
	4	8.4		—	—

（2）季节指数在房地产估价中的应用　季节指数法是指以价格的循环周期（一般为 1 年）为移动期计算移动平均值，并在移动平均值的基础上计算季节指数，然后以最后一个移动平均值、增长趋势值及季节指数为依据，对房地产价格进行计算：

$$Y=(a+bT)X_i$$

式中　a——最后一个中心化移动平均值，相当于截距；

b——最后两个中心化移动平均值之差，相当于斜率；

T——间隔期；

X_i——相应的季节指数。其中 i 为期数，$1<i<$ 移动期。

本章小结

本章主要介绍长期趋势法的基本原理、长期趋势法的应用、长期趋势法的操作步骤与内容。教学重点：长期趋势法的应用条件与操作步骤。教学难点：移动平均法、季节指数法及其应用。

同时补充阅读材料——中外长期趋势法估价发展综述，使学生对国内外长期趋势法价值理论、国内外长期趋势法研究、应用状况有所了解。

练习题

一、名词解释

长期趋势法

二、问答题

1. 在房地产估价中应如何运用简单平均法的几种方法？
2. 为什么说平滑系数的取值是运用指数平滑法的关键？
3. 举例说明直线趋势法和曲线趋势法在房地产估价中的运用。

三、选择题（1～4 题为单选题，5～9 为多选题）

1. 某类房地产 1994—1998 年的价格分别为 910 元/m^2、1190 元/m^2、1490 元/m^2、1810 元/m^2、2110 元/m^2，按平均增减量趋势法估计，该类房地产于 1999 年的价格为（　　）元/m^2

   A. 2390　　B. 2410　　C. 2430　　D. 2450

2. 直线趋势法公式 $Y = a + bX$ 中，X 表示（　　）。

   A. 价格　　B. 预测价格　　C. 价格变动率　　D. 时间

3. 直线趋势法属于（　　）中的一种方法。

   A. 平均增减量法　　B. 指数曲线趋势法　　C. 移动平均法　　D. 数学曲线拟合法

4. （　　）是对原有价格按照时间序列进行修匀，采用逐项递移的方法分别计算一系列移动的时序价格平均数，形成一个新的派生平均价格的时间序列，借以消除价格短期波动的影响，显现出价格变动的基本发展趋势。

   A. 指数修匀法　　B. 移动平均法　　C. 平均发展速度法　　D. 数学曲线拟合法

5. 具体的长期趋势法主要有（　　）。

   A. 数学曲线拟合法　　B. 平均增减量法　　C. 平均发展速度法　　D. 移动平均法和指数修匀法

6. 数学曲线拟合法主要有（　　）。

   A. 直线趋势法　　B. 指数曲线趋势法

   C. 二次抛物线趋势法　　D. 平均增减量法

7. 移动平均法（　　）。

   A. 是对原有价格按照时间序列进行修匀

   B. 采用逐项递移方法分别计算一系列移动的序时价格平均数

C. 形成一个新的派生平均价格的时间序列，借以消除价格短期波动的影响，显现出价格变动的基本发展趋势

D. 一般是按照房地产价格变化的周期长度进行移动平均

8. 长期趋势法主要用于对房地产未来价格的推测判断，如用于假设开发法中预测未来开完成后的房地产价值，此外还可以（　　）。

A. 用于收益法中对未来净收益等的预测

B. 用于比较法中对可比实例价格进行交易日期修正

C. 用来比较、分析两宗（或两类）以上房地产价格的发展趋势或潜力

D. 用来填补某些房地产历史价格资料的缺乏等

9. 下列关于长期趋势法的描述正确的有（　　）。

A. 长期趋势法是根据房地产价格在长期内形成的规律做出判断

B. 长期趋势法是借助历史统计资料和现实调查资料来推测未来，通过对这些资料的统计、分析得出一定的变动规律，并假定其过去形成的趋势在未来继续存在

C. 长期趋势法适用的对象是价格无明显季节波动的房地产

D. 长期趋势法的适用条件是拥有估价对象或类似房地产的较长时期的历史价格资料，而且所拥有的历史资料要真实

第10章 基准地价评估法

【教学目的】通过学习要求学生掌握基准地价的概念、特点、评估原理和评估原则，并在此基础上掌握城镇土地基准地价的评估方法和步骤，最后运用基准地价系数修正法评估宗地地价；了解基准地价和基准地价评估的含义。

【重点难点】重点在于城镇土地基准地价的评估方法和步骤。难点在于运用基准地价系数修正法评估宗地地价。

【能力点描述】熟悉城镇基准地价的评估思路和技术路线；能够应用基准地价系数修正法进行具体宗地的估价。

10.1 基准地价概述

参照有关资料，对基准地价基本概念做如下梳理。

10.1.1 基准地价的概念、特征和作用

1. 基准地价的概念

基准地价是指在宗地估价的基础上，评估出的各个级别或各个均质地域不同用途的土地的土地使用权，在某一估价基准日法定最高年期的平均价格。它是目前区域平均地价的最常见形式，包括城镇用地基准地价和农用地基准地价。

城镇基准地价是以一个城镇为对象，在该城镇一定区域范围内，根据用途相似、地块相连、地价相近的原则划分地价区段，调查评估出的各地价区段在某一时点的平均价格。

阅读材料

我国不同城市的基准地价

在我国不同城市，基准地价的内涵、构成、表达方式等可能不同，具体调整的内容和方法也不完全相同。根据基准地价的内涵、构成、表达方式等的不同，基准地价分为不同类别。例如，可分为熟地价和生地价，尤其是在城市建成区内可能包含市政配套费和拆迁补偿安置费；可分为土地级别的基准地价、区片价的基准地价和路线价的基准地价；还可分为用土地单价表示的基准地价和用楼面地价表示的基准地价。根据对应的用途、容积率和土地使用年限等也有不同分类，如在评估基准地价时设定的土地使用年限可分为无限年、相应用途的法定最高年限，或是统一为某个固定年限，如50年等。

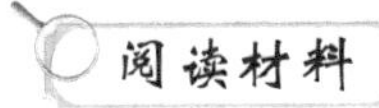

湖北省城镇基准地价的内涵

湖北省城镇基准地价见表 10－1。

表 10－1　湖北省城镇基准地价

类型		基准日	年限（年）	土地开发程度	容积率
特大及大城市	商业用地	2006－6－30	40	“六通一平”或以上	1.8～2.5
	住宅用地	2006－6－30	70	“六通一平”	1.5～2.0
	工业用地	2006－6－30	50	“五通一平”	0.6～1.0
中等城市	商业用地	2006－6－30	40	“五通一平”	1.5～2.0
	住宅用地	2006－6－30	70	“五通一平”	1.0～1.6
	工业用地	2006－6－30	50	“三通一平”	0.4～0.8
小城市	商业用地	2006－6－30	40	“五通一平”	1.0～1.2
	住宅用地	2006－6－30	70	“五通一平”	0.5～0.8
	工业用地	2006－6－30	50	“三通一平”	0.3～0.4

2. 基准地价的特征

（1）基准地价是一种区域性的价格　这个区域可以是级别区域，也可以是区段，因而基准地价的表现形式通常为区片价和路段价，或两者结合起来共同反映某种用途的土地使用权价格。所以，基准地价不是某一宗地的价格，它是与一定的区域相联系的，对于该区域的地价具有指示作用。

阅读材料

（1）基准地价的评估区域的形式：级别、区片和区段。

（2）基准地价的三种表现形式：级别基准地价、区片基准地价、区段基准地价。

（2）基准地价是一种分用途的价格　不同用途土地的基准地价存在差异性；城镇用地基准地价通常包括三大类，即商业用地基准地价、住宅用地基准地价和工业用地基准地价；有些城镇根据其特殊情况，还包括其他用途的基准地价，如旅游用地基准地价等。农用地基准地价主要包括耕地基准地价、园地基准地价、林地基准地价、水域基准地价和荒草地基准地价。

（3）基准地价是平均性价格　它是某地区土地等级、特定用途、一定时间内的平均价格，反映的只是各区域各类用地的平均价格水平。在某一区域中，具体某一宗地的价格可能高于或稍低于此平均价格。

（4）基准地价具有现实性，是评估出的一定时期内的价格　就城镇而言，不同用途土地使用权的出让最高年限不同，基准地价的年限也不同。一般而言，各个用途基准地价的年期应以各个用途的最高出让年期为准。就农用地而言，目前还没有明确规定，一般取 30 年为农用地基准地价的年期。

（5）基准地价具有时效性　基准地价反映的只是一定时期内地价的总体水平及其空间变化规律。随着社会、经济和环境发展的影响，地价会产生波动，基准地价也会发生变化。基准地价作为一种价格标准，必然有一定的时效性。为了保证基准地价的有效性和现时性，客观反映地价的市场变化，必须每隔一定时期对基准地价进行更新。

（6）基准地价是一种控制性价格　基准地价不是土地的市场交易价格，是国家对土地市场进行宏观调控的一种价格。市场上最终达成的价格，是以基准地价为依据，根据市场行情确定的。

（7）基准地价是一种具有权威性的价格　基准地价一般由政府组织有关专家组成的专门估价机构估算，并由政府审定、认可和定期公布，因而具有权威性。

（8）基准地价与土地开发利用程度有关　土地开发利用程度对基准地价有影响。为了便于比较，基准地价必须设定开发利用程度。由于各个城市之间土地开发利用程度存在差异，为了便于比较，采取分类确定基准地价的开发利用程度是合理的。

（9）基准地价是土地使用权价格　基准地价是开发为熟地后的完整意义上的地价，即熟地使用权地价。

（10）基准地价一般都要覆盖整个城市建成区

3. 基准地价的作用

基准地价作为一种具有指导性作用的土地价格标准，其作用主要表现在以下五个方面。

（1）为政府宏观调控土地市场提供依据　科学合理的基准地价反映了土地市场的地价水平和变动趋势，政府借以掌握土地市场价格水平的变化、调节土地的供需、促进土地有效配置和土地市场健康发展，并制定土地市场管理措施。

（2）国家征收土地税收的依据　根据国外经验，土地税都是从价征税。我国目前由于缺乏价格标准，仍未达到这一步，土地使用税征收的税额偏低，且不能体现土地收益级差，远不能达到利用土地使用税这一经济杠杆调节土地利用和级差收益的目的。因此，科学、合理、公开的基准地价可为科学征收土地使用税等提供依据。

（3）合理调整土地利用方式和结构的经济杠杆　在市场经济中，土地价格直接影响土地利用。政府定期评估并公布基准地价，可以使投资者和土地使用者及时了解不同地段、不同用途的地价水平和变动趋势，从而根据自身需要和支付地租、地价的能力调整土地利用方式和结构，最终通过经济手段实现土地合理利用的目的。

（4）进一步评估宗地地价的基础　基准地价反映了某一区域或级别内宗地的平均价格，该区域或级别内宗地的地价都围绕基准地价上下波动。根据宗地条件对基准地价进行修订，即可方便地得到具体宗地的地价。

（5）制定出让国有土地使用权最低价的依据和参考标准　基准地价是城市内不同部分土地利用的收益差异较公正、客观的反映，是制定协议出让国有土地使用权底价的依据和标准。根据基准地价，政府可以确定土地使用权的出让价格。

（6）政府参与土地有偿使用收益分配的依据　这是基准地价的作用之一，引导土地资源在行业部门间合理配置。

10.1.2　基准地价评估

1. 基准地价评估的含义、原则、原理和任务

（1）基准地价评估的含义　基准地价系数修正法是我国《城镇土地估价规程》和《房

地产估价规范》中公布的一种土地使用权估价方法，主要用于大宗土地使用权出让价格评估。

基准地价评估是指在对有收益的土地或发生交易的土地进行估价的基础上，按照一定的程序、原则、方法对各级土地或各区域土地的平均价格进行的评估工作。基准地价评估是为建立基准地价定期公布制度而进行的，是一项涉及社会、经济、城市规划以及生态环境等多方面的复杂的系统工作。

（2）基准地价评估的原则

1）评估时土地用途以现状为主，适当考虑规划。基准地价的市场导向性等作用，要求评估出的基准地价以目前实际存在的土地利用现状为主，据此反映现实土地收益的高低和支付地租、地价的能力。对于某些城市规划实施或社会经济发展可能造成地价上涨的局部区域，在没有达到规划的土地条件时，仍应按原用途评估。但考虑到成果的应用要求，可在按现状评估的基准地价的基础上，以其规划为参考，评估出规划实现后区域未来的基准地价标准。

2）土地使用价值评定和土地价格测算相结合的原则。土地使用价值决定人们对某一类型或某一区位地块的需求程度，市场供求关系决定地价水平的高低。在正常的土地条件下，在同一市场供需圈内，相同使用价值的土地应具有相同的价格水平。在目前我国土地市场不太成熟的情况下，宗地价格多是采用收益法评估得到的收益价格，土地使用权直接转移所形成的地价与真实价格（即收益价格）相差较大。因此，通过土地使用价值相同区域中收益价格的比较分析，可排除其他因素对地价的非正常影响，较好地评估出基准地价。

3）各类用地分别评估，多种方法综合运用。由于各类用地的利用效益存在较大的差异，各类用地价格的变化规律也不相同，所以城乡各类用地的价格应分别评估，不能以某种用地类型的价格代表其他用地类型的价格。另外，为了消除因资料收集途径的差异而产生的影响，应采用多种方法计算，使之相互比较、互为补充。

4）与社会经济水平相适合、相协调。经济发展水平决定了地价水平的高低，反过来，地价水平的高低又对经济发展产生很大的影响。在确定基准地价时，既要从土地的使用价值和价值出发，又要与城市社会经济发展水平相适合、相协调。因此，在评估基准地价时，既不能让国家所有或集体所有的土地资产大量流失，也能不影响城乡社会经济发展的形势，并应在一定程度上促进城乡社会经济发展。

5）因地制宜选择估价技术路线。根据各地的具体条件和土地市场状况，选择相应的基准地价评估的技术路线。例如，对于土地市场不太活跃的地区，可选择“土地分等定级为基础，土地收益为依据，土地市场交易价格为参考”的技术路线；对于土地市场较为活跃的地区，可选择“在土地等级或均质区域划分的基础上，以市场资料为主进行评估”的技术路线。

（3）基准地价评估的原理

1）土地收益是基准地价评估的基础。地价是土地预期收益的资本化，市场交易价格是土地收益在土地市场中的直接反映，土地收益的高低直接决定了地价的高低。因此，正确测算土地收益是评估基准地价的基础。

2）土地位置差异给土地使用者带来不同的土地收益，是评估基准地价的依据。按照经济学理论和土地估价的要求，土地位置是决定土地收益和价格的最主要因素。土地位置的差异能给直接利用土地的使用者带来不同的超额利润。超额利润的大小，决定了土地所有者收取地租的标准，也决定了土地使用者支付地租的能力大小或土地购买者愿意支付地价购买预期收益的地价标准。影响土地位置差异的主要因素有商服繁华程度、基础设施条件、交通条件、生活环境、自然环境等。

3）各行业对土地质量的要求不同是形成不同行业用地的基准地价的基础。土地质量即土地的使用价值，土地质量的优劣是由土地自身条件和社会经济条件综合作用的结果。人类各种经济活动对土地质量的要求不同，其用地效益也存在较大的差异，因此，所评估的不同行业用地的基准地价是不一样的。

4）不同用途的土地在空间地域上都有其最佳区位，使不同用地基准地价具有不同的空间分布规律。根据土地区位理论，区位是决定土地利用效益的主要因素。以城镇为例，由于土地区位的差异，同一行业在不同区位上所能获得的利用效益相差很大，不同行业在同一区位上的利用效益也存在明显的差异。而利用效益的大小，决定了土地所有者收取地租的多少，也决定了土地使用者支付地租能力的高低。在市场条件下，土地使用者都会根据地租地价的高低，找到不同用途的土地的最佳区位。因此，不同用途土地的基准地价就具有不同的变化规律，在城镇中呈现出不同的空间格局。

5）土地利用机构在一定时期内的相对稳定性和长期趋势上的变化性是基准地价相对稳定和不断变化的前提。社会经济的发展，行业聚集效应和土地市场的发展，使不同土地利用类型分布大体合理、结构基本稳定，评估出的基准地价在一定时期内也相对稳定。随着城乡建设的加快、社会经济的发展、行业聚集效益和土地市场的变化，过去合理的土地利用格局现在不一定合理，这就需要对不合理的土地利用格局进行调整。基准地价就是现实土地利用效益的体现，它将随着土地利用状况的变化而变化。

阅读材料

基准地价评估的基本思路与技术路线

（1）基本思路　根据基准地价考虑它和二级市场评估的市场公允价在口径上的不同，利用系数把它修正为二级市场的评估价。

（2）技术路线

1）以土地定级为基础，以土地级差收益为依据，市场交易资料为参考，评估城镇基准地价。

2）以土地条件划分均质地域，依据市场交易资料评估城镇基准地价。

3）以土地定级为基础，以市场交易资料为依据评估城镇基准地价。

第一条技术路线：

在理论上：在目前的级差收益测算模型中，只考虑了三个因素：土地、资本、劳动力。但是在目前的情况下，除了这三个传统的生产要素以外，技术和管理因素对企业利润的影响也越来越显著。

在实践中：由于企业利润资料很难收集，根据企业利润测算土地级差收益难以进行。

所以第一条技术路线存在问题。

第二条技术路线：

从全国各地的情况来看，基准地价的评估区域大不一样。由于基准地价的评估区域的确定方法不同，所评估出来的基准地价就会相差很大。例如，一些城镇在某时期的一级商业用地基准地价：

北京：3200 ~ 5400 元/m^2

新乡：800 ~ 1500 元/m^2

南京：3000 ~ 5000 元/m^2

柳州：3000 ~ 5000 元/m^2

这样，全国各个城镇基准地价就无法比较，这对国家宏观管理土地市场是不利的。因此，有必要统一基准地价评估区域的确定方法。

（4）基准地价评估的任务　基准地价评估的任务是以城市（镇）整体为单位，针对城镇内的各土地级别的不同区域类型，按不同用途评估出基准地价，并在基准地价的基础上，分用途、区域分析地价影响因素与地价的关系，建立起在基准地价基础上评估宗地价的修正体系。

2. 城镇用地基准地价评估

（1）城镇用地基准地价评估的思路和技术路线

1）城镇用地基准地价评估的思路。首先应将城镇土地按影响土地使用价值的土地条件和区位优势，划分为土地条件均一或土地使用价值相等的区域或级别，并进行不同区域归类。然后分级别或区域类别，从土地使用者已取得的土地超额利润、土地交易中成交的地租和市场交易价入手，测算出不同行业用地在不同土地级别或土地条件均质区域上形成的土地收益或地价，进而评估出基准地价。

2）城镇用地基准地价评估的技术路线。根据国家颁布《城镇土地估价规程》的要求和实践，基准地价评估主要有以下两条技术路线。

①以土地定级为基础，土地收益为依据，市场交易资料为参考评估基准地价。

②用土地条件划分均质区域，用市场效果等资料评估基准地价。

（2）城镇用地基准地价评估的程序

1）确定基准地价评估区域。确定基准地价评估的均质区域是当前城镇基准地价评估工作的基础，其标准是影响土地价格因素指标的相对一致性。目前划分基准地价评估区域的方法主要有两种：一种是利用影响土地使用价值或价格的因素的差异性和一致性划分土地级别；另一种是在城镇土地使用分区的基础上，按区域土地利用条件的差异，划分不同的土地条件均质区域。

2）基准地价评估资料的调查与收集。基准地价评估是根据已有的地价、地租及土地收益资料，综合评估各级别、区域分用途的平均价格，所收集资料的真实性和准确性将直接影响到基准地价的评估结果，因此资料的调查与收集工作是基准地价评估的重要环节。

在当前的市场条件下，基准地价的测算资料主要有：能反映出地租、地价的资料，如土地使用权出让、转让、出租、抵押等价格资料和土地征用、拆迁过程中涉及的各项费用资料；房地产交易、出租中包含的地价资料，如房屋买卖、出租、土地联营入股资料等；企业经营活动中利用土地的收益资料，如土地上的企业生产经营资料和土地出让、转让、地租等资料。

收集到资料后，要逐表审查调查资料，将缺少主要项目、填报数据不符合要求和数据明显偏离正常情况的样本剔除。然后，将初审合格的样本资料，分别按土地级别或均质地域、土地用途、土地使用权转移方式等进行归类，以便分类进行样点地价测算。

3）整理信息资料。

①土地市场交易资料整理。利用收集到的房地产市场交易、出租等资料，可采用收益法、成本法和假设开发法等测算样点地价，然后对样点地价进行包括使用年期、交易时间和容积率等内容的修正，最后根据各城市划定的基准地价评估区域，对样点地价进行分类统计，编制样点地价分布图，建立样点信息数据库。

②土地利用收益资料的整理。首先，根据城镇特点和不同土地利用类型获得的经济收益的差异进行土地级别划分。土地定级中的单元总分值和土地级别都是反映土地质量的标准。有时，为了在土地级别基础上提高基准地价评估精度，可以将土地单元总分值转换为单元土地质量指数用于收益测算。单元土地质量指数计算公式如下：

$$X_m = f_i / n$$

式中　X_m——某单元土地质量指数；

f_i——某单元总分值；

n——土地级别数。

其次，进行企业标准资本额和企业合理工资量的计算。主要包括：

A. 企业标准资本额。由于资本投入到不同企业会产生不同收益率，这造成在单位土地收益相同的情况下，支付地租、地价的能力仍有较大差别。因此，为保证不同行业的收益资料能用于基准地价测算，需将企业资本折算为统一可比的标准资本额。计算公式为：

$$C_s = C_e K_{ci} K_{cs}$$

式中　C_s——企业标准资本额；

C_e——企业实际使用的资本额；

K_{ci}——某用地类型中的某行业或类别企业资本效益折算系数；

K_{cs}——某行业或类别企业在某一规模下的资本效益折算系数。

B. 企业合理的工资量。只有在合理的劳动力数量下支出的工资量，才能给企业带来收益；多余的劳动力不仅不会创造利润，还会增加企业的不合理支出。计算出企业合理的工资量，进而测算企业土地实际利用效益，并进行归类、汇总和建立信息数据库。计算公式为：

$$L_{cs} = L_{ce} L_{ps} / L_{pe}$$

式中　L_{cs}——某企业在标准定员情况下应支出的工资额；

L_{ce}——该企业实际支出的工资额；

L_{ps}——同一技术水平下同等规模的企业应有劳动力的标准数量；

L_{pe}——企业实际占有的劳动力数量。

4）检验样点数据。为了避免样点资料处理中可变参数选择造成地价水平的系统误差，要进行资料处理方法的检验。按照同一区域中不同方法处理的结果应服从同一总体样本、具有一致性的原则，一般采用检验法进行检验。当检验发现样本地价为不同总体的样本时，要考虑调整级别划分或地价计算方法来消除系统误差，直到检验符合要求为止。

另外，还要进行样本总体分布类型检验，即以土地级别或同类型均质区域为单位，对不同类型的样本数据分布类型进行总体检验。最常用的检验方法是 χ^2 检验，检验样本分布函数是否与理论分布吻合，以及符合什么特征。

最后，在样本总体分布属于正态分布时，可用 t 检验法，对非正态分布特征的样本可采用均值 - 方差法进行检验，剔除样本数据的异常值。

5）基准地价评估。

①评估模型选择。用收集的宗地样点地价评估基准地价，应根据地价分布特点和影响地价的因素条件，分析各土地级别或均质区域内土地质量与地价的相关关系，建立合适的基准地价评估模型。

A. 利用地价资料评估基准地价的常用模型主要有以下几种：

a. 指数模型。

$$Y_n = A\ (1+r)\ X_{1n}$$

或

$$Y_n = A\ (1+r)\ aX_{1n}$$

式中　Y_n——第 n 级土地上样本每平方米土地的地价；

r——地价级差系数；

X_{1n}——第 n 级土地级别指数或单元土地质量指数；

A——回归系数；

a——模型待定系数。

对以均质地域为单位，采用指数模型进行不同区域基准地价评估的，模型中的 Y_n、X_{1n} 应分别为区域同一用途样本平均地价和质量指数。

b. 算术平均数模型。

$$Y = \sum X_i/n$$

或

$$Y = \sum X_i S_i / \sum S_i$$

式中　Y——某均质地域或土地级别的平均地价；

X_i——某均质地域或土地级别内可用样点 i 的单元面积地价；

n——某均质地域或土地级别内可利用的地价样点数；

S_i——样点 i 的宗地面积。

B. 利用土地收益资料评估基准地价的常用模型主要有以下几种：

a. 指数模型。

$$Y_n = A(1+r)X_{1n}$$

或

$$Y_n = A(1+r)aX_{1n}$$

式中　Y_n——第 n 级土地上企业每平方米的土地年收益；

r——级差系数；

X_{1n}——第 n 级土地级别指数或单元土地质量指数；

A——回归系数；

a——模型待定系数。

b. 多元线性模型。

$$Y_n = b_0 + b_1 X_{1n} + b_2 X_2 + b_3 X_3$$

式中　Y_n——第 n 级土地上企业每平方米的土地年收益；

X_{1n}——第 n 级土地级别指数或单元土地质量指数；

X_2——每平方米土地上标准资金占用量；

X_3——每平方米土地上标准工资占用量；

b_0——大于零的常数；

b_1, b_2, b_3——土地、资金、劳动力的回归系数。

c. 生产函数模型（多元非线性模型）。

$$Y_n = A(1+r)X_{1n}X_2{}^{b_2}X_3{}^{b_3}$$

式中　Y_n——第 n 级土地上企业每平方米的土地年收益；

r——级差系数；

X_{1n}——第 n 级土地级别指数或单元土地质量指数；

X_2——每平方米土地上标准资金占用量；

X_3——每平方米土地上标准工资占用量；

b_2, b_3——资金、劳动力的回归系数。

d. 分级回归模型。

$$Y_n = F(X_{1n}) + b_2X_2 + b_3X_3 + V$$

式中　Y_n——第 n 级土地上企业每平方米的土地年收益；

$F(X_{1n})$——某级土地上，土地给企业带来的利润，为自变量 X_{1n} 的函数；

X_{1n}——第 n 级土地级别指数或单元土地质量指数；

X_2——每平方米土地上标准资金占用量；

X_3——每平方米土地上标准工资占用量；

b_2, b_3——分别为资金、劳动力的回归系数；

V——误差项。

上述模型各有特点和适用条件，在实际应用中需结合实际，通过分析和实践，具体选用其中的一种或几种同时试用，相互检验。

②参数估计。在模型选择基础上，依据模型中的参数变量，确定是否进行参数估计。一般情况下，只要条件具备，最好能运用模型进行参数估计，通过数量统计分析，可以确定估价精度，检验资料处理中可能出现的一些系统误差；同时，利用模型中建立的土地质量与地价的相互关系，可以较好地处理无样点或样点较少区域的基准地价评估。目前多以普通最小二乘法进行参数估计。

③基准地价评估。主要包括：

第一，利用地价资料评估基准地价。利用指数模型评估基准地价时，确定地价测算模型中的各项系数，并对系数估计值进行可靠性检验后，可将土地级别或均质区域的土地质量指数代入建立的不同用途地价测算模型中，计算出各土地级别或均质区域中不同用途的基准地价。算术平均数模型一般适用于土地市场开发，土地使用权出让、转让、出租等样点地价资料多、分布范围广的城镇。

第二，利用土地收益资料评估基准地价。首先，根据选择的模型进行土地收益的计算；其次，结合土地市场的实际情况，确定土地的还原率；最后，进行基准地价计算。

凡是利用模型测算样点土地收益的，应以土地级别或区域为单位，先算出土地年收益的区域平均值，然后再还原得到基准地价。其计算公式为：

$$I_n = \sum I_{ni}/m$$

式中　I_n——第 n 级土地或区域上不同行业平均的土地年收益；

I_{ni}——第 n 级土地或区域上样本单位面积的土地年收益；

m——第 n 级土地或区域上的样本数量。

在利用上式计算出不同级别或区域土地平均年收益的基础上，可用下式计算出各级别或区域的基准地价：

$$P_{1b} = I_n/r_d \left[1 - 1/(1 + r_d)^n\right]$$

式中　P_{1b}——某一用途土地在某一土地级别上的基准地价；

I_n——某一用途土地在某一土地级别上单位面积的平均收益；

r_d——土地还原率；

n——某一用途土地的法定最高出让年限。

6）基准地价的确定与公布。利用不同的资料、不同的方法测算的基准地价，其结果可能会有所差别，因此必须按照一定的原则，结合当地的实际情况进行估价，才能得到合理、适用的基准地价。

①基准地价确定的原则。基准地价确定的原则主要包括：

第一，以实际测算结果为准，以比较评估的结果为辅。

第二，对于土地市场发达的城镇，以土地市场交易资料评估结果为主，利用级差收益测算结果进行修正。

第三，对于土地市场不发达的城镇，以级差收益测算结果为主，利用市场交易资料测算结果验证。

第四，要以评估结果为基础，充分体现政府土地管理的政策和市场发展方向。

②基准地价的确定。按照基准地价的原则和不同方法评估的结果，采用以下方法确定城镇基准地价。

第一，只用一种方法测算城镇基准地价的，应该以该方法得到的级别或区域商业、住宅、工业基准地价和综合基准地价数据为依据，在适当考虑政府土地管理政策和城市规划等因素的基础上，对评估结果进行适当调整后确定基准地价。

第二，用两种以上方法测算城镇基准地价的，应以级别或区域为单位，利用不同方法的测算结果。根据当地土地市场状况和地价水平，确定用某一方法测算的基准地价或多种方法测算的均值，作为各级别或区域中各用途的基准地价。

③基准地价的公布。各城镇确定的基准地价成果应定期公布，以引导土地市场的交易活动和土地利用。一般来说，以土地级别为单位公布商业、工业和住宅三种用途的基准地价；没有划分土地级别的，公布区域基准地价。

阅读材料

综合用地价格怎样评估

（1）分算法　分算法适用于宗地地块面积较大、用途区分明显且包含普通居住用地的情况。具体方法是：按照该宗地地块内不同用途的分摊土地面积分别评估出商业、住宅等用地在法定出让年限下的价格，并在签订国有土地使用权出让合同和颁发国有土地使用证时，注明各个用途的分摊土地面积和使用年限。

(2) 合算法　合算法适用于宗地地块面积较小、用途区分不明显、不包含普通居住用地或居住用地年限不要求70年使用期的情况。比如立体化、多层次利用的商业办公综合楼或“上住下商”的公寓，由于所占土地面积小，各用途分摊的土地面积基本上是建筑物的基底占地面积。在这种情况下，土地无法进行物理性分割，可以把整宗土地视为一宗综合用地，出让年限统一定为50年。

(3) 基准地价修正系数表的编制　为了更好地发挥基准地价的作用，满足土地管理和土地交易活动等的现实需要，必须分析宗地地价影响因素与基准地价、宗地地价的关系。应用替代原理，编制出的基准地价在不同因素条件下修正为宗地地价的系数体系，以便能在宗地条件调查的基础上，按对应的修正系数快速、高效、及时地评估出宗地地价。

影响地价的因素有一般因素、区域因素和个别因素。由于在一个城市或城市中的某些区域，一般因素的变化只会引起整个城市地价水平的变化，因此基准地价修正因素应主要选择影响宗地地价的区域因素和个别因素。对城市中不同用途土地，影响价格的区域因素及个别因素有很大不同。城市土地按用途分为商业用地、住宅用地、工业用地等，具体影响因素见下列内容。

1）商业用地：

区域因素：商服繁华度、交通便捷度、环境质量优劣度、城市规划限制、其他。

个别因素：宗地形状、宗地面积、临街类型、宽度和进深等。

2）住宅用地：

区域因素：位置、交通便捷度、基础设施完善度、公用设施完备度、环境质量优劣度、城市规划限制、其他。

个别因素：地形、宗地形状、宗地面积、日照、采光、通风、地基承载能力等。

3）工业用地：

区域因素：位置、交通便捷度、基础设施完善度、环境质量优劣度、产业集聚度、城市规划限制、其他。

个别因素：宗地形状、宗地面积、地基承载能力等。

基准地价修正系数表的编制分为级别基准地价修正系数表的编制和区域基准地价修正系数表的编制两类，其编制方法与步骤基本相同，这里简要介绍级别基准地价修正系数表的编制。

1）确定各个土地级别内商业、住宅与工业用地的基准地价。

2）选择编制基准地价修正系数表的因素。

3）样点地价、土地收益资料的收集。以土地质量等级为单位，将收集到的样点地价、土地收益资料，按商业、住宅与工业用地分别归类。然后将已选取的各个样点的地价、土地收益对应的因素条件进行加工。将价格和因素条件进行分类，并计算出各类地价和因素条件的平均值，按价格高低和条件优劣对样点地价和类型排序。对于异常样点，应予分析、剔除。

4）确定各个级别土地中各用地类型的修正幅度。根据各个土地的级别基准地价、选择的因素和地价与土地收益资料，建立各土地级别基准地价与样点地价、土地收益间的关系。

从中选择同类可比较的五个正常收益标准。据此，将五个土地收益或地价标准分别确定为优、较优、一般、较劣和劣五个档次。在五个档次确定的基础上采用等分法，确定五个档次优劣于平均水平的程度，进而确定各个档次相应的修正幅度。

5）基准地价修正系数表编制与因素条件说明。在对各个土地级别、不同用地类型、优劣档次进行相应幅度修正的基础上，可编制基准地价修正系数表，并对各个级别、各种用地类型与相应档次的因素条件做相应的说明。

阅读材料

某城市商业用地地价因素修正系数表（见表 10－2）

表 10－2　某城市商业用地地价因素修正系数表

影响因素＼优劣程度		优 修正系数	较优 修正系数	一般 修正系数	较劣 修正系数	劣 修正系数
区域因素	商业繁华状况	8% ~15%	0 ~8%	0	－8% ~0	－15% ~ －8%
	临路情况	4% ~8%	0 ~4%	0	－2% ~0	－4% ~ －2%
	交通便捷度	6% ~11%	0 ~6%	0	－3% ~0	－6% ~ －3%
	人流量	4% ~7%	0 ~4%	0	－2% ~0	－4% ~ －2%
个别因素	形状	2% ~4%	0 ~2%	0	－2% ~0	－4% ~ －2%
	地形	2% ~3%	0 ~2%	0	－2% ~0	－3% ~2%
	地质	1% ~3%	0 ~1%	0	－1% ~0	－3% ~ －1%

10.1.3　中国城市基准地价评估的发展阶段

1. 第一阶段

第一阶段建立在城市土地定级基础之上，采用数学模型（设想企业利润的基本影响因素有三个：土地级别、资金和劳动力）测算土地级差收益，然后根据地租资本化原理（地价＝地租/利息率）将土地级差收益转化为土地价格。这种基准地价是土地级别的基准地价。

2. 第二阶段

第二阶段仍然建立在城市土地定级基础之上，但在采用数学模型测算土地级差收益将其转化为土地价格的同时，也利用土地经营收益资料、市场交易资料等，直接运用收益法（如租金剥离法）、市场法、假设开发法、成本法等估价方法评估出若干宗地的价格，再以此为参考，确定出各个土地级别的基准地价。

3. 第三阶段

第三阶段不经过土地定级而直接评估出基准地价。先是运用路线价法评估商业路线价区段的基准地价，后来发展为对全部土地进行地价区段划分，通过多种途径（如房地买卖，房地租赁，商业柜台出租，房地入股，以地换房，商品房开发，商店、写字楼、酒店、高档公寓经营等），调查评估出各个地价区段中若干宗土地的价格，再求出这些宗地价格的平均数、中位数或众数，以此确定出各个地价区段的价格。这种基准地价是区段的基准地价。

第三阶段的基准地价评估方法更为科学、实用、直观，但第一阶段和第二阶段的基准地价评估方法在其产生阶段也有其存在的客观背景：当时各地区房地产市场还未发育或刚刚发育，交易实例少，而且分布不均匀，存在着大量交易空白区，如果没有土地级别的控制，就难以测算出交易空白区的基准地价；后来房地产市场虽然有所发育，但还很不健全，市场交易价格畸高或畸低，隐价瞒价情况普遍且严重，信息失真，材料残缺不全，从而难以把握合理的地价水平，直接估价难度也很大；当时人们对国外的房地产估价理论、方法和实际了解不多，大量还是借鉴农地经济评价、地理学和城市规划的有关理论和方法。

10.1.4 基准地价成果的应用和更新

1. 基准地价的应用

基准地价经政府审核批准后，将被应用于土地管理、土地评估和土地市场交易以及相关的多个领域。由于基准地价不同于一般土地价格的特点，为了充分发挥基准地价的作用，应注意以下两点。

1）建立和完善基准地价定期公告制度。

2）确立基准地价的权威性。

2. 基准地价的更新

明确基准地价更新的目的在于应用，如：一些地方过去只有级别基准地价，由于级别范围太大，又没有相应的区片价和区段价作为补充；一些地方过去只有基准地价，没有修正系数体系，使基准地价的作用大打折扣。

以城镇基准地价为例，基准地价的更新主要有以下三种技术路线（农用地基准地价更新可以参照这三种技术路线）：

1）以土地定级为基础，以市场交易地价资料为依据，更新基准地价。

2）以土地定级为基础，以土地收益为依据，以市场交易地价资料为参考，更新基准地价。

3）以土地定级为基础，以地价指数为依据，更新基准地价。

在上述三种技术路线中，第一种和第三种适用于房地产市场比较活跃，房地产交易案例较多的城镇；第二种适用于已完成土地定级，但房地产市场不太活跃，房地产交易案例较少的城镇。基准地价的更新要根据城镇的实际情况选择合适的技术路线。

3. 基准地价更新的类型

1）只需要对区域进行更新，不需要对地价水平进行更新。

①对整个区域进行更新。

②对个别变化较大的区域进行更新。

2）只需要对地价水平进行更新，不需要对区域进行更新。

①对整个区域地价水平进行更新。

②对个别变化较大的区域的地价水平进行更新。

3）对基准地价的区域及其水平都要进行更新。

4. 基准地价更新的原则

基准地价更新，除了要遵循《城镇土地估价规程》规定的估价原则外，还应遵循如下原则。

（1）准确性原则　为确保更新后的基准地价能够反映估价时点的地价水平，必须采用多种方法对地价进行测算，分析比较，最后确定基准地价的水平。

（2）重点性原则　由于城镇各个部分的自然、社会经济条件不一样，所以各个部分的发展速度存在差异。因此，要对变动较大区域及其地价给予特别重视。

（3）动态分析原则　基准地价具有动态性，或者说具有历史继承性。这就要求在更新基准地价时，通过研究过去的地价变化情况，找到地价的变化规律及发展趋势，使基准地价能够比较准确地反映更新期日的实际地价水平。

（4）比较性原则　比较包括纵向比较和横向比较。

纵向比较，就是前面所讲的动态分析。比较内容：相同级别内地价水平变化分析、各种用地类型地价水平变化分析、城市整体地价水平变化分析。

横向比较，这里主要是指各个城镇之间要进行基准地价比较，这样便于平衡和管理。比较内容：与同类型同级别进行比较、与相邻城镇进行比较、与其他城镇进行比较。

（5）预期性原则　确定城镇基准地价时须充分考虑未来价格的变动、城市总体发展战略较远期的变化对地价的影响。

5. 基准地价更新程序

（1）前期准备　省内各级国土资源部门负责本辖区内基准地价更新工作的组织协调。所在地、市、县国土资源管理部门应根据区域社会经济条件及区位条件变化、市场地价水平变化以及原基准地价在实践应用中暴露出的缺陷和问题，编写基准地价更新评估任务书，制定基准地价更新调查表和工作表、准备工作底图、确定基准地价更新区域等。

基准地价更新任务书的内容包括：城镇社会经济条件及区位条件变化、市场地价水平变化以及原基准地价在实践中的应用情况，基准地价更新工作的领导和组织，更新时间安排和经费预算、更新成果要求及技术方案等。

按路线价评估基准地价的区域，局部商业用地的基准地价图可采用更大比例尺图件。

确定基准地价更新区域包括确定基准地价更新的范围和确定城镇土地的级别或均质地域。

（2）资料更新调查

1）与基准地价更新相关的报告图件资料。与基准地价更新相关的报告图件资料主要有：原基准地价成果资料；初步的土地级别更新图；基准地价更新工作方案和技术方案；其他能用于基准地价更新的资料。

2）土地利用效益资料。土地利用效益资料主要有：不同行业资金利润率标准；同一行业不同规模的资金利用效益资料；行业经济效益资料；单位或企业土地利用效益资料。

3）土地市场交易资料。土地市场交易资料主要包括：土地使用权拍卖、招标资料；土地使用权出让、转让资料；土地使用权、房屋及柜台出租资料；土地征用补偿、安置补偿及地上物补偿标准；土地联营入股资料；用土地进行联合建房的分成资料；以地换房资料；旧房买卖、商品房出售资料等。

4）地价监测点资料。

5）影响地价的一般因素、区域因素和个别因素资料。

6）其他资料。其他资料主要包括：有关经济指数及建筑材料价格变动指标；房屋拆迁补偿标准、房屋造价标准、房屋重置价标准等资料；建设主管部门提供的建筑造价及装修标准等有关资料；有关税费征收标准；土地开发费用标准、资本利息、利润标准等土地开发资料；土地开发与经营的政策法规、条例、规定；有关土地房屋的税收种类、税率等；城镇规划方案及图件资料。

（3）数据分析处理　数据分析处理包括调查资料的分析整理、资料的录入及建库、土地估价资料整理及地价更新、初步成果分析与实地校核。利用土地定级估价信息系统更新基准地价的城镇首先要完善土地定级估价信息系统。

（4）成果完善与编制　领导小组负责组织召开专家会议，就土地级别与地价更新的初步成果进行讨论，征求有关各方面意见，结合实际情况对成果进行调整完善。具体内容包括：召开专家咨询会及评审会；归纳和整理各方面的意见和建议，并调整完善；编写基准地价更新技术报告、工作报告和专题报告等；进行土地定级及基准地价成果图等专题图编制、表格等成果材料整理；整理各类成果数字化存档。

（5）成果自查与预检　为保证地价更新成果质量，每个阶段或重要技术环节完成后，由工作人员和技术人员对成果进行全面检查、审核，写出成果检查说明，按照城镇土地级别及基准地价更新检查办法，报请省国土资源管理部门进行预检。

（6）成果验收与审批　省国土资源管理部门负责本辖区基准地价更新成果的检查验收。由省国土资源管理部门和有关单位抽调技术人员组成验收组，按城镇土地级别及基准地价更新验收办法进行验收。更新成果验收合格后，报省政府或物价局等部门审批。

阅读材料

不同用途的基准地价与修正（见表 10－3～表 10－12）

表 10－3　住宅房屋区位基准价价格表（建筑面积）　（单位：元/m^2）

区位类别	区位基准价	综合环境修正系数调整幅度
一类	1500	0～20%
二类	1400	0～20%
三类	1260	0～20%
四类	1060	0～20%
五类	900	0～20%

注：住宅房屋所处地段不在本表之列的，可按临近地段价格标准或低于临近地段价格标准执行。

表 10－4　营业用房区位基准价价格表（建筑面积）　（单位：元/m^2）

区域类别	区位基准价	综合环境修正系数调整幅度
一类	6000	0～30%
二类	5000	0～30%
三类	4000	0～30%

（续）

区域类别	区位基准价	综合环境修正系数调整幅度
四类	3500	0～30%
五类	3000	0～30%
六类	2500	0～30%

注：营业用房所处地段不在本表之列的，可按临近地段价格标准或低于临近地段价格标准执行。

表 10－5　办公用房、营业用房的配套仓储用房、旅馆用房区位基准价价格表（建筑面积）

（单位：元/m^2）

区位类别	一类	二类	三类	四类	五类
办公用房	1800	1600	1400	1200	1000
营业用房的配套仓储用房	1700	1500	1300	1100	900
旅馆用房	2500	2300	2100	1800	1500

注：1. 区位范围划分和综合环境修正系数调整幅度同住宅房屋。

2. 办公用房、营业用房的配套仓储用房、旅馆用房所处地段不在本表之列的，可按临近地段价格标准或低于临近地段价格标准执行。

表 10－6　住宅房屋层次差异调价系数表

层次差异调价系数	一	二	三	四	五	六	七
调整幅度	10%	11%	13%	19%	118%	125%	132%

注：1. 顶层坡屋面带阁楼的，顶层系数增加 5%。

2. 安置用房的层次差异调价系数也按本表执行。

表 10－7　单元住宅房屋朝向差异调价系数表

朝向	东	南	西	北	东南	西南	东北	西北
系数	0	3%	－1%	－2%	1.5%	1%	－1%	－1.5%

表 10－8　营业用房临街状态修正系数表

X（临街宽度/临街深度）	$X>1.5$	$1.2<X\leq1.5$	$0.9<X\leq1.2$	$0.7<X\leq0.9$	$0.5<X\leq0.7$	$X\leq0.5$
临街状态修正系数	1.10	1.05	1.00	0.95	0.90	0.80

表 10－9　营业用房临街状态修正系数表

Y（次临街面宽/主临街面宽）	$Y\leq50\%$	$50\%<Y\leq100\%$	$Y>100\%$
临街状态修正系数	1.05	1.10	1.15

表 10－10　营业用房层次差异调价系数

层次	地下室	第一层	第二层	第三层
修正系数	－60%	0	－20%	－30%

注：此修正系数只适用于三层以下营业用房。

表 10－11　办公用房、营业用房的配套仓储用房、旅馆用房层次差异调价系数表

层次	地下室	第一层	第二层	第三层
修正系数	－10%	1%	0	－1%

注：此修正系数只适用于三层以下办公用房、营业用房的配套仓储用房、旅馆用房。

表 10－12　土地使用权补偿区位基准价价格表　　（单位：元/m²）

区位类别	住宅用地	商业用地	其他用地
一类	1034	1670	1272
二类	638	1283	846
三类	371	995	489
四类	176	621	218
五类	103	151	130

阅读材料

小城镇基准地价评估问题研究——以常州市武进区为例

在江苏省常州市武进区城镇土地分等定级与基准地价更新工作中，普遍存在的问题表现在以下四个方面。

1）定级资料不全，数据陈旧。

2）估价资料中城镇的土地、房产交易形式单一。

3）估价参算样点分布不均，可利用率低。

4）影响地价的因素考虑不全面、不客观。

建议：

1）利用集体所有土地上的房地出租样点测算住宅、工业用地基准地价时，宜进行权利修正，并辅以成本法和市场法等多种方法。

2）采用协议出让交易方式下的样点资料要进行交易方式修正。

3）样点分布不均匀或末级地缺少样点的地区，宜采用典型样点调查和多种评估方法相结合。

4）对不同类型的城镇应该采用不同的评估思路。

5）及时更新基准地价。根据《城镇土地分等定级规程》，因城镇条件变化，引起土地质量发生较大变化的小城镇，一年进行一次基准地价更新的做法是比较可取的。

10.2　基准地价系数修正法的基本原理与估价步骤

参照有关资料，对基准地价系数修正法的基本原理、估价步骤做如下梳理。

10.2.1　基准地价系数修正法的基本原理

1. 基准地价系数修正法的概念

基准地价系数修正法是利用基准地价评估成果，按照替代原则，将待估宗地的区域条件

及个别条件与其所在区域的平均条件进行比较，对照修正系数表选取相应的修正系数对基准地价进行修正，从而求取待估宗地于估价期日价格的方法。其估价精度与基准地价及宗地价格修正系数体系密切相关。

2. 基准地价系数修正法的理论依据、原理

基准地价系数修正法的理论依据是替代原理，即在正常市场条件下，具有相似土地条件和使用价值的土地，在交易双方具有相同市场信息的基础上，应当具有相近的价格。根据基准地价考虑到它和二级市场评估的市场公允价在口径上不同，利用系数把它修正为二级市场的评估价。

基准地价评估的原理有如下几点：

1）土地收益是基准地价评估的基础。

2）各行业对土地质量的要求不同是形成各类用地基准地价的基础。

3）各类用途的土地在空间地域上都有其最佳区位。

4）土地利用的相对稳定性和动态性是基准地价相对稳定和不断变化的前提。

3. 基准地价系数修正法的特点与适用范围

1）主要适用于完成基准地价评估城镇中的地区的土地估价，即具备基准地价成果图和宗地价格修正系数体系成果的地区。

2）特别适用于在短时间内需要在大范围内同时对大量的土地进行估价的情形。

3）估价精度取决于基准地价及其修正系数的精度，因此该方法一般不作为在宗地地价评估中的主要评估方法，而作为一种辅助方法。

4）运用该法的前提条件是具有基准地价成果及比较准确的基准地价修正体系。

4. 基准地价修正系数法的基本思路

基准地价修正系数法是利用城镇基准地价和基准地价修正系数表等评估成果，按照替代原则，将待估宗地的区域条件和个别条件等与其所处区域的平均条件相比较，并对照修正系数表选取相应的修正系数对基准地价进行修正，从而求取待估宗地在估价期日价格的方法。在我国许多城市，尤其是地产市场不太发育的城市，基准地价修正系数法也是常用的方法。

10.2.2　基准地价修正法的估价步骤

1. 收集、整理当地的土地定级估价成果资料

定级估价资料是基准地价系数修正法估价的基础，在估价前必须收集土地定级估价成果资料，主要包括：土地级别图、土地级别表、基准地价图、基准地价表、基准地价修正系数表和相应的因素的指标条件说明表等，并根据估价的需要加以整理作为宗地估价的基础。

2. 确定待估宗地所处地段的基准地价

根据待估宗地的位置、用途、所处的土地级别，确定所对应的基准地价，相应的基准地价修正系数表和相应的因素指标条件说明表，该级别土地平均开发程度和基准地价内涵，以确定估价修正基准和需要调查的影响因素项目。

3. 调查宗地地价影响因素的指标条件

按照与待估宗地所处级别和用途对应的基准地价修正系数表和相应的因素指标条件说明

表，确定宗地条件的调查项目，调查项目与修订系数表中的因素一致，明确待估地价的内涵和相应的土地开发程度。

4. 进行区域因素和个别因素修正

按调查结果，首先根据每个因素的指标值，查对各个用途土地的基准地价影响因素指标说明表，确定因素指标对应的优劣状况；按优劣状况再查对基准地价修正系数表，得到该因素的修正系数。对所有影响宗地的因素都做同样的处理，即得到宗地的全部因素修正系数。待估宗地的总修正系数可按下式计算：

$$K = \sum k_i$$

式中 K——待估宗地所有地价影响因素总修正值；

k_i——待估宗地在第 i 个因素条件下的修正系数百分比。

5. 进行土地使用年期修正

基准地价对应的使用年期，是各用途土地使用权的最高出让年期，而具体宗地的使用年期可能各不相同，因此必须进行年期修正，土地使用年期修正系数可按下式计算：

$$y = \frac{1-(1+r)^{-m}}{1-(1+r)^{-n}}$$

式中 y——土地使用年期修正系数；

r——土地还原利率；

m——待估宗地可使用年期；

n——该用途土地法定最高出让年期。

阅读材料

国有土地租赁的年限一般不超过10年。任意年限的土地租金标准可按下列公式计算：

$$P_n = P_N\ [1-1/(1+R_D)^n]/[1-1/(1+R_D)^N]$$

式中 P_n——任意年限的租金；

P_N——宗地所在级别某用途土地使用权出让金均价；

n——租赁年限（$n \leqslant 10$）；

N——各用途土地的法定最高使用年限；

R_D——土地还原利率（一般取值8%）。

6. 进行期日修正

期日修正对应的是基准地价评估基准日的地价水平，随时间迁移，土地市场的地价水平会有所变化，因此必须进行期日修正。

进行交易日期调整，是将基准地价在其基准日期时的值，调整为估价时点时的值。此处的交易日期调整的方法，与市场法中的交易日期调整的方法相同。

期日修正可以根据地价指数的变动幅度进行，按下式计算：

T = 宗地估价期日的地价指数/基准地价评估期日的地价指数

7. 进行容积率修正

基准地价对应的是该用途土地在该级别或均质地域内的平均容积率，各宗地的容积率可能各不相同，由于容积率对地价的影响极大，且难以在编制基准地价因素修正系数表时考虑进去，因此进行容积率修正非常重要。容积率修正系数按下式计算：

$$K_{ij}=K_i/K_j$$

式中：K_{ij}——容积率修正系数；

K_i——待估宗地容积率对应的地价水平指数；

K_j——级别或均质地域内该类用地平均容积率对应的地价水平指数。

8. 确定待估宗地地价

基准地价修正系数法的计算公式如下：

被估宗地地价 = 待估宗地所处地段的基准地价 × 年期修正系数 × 期日修正系数 × 容积率修正系数 × 其他因素修正系数（区域、个别因素等）

以级别宗地价格修正系数表为例：

$$P_i = P(1 \pm \sum_{i=1}^{n} K_i)YT$$

式中　P_i——估价对象宗地的价格；

P——估价对象宗地对应的级别基准地价；

K_i——估价对象宗地在第 i 个因素条件下的修正系数；

Y——年期修正系数；

T——交易时间修正系数。

阅读材料

城市基准地价评估的方法和步骤

1）确定基准地价评估的区域范围。例如明确是该城市的整个行政区域，还是规划区、市区或建成区等。

2）明确基准地价的内涵、构成、表达方式、基准日期等。

3）划分地价区段。通常可将土地划分为三类地价区段：①商业路线价区段；②住宅片区段；③工业片区段。

4）抽查评估标准宗地的价格。

5）计算区段地价。

6）确定基准地价。在上述区段地价计算的基础上做适当的调整后即得到基准地价。

7）提出基准地价应用的建议。

10.3　基准地价修正法的应用举例

参照有关资料，对基准地价修正法的案例做如下梳理。

【例 10－1】 政府准备出让一宗国有土地使用权，有效面积为 20000m²。根据规划设计条件，该宗地用途为 R2、C2（二类居住和二类商业用地），容积率≤1.5，建筑层数≤12，建筑高度≤36m，绿地率≥35%。其中，商业建筑面积为 4500m²。该区域商业用地基准地价为 900 元/m^2，居住用地基准地价 600 元/m^2。

解：（1）计算商业用地和居住用地的分摊面积。根据最有效使用原则，估价设定该宗地规划容积率为 1.5。

总建筑面积 = 20000m^2 × 1.5 = 30000m^2

商业用地分摊土地面积 =（4500m^2/30000m^2）× 20000m^2 = 3000m^2

居住用地分摊土地面积 = [（30000 − 4500）m^2/30000m^2] × 20000m^2 = 17000m^2

（2）计算商业用地和居住用地的地价。假设区域个别因素、期日、开发程度修正系数均为 1，商业用地出让年限为 40 年、居住用地为 70 年，一年期修正系数为 1。当容积率为 1.5 时，商业用地容积率修正系数为 1.3，居住用地容积率修正系数为 1.1。

商业用地总价 = 900 元/m^2 × 1.3 × 3000m^2 = 351 万元

居住用地总价 = 600 元/m^2 × 1.1 × 17000m^2 = 1122 万元

（3）估价结果。商业用地分摊土地面积：3000m^2；土地单价：900 元/m^2；土地总价：351 万元，大写：人民币叁佰伍拾壹万元整。

居住用地分摊土地面积：17000m^2；土地单价：600 元/m^2；土地总价：1122 万元，大写：人民币壹仟壹佰贰拾贰万元整（注：商业用地使用年限 40 年，居住用地使用年限 70 年）。

【例 10－2】政府准备出让一宗国有土地使用权，有效面积 2000m^2，规划建设 10 层综合楼一栋，地下 1 层为仓库，建筑面积 1000m^2；地上 3 层为商场，建筑面积 3000m^2；4～10 层为住宅，建筑面积 7000m^2。该区域商业用地基准地价为 900 元/m^2，居住用地基准地价为 600 元/m^2，仓储用地基准地价参照工业用地，为 400 元/m^2。

解：（1）计算仓储用地、商业用地和居住用地在总用地中所占的比例。

总建筑面积 = 1000m^2 + 3000m^2 + 7000m^2 = 11000m^2

容积率 = 11000m^2/2000m^2 = 5.5

$R_{仓储}$ = 1000m^2/11000m^2 = 0.091

$R_{商业}$ = 3000m^2/11000m^2 = 0.273

$R_{居住}$ = 7000m^2/11000m^2 = 0.636

（2）计算仓储用地、商业用地和居住用地的年期修正系数。假设仓储、居住用地的土地还原利率为 8%，商业用地土地还原利率为 10%。

$K_{仓储} = 1$

$K_{商业} = \{1 - [1/(1+10\%)^{50}]\}/\{1 - [1/(1+10\%)^{40}]\} = 1.014$

$K_{居住} = \{1 - [1/(1+8\%)^{50}]\}/\{1 - [1/(1+8\%)^{70}]\} = 0.983$

（3）计算综合用地的地价。假设区域个别因素、期日、开发程度修正系数均为 1，当容积率大于 3 时，仓储用地不考虑容积率修正；商业用地容积率修正系数为 2；居住用地容积率修正系数为 1.6。

综合地价 = 400 元/m^2 × 1 × 1 × 0.091 + 900 元/m^2 × 1.014 × 2 × 0.273 + 600 元/m^2 × 0.983 × 1.6 × 0.636

= 1134.86 元/m^2

（4）估价结果。土地有效面积：2000m^2；土地单价：1134.86 元/m^2；土地总价：226.97 万元，大写：人民币贰佰贰拾陆万玖仟柒佰元整（注：综合用地使用年限 50 年）。

例 10－1、例 10－2 分析：分算法与合算法不仅可以应用于国土部门出让底价的评估，也可用于综合用地的抵押或者其他目的价格评估。与出让底价相比，只是剩余使用年限有所不同。

需要说明的是，由于房屋与土地的结合极为紧密，当一宗土地被立体化、多层次利用以后，其效用大大增加，有可能超过各单独用途的土地价值之和。因此，在使用分算法与合算法评估综合用地价格时，一定要全面考虑委托评估宗地被高效利用后的实际价值，参考市场上其他类似宗地的客观价格，在评估时加以科学修正，得出真实的地价。

【例 10－3】 项目用地位于湖北省武汉市武昌区水果湖中北路，用地面积为 6671.93m^2，其四至为：东临湖北省直第二幼儿园用地；南邻三栋 5 层住宅楼；西临 60m 宽的中北路；北临 30m 宽的东湖路。地块位于湖北省政治中心地带，交通便捷、配套完善、环境优美。根据分析论证，确定该地块性质为公共设施兼容居住，公共设施和居住建筑面积各占 50%，容积率为 4.5，可建建筑面积约为 30000m^2。

根据武汉市市区土地出让金（租金）级别图知该地块出让金等级为二级，商业用地对应的出让金单价为 1620 元/m^2，容积率 4.5 对应的修正系数为 1.48；居住用地对应的出让金单价为 690 元/m^2，容积率 4.5 对应的修正系数为 2.17；分别对应的出让金为：

商业：1620 元/m^2 ×6671.93m^2 ×1.48＝1600 万元

居住：690 元/m^2 ×6671.93m^2 ×2.17＝999 万元

标准中土地出让金为公开成交价款的 20%，据此可推算项目用地商业金融业的挂牌底价为 8000 万元，楼面地价为 2667 元/m^2；居住的挂牌底价为 4995 万元，楼面地价为 1665 元/m^2。由于项目用地处于非商业圈内，周边有多个居住小区，加之兼有居住性质，因此挂牌底价参照居住性质制定。

用地周边近两年有一个交易地块，为 2004 年 12 月省地税局取得地块，用地面积为 7301m^2，用地性质为居住、办公，容积率为 4，成交楼面地价为 1609 元/m^2。项目用地区位条件及规划设计条件均优于交易地块，预测该地块楼面地价将达到 1650 元/m^2 左右。

参考地块所处区域内近期开发楼盘，预计综合楼售价均价在 4500 元/m^2 左右，预计项目每平方米开发总成本在 3300 元/m^2 左右，建成后的投资回报率预计为 36% 左右，从投资回报率来看，市场较能接受。

综上，预计该地块价格会达到 4950 万元以上。

【例 10－4】 估价对象位于广东省佛山市城南高新技术产业开发园内，由土地使用权人以出让方式取得工业用地的使用权，证载用途为工业，据估价人员实地调查，估价对象设定为工业用途，估价时，采用基准地价系数修正法和成本法。

解：（1）基准地价系数修正法

1）基准地价成果介绍及内涵。佛山市区的国有土地定级及基准地价标准的修订工作于 2002 年 12 月初结束，其成果《佛山市区国有土地定级及基准地价标准》于 2002 年 12 月 4 日经佛山市人民政府以佛府［2002］70 号文件公布。

本次基准地价是在基准日为 2002 年 1 月 1 日的法定最高土地使用年限（商业 40 年、住宅70年、工业50年、综合或其他用地50年）的地价，其内涵为各土地级别区域内的商业、住宅在“六通一平”（工业“五通一平”）的土地开发程度下，平均容积率（商业、住宅用地平均容积率为2.0，工业用地平均容积率为1.5）下，同一用途的完整土地使用权的平均价格。佛山市区国有土地定级及基准地价标准见表10－13。

表10－13　佛山市区国有土地定级及基准地价标准　　（单位：元/m²）

用途 \ 级别		一级	二级	三级	四级	备注
商业	地面地价	5720	3750	2310	1790	容积率为2.0时的基准地价
	首层楼面地价	7370	4940	3140	2460	容积率为2.0时的基准地价
住宅	地面地价	2210	1850	1520	1140	容积率为2.0时的基准地价
	平均楼面地价	1100	930	760	570	容积率为2.0时的基准地价
工业	地面地价	600	485	430		容积率为1.5时的基准地价

根据《城镇土地估价规程》，其基本公式为：

$$V = V_{1b} \times (1 + \sum K) \times K_1 \times K_2 \times K_3$$

式中　V——待估宗地价格；

V_{1b}——宗地所在区域的基准地价；

$\sum K$——某宗地全部影响地价因素总修正值；

K_1——期日修正系数；

K_2——土地使用年限修正系数；

K_3——容积率修正系数（只对住宅、商业用地）。

2）确定估价对象的土地级别及基准地价。待估宗地登记用途为工业用地，本次估价设定待估宗地用途为工业用地。根据相关资料查得待估宗地的土地级别为工业一级用地，根据表10－13，工业一级用地的基准地价 V_{1b} 值为600元/m²。

3）确定影响地价区域因素及个别因素修正系数。根据《佛山市区土地定级与基准地价更新成果应用指南》的有关规定，待估宗地工业用地的修正系数取值见表10－14。

表10－14　待估宗地工业用地的修正系数取值

因素	权重	因子	权重	地价修正因素取值	
交通条件	0.36	道路通达状况	0.15	优	0.0438
		火车站	0.09	较劣	－0.0079
		与港口的距离	0.06	较优	0.0088
		高速公路出口	0.06	一般	0
产业集聚规模	0.15	产业集聚规模	0.15	优	0.0438
综合环境	0.30	自然灾害	0.09	一般	0
		工程地质状况	0.14	较优	0.0205
		地形状况	0.07	较优	0.0102

（续）

因素	权重	因子	权重	地价修正因素取值	
规划条件	0.09	土地利用限制	0.04	较优	0.0058
		周围土地规划用地	0.05	优	0.0146
宗地个别条件	0.10	宗地形状	0.05	一般	0
		宗地面积	0.05	一般	0
合计	1	—	1	—	0.1396

4）确定期日修正系数。本次估价因采用的基准地价为佛山市区 2002 年公布的基准地价，估价基准日为 2004 年 8 月 31 日，在此期间地价较为稳定，故期日修正系数 K_1 取 1。

5）确定土地使用年限修正系数。土地使用年限修正公式为：

$$K_2=[1-1/(1+r)^m]\div[1-1/(1+r)^n]$$

式中　K_2——土地使用年限修正系数；

r——土地还原率；

m——待估宗地设定土地使用年限；

n——基准地价设定土地使用年期。

估价对象法定最高土地使用年限均为 50 年，剩余土地使用年限为 47.8 年，根据市场投资调查，设定待估宗地所在区域工业用地还原率为 5%，则估价对象的使用年限修正系数 K_2 为：

$$K_2=[1-1/(1+5\%)^{47.8}]\div[1-1/(1+5\%)^{50}]=0.9892$$

6）确定待估宗地修正地价。

$$\begin{aligned}\text{估价对象单位地价}&=600\text{ 元/m}^2\times(1+0.1396)\times1\times0.9892\\&=676.38\text{ 元/m}^2\end{aligned}$$

阅读材料

我国的地价体系和基准地价修正法

我国的地价体系包括反映宏观地价水平的基准地价，又包括标定地价、出让底价、交易底价等宗地地价。我国目前的地价评估的途径也分为基准地价评估途径与宗地地价评估途径两个方面。

阅读材料

浅谈基准地价系数修正法在评估中的运用

垂直综合用地的地价评估：垂直综合用地主要以综合楼的形式出现，运用基准地价系数修正法评估综合用地的关键在于评估综合楼的地价，城市中较典型的有商住综合楼、商业办公综合楼等。

运用基准地价系数修正法评估综合用地，主要应注意综合楼用地的评估，在实际操作过程中需要评估人员根据当地的实际情况具体分析，并结合其他地价评估方法来获得综合用地的客观合理价格。

阅读材料

在上海地区用基准地价系数修正法评估地价

（1）各种用地类型土地价格评估方法选择见表10－15。

表10－15　各种用地类型土地价格评估方法选择

用地类型	适用的方法				
	市场法	收益法	基准地价系数修正法	假设开发法	成本法
居住用地价格评估	△△△	△△	△△	△△	△
综合用地价格评估	△△	△△		△△	
工业用地价格评估	△△	△	△△	△	△△
商业、旅游、娱乐用地 价格评估	△△	△△	△△	△△	△△
划拨土地使用权价格评估	△△	△△	△△	△△	△△
承租土地使用权价格评估	△△	△△			
土地租赁权价格评估	△△	△△	△		
地役权价格评估	△△	△△			

注：1. 本表根据《城镇土地估价规程》汇总。

2. △△△表示首选方法；△△表示宜选方法；△表示特殊情况可选用方法。

（2）目前应用基准地价系数修正法的建议

1）上海的地价评估最好多用市场法，少用基准地价系数修正法。

2）在对基准地价修正系数取值时，一定要进行实地踏勘，详细比较区域条件差异对系数取值的影响，切忌不进行分析直接用于修正基准地价。

3）容积率修正系数的取值要考虑地区规划的平均容积率。

阅读材料

基准地价修正法注意事项与常见错误

1）修正幅度太大。

2）修正系数说明表中，没有量化指标。

3）修正因素没有根据所在城市的特点来选择。

4）动态方式不存在投资利息。

本章小结

本章主要介绍基准地价的概念、特点、评估原理和评估原则，并在此基础上使学生掌握城镇土地基准地价的评估方法和步骤，最后运用基准地价系数修正法评估宗地地价；了解基准地价和基准地价评估的含义。教学重点：城镇土地基准地价的评估方法和步骤。教学难点：运用基准地价系数修正法评估宗地地价。

同时补充阅读材料——国内某城市基准地价系数修正法的应用，使学生对国内基准地价系数修正法的应用状况有所了解。

练习题

一、名词解释

1. 基准地价修正系数法
2. 基准地价

二、问答题

1. 基准地价评估的原理与原则是什么？
2. 城镇用地基准地价评估的操作程序包括哪些？
3. 举例说明基准地价修正系数法在房地产估价中的运用。

三、判断题

1. 基准地价评估时的土地用途以土地规划部门审批用途为主。（　）
2. 土地用途差异给土地使用者带来不同的土地收益，是评估基准地价的依据。（　）
3. 各行业对土地位置要求不同是形成不同行业用地基准地价的基础。（　）
4. 任何行业在城镇中都应有其最佳位置，使不同用地的基准地价具有不同的空间分布规律。（　）
5. 城镇中土地利用的相对合理性和稳定性是基准地价相对稳定和不断演化的前提。（　）
6. 评估基准地价所用数据以现时土地收益、租金、地价为主，不得进行任何修正。（　）
7. 基准地价评估要以级或均值区域为单位，分行业测算土地收益和评估土地价格。（　）
8. 样本数据的精度决定了基准地价的精度，为此，在收集样本后，要对所有异常数据进行剔除。（　）
9. 基准地价评估需在城镇土地定级的基础上进行。（　）
10. 房地产租金以年计算时，应当考虑房屋出租在年内的空置期，一般应按当地平均空置期计，从收益中予以扣除。（　）
11. 根据商业柜台出租资料评估地价。地价 = 出租柜台土地收益 ÷（出租柜台土地面积 × 土地还原率）。（　）
12. 剔除异常数据时，当样本总体分布属正态分布时，可采用 t 检验法。而对非正态分布函数，可采用均值一方差法。（　）
13. 影响地价的因素主要是考虑用于均质区域划分时的一般因素、区域因素和个别因素。（　）
14. 路线价评估基准地价时，特定区段的划分应根据影响土地使用价值的个别因素，按土地条件的差异划定。（　）
15. 利用路线价评估基准地价时，应注意路线价的适用条件和使用要求，以免造成估价

结果的偏差。（ ）

16. 当城市某一级别或区域通过多种方法评估出基准地价时，多以宗地实际发生的地价结果为准，以比较评估的结果为检验和补充。（ ）
17. 土地市场发育的城镇，基准地价的确定应以市场交易资料评估结果为准，无须再进行修正。（ ）
18. 土地市场不发育的城镇，基准地价的确定应以收益测算结果为准，市场交易结果作为验证。（ ）
19. 基准地价的确定要以评估结果为准，不应受政府地价管理政策的影响。（ ）
20. 当考虑政府的产业政策和资源合理配置的需要时，有些用途应以评估结果的低标准确定并公布地价。（ ）
21. 政府出让土地使用权时，可以基准地价为准，根据投资项目、政府产业政策和市场供求关系合理确定土地使用权出让价格。（ ）
22. 对于某些特定宗地，一般因素也会影响宗地地价水平，这些多属于决策行为引起的地价差异，也应予以考虑。（ ）
23. 影响地价的位置因素主要是指自然地理位置。（ ）
24. 影响工业用地价格的环境质量优劣度因素包括自然环境因素和人文环境因素。（ ）
25. 省会城市和计划单列市的基准地价成果在验收通过后，即可对外公布。（ ）
26. 基准地价成果验收都应遵循上级国土资源管理机关验收下一级国土资源管理机关提交的基准地价评估成果。（ ）

四、单项选择题

1. 基准地价评估的基础是（ ）。

   A. 土地位置差异　　B. 土地收益
   C. 各行业对土地质量的要求　　D. 市场交易价格

2. 土地收益在土地市场中的直接反映是（ ）。

   A. 基准地价　　B. 评估地价　　C. 市场交易价格　　D. 标定地价

3. 土地等级评定或土地条件均值区划分以城镇（ ）为准。

   A. 土地资源管理部门审批用途　　B. 土地现状用途
   C. 城市规划管理部门审批用途　　D. 最佳使用用途

4. 一般情况下，区域平均价与样点地价差异超过（ ），且在土地使用价值上确有差异，样点分布满足数理统计推断需要，可继续划分区域。

   A. 20%　　B. 25%　　C. 30%　　D. 35%

5. 在基准地价评估资料收集时，调查样本数为每级别内相同土地利用性质宗地数的（ ）。

   A. 1/20 ~ 1/5　　B. 1/30 ~ 1/5　　C. 1/40 ~ 1/5　　D. 1/50 ~ 1/5

6. 在基准地价评估资料收集时，一般房地出租买卖的调查样本数至少应占其总数量的（ ），每级样本总数不少于（ ）个。

   A. 10%，20　　B. 15%，30　　C. 15%，20　　D. 20%，30

7. 在基准地价评估资料收集时，土地利用效益等经济资料要求不少于近期连续（ ）

的数据。

A. 2 年　　B. 3 年　　C. 4 年　　D. 5 年

8. 在利用样点地价评估基准地价前要进行出让年限修正，修正到按各类土地的（　　）。

A. 实际出让年期　　B. 剩余使用年期　　C. 已使用年期　　D. 法定最高使用年期

9. 用样点地价资料评估基准地价时，用于测算的合格样本地价数量，不少于影响地价变化因素数量的（　　）倍。

A. 3　　B. 4　　C. 5　　D. 10

10. 利用路线价评估基准地价，多用于（　　）用地的基准地价评估。

A. 商业　　B. 金融　　C. 住宅　　D. 公共建筑

11. 将实际的宗地地价与评估的宗地地价进行比较，当两者价格之差的相对百分数不超过（　）时，表示评估结果基本符合要求。

A. 10%　　B. 15%　　C. 20%　　D. 25%

12. 基准地价修正系数表的验证工作中，至少抽查（　　）个以上的样点宗地地价，且不符合要求的样本数不超过（　　），编制的基准地价修正系数表符合要求。

A. 15，5%　　B. 15，8%　　C. 20，5%　　D. 20，8%

五、多项选择题

1. 按基准地价评估的要求，当前城市基准地价评估的任务是评估（　　）的基准地价。

A. 农业用地　　B. 工业用地　　C. 住宅用地　　D. 公共建筑用地

2. 基准地价的特点有（　　）。

A. 全域性　　B. 分用途　　C. 平均性　　D. 有限性

3. 基准地价评估的原则是（　　）。

A. 评估时的土地用途以现在的实际用途为主

B. 土地使用价值评价和土地收益、地租、地价测算相结合的形式进行

C. 城市条件和市场状况，选择评估技术路线

D. 地价只反映一定时间的价格标准

4. 基准地价评估的基本要求为（　　）。

A. 土地等级评定或土地条件均值区划分以城镇土地现状为准

B. 评估所用数据以现时土地收益、租金、地价为主

C. 要以级或均质区域为单位，分行业测算土地收益和评估土地价格

D. 评估数据要符合数理统计要求

5. 用于评估基准地价的数据样本数量不足时，可采用（　　）等方法，以保证样本数据量符合数理统计要求。

A. 延长收集资料时间　　B. 扩大资料收集范围

C. 进行均质区域归类　　D. 其他区域的样本进行修正

6. 确定土地出租的纯收益公式为：土地纯收益 = 土地总收益 − 土地总费用，其中土地总费用包括（　　）。

A. 土地使用税　　B. 土地使用费　　C. 管理费　　D. 维修费

7. 确定房地出租的纯收益公式为：房地纯收益 = 房地总收益 − 房地出租总费用，其中房地出租总费用包括（　　）。

A. 税金　　B. 保险费　　C. 管理费　　D. 折旧费

8. 利用地价资料评估基准地价的常用模型有（　　）。

A. 指数模型　　B. 算术平均数模型　　C. 多元线性模型　　D. 生产函数模型

9. 利用样点地价资料评估基准地价时，影响地价的因素主要是考虑用于进行均质区域划分时的（　　）因素。

A. 一般　　B. 区域　　C. 个别　　D. 普遍

10. 标准宗地的确定应根据（　　）来确定。

A. 宗地面积　　B. 宗地宽度　　C. 宗地进深　　D. 宗地容积率

11. 确定基准地价后，对已评定土地级别的城镇，每一级土地应有（　　）几种基准地价。

A. 商业用地　　B. 工业用地　　C. 住宅用地　　D. 综合用地

12. 基准地价与宗地样点地价的差异，一般是由于影响地价的（　　）因素差异造成的。

A. 一般　　B. 区域　　C. 个别　　D. 综合

13. 影响地价的区域因素有（　　）。

A. 位置　　B. 交通条件　　C. 城市规划限制　　D. 环境质量

14. 影响地价的基础设施条件主要包括（　　）。

A. 基础设施　　B. 公共设施　　C. 电力设施　　D. 服务设施

15. 影响地价的环境质量因素主要包括（　　）。

A. 社会环境　　B. 自然环境　　C. 交通环境　　D. 人文环境

16. 影响地价的城市规划限制的因素主要包括（　　）。

A. 区域土地利用性质　　B. 用地结构

C. 用地限制条件　　D. 区域交通管制

17. 影响地价的个别因素包括（　　）。

A. 城市规划限制　　B. 宗地在区域中的微观区位

C. 宗地环境质量因素　　D. 宗地市政设施条件

18. 影响商服业用地土地价格的区域因素和个别因素有（　　）。

A. 商业服务中心繁华影响度　　B. 交通便捷度

C. 环境优劣度　　D. 城市规划限制

19. 按商业区规模和服务性质分为（　　）。

A. 区级　　B. 街区级　　C. 街道级　　D. 独立的商业用地

20. 影响住宅用地土地价格的区域因素和个别因素有（　　）。

A. 住宅区的位置　　B. 交通便捷度　　C. 基础设施保证度　　D. 公共设施完备度

21. 影响工业用地土地价格的区域因素和个别因素有（　　）。

A. 交通便捷度　　B. 基础设施完善度　　C. 产业集聚规模　　D. 工业区的位置

22. 利用土地利用效益资料评估基准地价的常用模型主要有（　　）。

A. 指数模型　　B. 算术平均数模型　　C. 多元线性模型　　D. 生产函数模型

第 11 章　房地产估价制度

【教学目的】学习本章要求学生掌握国内外房地产估价制度的特点，尤其是美国、英国、日本、德国、韩国以及我国房地产估价制度的特点、建立与完善等。

【重点难点】重点在于我国房地产估价制度的建立与完善。难点在于我国房地产估价制度的特点、建立与完善。

【能力点描述】熟悉国内外房地产估价制度的特点；能运用所学知识完善我国房地产估价制度；具备利用房地产估价制度进行估价工作的基本知识和技能。

11.1　房地产估价制度概述

参照有关资料，对房地产估价制度的基本概念做如下梳理。

11.1.1　房地产估价制度概念

所谓房地产估价制度，就是对房地产估价机构和人员的条件及行为加以某种规范和约束，并令其对所估价结果承担相应的责任，借以维持房地产价格的正常秩序及房地产相关者的权益而实行的一种制度。

房地产估价制度定义为：房地产估价人员资格的审定程式和估价机构的设置状况，以及在此基础上形成的估价行为的规范准则。

11.1.2　房地产估价制度作用

实行房地产估价制度，可以规范估价机构和人员的行为，提高估价人员的道德素质，合理评估房地产价格，有利于加强房地产估价市场的管理，规范房地产市场交易，维护房地产权利有关当事人的合法权益。

11.1.3　房地产估价制度的内容

房地产估价制度的内容主要包括如下四个方面：

1. 房地产估价行业的管理

主要是指对该行业进行管理的机构及运行方式和职能等。

2. 房地产估价组织的管理

房地产估价机构是从事房地产估价业务的组织，自然人不能单独从事这项业务。对房地产估价组织的管理主要涉及该组织的登记注册管理、所具有的权利和义务、应承担的法律责任等。

3. 房地产估价人员的管理

房地产估价人员包括潜在的估价人员、一般估价人员和估价师三种。对估价人员的管理主要包括不同资格获取的方式和程序、所具有的权利和义务、应承担的法律责任等。

4. 房地产估价法规与准则

随着经济的发展和社会的进步，房地产估价制度的重要性与日俱增，世界上许多国家和地区都有较为完善的估价师及估价制度，如美国、英国、日本、德国、韩国等。我国香港和台湾也有较完善的房地产估价制度，我国内地于1995年施行的《中华人民共和国城市房地产管理法》也明确规定，房地产估价是我国的法定制度。

11.2 国外房地产估价制度简介

参照有关资料，对国外房地产估价制度做如下梳理。

11.2.1 美国的房地产估价制度

美国对房地产估价行业的管理工作是由联邦政府及相关机构、全国性的估价学会和协会承担的。联邦政府、各个州政府及相关政府部门可以通过相关立法来对评估师的工作进行管理。比较有声誉的学会和协会有估价基金会和美国评估师协会等。这些协会和学会都是以提高估价人员的地位为目的，为达到这种目的主要通过以下三种途径：一是发展有能力的估价人员作为会员，并授予各种资格；二是制定章程以规范估价人员的行为；三是制定有关估价业务基准及发展估价的方法与技术，研究有关估价的问题。下面分别介绍美国的主要估价协会和学会对会员及行业的管理情况。

1. 美国不动产估价者协会

美国不动产估价者协会于1932年成立，是美国全国不动产同业公会（The National Association of Realtors，NAR）的成员组织之一。要成为美国不动产估价者协会的会员并不容易，先要成为预备阶段的候选会员（Candidacy），然后才能成为正式会员。成为候选会员的资格要求是：①21岁以上；②四年制大学毕业以上；③通过协会所举行的考试及格；④通过协会分会的推荐，但在这个阶段由于还不是正式会员，所以任何场合均不得使用协会的名称。

正式会员分为二级，资历较浅的称为住宅会员（Residential Member，RM），其资格要求是：①良好的候选会员；②25岁以上；③通过协会所举行的考试及格；④通过协会所举办的独立住宅估价考试及格；⑤有五年的不动产业务经验，包括2年的住宅用不动产估价经验；⑥提出模范估价报告书；⑦经协会分会的推荐；⑧必须是NAR的会员。资历较深的会员称为估价协会会员（Member of Appraisal Institute，MAI），其资格要求是：①良好的候选会员；②28 岁以上；③通过有关考试及格；④5 年以上的估价实务经验；⑤提出两份估价报告书，其中一份需包含收益性不动产；⑥通过协会分会的推荐；⑦必须是 NAR 的会员。MAI 由协会认定其为不动产估价专家。

美国不动产估价者协会要求其会员应遵守下列规定：①必须避免做出有损于不动产估价业的行为；②协助本协会对公众或其他会员执行任务；③执行不动产估价时，不得为当事人的利益辩护，或适应自己的利益；④在任何时候提供服务时需能胜任；⑤提出书面或口头估价报告时，必须遵守本协会有关此类报告的格式规定；⑥不得违背估价人员和当事人之间的诚信原则而泄露估价报告的机密；⑦必须抑制非业务上的行为，以保障不动产估价业务，也不得做过分渲染的广告。

2. 美国不动产估价师学会

美国不动产估价师学会于 1935 年成立，其会员分成准会员（Associate Membership）、高级住宅估价师（Senior Residential Appraisers Membership，简称 SRA）、高级不动产估价师（Senior Real Property Appraisers，简称 SRPA）、高级不动产分析家（Senior Real Estate Analyst，简称 SREA）四种。这四种会员中，第一种只能算是志愿者，其余三种才是正式会员，而且以第四种最为资深，第三种次之，第二种资历较浅。

准会员可以参加学会的一般性集会与教育活动，但不具备正式会员的权利；又由于不受学会推荐作为专门职业者，所以其在名片、估价报告书及事务用笺上，均不得使用学会的名称。

高级住宅估价师这种资格，主要是授给那些对居住用不动产估价有多年的经验，其能力与见识达到学会所承认的程度者。其资格要求是：①通过不动产估价原理和居住用不动产估价实例研究考试及格；②提出居住用不动产的模范估价报告书经审查合格；③出席估价书研讨会并合格；④有实务经验；⑤1944 年以后出生的，还需大学毕业或毕业资格认定；⑥经入会审查委员会严格审查通过。

高级不动产估价师的资格要求与高级住宅估价师的资格要求相似，其需考试的科目增加一门“收益性不动产的估价原则”。

高级不动产分析家的资格，是对所有各种不动产能加以估价分析的专家资格。其资格要求是：①高级不动产估价师的优秀会员；②对收益性不动产有 8～12 年的经验；③估价分析的特殊适用考试及格；④对估价职业有特殊贡献而有记录者。这种资格的审查相当严格，而且取得资格的有效期间为五年，要在这五年中有充分的业绩或进步，才准予更新。

3. 美国估价师学会

美国估价师学会是于 1952 年成立的。该学会除不动产估价外，也包括其他资产估价。其会员除保险公司估价人员外，还包括会计师、律师等。该学会的会员分成准会员（Associate）、会员（Member）、高级会员（Senior Member）、特别会员（Fellowship）四种。

准会员不具备专家的资格，要参加者，必须为 21 岁以上，有一定的业务经验，赞同学会的活动宗旨，愿意负担会费等。

会员的资格为 21 岁以上，三年以上的估价经验，并须由考试委员会审查，还要笔试及提出模范估价报告书，同时要大学毕业或经毕业资格认定。

高级会员的资格为 21 岁以上，五年以上的估价经验，并提出估价报告书。获得此资格的会员，简称为 ARA。

特别会员是美国估价师学会中，对估价业务或估价理论的研究有相当的成就者授予的特别资格。获得此资格的会员，简称为 FASA。

4. 美国估价协会

美国估价协会成立于 1991 年，是由上述美国不动产估价者协会和美国不动产估价师学会合并而成。所以，该协会虽然是成立不久的组织，但由于吸收了协会和学会过去 60 多年的经验，使它在不动产估价行业中具有很高的权威性。

美国估价协会的主要任务是：①向合格的不动产估价人员颁发专业资格称号；②保持高水平的估价服务；③制定和实施一套严格的行业法典，包括职业道德规范和不动产估价的统一标准；④发展和推行高质量的估价教育课程与培训计划；⑤加强和促进有关的研究工作；⑥提供有关不动产估价各方面的出版物、教材和资料等。

现在美国估价协会授予的专业资格称号有两种：一是高级住宅估价师（SRA），另一是估价协会会员（MAI）。后者较前者资深，也是美国不动产估价行业中最高的专业资格。高级住宅估价师（SRA）一般授给那些在居住用不动产估价中有经验的估价师。而估价协会会员（MAI）一般授给那些在商业、工业、住宅及其他类型的不动产估价中有经验的估价师和在不动产投资决策中提供咨询服务的估价师。

成为高级住宅估价师（SRA）的资格要求是：①有承认的教育机构颁发的大学学位；②通过估价协会举行的“估价行业从业人员行为准则”课程；③通过估价协会的住宅估价师委员会举行的三门或三门以上的课程考试；④提出一份有关居住用不动产的估价报告书；⑤3000h 有关居住用不动产估价的实践经验。

成为美国估价协会会员的资格要求是：①有承认的教育机构颁发的大学学位；②通过估价协会举行的“估价行业从业人员行为准则，估价报告书写作和估价分析”课程；③通过估价协会的一般产业估价师委员会举行的七门或七门以上的课程考试，这些考试的课程每门 40 个学时，包括不动产估价原理、基本估价程序、资本化原理和方法、不动产估价实例研究、估价行业从业人员行为准则、估价报告书写作和估价分析等；④提出一份估价报告书；⑤4500h 的在商业、工业、租售、农业和居住用不动产方面估价的实践经验。

5. 美国估价基金会

1988 年，美国一些主要专业估价组织发起成立了估价基金会（The Appraisal Foundation）。下设两个独立的委员会：一个是估价标准委员会（ASB），它负责制定可行的估价行业从业准则和估价标准；另一个是估价资格认证委员会（AQB），它负责制定从业人员的最低教育水准和资格认证的标准。

这两个委员会的目的，都是建立一个自我约束的体制和提高全行业的业务水准。估价标准委员全已发布了专业估价统一标准，主要有：房地产估价、房地产估价报告、估价的复审、不动产咨询、不动产咨询报告、大量估价、私人产业估价、私人产业估价报告、商务估价、商务估价报告的标准。

估价资格认证委员会已发布了估价师注册及资格认证的参考标准，并要求各州根据本州的注册法建立自己的考核程序，但要经估价基金会的认可，没有建立自己的考核程序的州，则要求遵守联邦的标准。

6. 美国房地产估价制度的起源与变迁

很难考证美国从具体何时开始有房地产估价业，大约的时间是 20 世纪初。

起初，美国对房地产估价师执业行为的管理主要是依靠行业协会的自律管理。但到了 20 世纪 80 年代，在美国出现的储蓄和贷款危机使众多储蓄和贷款机构失去偿付能力，最终破产；私人抵押贷款保险公司、抵押贷款二级市场在这场危机中也受到了重创。造成这次危机的原因是多方面的，但缺陷性的估价甚至欺诈性的估价毫无疑问是一个重要的原因。这些机构所遭受的损失说明，美国政府必须在估价业市场“伸出有形的手”，健全评估业的制度，确保估价建立在事先制定好的、公认的标准上，并且必须是一种不受外界影响的独立性行为。于是，从 1985 年 12 月开始，美国众议院就此问题举行了多次听证会，随后一些职业估价组织成立了一个负责统一职业估价实务标准的特别委员会，1987 年在此基础上建立了估价基金会，执行职业估价实务统一标准。基金会中设立估价师资格委员会和估价标准委员会，估价师资格委员会负责制定并推行对估价师水平的衡量标准，估价标准委员会负责制定并推行对估价师水平的衡量标准，估价标准委员会在 1989 年 1 月 30 日采纳了《专业估价实务统一标准》(Uniform Standards of Professional Appraisal Practice)，将其作为美国全国专业评估实务的公认标准。之后。美国国会于 1989 年通过了专门的估价立法——《金融机构改革、恢复、强制执行法》(FIRREA)，提出了一套具体的监管方案。

从上述美国两个主要制度的起源可以看出，美国房地产估价制度的起源与变迁来源于市场的需要与压力，是一种被动的起源与变迁，而且是在政府的积极推动下起源与变迁的，而不是主动地、自发地产生制度与变迁制度。

11.2.2　英国的估价制度

英国对房地产估价行业的管理主要由全国性的特许测量师协会负责，如英国皇家特许测量师学会（RICS）和英国估价师、拍卖师联合会（SVA）。

1. 英国皇家特许测量师学会（RICS）

1792 年英国测量师会创立，接着土地测量师会及测量师协会分别于 1834 年和 1864 年成立。它们的会员都是在不动产估价、土地测量及工料测量业中的工作者。

英国测量师学会创会于 1868 年，1881 年维多利亚女王授予该会“皇家特许”状，并于 1921 年获得“皇家赞助”荣誉。而皇家特许测量师学会（The Royal Institution of Chartered Surveryors，简称 RICS）的名称则是由 1946 年起沿用至今。

英国皇家特许测量师学会，分为六个部门，分别为房地产估价师、动产估价师、中介及农业师、土地测量师、规划与开发师、预算师；其中，前两者合称为产业测量师，预算师也称为工料测量师，土地测量师和动产估价师是所谓的一般估价师（General Practice Valuer）。估价师往往有两个名称，一个叫 Appraiser，另一个叫 Valuer，在英国一般以 Valuer 为主。这两者基本上是相同的，但 Valuer 是专门评估价格的，而 Appraiser 还包括品质的鉴定。皇家特许测量师学会对土地测量师的资格要求是：通过必要级别的专业考试；具有一定的专业知识或背景；具有满足规定要求的实务经验。

2. 英国估价师资格的取得

英国土地估价师资格的建立，是由英国皇家特许测量师学会主持，由该学会举办考试吸收会员。成为土地估价师有如下三个渠道：

1）取得 O Level 成绩及有 2 年以上的估价实务经验，以此资格报考需参加第一到第三次考试。且通过第一次考试后才可参加第二次考试，通过第二次考试后才可参加第三次考试。

英国的学制是高中毕业后，再读一年可取得 O Level 成绩，即可以其成绩申请就读于理工学院，再续读一年则可取得 A Level 成绩，即可以申请进入大学就读。

2）取得英国各大学与估价有关的学系的学士学位及有 2 年以上的估价实务经验，获此资格只要参加第三次考试。英国阿伯丁大学（Aberdeen）、剑桥大学（Cambrige）、雷丁大学（Reading）、阿尔斯特大学（Ulster）四所大学及牛津理工学院（Oxford Polytechnic）等 14 所理工学院的下列学系毕业者有资格参加估价师考试：①土地经济系；②不动产管理系；③城市不动产管理系；④环境经济系；⑤土地管理系；⑥估价系；⑦土地行政系；⑧城市土地行政系；⑨土地管理与开发系；⑩城市土地经济系等。

3）年满 35 岁及从事有关估价专业工作超过 15 年者，获此资格只要参加第三次考试。

3. 英国取得估价师资格的实务经验

以上三者，除了具备第三种资格者可直接参加估价师考试外，其他两种资格者都必须在有关机关或公司经过下列专业训练 2 年以上，并提交训练日记，经审查通过，才准许参加估价师专业考试，取得估价师资格以便执业：

1）土地与建筑物的资本价值及租赁价值的估价，特别是城市土地及建筑物的估价。

2）下列至少三项的广泛训练：①不动产管理与租赁；②地方税，例如不动产税的估价；③中央税，例如开发土地税；④土地征收的补偿估价；⑤维护与修理估价；⑥土地与建筑物的买卖、出租及承租估价；⑦城乡规划，即针对规划法对土地发展权的限制所需给予的补偿估价；⑧不动产开发。

4. 英国取得估价师资格的考试科目

（1）第一次考试包括的内容

1）估价Ⅰ。有关投资市场、不动产投资市场的角色，价值观念，影响土地与建筑物供给与需求的因素，估价方法及有关分析，复利理论，偿债基金理论，购买年观念应用于永久或暂时所得，估价表的使用与建立，抵押的计算等。

2）法律Ⅰ。有关组织，公司与合伙，契约的形成，代理及侵权行为的一般原则。

3）土地使用与开发。土地使用开发的目的，人类居住的发展，都市结构与市镇，农村结构及形成，过去 100 年来土地使用与开发的管制，现代城乡的发展，交通运输发展对居住的影响，人口特性及层次带来的土地使用问题，规划的角色。

4）经济学Ⅰ。基本的经济问题与解决工具，经济活动的特性，价格的功能与性质，生产理论，影响一般经济活动的因素，英国的一般经济组织。

5）建筑Ⅰ。住宅用建筑方法，采光及舒适标准，排水及废物处理，建筑工程的估价与计算原则。

6）数量方法。统计学，查勘及衡量。

（2）第二次考试包括的内容

1）估价Ⅱ。市场分析应用于不动产的估价，税对偿债基金理论与购买年的影响，资本成本的观念，有关结合价值（Marriage Value）的估算，租赁契约的租金，额外费用，延期或更新等的决定，都市及农村经常交易及租赁不动产的评估。

2）法律Ⅱ。物权与债权，土地登记，地主与佃农的关系，有关商业、住宅及农地的租赁，仲裁制度与法律。

3）城乡规划。中央、区域及地方规划机关，规划准则，中心地区的再开发与都市更新，农村地区的开发、更新与维护，土地分类，土地开发的申请，规划过程的公共参与，规划的上诉与公听会等证据的收集。

4）经济学Ⅱ。宏观经济方面：一般经济活动的决定，货币理论，利率理论，股票，不动产市场，利率与不动产市场，土地使用与投资理论，通货膨胀及其对不动产持有与买卖的影响。微观经济方面：市地利用——住宅与商业用地的区位理论及本益分析；区域经济——区位理论应用于区域经济，政府的区域政策；市地价值——决定市地价值的因素，地租、竞标地租及经济地租理论；都市结构及都市问题；土地市场的干涉——地税及管制法令；都市公共财政的理论与实务。

5）建筑Ⅱ。建筑的原则与程序应用于住宅与商业建筑物，建筑的监工及报告，建筑契约的程序与估价。

6）税。中央税：税的原则，个人与公司对所得及财产纳税的性质与归宿，土地的资本利得与发展利得的性质。地方税：有关地方税的估价及其税赋的计算。

（3）第三次考试包括的内容

1）估价Ⅲ。在考虑现有法律的规定下，对估价原则与方法应用于住宅、商业及工业用地与建筑物的买卖权益设定的估价；保险及抵押的估价；特殊不动产的估价，包括加油站、旅馆、大饭店等；估价师在投资决策中的角色；政府政策与财政措施对投资决策的影响。

2）估价Ⅳ。补价与受益问题；土地征用补偿的估价，包括地价、损害、干扰等；计划决策的不利影响的补偿估价，发展价值的评估等。

3）法律Ⅲ。地方政府的组织；有关土地与建筑物的公共卫生及安全的法令；土地使用计划与管制；土地征用的程序；土地法庭的功能；欧洲共同市场的构架，特别是有关土地的部分。

4）市地开发。设计与布置；开发的评估，开发计划的财政分析与可行性决策及估价的剩余法与收益法分析；政府政策与活动对投资的影响；投资与出租对开发的影响；长期与短期成本及收益的方法。

5）不动产代理。市场调查：英国不动产市场的特性，市场问题的性质，代理办公室的管理，单一与连锁代理店的管理，市场调查计划，推销决策，市场调查原则应用于住宅、商业、工业及特殊不动产，国外市场调查的技术。管理：管理原则与技术运用于私有与公共部门的不动产，不动产管理的法律、社会、技术及财产因素，所有权与其他不动产权利的特性与选择，不动产的维护、整修、服务、保险、租赁及契约、管理记录与会计。

5. 英国土地估价师的执业情况

英国的土地估价师可分为官方土地估价师与民间土地估价师。

（1）民间土地估价师

1）契约估价：①土地买卖；②土地租赁；③土地金融；④土地开发等。

2）法定估价：①土地买卖；②土地规划影响的补偿；③土地课税征收的估价。

（2）官方土地估价师

1）英格兰及威尔士：①主任估价师；②副主任估价师；③助理主任估价师；④督察估价师；⑤第一级估价师；⑥资深估价师；⑦高级估价师；⑧估价师；⑨初级估价师；⑩估价助理员；⑪矿务助理员。

2）区域办公室。

3）地方区估价师。

4）土地法庭，例如土地征用有争议时的处理。

遇到土地征用的情形，土地所有人可以委托民间估价师来估价，而征用机关则雇用官方估价师或任命区估价师来估价。如果双方估价师的估价结果无差异，当然没有问题。如果有差异，则他们可根据专业知识来协调，核对双方的估价书，就差异部分进行协商。如果仍有争议，则上诉到土地法庭。土地法庭一般由7人组成，其中主席1人，估价师3人，律师3人。这7人的资格为：主席必须曾任高等法院法官7年以上，估价师和律师必须是资深的。

6. 英国房地产评估制度的起源与变迁

英国房地产评估制度的起源与变迁，可以从英国皇家特许测量师协会（RICS）的发展历史得到说明，该协会成立于1868年，在这之前，英国民间已经存在一些规模较小的、地方性的测量师协会或俱乐部，其成员主要从事房地产管理、土地测量和建筑预算等，1868年，他们的一部分联合在一起，组成了一家规模较大的协会，即RICS的前身。最初的会员不到200人，在随后的发展过程中其规模不断扩大，影响力也越来越大。1881年，维多利亚女王授予该协会“皇家特许”的称号；之后，通过议会立法授权英国皇家特许测量师协会（RICS）享有负责全国性评估体系的职能，所有的制度也由该行业自律组织制定与实施。

可见，英国房地产评估制度的起源与变迁是一种民间自发组织的行为，政府在期间只是认可皇家特许测量师协会（RICS）所做的一切。至于为什么英国房地产评估制度的起源与变迁不同于美国、日本等国，很难给出一个权威的解释，也许是因为英国人那种绅士风格具有“自觉规范自己行为的天赋”。

阅读材料

美英房地产估价行业发展模式及经验借鉴

（1）美英房地产评估业的比较

1）家庭作坊式的美国评估业。

2）集团化规模化经营的英国评估业。

（2）导致美英房地产评估业发展模式差异的原因

1）地区间差异的大小。

2）行业壁垒。

3）行业协会的作用。

4）评估师的能力和对报酬的预期。

5）与整体经济的关联。

6）观念的差异。

11.2.3　日本的房地产估价制度

日本不动产鉴定业实行的是以不动产鉴定协会与政府共同管理的制度，协会负责组织不动产鉴定士的考试、在职人员的教育和培训，政府则负责组织相关法规的制定和鉴定士许可证的发放。与不动产鉴定相关的法规主要有《不动产鉴定评价法》和《不动产鉴定评价基准》。

日本对鉴定评价士资格的要求是：通过协会组织的国家统一考试，有两年以上的实务经验，并需完成一年的实务补习。

1. 日本不动产估价制度的形成

日本称房地产为不动产。将估价称为鉴定评价，简称鉴定。日本有关不动产的鉴定评价最初是由银行代理进行的，属于银行的业务范围。在第二次世界大战前，不动产鉴定评价任务除满足社会上一部分私人买卖不动产的需要外，主要是满足政府机构计算征地补偿的需要。第二次世界大战后，不动产鉴定评价业务逐渐从银行业务中脱离出来，许多地方成立不动产鉴定协会、不动产研究所等机构，专门从事有关不动产的鉴定评价业务。要求鉴定评价的对象也从官方政府机构、重要的公共用地，迅速扩大到民间私人企业和个人。

进入 20 世纪 60 年代，日本土地价格急剧上涨，由此产生了大量社会问题，如住房、公共设施用地难以取得、农地废耕、大量土地投机等问题。为了解决这些问题，1961 年 3 月，日本公共用地取得制度调查会向建设大臣建议建立不动产鉴定评价制度。1962 年在建设省成立了宅地制度审议会，1963 年 3 月，该审议会向建设大臣提出了“关于建立不动产鉴定评价制度的申请”。在此基础上，日本政府于 1963 年 7 月通过《不动产鉴定评价法》，1964 年 4 月该法开始实施，不动产鉴定评价制度由此诞生。1964 年 3 月，日本又制定了《不动产鉴定评价基准》，使不动产鉴定评价制度趋于完善。

2. 日本不动产鉴定评价制度的内容

日本不动产鉴定评价制度的主要内容有以下两项：第一，从事不动产鉴定评价的人员需要取得一定的资格；第二，从事不动产鉴定评价业者需要向政府登记，而且其业务的行使必须受到某种限制。关于这两项制度的具体内容，集中体现在日本的《不动产鉴定评价法》中。

3. 日本《不动产鉴定评价法》的基本内容

日本的《不动产鉴定评价法》共分为总则、不动产鉴定士及不动产鉴定士补、不动产鉴定业、监督、杂则、罚则 6 章，全文共 60 条。另外还有《不动产鉴定评价法施行令》共 8 条，《不动产鉴定评价施行规则》共 38 条。日本《不动产鉴定评价法》各章的主要内容大致如下：

（1）总则　总则的条文有两条，分别规定不动产鉴定评价的目的与定义。不动产鉴定评价的目的是要使土地等形成适当的价格。其定义则包括以下三项：①所谓不动产鉴定评价，是指判定土地或建筑物或他项权利的经济价值，并将其结果以价额来表示。②所谓不动产鉴定业，是应他人的要求就不动产进行鉴定评价，并收取报酬的事业。③所谓不动产鉴定评价业者，是向主管机关登记，从事不动产鉴定评价的人员。

（2）不动产鉴定士及不动产鉴定士补　本章共分考试与登记两部分。

1）考试。欲担任不动产鉴定士者，应参加考试。考试共分三次。

第一次考试，考日语、数学、论文，但有下列条件者可以免除第一次考试：①大专毕业或具有同等学力者。②旧制高等学校高等科、大学预科或专科学校毕业或修完学分者。③高等考试检定考试、司法官考试第一次考试或公认会计士考试第一次考试及格者。④具备与上列学历的同等学力者。

第二次考试，考民法、不动产相关的行政法规、经济学、会计学及不动产估价理论。但进行第二次考试需要第一次考试及格或前述免考第一次考试者才能参加。不过，具备下列条件之一者，可以免除第二次考试的特定科目考试：①在大专等学校讲授法律科目 3 年以上的教授或副教授，或从事有关法律研究得到博士学位者，可以免考民法。②在大专等学校讲授经济学科目 3 年以上的教授或副教授，或从事经济学研究得到经济学博士学位者，可以免考经济学。③在大专等学校讲授商学科目 3 年以上的教授或副教授，或从事商学研究得到博士学位者，可以免考会计学。④参加民法、经济学或会计学等所相关的高等考试、司法官考试第二次考试或公认会计士考试第二次考试及格者，其考试及格科目可以免予考试。考试合格且具有两年以上实务经验者，可以通过登记取得“不动产鉴定士补”资格。

第三次考试，考不动产评价实务，而且要具备不动产鉴定士补资格，并接受 1 年以上的实务补习者才能应考；通过此次考试者，可以获得“不动产鉴定士”资格。

以上考试每年举行一次以上，由土地鉴定委员会办理。

2）登记。有不动产鉴定士或不动产鉴定士补的资格者，应向国土厅或所在地的都道府县登记，才能正式取得其资格，但有以下情形之一者不得登记：①未成年人；②禁治产人或准禁治产人；③破产而未复权者；④受禁烟以上的处分在执行结束后未满 2 年者；⑤公务员受惩戒免职处分，从其处分之日起未经过 3 年者；⑥受登记消除的处分，自该处分之日起而未经过 3 年者。

（3）不动产鉴定业　欲经营不动产鉴定业者若在 2 个以上的都道府县设有事务所，则应向国土厅登记，其他则向事务所所在地的都道府县登记。登记的有效期间为 3 年，期满后若欲继续营业则需要重新登记。

有下列情形者应予拒绝登记：①破产而未复权者。②受禁烟以上的处分或违反《不动产鉴定评价法》的规定，或犯有关不动产鉴定评价的罪行而受罚金的处分者；在执行结束后未满 3 年者。③受登记消除的处分未经过 3 年者。④受到业务停止的命令尚未期满者。

不动产鉴定业者应每年一次于一定时间向国土厅或都道府县提出下列文件：①记载过去一年来事业实绩概要的书面报告。②记载不动产鉴定士及不动产鉴定士补变动的书面报告。③其他所规定的书面报告。

不动产鉴定业者开业应向主管机关备案，登记簿及各项文件应提供公众阅览。未办理不动产鉴定业者的登记者，不得经营不动产鉴定业。

不动产鉴定业者如果其本身不是不动产鉴定士，则必须在其事务所聘请 1 人以上专任不动产鉴定士。不具备不动产鉴定士或不动产鉴定士补的资格者，不得从事不动产的鉴定评价行为。

（4）监督　规定了行政监督的具体内容。对于有下列情形之一的不动产鉴定业者，可以处以 1 年以内的停止业务（全部或一部分业务），或取消其登记。

1）违反不动产鉴定评价法的规定或主管机关的处分命令者。

2）不动产鉴定士或不动产鉴定士补因从事不动产鉴定业者的业务而受处分，其责任在于不动产鉴定业者时。

如果有人怀疑不动产鉴定士等的鉴定评价行为不当时，可以提交相关资料要求主管机关采取必要的措施。但主管机关给予必要的处分前，应先听取当事人的意见。

（5）杂则　为举办不动产鉴定士考试，应与土地鉴定委员会设置考试委员会。考试委员考试时，由土地鉴定委员会推荐，由国土厅长官任命。

（6）罚则　对不动产鉴定士或不动产鉴定业者的不当行为，规定各种不同程度的拘役或罚款。

4. 不动产鉴定士的行为规范

日本在《不动产鉴定评价施行规则》等制度规章中，对不动产鉴定评价士的行为提出了严格的要求。其基本规定有如下两项：一是应凭良心诚实地进行不动产的鉴定评价，不得做出损伤不动产鉴定士及不动产鉴定士补信用的行为；二是若无正当理由，不得将其业务上所得的秘密向他人泄露。若违反上述规定，则视其程度给以告诫或除名，被除名者不得再担任不动产鉴定评价工作。

上述两项规定是法律上的义务，为不动产鉴定士履行其业务时必须遵守的最低限度规定。遵守了此规定，日本还有不动产鉴定评价的伦理纲要，要求不动产鉴定士必须经常遵守。其伦理纲要的要点如下：

1）片断的知识与无秩序的经验无助于不动产的鉴定评价，唯有以高度的知识、经验和判断力综合形成有机的统一体，才能进行正确的鉴定评价，所以必须不断学习锻炼，努力求取鉴定评价的进步与改善。

2）应以实践活动加深关系人及社会一般人士对不动产鉴定评价制度的理解与依赖，以资形成不动产的适当价格。

3）进行不动产的鉴定评价时，不论其是否对自己或关系人有无利害关系，均应保持公平妥当的态度。

4）进行不动产的鉴定评价时，应尽职业上的注意。

5）认为有超越自己能力限度的不动产鉴定评价，或有特别利害关系而有损公正鉴定评价之嫌时，原则上不得受理该不动产的鉴定评价。

5. 日本房地产评估制度的起源与变迁

日本的房地产评估开始于明治维新时期。1873 年日本实施新的“地租改正”的土地政策，对下放给农民的农地所有权按其价格的 3% 向农民征收地租，为确定农地的价格，日本开始进行房地产评估。

明治维新后，日本走上了工业化发展的道路。为了大力发展基础产业，以政府的援助为后盾成立的日本劝业银行作为融资机构开始了日本房地产评估的代理业务。随着业务的不断增加，日本劝业银行于 1897 年制定了《鉴定规则》，并以此作为房地产担保评估的原则和方法，这个规则曾广泛应用，为奠定日本房地产评估的基础做出了巨大的贡献。

由此可见，日本不动产评估制度也是迫于市场压力并在政府推动下起源与变迁的。

11.2.4　德国的房地产估价制度

德国房地产估价制度是通过制定一系列的法规来对房地产估价的整个行业、组织和个人进行管理。这些法规主要有《联邦建筑法》《城市建设促进法》《建设法手册》《土地开发法》《不动产交易底价评估条例》《建设使用条例》等。

1.《建设法手册》

《建设法手册》规定了进行不动产评估的专门机构及其任务、权限和开展估价业务的一整套细则。按照规定，不动产和其他财产价格的评估由估价委员会负责实施。德国的市(镇)、县都设有估价委员会，地区和州设有高级估价委员会，统一负责所辖范围内的不动产估价工作。若有必要，几个行政区范围内可以设立高级估价委员会。

1）估价委员会的任务主要是　评估标准地价，评估不动产交易底价，收集和整理不动产交易资料，测算并确定与不动产评估有关的数据。估价委员会应接受法律规定的申请人所提出的估价申请，这些申请人包括主管建设的部门，主管确定不动产价格、不动产补偿额或设置与不动产有关的其他项权利的部门，不动产主、不动产主的代理人、他项权利人、有资格的不动产继承人，法院和司法机构，依据法规其他有资格的申请人。估价委员会为此做出的估价结果一般只具有参考性而不具有约束力。

2）估价委员会的权限是　为确定小区改造费、补偿金额和征用补偿费，以及了解、比较不动产的基本情况，估价委员会有权要求不动产主和他项权利人出具有关文件和资料；不动产主和他项权利人应允许估价委员会利用他们的不动产交易资料和实地查勘他们的不动产；在征得不动产主同意后，估价委员会可以进入其住所内察看。估价委员会有权进行购买价格和其他估价所需数据的收集工作，登记或公证部门有义务将交易合同副本送交估计委员会。所有法院和各政府部门应给予估价委员会司法和官方协助和咨询。如果有人对估价委员会的估价结果有异议，而且法院已提出申请，高级估价委员会可做仲裁性评估。

3）对不动产估价师的资格要求是：毕业于建筑学、建筑工程学、测量学或其他专业，并已从事实际工作 5 年以上；若无前述的专业学历，但在不动产经济领域从事实际工作达 10 年以上；具备必要的职业知识，包括经济知识、技术知识、法律知识、估价理论与方法运用的知识，以及其他相关知识。

2.《不动产交易底价评估条例》

《不动产交易底价评估条例》规定了在评估不动产交易底价时，必须以评估基准日的不动产市场情况为准，并规定不动产交易底价的评估方法为比较法、收益法和成本法三种。

11.2.5　韩国的房地产估价制度

房地产估价业在韩国被称为鉴定评价业，它经历了五个发展阶段：①最初主要由贷款银行自身对抵押或担保的财产价值进行评估。②1969 年由财务部、产业银行和其他五家商业银行共同建立了鉴定院，专门从事财产价值的鉴定评价业务。③1972 年由建设部建立了土地评价士制度，土地评价士主要从事基准地价的调查和评估业务。④1973 年由财务部建立了公认鉴定士制度，公认鉴定士主要从事财产价值的评估业务。⑤1989 年土地评价士和公认鉴定士统一，合称鉴定评价士，从事所有公私财产价值的评估业务。

韩国鉴定评价业实行的是建设部统一管理与鉴定评价业协会自律相结合的制度，与此相关的法规有《国土利用管理法》、土地公示制度和《国有财产法》等。

1. 鉴定评价业协会

在统一的鉴定评价士制度下，经建设部批准和注册登记，公认鉴定士协会和土地评价士协会于 1990 年合并成立了鉴定评价业协会。建设部只负责鉴定评价士考试资格的取得和鉴定评价机构的设立，其余业务主要由鉴定评价业协会以自律方式进行管理。

鉴定评价业协会下设 11 个专业委员会，其主要职能和任务是：提高鉴定士的素质，维护鉴定评价士的权益；鉴定评价制度、理论、方法的调研和发表；对鉴定评价业务的统一指导；建立鉴定评价职业道德规范，监督会员公正执业，调节、仲裁评估纠纷；建立鉴定评价业的同业保险，承担鉴定评价机构损害赔偿的连带责任；会员的教育培训和研修，特殊评估技术开发，出版协会刊物及资料；负责会员的有关福利事业；与国内外有关组织机构联络，交流信息；地价公示的有关调查，评价标准、制度的改善；评价结果可靠性的调查；不动产咨询业务的开发、咨询业制度的研究；建设部委托的其他职能。

2. 鉴定评价士和鉴定评价机构的管理

建设部统一管理鉴定评价士和鉴定评价机构的内容包括两个方面：一是管理鉴定评价士的资格和继续教育，二是鉴定评价机构的开业注册。

建设部对鉴定评价士资格的要求是：通过建设部组织的国家统一考试，并在鉴定评价机构实习至少两年。国家统一考试每年举行一次，分两次考 7 门：第一次考试有 4 门，课程有民法、经济原理、不动产关系法规和会计学；第二次考试有 3 门，课程有鉴定评价及补偿法规、鉴定评价理论、鉴定评价实务。两次考试全部及格且实习期满两年的，可获得鉴定评价士证书。

建设部还规定，鉴定评价士每年仍需要参加不少于 4 次的各种类型的研修或培训。如果计划开设事务所，则在开业前必须向建设部长官办理开设注册，获取开设注册证。当鉴定评价士事务所的已注册事项发生变更，须进行申报；若事务所在评价工作中出现重大过失或不合规行为时，建设部长官可能取消事务所的开设注册证。

3. 公示制度

建设部每年委托两个不同的鉴定评价机构组织鉴定评价士调查和评估不同类型和用途土地（选择全国土地总量的 1%）的价格，评估结果取两个机构评估值的平均数，随后首先征求地方政府长官的意见，再由鉴定评价士编写正式报告，提交建设部，经建设部土地评价审议委员会审议后，由建设部长官向全国发布地价公告。

4.《国有财产法》

《国有财产法》规定了需要评估的财产类型：国有财产转让给其他所有者时，国有财产发生租赁行为时，国有财产依总统令每 5 年修正一次价格。另外，在国家征用公共用地、私人不动产、企业不动产时需要对征用对象进行价值补偿方面，在不动产转让税、土地增值税、综合土地税、财产继承税、财产赠予税等的征收方面，其他有关保险、信托等方面，韩国都制定了有关鉴定评价的法律。

11.3　我国房地产估价制度介绍

参照有关资料，对我国房地产估价制度做如下梳理。主要介绍香港地区和内地的房地产估价制度。

11.3.1 香港地区的房地产估价制度

香港地区将房地产估价称为物业估价，实行的是行业协会与政府相结合的管理体制。1984 年香港测量师协会（HKIS）成立并且 HKIS 逐渐取代了 RICS 在香港的地位，成为唯一代表香港测量师专业的团体。1990 年香港设立了测量师注册管理局。香港注重对评估人员的管理，评估人员的职业道德、专业水平都是由测量师学会自行进行管理和规定，评估人员的注册管理则由注册管理局负责，政府不直接进行行政干预。

香港测量师学会的会员都是已取得测量师专业资格的人士，可以分为资深会员（Fellow）和会员（Associate）；资深会员可以采用 FHKIS 名衔，会员则可以采用 AHKIS 名衔。测量师又分为土地测量师、工料测量师、产业测量师和建设测量师，其中产业测量师是专门从事物业价格评估的专业人员。产业测量师可以服务于两种估价机构：一种是政府部门或者隶属于政府部门的评估单位或部门，如房屋地政署（负责管理一切关于土地和屋宇发展的事务）、差饷物业估价署（负责为应征差饷之楼宇估价）、房屋委员会、土地审裁处、土地注册处等；另一种是非政府的评估机构，即测量师行，面向全社会服务。非政府的测量师行是独立的有限责任制公司和一般合伙制公司，其活动范围早已不再局限于香港，如香港仲量行、戴德梁行等均在中国内地设有分支机构。

香港对测量师学会会员的要求是：完成由学会认可的大学测量专业学位课程；在专业测量师指导下进行不少于两年的在职专业工作实习；考生可以在实习期满后报考学会组织的专业能力评价（Assessment of Professional Competence，简称 APC）。另外，学会会员必须严格遵守由学会制定的专业操守规则，每年参加专家讲座形式的在职培训若干小时。香港测量师学会亦与香港廉政公署合作建立网站，使协助会员更清楚了解工作中可能遇到的职业道德问题及恰当的处理手法。

按照《测量师注册条例》的规定，测量师必须经注册管理局注册，每次注册有效期为 12 个月，申请应于期满前 3 个月至 28 天内提出；若提出的申请未予批准或续期期间未提出申请，则申请者不再是注册专业测量师。

阅读材料

我国香港特别行政区与内地房地产估价的优势与差异分析

1）从估价本身来看，两地房地产估价的渊源沿革、技术和服务领域有所不同。

①香港地区的房地产估价主要是沿袭英国；内地在不同时期分别借鉴了我国香港和美国等的优秀成果。

②香港的房地产估价历史较长，积累了丰富的经验；内地起步较晚，目前已有很大的发展，还有较大的发展潜力。

香港的房地产估价可以追溯到 1843 年，已经有 170 多年的发展历史，在业务操作、行业管理等方面比较成熟。

③香港在价值评估的基础上走向了更全面的房地产顾问服务；目前内地多数估价机构主要是围绕价值评估开展服务。

2）从估价背景来看：两地房地产市场成熟度不同，房地产制度和管理体制有所不同，地域差异较大。

①香港的房地产市场比较成熟，为房地产估价提供良好的条件；内地的房地产市场还在发展中，房地产估价的难度较大。

②房地产制度不同，特别是在房地产产权和行政管理体制方面差异较大。例如，内地土地使用权出让借鉴了香港土地批租的做法，但两地在其他方面有很大的差异。内地房地产估价对象较为复杂，需要估价师凭借个人经验和对当地情况的深入调查，才能做出符合实际的估价。

③香港地域差异不大；内地地域广阔，有较大的地域差异。

3）从估价行业管理来看：香港注重行业自律；内地实行行政许可制度。

①香港以入会的方式取得执业资格；内地以获得国家认可的方式取得执业资格。

②香港未对估价机构实行资质管理；内地对估价机构实行资质核准，并区分不同等级。

③香港的会员分若干层次，比较注重发挥个人会员的作用；内地的会员有个人会员和单位会员，单位会员在行业组织中发挥重要的作用。

4）从估价行业学会来看：内地的房地产估价师与房地产经纪人学会章程同样列明了学会成立的任务、会员级别、架构及管理、专业守则以及其他与处理会务有关的守则。相比之下，由于香港测量师学会所涉及的专业范畴较为广泛，故其学会章程并未有详细提及学会在产业测量或估价范畴的任务或目标。

阅读材料

香港的产业测量师估价服务范围

香港的产业测量师按照不同目的评估各类物业的价值，无论在买卖、出租、物业财务及资产策划方面，估值部分都扮演着关键的角色。产业测量师的估价服务范围包括以下几项：

1）交易支持服务；

2）物业财务服务；

3）企业服务；

4）土地咨询服务；

5）调解争议服务；

6）海外房地产估值服务。

阅读材料

国外房地产评估制度对我国的启示

1）房地产评估制度的制定应结合本国国情。房地产评估的管理体制主要有“政府独家管理”“行业自律管理”“以政府管理为主”三种类型。三种类型各有优缺点，很难说其中某种体制比另一种体制更好，我国房地产评估的管理体制应体现“只有民族的，才是世界的”的理念。

2）制度范围需要扩大。从“房地产价格的经济鉴定制度”扩大到包括“房地产价格的经济鉴定制度”和“房地产咨询制度”两个方面，促进房地产评估业的发展。

3）应以人员约束制度为主。

4）应尽快建立《房地产评估法》和《房地产评估操作规范》。

5）执业资格需要实行分级制度。

6）准入制度应该更加严格。

①提高报考的学历条件和专业背景知识条件。

②严格注册制度。

③提高考试的难度。

④实行定量录取。

7）房地产评估协会应当引入竞争机制。

8）应当引入评估复审制度。

①使评估机构内部对出具的评估报告先进行内部复审成为一种制度。

②使复审估计师成为比非复审估计师执业层次、水平、资历更高的估价师，从而划分估价师的层次。

11.3.2 我国内地房地产估价制度

我国内地房地产估价目前实行的是政府为主、行业协会为辅的管理制度。政府及其相关部门通过颁布法规、组织考试、注册管理等方式，推动估价行业的快速、规范的发展。行业协会一方面负责制定行业执业标准、开展业务培训和估价师的再教育等工作，一方面协助行政主管部门加强对行业的管理，其目的是不断提高房地产估价人员的素质和整个行业的服务水平。我国房地产估价的相关法制建设的内容主要表现在以下四个方面：

1）确立了房地产估价的法律地位。

2）实行对房地产估价师执业资格注册和对房地产估价机构资质核准制度。

3）制定了房地产估价标准和指导意见。

4）实行了房地产估价师执业资格全国统一考试制度。

随着房地产估价业务的开展，我国逐步建立了房地产估价制度，其基本内容体现在如下几个方面。

1. 房地产估价师考试和注册制度

1993 年 5 月，建设部和人事部认定了首批中国注册房地产估价师（140 名），1994 年 4 月又认定了第二批中国注册房地产估价师（206 名），在此基础上开始实行房地产估价师资格考试和注册制度。2007 年 3 月，住建部颁布了《房地产估价师注册管理办法》。按照规定，一般估价人员要成为从业的房地产估价师，必须经过两个步骤：一是通过全国统一考试合格，并取得房地产估价师《执业资格证书》；二是在规定时间内进行注册登记。

（1）房地产估价师资格考试办法

1）考试组织。

房地产估价师资格实行全国统一组织、统一大纲、统一命题的考试制度。考试科目有：房地产基本制度与政策及房地产估价相关知识、房地产开发经营与管理、房地产估价理论与方法、房地产估价案例与分析。

房地产估价师考试及培训由房地产行政主管部门统一组织，由房地产估价师学会具体实施。人事部负责审定考试科目、考试大纲，并对考试工作实施监督与指导。

2）报名条件。

凡中华人民共和国公民，遵纪守法并具备下列条件之一的，可申请参加房地产估价师执业资格考试：

①取得房地产估价相关学科（包括房地产经营、房地产经济、土地管理、城市规划等，下同）中等专业学历，具有 8 年以上相关专业工作经历，其中从事房地产估价实务满 5 年。

②取得房地产估价相关学科大专学历，具有 6 年以上相关专业工作经历，其中从事房地产估价实务满 4 年。

③取得房地产估价相关学科学士学位，具有 4 年以上相关专业工作经历，其中从事房地产估价实务满 3 年。

④取得房地产估价相关学科硕士学位或第二学位、研究生班毕业，从事房地产估价实务满 2 年。

⑤取得房地产估价相关学科博士学位的。

⑥不具备上述规定学历，但通过国家统一组织的经济专业初级资格或审计、会计、统计专业助理级资格考试并取得相应资格，具有 10 年以上相关专业工作经历，其中从事房地产估价实务满 6 年，成绩特别突出的。

报考房地产估价师需提供下列材料：

①房地产估价师执业资格考试报名申请表。

②学历证明。

③实践经历证明。

3）资格获得。房地产估价师考试原则上每 2 年举行一次，目前每一年举行一次。考试规程由国务院房地产行政主管部门另行制定。考试结束后，全国统一阅卷。成绩合格者，由房地产估价师学会发放考试合格通知，由注册管理部门审定注册，发放《房地产估价师执业资格证书》。房地产估价师执业资格是国家设定的房地产估价的执业资格。未取得《房地产估价师执业资格证书》不得以房地产估价师的名义从书房地产估价业务。

（2）房地产估价师注册管理办法

1）注册条件。房地产估价师资格统一考试合格，并受聘从业后即具备房地产估价师注册资格。符合下列条件者可申请房地产估价师注册：

①拥护中国共产党在社会主义初级阶段的基本路线，遵纪守法，无违反党纪国法的记录。

②认真履行岗位职责，遵守职业道德，能公正、客观地开展房地产估价工作并无专业责任事故。

③房地产估价师资格考试合格。

④身体健康，能胜任房地产估价师正常业务工作。

⑤持有聘用单位证明。

2）注册程序。房地产估价师注册，由房地产估价师提出申请，由聘用单位统一到房地产行政主管部门申请注册，经审核同意后，由省级房地产行政主管部门批准后，发放《房地产估价师执业资格证书》。《房地产估价师执业资格证书》式样由国务院行政主管部门统一制定。

3）资格取消。经注册后房地产估价师执业资格有效期为 3 年，有效期满，持证者应当到原注册机关办理注册手续，房地产估价师注册后，有下列情形之一的，由原注册机构取消其资格证书：

①完全丧失民事行为能力的。

②死亡或失踪的。

③患有精神病等严重疾病，不能胜任房地产估价正常业务的。

2. 房地产估价管理

住建部对房地产估价管理工作提出了基本要求，主要包括如下几个方面：

（1）管理机构　我国实行分级管理，国务院建设行政主管部门负责全国城市房地产价格评估的管理工作；县级以上地方人民政府房地产行政主管部门负责本行政区域内城市房地产价格评估的管理工作。这里的国务院建设行政主管部门是指住建部，县级以上地方人民政府地产行政主管部门是指省、市、县三级人民政府分管房地产工作的部门。在省一级一般都不单设房地产管理局，由建设委员会（建设厅）行使房地产评估的管理职能。市、县则大多都有独立的房地产管理部门。国家和省级管理机构偏重于宏观管理，如制定评估的法规、政策等；市和县级管理机构偏重于微观管理、具体工作的管理。市、县级人民政府房地产行政主管部门应当确立房地产评估机构，承担本行政区域内城市房地产价格评估业务。

（2）评估机构的资质条件管理　对评估机构的资质条件管理，是房地产市场估价管理的主要工作，住建部明确规定了房地产评估机构的设立条件、审批程序、资质条件、营业范围以及日常管理和处罚规定等。

1）设立条件。设立评估机构应当符合下列条件：

①有单位名称和组织机构。

②有固定的经营场所。

③有符合规定的注册资本。

④有符合规定的专业技术人员。

⑤在以往的房地产评估中有良好的质量和信誉。

2）资质条件。目前我国房地产评估机构的资质按照专职注册房地产估价师数量、经营业绩和注册资本等条件分为四级，即一级、二级、三级及临时四个等级。其中一级评估机构应该具有 7 名注册房地产估价师，100 万元注册资本，4 年以上的评估业务经历及一定数量的评估业务；二级评估机构应有 5 名以上注册房地产估价师，70 万元以上的注册资本，连续 3 年以上的评估业务经历和一定数量的评估业务；三级评估单位应有 3 名以上注册房地产估价师，40 万元以上的注册资本，连续 2 年以上的评估业务经历和一定数量的评估业务；临时资格的评估机构为新成立的估价机构，其基本条件应具有 1 名注册房地产估价师，20 万元注册资本及其他基本条件。

3）审批程序　按评估机构的资质等级，主管部门分级推荐审批。其中一级资质须经住建部审批。

4）经营范围。评估机构应按其资质等级相应的营业范围从事评估业务。如一级资质机构可以跨省、跨地区从事各类房地产估价业务。

（3）估价人员的权利和义务　房地产估价师的作业范围包括房地产评估、房地产咨询以及与房地产评估有关的其他业务。房地产估价师承办业务，由其所在的评估机构统一受理，并与委托人签订委托合同。房地产估价收费由评估机构统一收取。

由于房地产评估失误给当事人造成经济损失的，由评估机构承担赔偿责任。评估机构可以对房地产估价师追偿。房地产估价师与委托人有利害关系的，应当回避。另外，有关条例中规定了对估价人员的各种处罚。

3. 中国房地产估价师学会

中国房地产估价师与房地产经纪人学会（China Institute of Real Estate Appraisers and Agents，CIREA）是内地唯一的全国性房地产估价行业组织，于2004 年由中国房地产估价师学会（1994 年成立）更名而来，中国房地产估价师学会是中华人民共和国住房和城乡建设部业务归口管理的学术团体。该学会下设五个专业委员会，即考试注册、教育培训、学术、标准和国际交流委员会。其基本情况如下：

（1）学会任务

1）制定并执行专业守则和估价标准，以确保本会会员为社会提供的专业服务之水准。

2）协助政府主管部门进行注册房地产估价师考试、注册等方面的管理工作。

3）指导全国高等院校房地产相关专业的课程设置，逐步开展对高校房地产相关专业的评估认定工作，以使其毕业生具有成为本学会会员所必需的知识结构与水准。

4）组织房地产相关专业培训，不断更新本会会员的知识结构，以适应社会经济发展的要求和世界评估行业发展的潮流。

5）代表我国房地产评估行业参加有关国际学术组织、出席有关国际学术会议。

6）组织房地产估价理论与应用方法的研究，定期进行学术交流。

7）开展与国外房地产评估机构及专业组织的合作与交流，为使我国的评估行业与世界接轨，使我国的注册估价师走向世界做出不懈的努力。

8）组织编辑出版学会刊物及有关学术著作。

9）宣传估价师行业对社会大众的重要意义，维护本会及会员的合法权益。

（2）会员

1）会员资格。获取《房地产估价师执业资格证书》的人士，承认该学会章程、遵守有关规定，均可申请加入。经学会审查同意后，即可成为学会会员。学会会员分为三个等级，即会员、高级会员和荣誉会员。条件成熟时可设海外会员和学生会员，但学生会员不得以本会会员的名义从事有关活动。荣誉会员为对本学会工作做出过突出贡献的人士，由 5 名以上理事提名并经理事会 4/5 多数决定授予。高级会员为取得会员资格 5 年以上、年龄 30 岁以上的人士，经申请和 2 名高级会员推荐并经理事会授权机构审查合格，由理事会 2/3 多数决定授予。

2）会员的权利。

①在学会有选举权和被选举权。

②对学会工作提出建议和批评。

③优先参加学会组织的各种活动。

④优先或优惠取得学会的学术资料。

3）会员的义务。

①遵守学会章程。

②执行学会决议和完成学会委托的工作。

③积极参加学会组织的学术活动，提供学术论文、调查报告、研究成果和有关资料。

④关心学会工作，经常向学会反映情况，提出建议。

⑤按规定交纳会费。

会员有退会的自由。退会会员须书面通知学会的考试注册委员会，并由该委员会宣布除名。退会后可重新申请加入。

(3) 学会组织机构

1) 最高权力机构是全国会员代表大会。全国会员代表大会每3年召开1次，特殊情况下可以提前或延期召开，但提前或拖后不得超过1年。代表大会的主要职责是：制定和修改学会章程；选举产生学会理事会；讨论和决定学会的工作方针和任务；审议本届理事会工作报告；通过提案和建议。

2) 学会领导机构。在全国会员代表大会闭会期间，理事会是学会的领导机构。学会理事会每届任期3年，从选举产生开始至下一届理事会产生为止。理事会每年召开1次。其主要职责和任务是：执行会员代表大会的决议及上级领导机关布置的工作任务；制定学会年度或较长期的工作计划并组织实施；决定荣誉会员称号的授予；确定理事会领导人选；决定学会机构和分支机构的设立及其负责人人选；决定与国际学会组织相互承认事项；总结学会工作，筹备召开下届会员代表大会；推荐科技成果和优秀人才，评奖优秀学术论文和著作；审议并监督学会经费的使用情况。

3) 理事会组成。学会理事按各省、自治区、直辖市、中央部委会员数量分配名额，由当地会员推举，通过会员代表大会充分协商，通过无记名投票选举产生；常务理事、会长、副会长、秘书长由理事会选举产生。会长、副会长可以连任，但最多不得超过2届。

本章小结

本章主要介绍国内外房地产估价制度的特点，尤其是美国、英国、德国、韩国、日本以及我国房地产估价制度的特点、建立与完善等。

同时补充阅读材料——中外房地产估价制度的发展综述，使学生对国外房地产估价制度的研究状况有所了解。

练习题

一、名词解释

房地产估价制度

二、问答题

1. 一个国家（地区）的房地产估价制度一般包括哪些内容？
2. 美国、英国、德国、日本、韩国的房地产估价制度有什么特点？
3. 我国内地房地产估价制度的建立与完善，涉及哪些法规制度等？
4. 我国香港的测量师是指哪些专业的人士？香港测量师的注册资格是什么？
5. 《中华人民共和国城市房地产管理法》对房地产估价制度有哪些规定？
6. 中国房地产估价师学会的主要任务是什么？学会的会员有哪几种？
7. 我国对房地产估价师的注册事项有哪些规定？

第12章 房地产估价报告的写作

【教学目的】了解撰写房地产估价报告的基本要求；熟悉房地产估价报告的构成要素；掌握房地产估价报告的基本格式和写作技巧。

【重点难点】重点和难点在于房地产估价报告的内容、估价报告的格式以及估价报告常见错误分析。

【能力点描述】熟悉房地产估价报告的写作；能运用所学知识完成房地产估价报告；具备房地产估价报告写作的基本知识和技能。

12.1 房地产估价报告的基本要求、构成要素

参照有关资料，对房地产估价报告的基本要求、构成要素做如下梳理。

如前所述，房地产估价是一项实操性很强的业务，房地产估价师必须能够动手写作估价报告。房地产估价报告写作，是房地产估价师必须熟练掌握的专业技能。写好房地产估价报告，房地产估价师要具备房地产估价的专业知识，以及与房地产估价有关的各类知识，了解和分析房地产市场的运行规律，同时还要掌握房地产估价报告的体裁特点，灵活运用其写作技巧。学习和掌握房地产估价报告的写作，是房地产估价师一项很重要的专业训练。达到执业要求，估价报告的写作能力，是能否成为一名合格的房地产估价师必不可少的检验标准。房地产估价报告属于应用文范畴，是一种指向性非常明确的专业性与职业性的报告文体。

12.1.1 房地产估价报告的基本要求

1. 房地产估价报告的写作主体要求

房地产估价报告的写作主体实质上是从事该项业务的房地产估价机构和专业估价人员。人的因素是整个房地产估价报告写作系统中最为重要的因素。

房地产估价报告的写作属于专业写作，一份高质量的房地产估价报告，依赖于估价人员良好的综合素质。而综合素质只能在实践中不断积累和提高。以下提出的各项内容只是必须达到的基本要求。

（1）房地产估价人员的知识结构　房地产估价作为一门学科，属于经济分析与技术分析相结合的实用性交叉学科，涉及的专业学科比较庞杂。房地产估价师除应掌握经济学、建筑工程技术相关知识外，还必须掌握城市规划知识、土地管理和房地产管理知识，以及房地产方面的各项法律、法规、政策规定等。

掌握上述专业知识是进入房地产估价领域的基础条件。房地产估价师还必须对本门学科——房地产估价理论与方法有着十分透彻的理解和把握，并达到举一反三、灵活运用的程度。

（2）房地产估价人员的专业经验　撰写房地产估价报告是估价人员在一定知识和经验的基础上发生的一种创造行为。这种创造行为在很大程度上体现着估价人员知识和经验的个性特点。二者都是不可缺少的必要条件，专业经验在某些特定条件下甚至比知识更重要。专业经验的获得一是靠自己动手、实际操作，二是靠加强同行间的学习交流。

对初学者来说，各种估价报告的基本模式和写作思路，各种估价方法在估价实务中的运用，不同估价目的下的估价思路，各类估价对象的估价特点，以及估价语言的灵活运用等，都是必须迅速积累的专业经验。

2. 房地产估价报告本体要求

房地产估价报告应做到图文并茂，所用纸张、封面、装订应有较好的质量。纸张大小应采用A4纸的规格。同时，估价报告也有段落、结构安排、文字说明、图表的结合使用及专业术语规范等方面的要求。

（1）估价报告对语义的要求

1）用词准确。用词准确是房地产估价师撰写房地产估价报告时对词义的基本要求，要善于根据内容表达的需要，在众多同义词、近义词中选用最确切的语词，以准确地表现事物的特征和作者要表达的意图。

例如，下面这三种表达方式："这里有可能形成繁华商业区""预计这里将成为繁华商业区""这里必然成为繁华商业区"，用词的强度不同，表达的意思也不同。

注意估价报告不应该用口语化的词句，如"好得不得了"等词语。

2）语义鲜明，不能含混不清、模棱两可。表述范围、程度、幅度、条件等的词语，在房地产估价报告中都会经常使用，估价人员在撰写估价报告时要有客观恰当的把握，不能使用"大概""大约""可能"等字样，特别是估价结论不能模棱两可。

例如，"估价对象房地产每平方米建筑面积的价格大约在1800元左右。""大约"这样的词出现在估价结论中是不妥当的。有时估价人员确实不能确定估价结论的具体数额，不妨说"估价对象房地产每平方米建筑面积的价格在1790～1810元。"这样的表述比"大约"要确定得多，毕竟可以确定价格的变动范围。

3）用词不可带有较强烈的感情色彩。估价报告用词的褒贬要得当，尽量使用中性的词汇，避免采用过于华丽的辞藻。

例如，有的估价报告这样写："该公司上下努力、团结奋进、勇于开拓、奋力拼搏，在过去几年中取得了令人瞩目的成绩。"所述事实不能说与形成估价结论无关，但应该改为比较中性的、冷静的、叙述性的口气。不妨改为："财务报告可见，该公司过去几年的经营业绩比较理想。"这样用数据说话，就比简单地用带有感情色彩的评语有说服力。又如"该地区发展潜力与其他地区相比，不可同日而语"，这样过分褒此贬彼的说法也是不可取的。

4）用词要简练和规范。例如，有的估价报告连用几个"最高级"——"最壮观、最雄伟、最豪华"来形容估价对象；有的估价报告采用一些非标准的用语或是受港台地区用语的影响，比如，将"素质"写为"质素"等。

阅读材料

好的估价报告的主要表现

1）报告内容全面，正文内容和附件资料齐全、配套。

2）公正客观，估价方法的选用及评估思路、过程合理、依据充分。

3）用词准确，报告文字表述严谨、逻辑性较强。

4）评估结果基本准确，符合市场行情。

5）报告装订整齐、美观、统一。

估价报告对语句的要求：

1）语句要完整。语句不能出现杂糅、累赘等毛病。语句成分该省的一定要省，不省则不精炼；但是不该省的省掉了，语句就会残缺不全，让人摸不着头脑。

2）搭配要得当。语义上要符合情理，符合语法规则，同时要衔接得当。语句与语句意思也要衔接、连贯，不能脱节。

3）逻辑要严密。不能出现自相矛盾的现象，造成逻辑混乱。逻辑混乱的情况主要有：①前后没有照应，如前面说了上座率 70%，后面计算时又没有考虑进去；前面确定的资本化率是 10%，后面采用 9%。②数据来源没有出处或是有错，如有的估价报告中的房地产税、营业税的税率错误。③判断推理没有充足的理由，如简单地下结论，却没有充足的理由支持该结论。

阅读材料

规范用语说明

1）为便于在执行本规范条文时区别对待，对要求严格程度不同的用词说明如下：

表示很严格、非这样做不可的用词：正面词采用“必须”，反面词采用“严禁”。

表示严格、在正常情况下均应这样做的用词：正面词采用“应”，反面词采用“不应”或“不得”。

表示允许稍有选择、在条件许可时首先应这样做的用词：正面词采用“宜”，反面词采用“不宜”；表示有选择，在一定条件下可以这样做的，采用“可”。

2）规范中指定应按其他有关标准、规范执行时，写法为“应符合……的规定”或“应按……执行”。

12.1.2　房地产估价报告的构成要素

一份完整的估价报告通常由下列八个部分组成：①封面；②目录；③致委托方函；④估价师声明；⑤估价的假设和限制条件；⑥估价结果报告；⑦估价技术报告；⑧附件。

1. 封面

封面的内容一般包括下列几项：

（1）标题　这是指估价报告的名称，如“房地产估价报告”。

（2）估价项目名称　说明该估价项目的全称。

（3）委托方　估价项目的委托方为单位的，为单位全称；为个人的，为其姓名。

（4）估价机构　说明受理该估价项目的估价机构的全称。

（5）估价师　说明负责该估价项目的估价师的姓名。

（6）估价作业日期　说明该估价项目估价的起止年月日，即正式接受估价委托的年月日至完成估价报告的年月日。

（7）估价报告编号　说明估价报告在估价机构内的编号。

2. 目录

目录一般包括①致委托方函；②估价师声明；③估价的假设和限制条件；④估价结果报告；⑤估价技术报告；⑥附件。

3. 致委托方函

致委托方函是正式地将估价报告呈送给委托方的信函，在不遗漏必要事项的基础上应尽量简洁。其内容一般包括下列几项：

（1）致函对象　这是委托方的全称。

（2）致函正文　说明估价对象、估价目的、估价时点、估价结果、估价报告的有效期。

（3）致函落款　为估价机构的全称，加盖估价机构公章，并由法定代表人或估价师签名、盖章。

（4）致函日期　这是指致函时的年月日。

4. 估价师声明

在估价报告中应包含一份由估价师签名、盖章的声明，它告知委托方和估价报告使用者估价师是以客观无偏见的方式进行估价的。这对签名的估价师也是一种警示。

【例 12－1】估价师声明范例

我们郑重声明：

1）我们在本估价报告中陈述的事实是真实的和准确的。

2）本估价报告中的分析、意见和结论是我们自己公正的专业分析、意见和结论，但受到本估价报告中已说明的假设和限制条件的限制。

3）我们与本估价报告中的估价对象没有（或有已载明的）利害关系，也与有关当事人没有（或有已载明的）个人利害关系或偏见。

4）我们依照中华人民共和国国家标准《房地产估价规范》进行分析，形成意见和结论，撰写本评估价报告。

5）我们已（或没有）对本估价报告中的估价对象进行了实地查勘（在本声明中清楚地说明哪些估价人员对估价对象进行了实地查勘，哪些估价人员没有对估价对象进行了实地查勘）。

6）没有人对本估价报告提供重要专业帮助（若有例外，应说明提供重要专业帮助者的姓名）。

其他需要声明的事项。

参加本次估价的注册房地产估价师签名、盖章（至少有一名）。

5. 估价的假设和限制条件

估价的假设和限制条件是说明估价的假设前提，说明未经调查确认或无法调查确认的资料、在估价中未考虑的因素和一些特殊处理及其可能的影响，估价报告使用的限制条件等。

【例 12－2】××大厦第六层办公用房估价报告中的估价的假设前提和限制条件

本次估价是以估价对象能够按照目前的用途持续使用为假设前提。

本次估价是以估价对象的房屋所有权及所分摊的国有土地使用权不存在任何他项权利（包括租赁权、抵押权）及共有权人为假设前提。

估价对象初装修工程现已竣工，但尚未经房地产管理部门实地测绘，根据委托方及××市北新房屋开发有限公司提供的资料，估价对象建筑物销售面积为 3015.67m^2，故本次估价是以此数字作为假设前提并由此分摊了其所占土地面积。

估价对象准确的面积数字指标以房地产管理部门最后测绘为准。

估价对象为一整体物业中的局部，公共配套设施、水、电、气、热、空调供应及人流、物流交通均与整体物业为不可分割的一体，因此，本次估价是以估价对象可享有合理分摊的公共配套设施、水、电、气、热、空调供应及道路交通使用的权益为假设前提。

报告中估价结果为估价对象在 2003 年 6 月 8 日的市场价格，即在估价时点预期能够成交的最好价格，它依据了如下假设：

1）存在一个自愿销售的卖者和一个自愿购买的买者。

2）买卖双方的行为都是精明和谨慎的。

3）该物业可以在公开市场上自由转让。

4）在估价时点前，相对于物业的特性和房地产市场状况而言，有一段合理的谈判周期。

5）在此周期内，市场状态和价格水平是静止不变的。

6）不考虑特殊买家的附加出价。

6. 估价结果报告

估价结果报告是简明扼要地说明下列内容：

1）委托方。说明本估价项目的委托单位的全称、法定代表人和住所，个人委托的为个人的姓名和住所。

2）估价机构。说明本估价项目的估价机构的全称、法定代表人和住所、估价资格等。

3）估价对象。概要说明估价对象的状况，包括物质实质、权益和区位状况。其中，对土地的说明应包括：名称，坐落，面积，形状，四至、周围环境，景观，基础设施完备程度，土地平整程度，地势，地质、水文状况，规划限制条件，利用现状，权属状况；对建筑物的说明应包括：名称，坐落，面积，层数，建筑结构，装修，设施设备，平面布置，工程质量，建成年月，维护、保养、使用情况、公共配套设施完备状况、利用现状、权属状况；附着物情况。

4）估价目的。说明本次估价的目的和估价结果的期望用途。

5）估价时点。说明所评估的客观合现价格或价值对应的年月日。

6）价值定义。说明估价所采用的价值标准或价值内涵，如公开市场价值。

7）估价依据。说明估价所依据的国家和地方的法律、法规和标准、房地产估价规范，委托方提供的有关资料，估价机构；估价人员掌握和搜集的有关资料。

8）估价原则。说明本次估价遵循的房地产估价原则。

9）估价方法。说明本次估价的思路和采用的方法以及这些估价方法的定义。

10）估价结果。说明本次估价的最终结果，应分别说明总价和单价，并附大写金额。若用外币表示，应说明估价时点中国人民银行公布的人民币市场汇率中间价，并注明所折合的人民币价格。

11）估价人员。列出所有参加本次估价的人员的姓名、估价资格或职称，并由本人签名、盖章。

12）估价作业日期。说明本次估价的起止年月日。

13）估价报告应用的有效期。说明本估价报告应用的有效期，可表达为到某个年月日止；也可表达为多长年限，如一年。

7. 估价技术报告

估价技术报告一般包括下列内容：

1）详细介绍估价对象的区位、实物和权益状况。

2）详细分析影响估价对象价值的各种因素。

3）详细说明估价的思路和采用的方法及其理由。

4）详细说明估价的测算过程，参数选取等。

5）详细说明估价结果及其确定的理由。

【例 12－3】某房地产估价报告的技术报告

1）个别因素分析（详细说明、分析估价对象的个别因素）。

2）区域因素分析（详细说明、分析估价对象的区域因素。各种类型房地产区域影响因素不同）。

3）市场背景分析（详细说明、分析类似房地产的市场状况，包括过去、现在和可预见的未来）。

4）最高最佳使用分析（详细分析、说明估价对象最高最佳使用）。

5）估价方法选用（详细说明估价的思路和采用的方法及理由）。

6）估价测算过程（详细说明测算过程、参数确定等 ）。

7）估价结果确定（详细说明估价结果及其确定的理由）。

【例 12－4】某综合楼估价报告的背景资料、技术路线

（1）背景资料

1）一般因素。近几年，××市的经济运行态势良好，城市建设方面更是成效显著。同时，作为城市建设主力的房地产业也得到了迅速发展。我国有关部门相继出台了一系列有关房地产业的政策措施，对普通居住房地产市场的利好影响显著，而普通居住房地产市场的活跃，刺激了地区的整体经济发展，从而带动商业房地产市场和高级居住房地产市场的活跃与发展。

几年来，××市的经济发展速度和利用外资情况在全国范围内都保持着较高的水平，经济秩序、社会秩序稳定，地方税收一直稳步增长，城市产业结构调整进展顺利，旅游业、金融业等第三产业稳步发展。随着我国宏观经济政策的调整和整个经济发展速度的回升，××市的酒店、餐饮业、写字间等商业型房地产市场的需求将有所增加。

2）房地产实物权益状况因素。估价对象位于××市××区××街××号，为一栋钢筋混凝土框架结构的综合楼。其占地 660.44m²，土地使用性质为出让土地，出让期限从 2002 年 11 月 18 日至 2042 年 11 月 17 日，出让年限为 40 年。委托方持有《国有土地使用证》。综合楼地下一层、地上八层，建筑面积 2971.98m²，自 2003 年开始建设。综合楼平面布局为敞开式大厅，可自由分割。估价对象的层高较高，其地下室与第八层均做了内部夹层，为此使用面积有所增加。依据估价人员实地勘察，目前估价对象的主体已经完工，设备安装及管网配套完毕，内装修工程与室外道路绿化进入收尾阶段，已完成的工程量约占总量的 95%。该工程主体结构已通过竣工验收，委托方获得《房屋所有权证》。

根据委托方提供的资料，估价对象建成后的使用功能为：地下一层为音乐酒吧，地上一层为用餐大厅，二层为小型宴会厅，三层为高档次 KTV 包间，四层为普通用餐包间，五层为洗浴中心，六、七层为办公用房，八层为客房。估价对象门前场地较开阔，有 20 个泊车位。

估价对象东侧与××商城为邻，西边为××洗浴中心，南面为××大厦，北面为停车场。其视野受到影响且距离主干道 W 路和 L 路均有一定的距离。

3）区位状况因素。

①区域范围。以估价对象为中心，东至 W 路、西至 S 街、北至 B 街，南至 L 路。所处 K 区域按城市类区划分为一类区，其所占土地为一级地二类区。

②区域特征。估价对象处于大型金融商贸、办公中心区域的边缘地带，沿 L 路两侧分布着大量的餐馆、酒楼及综合楼、健身俱乐部等商业物业，区域特征较为明显。同时，银行、医院、文化宫等公共服务设施也分布在估价对象周围。

③道路配置。K 域内东西向的 L 路和南北向的 W 路均为城市主要交干道，S 街、B 街均为次级交通道路，整个区域路网发达，路况良好。

④交通设施与接近条件。估价对象所处区域距火车站约 3km，距海港约 1km，距机场约 12km。经过该区域有 7 路、11 路、24 路、27 路等十余条公交线路，可通达市内各个区域，形成辐射力很强的公共交通网络。

⑤基础设施。在估价对象所处区域范围内，上下水、电力、燃气、供暖、电信等基础设施配套齐全，市政管网可方便地由近距离接入。

（2）估价技术路线　根据背景材料可知，估价对象为一栋地下一层、地上八层的钢筋混凝土框架结构的楼房，建筑面积为 2971.98m²。目前已完成规划工程总量的 95%。该建筑物拟作为餐饮、洗浴、客房、娱乐为一体的综合楼使用。由于估价对象地处商业、餐饮业和娱乐业较为聚集的区域，因此，拟使用用途为最高最佳使用。

作为集餐饮、洗浴、客房、娱乐为一体的综合楼，其收益性是显而易见的。因此，可以使用收益法进行评估。同时，在××市地处商业、餐饮业和娱乐业较为聚集的区域中，钢筋混凝土框架结构、规模相似的物业交易情况较多，所以可以从中选取可比实例，运用市场比较法评估估价对象的价格。

另外，估价对象主体结构刚刚建成，工程整体处在工程收尾阶段，已完成的工程量约占总量的 95%，为此可以辅之以成本法进行估价。最后结合房地产市场的实际情况，确定各种方法的计算结果在最终估价结果中的权数，得出最终的估价结果（并扣减未完工程量的价值）。

8. 附件

附件包括：估价对象的位置，四至和周围环境图，土地形状图，建筑平面图，外观和内部照片，项目有关批准文件，产权证明，估价中引用的其他专用文件资料，估价人员和估价机构的资格证明等。

12.2 估价报告常见错误分析

参照有关资料，对房地产估价报告常见错误做如下梳理。

12.2.1 技术路线错误（估价方法选择不当）

1）只使用了一种估价方法。

2）能用市场法的没有用。

3）收益性房地产的估价，未选用收益法作为其中的一种估价方法。

4）具有投资开发或再开发潜力的房地产的估价，未选用假设开发法作为其中的一种估价方法。

5）适宜采用多种估价方法进行估价的，没有同时采用多种估价方法进行估价。估价方法的选用没有结合估价对象的特点或不符合有关的规定。

12.2.2 方法运用错误（各种估价方法的常见运用错误）

1. 市场法的常见运用错误

1）比较实例选择有误。

2）条件说明表和前面因素描述不一致。

3）所选的比较因素不能反映估价对象的特点。

4）条件指数表中定量化错误。

5）修正过程不清，各修正系数不知从何而来。

6）估价结果无确定理由。

2. 收益法的常见运用错误

1）总收益计算有误。

①错将实际总收益作为客观总收益。

②由于房地产总收益来自多个方面，在估价中未计算全。

③错将纯收益作为总收益。

2）总费用计算有误。

①错将实际总费用作为客观总费用。

②由于房地产总费用包括很多项，在估价中计算缺项。

3）纯收益计算有误。如只算单价不算总价，或只算总价不算单价；未能区分楼面地价与地面地价、建筑面积与土地面积等。

4）年期计算错误，主要错在折旧年限或房屋剩余使用年限。

5）有几个还原率时，还原率采用不准。

3. 成本法的常见运用错误

（1）概念性错误　如建筑物重置成本误用成建筑物重建成本。

（2）成本项目确定有误　如土地取得费用、房屋拆迁费用、不动产开发费用等缺项。

（3）计算过程中各项取值缺少依据或明显不合理　缺乏依据和不合理的计算结果都是不可靠的。

（4）利息计算有误。

1）利息率选取有误。

2）计息基数有误，项目过多或过少。

3）计息期确定有误。

（5）利润计算有误

1）利润率选取有误。

2）利润基数有误。

4. 假设开发法的常见运用错误

（1）开发价值确定或计算有误　主要是对未来房地产价格的预测不准确。

（2）利息计算有误　其错误类型与成本法的利息计算错误类型相同。

（3）利润计算有误　其错误类型与成本法的利润计算类型相同。

12.2.3　参数确定错误

1. 参数类型

1）交易情况指数。

2）期日指数（地价指数或房地产价格指数）。

3）区域因素指数。

4）个别因素指数。

5）容积率修正系数。

6）使用年期修正系数。

2. 当前确定参数的困难与困惑

1）目前参数确定中的不足：拿来主义，胡编滥造，职业道德和标准缺失。

2）客观原因。

①市场信息渠道不畅，信息混乱，标准化和信息化欠缺。

②社会诚信度较低，为规避税费或保障隐私，交易不透明，虚假合同泛滥。

③信息垄断或不透明，取得真实交易实例的成本很大，机构和估价人员缺乏驱动力。

④行业驱动机制缺失，在信息共享平台构建、信息梳理、信息整合等方面缺少合力。

3）主观原因。

①无力为之。

A. 估价人员理论、技术和经验不足，带着结果寻找案例，甚至胡编乱造。

B. 条件（硬件和软件）不具备，总（公司）部具备的，分（公司）部不具备。

C. 机构挣扎于生命线上，无力为之投入。

②无意为之。

A. 管理能力和管理方式不到位，重视度不够。

B. 节减运营成本，提升业务获取竞争力。

C. 急功近利，局限于眼前利益，无长期目标。

3. 参数的确定程序和关键

(1) 总体目标　参数作为参考，立足市场，通过不断的收集整理，分析测算，补充、调整和改进，编制适合的指数和修正系数，做到有理有据。

(2) 交易情况指数

1) 确定交易情况指数的程序：情况分类→确定正常交易标准→测算非正常交易情况对地价的影响程度→编制修正系数表→情况修正。

2) 确定交易情况指数的关键：①确定正常交易标准；②测算非正常交易情况对地价的影响程度；③以百分率表示其差异程度。

3) 确定交易情况指数的关注的点：交易方式和交易背景；确定正常交易标准，分析和判定正常交易的可能性和真实性。

(3) 交易日期修正（地价指数或房地产价格指数）

确定交易日期修正指数的程序：查找或编制年度地价指数表（市场变化快的，要编制月度或季度地价指数表）→确定相应时点的地价指数→确定修正系数。

确定交易日期修正指数的关键：地价指数表的编制。注意环比指数和定基指数的区别。

确定交易日期修正指数的方法：①采用价格变动率进行修正；②采用价格指数进行修正；③根据市场情况和估价人员的经验积累判断修正；④构建模型分析求取。

确定交易日期修正指数的参考内容：物价指数、国防景气指数、地方政府和民间机构编制的地价指数和房屋价格指数、建材价格指数、劳动力价格指数等。

(4) 区域和个别因素修正

确定区域和个别因素修正的程序：选择确定比较因素→分析因素条件与地价的相关关系，总结规律并予以量化，确定因素条件指数→测算确定修正系数。

确定区域和个别因素修正的关键：①因素选择；②因素条件说明表和指数表的编制(参照标准的确定是关键)。

确定区域和个别因素修正的方法：①直接比较法；②间接比较法。

确定区域和个别因素修正的参考内容：基准地价系数说明表和修整系数表（由于用途的单一性，对混合用途的土地局限性比较明显，且要特别关注地价内涵）、标准宗地地价监测体系、专家评分法。

(5) 容积率修正系数

确定容积率修正系数的程序：查找或编制容积率修正系数表→确定相应容积率水平下的地价修正系数→确定修正系数。

确定容积率修正系数的关键：①容积率修正系数的编制（涉及参照标准的确定）；②对无直接容积率对应的修正系数时，可采用内插法求取。

确定容积率修正系数的参考内容：基准地价修正体系中的容积率修正系数。

确定容积率修正系数应注意的问题：①如果以楼面地价进行比较修正，可规避这一难题；②关注开发地块容积率增加，出让金增长情况；为鼓励土地节约、集约化使用，加大投入，不少地方在工业用土地增加容积率方面给予优惠政策，甚至免收出让金。此时，容积率增加对出让地价几乎没有影响。但从利用和产生收益的角度，市场对地租的产出符合一般规律。

（6）土地使用年期修正系数

确定土地使用年期修正系数的程序：确定估价对象与比较实例剩余使用年期→以公式 $K=[1-1/(1+r)^m]/[1-1/(1+r)^n]$ 求算修正系数。

确定土地使用年期修正系数的关键：土地还原利率 r 的确定。

确定土地使用年期修正系数应注意的问题：①r 本质上是投资收益率，用途不同，r 值不同。它受市场、政策、社会影响明显；②现阶段，商业、办公、住宅等经营性用途土地的还原利率的确定建议以租售比法（市场提取法）为主，其他方法为辅，工业仓储类或公共用地土地的还原利率的确定以安全利率加风险调整值确定为主。

12.2.4　报告格式错误

1）缺少规范中“估价报告的规范格式”所要求的必备项目。

2）对估价对象描述不清。

①没有说明估价对象的产权，即没有说明委托方是否拥有估价对象的土地使用权和房屋所有权。

②对估价对象的性质没有描述清楚。

③对估价对象的物质实体状况描述不清楚。

3）行文、遣词造句不当（术语不准、用词带有强烈的感情色彩、词义含糊）。

4）逻辑不严谨。例如前后不一致；数据、方法选用与测算过程中的方法运用、标题与内容、数据来源无出处、判断推理没有充足的理由。

5）写作有错误。

①评估结果中没有说明币种，没有注明大写。

②对外币表达的结果，没有写明折算成人民币的汇率。

③表达形式不科学。

12.2.5　其他常见错误

1. 报告书不完整（共 8 项内容）

2. 估价结果报告书漏项（共 13 项内容）

3. 估价技术报告漏项（共 7 项内容）

4. 报告部分内容描述不清

1）土地产权描述：所有权、使用权、他项权利、登记、审批、出让等。

2）区域因素和个别因素混淆；描述不全；前后不一致。

3）地价定义漏项或错误（红线内、外问题）。

4）存在恭维、诱导性语言。

5）估价依据缺乏或不全。

6）中外文报告的主导性问题。

7）每一步技术过程都要有说明依据。

5. 评估报告中估价对象描述不清

1）土地使用权人交代不清。

2）土地使用权性质交代不清，如是出让还是划拨土地，集体土地还是国有土地等。

3）土地使用年限交代不清，如起止年月日等（划拨土地不需交代）。

4）是否具有土地使用权证没有交代。

5）是否具有房屋所有权证没有交代。

6）房屋用途交代不清。

7）建筑物结构交代不清。

8）房屋建成年代交代不清。

9）房屋的权属交代不清（特别是抵押的情况）。

10）房屋的状态交代不清（如在建工程的投入量）。

阅读材料

审查土地估价报告的关键

（1）好的报告主要表现

1）报告内容全面，正文内容和附件资料齐全、配套。

2）公正客观，估价方法的选用及评估思路、过程合理、依据充分。

3）用词准确，报告文字表述严谨、逻辑性较强。

4）评估结果基本准确，符合市场行情。

5）报告装订整齐、美观、统一。

在实际工作中，审查报告的重点除了产权状况外，还有通过对估价对象客观的分析，对偏离正常价值的过高或过低估价结果提出调整建议，以避免国家或当事人的重大损失。

（2）报告审查的主要内容

1）审查估价对象，其中包括权属、估价时点、估价作业日期和有关证明材料。

2）审查估价目的，包括价格定义、价值类型。

3）审查估价数据，包括估价报告定性、定量数据的来源及获取方式是否可靠；估价结论是否得到相关数据的支持。

4）审查估价方法，采用的方法是否合理，数据分析是否科学。

5）审查估价条件，包括是否考虑得出估价结论的必要性，以及应用估价结论的限制条件，对房地产最高最佳使用评价的结论及其使用建议是否合理，风险分析是否恰当。

12.3 房地产估价报告举例

参照有关资料，对房地产估价报告实际案例做如下梳理。

房地产估价报告（封面）

估价项目名称：×××大厦第 7 至 9 层办公用房房地价格评估

委　托　方：成都×××公司

估　价　方：成都×××评估有限公司

估 价 人 员：×　×　　注册房地产估价师　注册号：××××

　　　　　　×　×　　注册房地产估价师　注册号：××××

　　　　　　×　×

估价作业日期：2002 年 11 月 8 日—2002 年 11 月 11 日

估价报告编号：××房评（2002）×××号

目　录

一、致委托方函

成都×××公司：

承蒙委托，我公司对您位于成都市锦江区××街 3 号附 4 号（现为××巷子 17 号）的×××大厦第 7～9 层办公用房建筑面积 1505.79m^2 及其占用范围内应分摊的土地使用权价格进行了评估，作为您抵押贷款的参考依据。

本着独立、客观、公正的原则，依据我国现行有关法律、法规政策的规定，利用贵方提供的资料以及评估人员现场查勘和市场调查取得的资料，由专业估价人员根据估价目的，遵循估价原则，按照估价程序，选取适宜的估价方法，并在综合分析影响房地产价格因素的基础上，对估价对象在估价时点的客观合理价格或价值进行估算和判定，完成了估价工作。现将评估结果报告如下：

估价对象在估价时点2002年11月8日的评估价格为：

小写人民币：450万元（取整）

大写人民币：肆佰伍拾万元整

详见下表：

	房地单价（元/m^2）	建筑面积/m^2	总价（万元）
第7层	2955	502.93	148.62
第8层	2985	502.93	150.12
第9层	3015	502.93	151.63
总计	—	1508.79	450.37

法定代表人：××

成都×××评估有限公司

二〇〇二年十一月十一日

二、估价师声明

我们郑重声明：

1. 我们在本估价报告中陈述的事实是真实的和准确的。

2. 本估价报告的分析、意见和结论是我们自己公正的专业分析、意见和结论，但受到本估价报告中已说明的“估价的假设和限制条件”的限制。

3. 我们与本估价报告中的估价对象没有利害关系，也与有关当事人没有个人利害关系或偏见。

4. 我们依照中华人民共和国国家标准《房地产估价规范》进行分析，形成意见和结论，撰写本估价报告。

5. 注册房地产估价师××、××对本估价报告中的估价对象进行了实地查勘。

6. 没有人对本估价报告提供重要专业帮助。

7. 委托方提供的资料和陈述的情况直接影响我们的估价分析和结论，因此委托方应对提供资料和陈述情况的合法性、真实性、完整性及其引起的后果负责；因其失实造成评估结果有误的，评估机构和评估人员不承担相应责任。

注册房地产估价师：×　　×　　　注册号：××××

注册房地产估价师：×　　×　　　注册号：××××

三、估价的假设和限制条件

（一）本报告假设前提条件

1. 假设估价对象符合《中华人民共和国担保法》《中华人民共和国城市房地产管理法》《城市房地产抵押管理办法》设置抵押的有关规定。估价对象不存在也不涉及任何法律纠纷，不存在司法机关和行政机关依法裁决、查封或者以其他形式限制该资产权利的情形。

2. 至估价时点止，估价对象（房屋及其占用范围内应分摊的土地使用权）未设定抵押担保等他项权利，未发生任何产权转移行为。

3. 本报告未考虑估价对象处置时可能对其价值有影响的债权、债务的限制，也未考虑委托方的资信状况及经营能力。

4. 估价对象应以保持估价时点时《房屋所有权证》载明的用途继续使用，且为估价对象合法的最高最佳使用用途为估价前提。

5. 本报告所采用的建筑面积或土地面积以房地产评估委托书、《房屋所有权证》《国有土地使用证》载明的面积为依据，我们对该数据未实测。

6. 估价对象作为整幢大厦的组成部分，与建筑物的其他部分连为一体，故本次估价是以估价对象可以合理分享使之具备使用功能的各项权益为假设前提。

7. 委托方对估价对象拥有合法产权及绝对处置权。

（二）本报告限制条件

1. 本报告评估结果是根据公开市场原则确定的估价对象在估价时点的公开价格。根据本报告评估目的，抵押权人应在充分考虑如下因素后，根据本报告评估结果合理确定贷款额。①估价对象产权性质；②房地产市场价格波动风险；③短期强制处分的不确定性及变现费用；④物业转让时应缴纳的各项税费；⑤资产占有人的金融信用能力。

2. 本估价结果包括房屋（含附属设备设施）及其占用范围内应分摊的土地使用权的价值。该土地使用权和附属的设施设备若与房屋分割处置，本估价结果无效。

3. 本报告有效期内若国家政策、经济环境及物业本身的物理状况等因素和本报告假设前提条件发生重大变动，且这些变动会对估价结果产生重大影响时，本估价结果无效，应重新委托估价。

4. 如发现本报告内的文字或数字因打印或其他原因出现误差时，请通知本公司进行更正。否则，报告误差部分无效。

5. 本报告有效期内，为确定之评估目的服务，不得用于其他目的。未经评估机构同意，本报告书的全部或部分内容不得向委托方和评估报告审查部门之外的单位和个人提供，也不得发表于任何公开媒体。

6. 本报告书应与估价对象的合法权证一并使用方才有效，评估机构仅对正确使用本报告者负责。

7. 本报告书由“致委托方函”“房地产估价师声明”“估价假设和限制条件”“估价结果报告”和“附件”构成完整的估价报告。报告使用人应严格按照本估价报告全部完整地应用，我们不对任何分离使用的应用行为负责。否则由此引起的后果与本公司和估价人员无关。本报告经法定代表人签章，注册房地产估价师签字，评估机构盖章并作为一个整体时有效。

四、房地产估价结果报告

（一）委托方

（说明本估价项目的委托单位的全称、法定代表人和住所，个人委托的为个人的姓名和住所）

名称：成都×××公司

法定代表人：××

住所：成都市红星中路二段××号

营业执照号：××××

（二）估价方

（说明本估价项目的估价机构的全称、法定代表人、住所、估价资格等级）

名称：成都×××评估有限公司

法定代表人：××

住所：××××

估价资格等级：×级

资质证书编号：建房估证字［2003］××号

（三）估价对象

本报告的估价对象为成都×××公司所属×××大厦第7至第9层办公用房。

坐落：成都市锦江区××街3号附4号（现为××巷子17号）。

结构：钢混。

总层数：9层。

估价对象所在层数：第7～第9层。

建筑面积：每层均为502.93m^2，共计1508.79m^2。

装修状况：临街外墙面砖，背街外墙刷涂料；第7层为小开间办公室；公共过道为水泥地面，墙面为涂料刷白，顶棚为石膏板吊顶；部分办公室铺木地板，墙面刷乳胶漆，顶棚为矿棉板吊顶，其余为水泥地面，墙面及顶棚为涂料刷白；玻璃地弹门，防盗门及普通木门，铝合金窗。第8层为开敞型办公间，被××公司租用：会客间为文化石铺地，墙面刷乳胶漆，顶棚为木质吊顶刷乳胶漆；工作区为水泥地面，墙面为红砖墙或上刷白涂料，顶棚刷乳胶漆；卫生间铺300mm×300mm防滑地砖，墙面贴1.5m高300mm×300mm的面砖，其余及顶棚刷白涂料；玻璃地弹门及榉木门，铝合金窗。第9层为开敞型办公间：水泥地面，墙面及顶棚为涂料刷白，背街为铁门窗，临街为铝合金窗。楼梯间为碎花岗石踏步，铝合金扶手。

平面布置：方正。

设施设备：配置一部××客梯。

车位：院内带地面停车场，有15个车位。

基础设施状况：水、电、电视、通信。

利用现状：作为办公室使用。

使用情况：第7层部分被××租用，部分空置；第8层被××公司租用；第9层空置。

维护保养：一般。

工程质量：合格。

建成年月：1995年。

设计用途：办公。

土地基本情况：土地使用权面积为1012.76m^2，×××用途为商业、综合；形状较方正。

权属状况：①根据蓉房权证成房监证字第×××号《房屋所有权证》记载：估价对象所有权人为成都×××公司，丘（地）号为×××；单位产。他项权摘要：2001年7月11日设定1330.45m^2，共计200万元的权利价值，未注销；1999年9月16日设定的906.97m^2，共计200万元的权利价值，已注销；2002年7月2日设定1005.86m^2，共计200万元的权利价值，未注销；他项权利人均为××银行成都支行。②根据成国用（2001）字第×××号《国有土地使用证》记载：估价对象使用者为成都×××公司，用途为商业、综合；为出让土地使用权；综合用地土地使用权终止日期为2043年12月29日。

（四）估价目的（说明本次估价的目的和应用方向）

为委托方抵押担保提供价格参考。

（五）估价时点（说明所评估的客观合理价格或价值对应的年月日）

二〇〇二年十一月八日

（六）价值定义（说明本次估价所采用的价值标准或价值内涵）

本次估价采用公开市场价值标准。

本报告估价结果是反映估价对象（房屋及其占用范围内应分摊的土地使用权）在本次估价目的下，根据公开市场原则确定的估价对象在估价时点的公开市场价格（该价格为交易双方负担各自税费的价格），未考虑未来市场变化风险和短期强制处分等因素对其价格的影响。

（七）估价依据

1.《房地产估价规范》（GB/T 50291—1999）。

2.《中华人民共和国城市房地产管理法》《中华人民共和国土地管理法》《城市房地产抵押管理办法》《中华人 民共和国担保法》。

3. 地方有关法规政策。

4. 房地产评估委托书。

5. 委托方提供的估价对象的权属证明和其他有关资料。

6. 估价对象实地查勘记录。

7. 本公司掌握和搜集的有关资料。

（八）估价原则（说明本次估价遵循的房地产估价原则）

1. 合法原则。

2. 最高最佳使用原则。

3. 替代原则。

4. 估价时点原则。

（九）估价方法（说明本次估价的思路和采用的方法以及这些估价方法的定义）

房地产评估的常用方法有市场法、收益法、成本法、假设开发法等，估价方法选用应按照《房地产估价技术规范》（GB/T 50291—1999）的要求，根据当地房地产市场发育情况，结合估价对象的具体特点以及估价目的等，选择适宜的估价方法。有条件选用市场法进行估价的，应以市场法为主要的估价方法；收益性房地产的估价，应选用收益法作为其中的一种估价方法。

本项目的估价技术路线和方法为：由于估价对象的用途为办公楼，根据市场调查，近期内与估价对象处于同一供需圈，用途相同的类似房地产交易和租赁活动较为活跃，市场交易和租赁案例较多，适用于市场法和收益法进行评估。经综合分析考虑，拟采用市场法和收益法分别法进行评估，最终以算术平均法确定估价对象的最后评估结果。

市场法的定义为：将估价对象与在估价时点近期有过交易的类似房地产进行比较，对这些类似房地产的已知价格做适当的修正，以此估算估价对象的客观合理价格或价值的方法。在房地产市场比较发达的情况下，是一种说服力强、适用范围广的估价方法。

收益法的定义为：预计估价对象未来的正常净收益，选用适当的资本化率将其折现到估价时点后累加，以此估算估价对象的客观合理价格或价值的方法。此方法适用于有收益或有潜在收益的房地产的估价。

（十）估价结果

历经上述评估程序和评估方法后，最后确定估价对象在估价时点 2002 年 11 月 8 日评估价格为：

小写人民币：450 万元（取整）

大写人民币：肆佰伍拾万元整

详见下表：

	房地单价（元/m^2）	面积（m^2）	总价（万元）
第 7 层	2955	502.93	148.62
第 8 层	2985	502.93	150.12
第 9 层	3015	502.93	151.63
总计	—	1508.79	450.37

（十一）估价人员（列出所有参加本次估价人员的姓名）

×× 中国注册房地产估价师 注册号：××××

×× 中国注册房地产估价师 注册号：××××

（十二）估价作业日期（说明本次估价的起止年月日）

2002 年 11 月 8 日至 2002 年 11 月 11 日

（十三）估价报告应用的有效期

（说明本估价报告应用的有效期，可表达为到某个年月日止，也可表达为多长年限，如一年）

自本估价报告完成之日起一年内有效，即 2002 年 11 月 11 日至 2003 年 11 月 10 日。

五、估价技术报告

仅供估价机构存档和有关管理部门查阅。

六、附件（略）

估价技术报告

（一）个别因素分析（详细说明、分析估价对象的个别因素）

本报告估价对象为成都×××公司所属×××大厦第 7 至第 9 层办公用房。

坐落：成都市锦江区××街 3 号附 4 号（现为××巷子 17 号）。

结构：钢混。

总层数：9 层。

估价对象所在层数：第 7 至及第 9 层。

建筑面积：每层均为 502.93m^2，共计 1508.79m^2。

装修状况：临街外墙面砖，背街外墙刷涂料；第 7 层为小开间办公室：公共过道为水泥地面，墙面为涂料刷白，顶棚为石膏板吊顶；部分办公室铺木地板，墙面刷乳胶漆，顶棚为矿棉板吊顶，其余为水泥地面，墙面及顶棚为涂料刷白；玻璃地弹门，防盗门及普通木门，铝合金窗。第 8 层为开敞型办公间，被××公司租用：会客间为文化石铺地，墙面刷乳胶漆，顶棚为木质吊顶刷乳胶漆；工作区为水泥地面，墙面为红砖墙或上刷白涂料，顶棚刷乳胶漆；卫生间铺 300mm × 300mm 防滑地砖，墙面贴 1.5m 高 300mm × 300mm 的面砖，其余及顶棚刷白涂料；玻璃地弹门及榉木门，铝合金窗。第 9 层为开敞型办公间：水泥地面，墙面及顶棚为涂料刷白，背街为铁门窗，临街为铝合金窗。楼梯间为碎花岗石踏步，铝合金扶手。

平面布置：方正。

设施设备：配置一部 × × × 客梯。

车位：院内带地面停车场，有 15 个车位。

基础设施状况：水、电、电视、通信。

利用现状：作为办公室使用。

使用情况：第 7 层部分被 × × 租用，部分空置；第 8 层被 × × 公司租用；第 9 层空置。

维护保养：一般。

工程质量：合格。

建成年月：1995 年。

设计用途：办公。

土地基本情况：土地使用权面积为 1012.76m^2，用途为商业、综合；形状较方正。

权属状况：①根据蓉房权证成房监证字第 × × × 号《房屋所有权证》记载：估价对象所有权人为成都 × × × × 公司，丘（地）号为 × × ×；单位产；他项权摘要：2001 年 7 月 11 日设定 1330.45m^2，共计 200 万元的权利价值，未注销；1999 年 9 月 16 日设定的 906.97m^2，共计 200 万元的权利价值，已注销；2002 年 7 月 2 日设定 1005.86m^2，共计 200 万元的权利价值，未注销；他项权利人均为 × × 银行成都支行。②根据成国用（2001）字第 × × × 号《国有土地使用证》记载：估价对象使用者为成都 × × × 公司，用途为商业、综合；为出让土地使用权；综合用地土地使用权终止日期为 2043 年 12 月 29 日。

（二）区域因素分析（详细说明、分析估价对象的区域因素）

商服繁华度：估价对象临 × × 巷子，西距红星路约 100m，紧邻 × × 电器市场。距天府广场约 1km，距离春熙路约 0.7km，周围商铺林立，商服繁华度较好。玉双路的全线畅通及该区域的旧城改造，更提升了该区域的整体形象。

交通便捷度：估价对象距离公交车站约 300m，附近有 6 路、28 路、62 路、8 路等多条线路通过，距火车北站约 4km，距离新南门汽车客运中心约 2km，交通较方便。

公共配套设施完备程度：估价对象周边有天涯石小学、和平街小学、西华大学、电子科技大学等学校；附近有王府井商场、百盛购物广场、东风商贸大厦、太平洋商厦、九环宾馆、红星饭店、星光宾馆、猛追湾邮政分局、外文书店、四川省图书馆、猛追湾游泳馆、成都游乐园；银行、电影院、医院、菜市场、餐馆、派出所等城市配套设施完善。

城市基础设施完善度：水、电、气、电视、通信、路配套齐备。

环境质量状况：空气质量一般，周边环境一般。

（三）市场背景分析

（详细说明、分析类似房地产的市场状况、包括过去、现在和可预见的未来）

1. 宏观政策背景

（1）“入世”为中国经济带来新活力　中国经过十多年的艰苦谈判，已经加入了世界贸易组织，成为全球经济一体化的一员，这为中国经济的繁荣提供了崭新的活力和机遇，无论是商业发展类型，还是商业经营深度，都将得到历史性的提升。

（2）“西部大开发”战略　1999 年底中共中央提出实施“西部大开发”战略，这对处于开放与发展最前沿的、作为“西部大开发”支撑城市的成都的经济增长影响无比巨大，如何抓住这一历史性的机遇，促进成都经济升级换代，至关重要。

2. 成都市办公类房地产市场分析

从 2000 年下半年国民经济走势来看，受国内国际大环境的影响，成都市经济总体增长步伐有明显的放缓趋势。下半年来，消费品零售总额增速出现一定幅度的下滑，虽然固定资产投资增长速度仍在进一步提高，但是社会总需求增速明显不够，显示出上半年持续上升后后劲不足，增长乏力。写字楼租售需求与地区经济景气状况息息相关，去年上半年成都经济的恢复性发展本来就对写字楼市场的复苏启动意义不大，而这种经济刚刚出现好势头就遭遇挫折，无疑使得写字楼市场刚刚看到的一线曙光又黯淡下来。从目前写字楼盘的情况看，整个市场表现为少量位置好配套设施完善的新楼好销、大量旧楼冷清的情况。估价对象位于市中心商业区，商业繁华度较好，玉双路的全线贯通及政府对该区域旧城改造力度的加大，提升了该区域的整体形象，增强了其物业的吸引力。

（四）最高最佳使用分析（详细分析、说明估价对象最高最佳使用）

最高最佳使用是指法律上允许、技术上可能、经济上可行、经过充分合理的论证能使估价对象产生最高价值的使用。

估价对象当前法律上允许的用途为办公，根据估价人员现场调查及对估价对象所在区域的环境、潜在市场分析后，办公用途为其最高最佳使用。

（五）估价方法选用（详细说明估价的思路和采用的方法及其理由）

房地产评估的常用方法有市场法、收益法、成本法、假设开发法等，估价方法选用应按照《房地产估价技术规范》（GB/T 50291—1999）的要求，根据当地房地产市场发育情况，结合估价对象的具体特点以及估价目的等，选择适宜的估价方法。有条件选用市场法进行估价的，应以市场法为主要的估价方法；收益性房地产的估价，应选用收益法作为其中的一种估价方法。

交易和租赁活动较为活跃，市场交易和租赁案例较多，适用于市场比较本项目的估价技术路线和方法为：由于估价对象的为办公楼，根据市场调查，近期内与估价对象处于同一供需圈，用途相同的类似房地产法和收益法进行评估。经综合分析考虑，采用市场法和收益法分别进行评估，最终以算术平均法确定估价对象的现状公开市场价值。

市场法的定义为：将估价对象与在估价时点近期有过交易的类似房地产进行比较，对这些类似房地产的已知价格做适当的修正，以此估算估价对象的客观合理价格或价值的方法。在房地产市场比较发达的情况下，是一种说服力强、适用范围广的估价方法。

收益法的定义为：预计估价对象未来的正常净收益，选用适当的资本化率将其折现到估价时点后累加，以此估算估价对象的客观合理价格或价值的方法。此方法适用于有收益或有潜在收益的房地产的估价。

（六）估价测算过程（详细说明测算过程，参数确定等）

1. 利用市场法评估

通过搜集分析市场交易资料，从中选取三宗与估价对象处于同一供需圈内，并在用途、规模、档次、建筑结构等方面与估价对象相同或相类似的房地产交易案例作为可比实例，通过对其交易情况、交易日期、区域因素、个别因素进行比较修正，求取估价对象 7 层的比准价格，其计算公式为：

比准价格 = 比较实例房地产的交易价格 × 交易情况修正系数 × 交易日期修正系数 × 区域因素修正系数 × 个别因素修正系数

估价对象评估价格 = 比准价格 × 建筑面积

（1）选取可比实例可比案例资料见表 12 – 1。

表 12 – 1　可比案例资料表

项目＼可比案例		*A*	*B*	*C*
物业名称		× ×办公用房	× ×办公用房	× ×办公用房
位置		红星路二段	干槐树街	大慈寺路
交易日期		2002 年 6 月	2002 年 10 月	2002 年 11 月
交易价格（元 /m^2）		3600（一次性付款）	3860（一次性付款）	3800（一次性付款）
区域因素	商服繁华度	附近有 3 家商场、星光宾馆，距离羊东餐饮一条街约 20m，距离春熙路约 0.5km，周围商铺林立，商业集聚规模高	附近有 3 家商场、星光宾馆，距离羊东餐饮一条街约 200m，距离春熙路约 0.7km，商服繁华度较高	附近有 3 家商场、星光宾馆，距离春熙路约 0.5km，周围商铺林立，商业集聚规模高
	交通便捷度	距离公交车站约 100m，多条线路通过，距离火车北站约 4km，距离新南门客运中心约 2km，对内、对外交通较方便	距离公交车站约 300m，多条线路通过，距火车北站约 4km，距离新南门客运中心约 2km，对内、对外交通较方便	距离公交车站约 100m，多条线路通过，距离火车北站约 4km，距离新南门客运中心约 2km，对内、对外交通较方便
	人口状况	人口密度大，人流量大	人口密度大，人流量大	人口密度大，人流量大
	环境质量	空气质量一般，周边治安环境一般	空气质量一般，周边治安环境一般	空气质量一般，周边治安环境一般
个别因素	临街状况	临红星路	临干槐树路	临大慈寺路
	设备配置	一部电梯、地下停车场	二部电梯、地下停车场	一部电梯、地下停车场
	平面布置	方正	方正	方正
	所在楼层	4	15	2
	物业管理	较好	较好	较好
	建成时间	2002 年	1998 年	2003 年

（2）交易情况修正　由于 A、B、C 三个案例交易均为正常交易，无须修正，修正系数均为 100/100。

（3）交易日期修正　由于 A、B、C 三个案例交易日期与估价时点相近，且在该月内该类商业用房价格无明显波动，故交易日期修正系数均为 100/100。

（4）区域因素和个别因素修正　以评估对象的各因素条件为基础，确定其相应指数为

100，将比较实例各因素分别与之进行比较，量化出相应指数。区域因素和个别因素比较修正系数见表12－2。

表12－2　区域因素和个别因素比较修正系数表

因素	案例	A		B		C	
		比较	分值	比较	分值	比较	分值
区域因素	商服繁华度	稍好	103	相似	100	稍好	103
	交通便捷度	稍好	102	相似	100	稍好	102
	人口状况	相似	100	相似	100	相似	100
	环境质量	相似	100	相似	100	相似	100
	区域因素修正值	—	105	—	100	—	105
个别因素	临街状况	稍好	102	稍差	98	稍好	102
	设备配置	稍好	104	稍好	105	稍好	104
	所在楼层	稍好	102	稍好	106	稍好	101
	平面布置	相似	100	相似	100	相似	100
	物业管理	稍好	105	稍好	104	稍好	105
	建成时间	稍好	107	较好	103	稍好	108
	个别因素修正值	—	120	—	116	—	120

（5）比准价格计算　比准价格计算见表12－3。

表12－3　比准价格计算表

项目	A	B	C
交易单价（元/m^2）	3600	3860	3800
交易情况修正	100/100	100/100	100/100
交易日期修正	100/100	100/100	100/100
区域因素修正	100/105	100/100	100/105
个别因素修正	100/120	100/116	100/120
修正后单价（元/m^2）	2857	3328	3016

估价对象7层的比准价格＝(2857＋3328＋3016）元/m^2 ÷3＝3067元/m^2

2. 利用收益法评估

估价人员的市场调查及估价机构长期积累的数据表明，该区域的办公用房租金收益较为稳定，本次评估假设其年净收益每年固定不变。根据成国用（2001）字第×××号记载：综合用地土地使用权终止日期为2043年12月29日，至估价时点止，尚余41年。钢混结构非生产用房使用年限为60年，当土地使用年限短于建筑物使用年限时，以土地尚可使用年限确定未来的收益期，因此从估价时点计，收益期$N=41$年。则本次评估选用与之对应的收益价格计算公式为：

$$V=\frac{A}{Y}\left[1-\frac{1}{(HY)^{N}}\right]$$

式中　V——收益价格（元/m²）

A——年净收益（元/m²）；

R——资本化率；

N——收益期（年）。

（1）参数的确定　与估价对象类似的办公用房租赁案例较多，经估价人员现场调查和综合考虑相同档次、相同类型、区位接近的写字间的有关资料，该区域办公用房目前正常租金为 30～45 元/m² 月，出租率 80%，可出租面积占总面积 90%；考虑估价对象实际情况，第 7 层的租金取 35 元/月/m²。

（2）年有效毛收入测算

$$
\begin{aligned}
\text{年有效毛收入} &= \text{单位月租金} \times \text{出租率} \times \text{可出租比率} \times 12\text{ 个月} \\
&= 35\text{ 元/月/m}^2 \times 80\% \times 90\% \times 12\text{ 个月} = 302.4\text{ 元/m}^2
\end{aligned}
$$

（3）年运营费用测算　运营费用中，维修费为有效毛收入的 3%，管理费由承租方支付，税金占有效毛收入的 17.5%（房产税 12%，营业税及附加 5.5%），合计占有效毛收入的 20.5%。根据成都市建筑行业平均水平，参照四川省建设厅颁布的“二〇〇〇定额”和相关配套文件，经估价人员现场勘察并结合估价对象现状测算，确定在估价时点钢混结构的房屋成本为 1000 元/m²。保险费根据房屋成本的 3‰计算。

$$
\begin{aligned}
\text{年运营费用} &= \text{单位年有效毛收入} \times 20.5\% + \text{房屋造价} \times 3‰ \\
&= 302.4\text{ 元/m}^2 \times 20.5\% + 1000\text{ 元/m}^2 \times 3‰ = 64.99\text{ 元/m}^2
\end{aligned}
$$

（4）年净收益的测算

$$
\begin{aligned}
\text{年净收益} &= \text{年有效毛收入} - \text{年运营费用} \\
&= 302.4\text{ 元/m}^2 - 64.99\text{ 元/m}^2 = 237.41\text{ 元/m}^2
\end{aligned}
$$

（5）资本化率的确定　根据《房地产估价规范》，资本化率的确定方法有市场提取法、安全利率加风险调整值法、复合投资收益率法、投资收益率排序插入法四种。本次估价采用以市场提取法为主，并以安全利率加风险调整值法加以修正的方法确定。

估价人员通过对成都市办公用房的租售市场的抽样调查计算，得到全市房地产综合资本化率平均为 8%～14%；而根据安全利率加风险调整值法，一年期银行存款利率为 1.98%，根据对目前成都全市房地产市场的调查分析和评估人员的经验，办公类房地产风险调整值 6%～8%，该地段为成都市中心商业区，办公用房入住较稳定，本次估价其风险调整值取 6.02%。据此，确定本次估价采用的资本化率为 8%。

（6）收益价格的测算

$$
V = \frac{A}{Y}\left[1 - \frac{1}{(1+Y)^N}\right]
$$

$$
\begin{aligned}
V &= \frac{A}{8\%}\left[1 - \frac{1}{(1+8\%)^{41}}\right] \\
&= 237.41\text{ 元/m}^2 \times 11.97 \\
&= 2842\text{ 元/m}^2\text{（取整）}
\end{aligned}
$$

（七）估价结果确定（详细说明估价结果及其确定的理由）

通过市场法和收益法得出的结果较为接近，都比较真实地反映了市场状况，可以将这两种结果的算术平均值作为最终结果。

估价对象第 7 层评估单价 =（比准价格 + 收益价格） ÷2

=（3067 + 2842） 元/m² ÷2 = 2955 元/m²（取整）

估价人员对估价对象所在区域多个类似写字楼进行了现场调查，多层电梯办公用房楼层价格相差不大，有的甚至为均价，多数楼盘楼层间差异在 20 元 ~ 50 元，考虑实际调查情况及本次评估目的，估价对象楼层间价差取 30 元/m²，因此第 8 层单价为 2985 元/m²；第 9 层单价为 3015 元/m²。

估价对象在估价时点 2002 年 11 月 8 日的评估价格为：

小写人民币：450 万元（取整）

大写人民币：肆佰伍拾万元整

	房地单价（元/平方米）	建筑面积（平方米）	总价（万元）
第 7 层	2955	502.93	148.62
第 8 层	2985	502.93	150.12
第 9 层	3015	502.93	151.63
总计	—	1508.79	450.37

法定代表人：× ×

成都× × ×评估有限公司

二〇〇二年十一月十一日

【例 12 – 5】× ×陶瓷厂房地产估价结果报告（节选）

（一）委托方：× ×有限公司

（二）估价方：× ×房地产估价公司

（三）估价对象：

坐落于× ×市长顺路 338 号× ×陶瓷厂内的一号车间全部房地产。

（四）估价目的：委托方业务需要，以估价对象向银行申请抵押贷款。

（五）估价时点：2004 年 3 月 18 日

（六）价值定义：本次估价采用公开市场价值标准。

（七）估价依据：

1）委托方提供的资料。

2）估价人员实地查勘的结果。

3）× ×市同类建筑物单价。

4）建筑物耐用年限及残值率的部级颁布标准。

（八）估价原则：合法原则、最高最佳使用原则、替代原则、估价时点原则。

（九）估价方法：由于该类厂房交易的实例不多，采用市场法估价较困难，根据现有资料和估价目的的要求，拟采用成本法估价。

（十）估价结果：估价对象价格为 8803000 元，大写：人民币捌佰捌拾万叁仟元整。

（十一）估价人员：（略）

（十二）估价作业日期：2004 年 3 月 14 日—2004 年 3 月 22 日

（十三）估价报告应用的有效期：（略）

× ×陶瓷厂房地产估价技术报告（略）

【例 12－5】某土地使用权估价报告

ZX 评估有限责任公司接受 QS 股份有限公司的委托，根据国家有关房地产评估的规定，本着客观、独立、公正、科学的原则，按照公认的房地产评估方法，对委托方委托估价的房地产市场价值进行评估工作。本公司评估人员按照必要的评估程序对委托评估的资产实施了实地勘察、市场调查与询证，对委估资产在 2004 年 7 月 1 日所表现的市场价值做出了公允反映。现将房地产评估情况及评估结果报告如下：

一、委托方与房地产占有方简介

名称：QS 股份有限公司

住所：××市××大道 1154 号

法定代表人：×××

注册资本：4500 万元

经营范围：饮食供应，旅馆，舞厅，浴室服务，美容美发，商务服务，礼仪服务，模拟游戏机厅。

二、评估目的

为对外投资提供价值参考依据。

三、评估范围和对象

本次纳入评估范围的房地产为 QS 股份有限公司拥有的 21 幢房产和 2 块土地使用权。除储运部 16 幢仓库位于××区××新村外，估价对象房地产和地产均位于××区××大道与××路相交处，现用于商业经营。估价对象房地产的所有权证分别为 W 国用（2003）字第××号、第××号以及 W 房字第×××号、第×××号、第×××号、第×××号。

四、估价时点

本评估项目的估价时点是 2004 年 7 月 1 日；本评估报告所采用的一切取价标准均为估价时点有效房地产价格标准，与评估目的的实现日接近。

五、评估原则

遵循客观性、独立性、公正性、科学性、合理性的评估原则。在对全部估价对象进行现场勘察的基础上，合理确定估价对象的技术状态和参数，力求准确估算估价对象的现时公允价值。

六、评估依据

1.《土地管理法》和《房地产管理法》。

2. 国务院 1991 年第 91 号令《国有资产评估管理办法》和《国有资产评估管理办法施行细则》。

3. 中国资产评估协会“中评协（1996）03 号”文颁发《资产评估操作规范意见（试行)》。

4.《资产评估报告基本内容与格式暂行规定》和财企［2004］20 号《资产评估准则—基本准则》及《资产评估职业道德准则—基本准则》。

5. W 市政府制定的基准地价资料。

6. W 政［2004］39 号《市人民政府关于公布 W 市区土地出让金、租金标准的通知》。

7. 委托方提供的产权证明：W 国用（2003）字第××号、第××号及 W 房字第×××号、第×××号、第×××号、第×××号。

8. 房地产评估业务约定书和房地产占有方法人营业执照。

9. 工程造价信息及房价信息。

10. 评估人员现场勘查记录等。

七、评估方法

根据本次评估目的和估价对象的类型，采用不同的评估方法，对 QS 公司商业经营用的房屋建筑物采用市场法，对储运部仓库采用重置成本法，对土地使用权采用重置成本法和基准地价修正系数法。

八、评估过程

本次估价作业日期为 2004 年 7 月 15 日至 2004 年 7 月 21 日，包括接受委托、现场调查、评定估算、评估汇总、提交报告等全过程。主要步骤为：

1. 接受委托：我公司于 2004 年 7 月 15 日接受 QS 股份有限公司的委托，正式受理了该项房地产评估业务。在接受评估后，由项目负责人先行了解委托评估对象的构成、产权界定、经营状况、评估范围、评估目的，与委托方、资产占有方共同商定估价时点、制定评估工作计划并签订“房地产评估业务委托约定书”，明确双方各自承担的责任、义务和评估业务基本事项。

2. 现场调查：在房地产占有方资产清查的基础上，评估人员根据其填制的房地产评估申报明细资料，调查土地的坐落、所处的繁华程度等各项指标，填写现场勘察记录，检查、核实、验证其产权证明文件等资料。

3. 评定估算：评估人员针对房地产类型，依据评估现场勘察等情况，选择评估方法，收集市场信息，评定估算估价对象的评估值。

4. 提交报告：根据评估人员对估价对象的初步评估结果，进行整理、汇总、分析，撰写资产评估报告初稿，并与委托方、房地产占有方充分交换意见，进行必要修改，按照程序经本公司内部三级审核后，向委托方提供正式房地产评估报告书。

九、特别事项说明

1. 本次评估结果，是反映评估对象在本次评估目的下，根据公开市场原则确定的现行公允市价，没有考虑将来可能承担的特殊交易方式可能追加付出的价格等对其评估价值的影响，也未考虑国家宏观经济政策发生变化以及遇有自然力和其他不可抗力对房地产价格的影响。

2. 本次评估结果，未考虑现在或将来估价对象发生或可能发生的抵押对评估值的影响，提请报告使用者关注。

十、评估报告估价时点后的重大事项

估价时点后，在有效期内资产数量发生变化的，应根据评估方法对资产额进行相应调整。若房地产价格标准发生变化并对资产评估价值产生明显影响时，委托方应聘请评估机构重新确定评估值。

十一、评估报告的法律效力

1. 本报告所称“评估价值”是指估价对象在现有不变并继续经营或转换用途继续使用，以及在估价时点的状况和外部经济环境前提下，即资产在市场上可以公开买卖的假设条件下，为本报告书所列明的目的而提出的公允估价意见。

2. 本报告的附件是构成报告的重要组成部分，与报告书正文具有同等的法律效力。

3. 本评估结论按现行规定有效期为一年，即评估目的在估价时点后的一年内实现时，可以此评估结果作为底价或作价依据，超过一年，需重新进行评估。

4. 本评估结论仅供委托方为评估目的使用和送交财产评估主管机关审查使用，评估报告书的使用权归委托方所有，未经委托方许可，评估机构不得随意向他人提供或公开。

5. 本次评估是在独立、公开、科学、客观的原则下做出的，我公司参加评估人员与委托方无任何利害关系，评估工作置于法律监督之下，评估人员恪守职业道德和规范。

6. 报告所涉及的有关法律证明文件，由委托方提供，其真实性由委托方负责。

7. 本报告仅用于为委托方对外投资提供价值依据，不得用于其他用途，也不视为对被评估单位日后偿债能力做出的保证。委托人或其他第三者因使用评估报告不当所造成的后果与注册房地产估价师及估价机构无关。

十二、评估结论

列入本次评估范围的房地产经评估价值为人民币壹亿贰仟肆佰壹拾壹万伍仟伍佰伍拾柒元整（124115557 元）。其中：房屋建筑物评估值 73774378 元，土地使用权评估值 50341179 元。

十三、评估报告提出日期

本报告提出日期为 2004 年 7 月 21 日

十四、附件

1. 房屋建筑物评估明细表
2. 土地使用权评估明细表
3. 房地产评估委托方承诺函（复印件）
4. 估价对象土地使用权证（复印件）W 国用（2003）字第 × × 号、第 × × 号
5. 估价对象房屋所有权证（复印件）W 房字第 × × × 号、第 × × × 号、第 × × × 号、第 × × × 号
6. 资产占有方营业执照（复印件）
7. 评估机构营业执照（复印件）
8. 评估机构资格证（复印件）
9. 注册房地产估价师资格证（复印件）

注册房地产估价师：× ×
注册房地产估价师：× ×
ZX 评估有限责任公司
二〇〇四年七月二十一日

评估说明及结论分析

一、评估说明

（一）关于土地使用权 W 国用（2003）字第 × × 号的评估

1. 估价对象简介

该宗土地位于 W 市 × × 大道 1542 号，北临 × × 大道，东临 × × 路，西面、北面均紧临商场其他建筑物，地号 × × ×，无偿划拨，面积 7349.79m^2，属商业三类用地，“七通一平”，地处 × × 区商业繁华地段，交通便利，基础配套设施完善，周边环境良好。

2. 基准地价修正系数法

待评估土地使用权评估值 = 基准地价 × 时间因素修正系数 × 个别因素修正系数 × 剩余使用年限修正数 × 容积率修正系数

1）基准地价。依据 W 市土地管理局 2001 年 7 月制定的商服用地级别与基准地价图和评估规则的规定，该块属三级地价，其基准地价为 3330 元/m^2。

2）时间因素修正系数。通过对宗地所在区域 2001 年以来地价变化的调查分析，从 2001 年起至今，估价对象所在区域地价上涨 6%，即时间因素修正系数为 1.06。

3）个别因素修正系数

个别因素	标准值	因素状况	评分
面积	1	较大	1.3
形状	1	多边形	0.9
地势	1	平坦	1.2
地质	1	一般	0.8
宽深比	1	合适	1
临街深度	1	宽	1
进深度	1	一般	1
合计	7		7.2

个别因素修正系数 = 7.2 ÷ 7 = 1.03

4）剩余年限修正系数。该地属无偿划拨，取修正系数为 1。

5）容积率修正系数。该宗地容积率较高，取修正系数为 1.36。

6）土地单价评估值 = 3330 元/m^2 × 1.06 × 1.03 × 1 × 1.36
= 4944.54 元/m^2

7）土地总价评估值 = 7349.79m^2 × 4944.54 元/m^2
= 36341331 元

3. 重置成本法

土地价格 = 土地取得费 + 土地开发费 + 投资利息 + 投资利润 + 土地出让金

（1）土地取得费

1）土地补偿费和安置补助费。该宗地所处区域耕地以蔬菜种植为主，通过对近几年 W 市前三年蔬菜亩产值调查，目前年产值为 4500 元/亩，按照土地补偿费和安置补助费总和不超过土地前三年平均产值的 30 倍计算，即 4500 元/亩 × 30 = 135000 元/亩。

2）青苗补偿费：根据《土地管理法》和 ××× 号文件规定，青苗补偿费按单季补偿，即 1500 元/亩。

3）土地管理费：依照 ××× 号文件规定，按土地补偿费、安置补偿费、青苗补偿费收取 2.6% 的土地管理费。

土地管理费 =（135000 + 1500）元/亩 × 2.6% = 3549 元/亩

4）耕地占用税：依照 ×× 号文件规定，收取耕地占用税 10 元/m^2（6667 元/亩）。

5）新菜地开发基金：依照 ×× 号文件规定，收取新菜地开发基金 60000 元/亩。

6）不可预见费：依照 ××× 号文件规定，按征地费用的 2% 计取不可预见费。

不可预见费 =（135000 + 1500 + 60000）元/亩 × 2% = 3930 元/亩

7）土地取得费 =（135000 + 1500 + 6667 + 60000 + 3549 + 3930）元/亩 = 210646 元/亩
= 315.97 元/m^2

（2）土地开发费

1）城市基础设施 80 元/m^2。

2）商业网点配套费 22 元/m^2。

3）公共消防设施配套费 3 元/m^2。

4）人防易地建设费 14 元/m^2。

5）城市规划管理费 1 元/m^2。

土地开发费 =（80 + 22 + 3 + 14 + 1）元/m^2 = 120 元/m^2

（3）投资利息　土地开发期为 2 年，利率取 6%。

土地取得费利息 = 315.97 元/m^2 ×[（1 + 6%）^{2} − 1] = 39.05 元/m^2

土地开发利息 = 120 元/m^2 ×[（1 + 6%）− 1] = 7.2 元/m^2

投资利息 = 39.05 元/m^2 + 7.2 元/m^2 = 46.25 元/m^2

（4）投资利润　根据待估宗地所在区位，取投资利润 20%。

投资利润 =（315.97 + 120.00）元/m^2 × 20% = 87.19 元/m^2

（5）土地出让金　依据 ××× 号规定，该宗地属商业三级地段，其出让金标准为 1215 元/m^2（40 年），考虑该地容积率较高，取容积率修正系数 2.99；则

土地出让金 = 1215 元/m^2 × 299 = 3632.85 元/m^2

（6）土地单价评估值

土地单价评估值 =（315.97 + 120 + 46.25 + 87.19 + 3632.85）元/m^2
= 4202.26 元/m^2

（7）土地总价评估值 = 7349.79m^2 × 4202.26 元/m^2 = 30885729 元

4. 委估宗地综合评估值

评估值 =（重置成本法评估值 + 基准地价修正系数法评估值）÷ 2
=（36341331 + 30885729）元 ÷ 2
= 33613530 元

（二）关于红三楼的评估说明

1. 估价对象的概况

红三楼位于 ×× 区 ×× 路西侧，北面与 ×× 商场营业大楼相邻，框架六层，总建筑面积 7590.36m^2，1997 年建成并投入使用，房产权证号 ××× 号，一至三层水磨石楼面，四至五层地面砖楼面，外墙铝塑幕墙，顶棚吊顶，内设中央空调。

2. 评估方法

红三楼现用于商业经营，采用市场法评估。

（三）各项房地产评估值详见评估明细表（略）

二、结论分析

委估资产为国有资产，由于历史原因，估价对象原有账面成本不祥或未入账，故本次评估无法结合委估资产原有账面成本进行结论分析。

本章小结

本章主要讲述中国房地产估价报告主要内容、估价报告写作常见错误。重点在于中国房地产估价报告的写作。难点在于房地产估价报告常见错误的识别。

同时补充阅读材料——房地产估价报告实例，使学生对房地产估价报告有所了解。

练习题

一、名词解释

房地产估价报告

二、问答题

1. 中国房地产估价报告主要内容有哪些？

2. 中国房地产估价报告常见错误有哪些？

三、单选题

用不同的估价方法测算出的结果可能会有所不同。当这些测算结果有较大的差异时，估价人员应寻找导致较大差异的原因，并消除不合理的差异。寻找导致较大差异的原因，一般可以按照下列从低级错误到高级错误的顺序进行检查，即（　　）。

A. ①基础数据是否准确→②测算过程是否有错误→③参数选取是否合理→④公式选用是否恰当→⑤所选用的估价方法是否切合估价对象和估价目的→⑥是否符合估价原则

B. ①基础数据是否准确→②测算过程是否有错误→③公式选用是否恰当→④参数选取是否合理→⑤所选用的估价方法是否切合估价对象和估价目的→⑥是否符合估价原则

C. ①测算过程是否有错误→②基础数据是否准确→③参数选取是否合理→④公式选用是否恰当→⑤所选用的估价方法是否切合估价对象和估价目的→⑥是否符合估价原则

D. ①测算过程是否有错误→②基础数据是否准确→③公式选用是否恰当→④参数选取是否合理→⑤所选用的估价方法是否切合估价对象和估价目的→⑥是否符合估价原则

四、案例分析选择题

1. 卖房者甲与购房者乙于2002年4月25日签订了一套装修较陈旧的二手房的买卖合同（以下称合同1）和房屋装修合同（以下称合同2），合同1规定甲必须于5月25日交房，且乙同时付清房款。交房后甲按合同2进行装修，装修工程共2个月。乙于4月25日支付90%的购房款和10%的装修费，5月25日付清剩余购房款和60%的装修费，7月25日付清剩余的30%装修费。按规定，在向当地房地产管理部门申报买卖成交价格时，被认定应重新评估。请在以下问题中选择正确的答案：

（1）估价时点是（　　）

A. 2002年4月25日　　　　B. 2002年5月25日

C. 2002 年 7 月 25 日　　D. 2002 年 7 月 25 日以后的某一天

（2）估价的价值范围应是（　　）

A. 合同 1 规定的房款

B. 合同 1 规定的 90% 购房款和合同 2 规定的装修费的 10%

C. 合同 1 规定的购房款和合同 2 规定的装修费的 70%

D. 合同 1 规定的购房款和合同 2 规定的全部装修费

2. 某公司拥有一栋旧写字楼，《房屋所有权证》记载的建筑面积为 $460m^2$。因年久失修，经房屋鉴定部门鉴定为危房，由上级总公司批准翻建，建筑面积可增至 $600m^2$，该公司认为建 $600m^2$ 经济上不合算，擅自建成建筑面积 $1000m^2$ 的写字楼。现该公司欲以该新建写字楼投资入股与外商成立合资企业，拟请某估价机构对该写字楼进行估价。

（1）能否翻建的最终批准权在（　　）。

A. 政府房地产管理部门　　B. 政府规划管理部门

C. 政府土地管理部门　　D. 上级总公司

（2）评估时依据的建筑面积应为（　　）。

A. $460m^2$　　B. $600m^2$

C. $1000m^2$　　D. 以上三个面积都不行

（3）该公司委托评估应选择（　　）。

A. 房地产管理部门　　B. 资产管理部门

C. 有资格的房地产估价机构　　D. 验资机构

参考文献

[1] 卢新海. 房地产估价：理论与实务 [M]. 上海：复旦大学出版社，2006.
[2] 高炳华，万婷，娄金霞. 房地产估价 [M]. 武汉：华中科技大学出版社，2006.
[3] 王人已，姚玲珍. 房地产估价 [M]. 上海：上海财经大学出版社，2002.
[4] 曲卫东，叶剑平. 房地产估价 [M]. 2 版. 北京：中国人民大学出版社，2009.
[5] 中国房地产估价师与房地产经纪人学会，柴强. 房地产估价理论与方法 [M]. 7 版. 北京：中国建筑工业出版社，2015.
[6] 刘长滨，关柯，杨德忱. 房地产估价 [M]. 北京：中国计划出版社，1999.
[7] 叶剑平，曲卫东. 不动产估价 [M]. 北京：中国人民大学出版社，2006.
[8] 胡存智. 土地估价理论与方法 [M]. 2 版. 北京：地质出版社，2006.
[9] 艾建国，吴群. 不动产估价 [M]. 2 版. 北京：中国农业出版社，2008.
[10] 施建刚. 房地产估价方法的拓展 [M]. 上海：同济大学出版社，2003.
[11] 曹军建. 现代房地产估价理论与方法 [M]. 广州：中山大学出版社，1997.
[12] 何芳. 土地用途与上海地价 [J]. 房地产评估，1997 (11)：27 -31.
[13] 周寅康. 区域性城镇土地分等研究 [J]. 房地产评估，1997 (3)：21 -24.
[14] 吴守志. 论资本化率与纯收益的匹配问题 [J]. 苏州城建环保学院学报，1999 (1)：6 -12.
[15] 李树林. 还原利率及其确定 [J]. 房地产评估，1998 (12)：1 -5.
[16] 李明，练奇峰. 试析房地产税基评估技术标准 [C] //中国房地产估价师与房地产经纪人学会. 2005 国际房地产估价学术研讨会论文集. 北京：中国建筑工业出版社，2005.
[17] 中华人民共和国住房和城乡建设部. 房地产估价规范：GB/T 50291—2015 [S]. 北京：中国建筑工业出版社，2015.
[18] 全国国土资源标准化技术委员会. 城镇土地估价规程：GB/T 18508—2014 [S]. 北京：中国标准出版社，2001.
[19] 全国国土资源标准化技术委员会. 农用地估价规程：GB/T 28406—2012 [S]. 北京：中国标准出版社，2012.
[20] 黄晔，胡芳珍. 房地产估价 [M]. 北京：北京大学出版社，2009.
[21] 左静. 房地产估价 [M]. 3 版. 北京：机械工业出版社，2016.
[22] 武汉市房产管理局. 关于房地产中介和经纪人换证的通知：武房市 [2002] 148 号 [A/OL]. (2002 -7 -19) [2004 -3 -23] http://gtghj. wuhan. gov. cn/pc -1405 -779. html.